Knaur.

Über den Autor:
Ingo Petz wuchs in den Wäldern der Voreifel auf. Seine Neugier, seine Liebe zur Natur und seine interkulturelle Kompetenz trieben ihn später in die abgelegensten Fußgängerzonen des Rheinlandes und in die unwegsamen Satellitenstädte von Wolgograd, Baku und Minsk sowie nach Neuseeland. Heute lebt er als Eremit im Dschungel von Berlin und schreibt u. a. für die *Süddeutsche Zeitung* und für *Der Standard* (Wien) über abseitige Welten in unserem Universum.

Ingo Petz

KIWI PARADISE

Reise in ein verdammt gelassenes Land

KNAUR TASCHENBUCH VERLAG

Besuchen Sie uns im Internet:
www.knaur.de

Vollständige Taschenbuchausgabe November 2010
Knaur Taschenbuch.
Ein Unternehmen der Droemerschen Verlagsanstalt
Th. Knaur Nachf. GmbH & Co. KG, München.
Copyright © 2008 by Droemer Verlag.
Ein Unternehmen der Droemerschen Verlagsanstalt
Th. Knaur Nachf. GmbH & Co. KG, München.
Alle Rechte vorbehalten. Das Werk darf – auch teilweise – nur
mit Genehmigung des Verlags wiedergegeben werden.
Umschlaggestaltung: ZERO Werbeagentur, München
Umschlagabbildung: Autor / privat
Satz: Adobe InDesign im Verlag
Druck und Bindung: GGP Media GmbH, Pößneck
Printed in Germany
ISBN 978-3-426-78067-1

2 4 5 3 1

Den Cowboys dieser Welt

Inhalt

»Die beste Annäherung an das Leben
auf einem anderen Planeten.«
Jared Diamond über Neuseeland

»Neuseeländer haben vor zwei Dingen Angst: Erstens, dass
Neuseeland irgendwann von der Weltkarte herunterfällt. Aber
noch viel größere Angst haben sie davor, dass es niemand
bemerkt.«
Mentalitätsgeschichtlich wichtige Weisheit über Neuseeländer

Der Tag, an dem das Paradies
in mein Leben trat

Am 5. Juni 1992, gegen 15 Uhr, trat das Paradies in mein Leben. Ich hatte gerade Dosen-Bohnen gegessen, Büchsenbier getrunken und mit Jimi, einem echten Motorradrocker aus Rumänien, auf Brüderschaft angestoßen. Wie sich das für echte Rocker gehörte, nicht mit Jack Daniels, sondern mit einem Kräuterschnaps, der nach Kettenöl schmeckte. Nach zwei Tagen Rockfestival in der Hocheifel war ich ziemlich bedröhnt, Wachkoma sozusagen. Ich hatte drei Tage nicht geduscht, zudem zwei Nächte in derselben Unterhose geschlafen. Auch meine schweren Stiefel hatte ich seit meiner Ankunft im Zeltlager nicht ausgezogen. Meine Füße schwitzten, meine Sinne waren trüb, meine Augen müde. Der aschgraue Himmel schüttete seine Wasserkübel über den Tannenwäldern am Nürburgring aus und über uns. Wenn ich das Paradies gewesen wäre, hätte ich mir einen besseren Tag ausgesucht.

Wir standen vor der Festivalbühne und erwarteten eine unserer Lieblingsbands, an deren Namen ich mich seltsamerweise nicht mehr erinnern kann. Von dieser Band erhofften wir uns – daran kann ich mich erinnern – ein ordentliches Gitarrengewitter und Trommelgedonner, zu dem wir unsere Köpfe wie eine Waschmaschine im Turbolauf schütteln würden. Damals war das für mich das große Glück, auch wenn ich es so nicht genannt hätte. Denn Glück klang zu sehr nach Blumen und Hippies. Auf der verregneten Bühne erschienen dann aber zwei Typen, mit denen wir nicht gerechnet hatten. Sie lächelten unverschämt zufrieden und begannen das Festivalvolk mit seltsam glänzenden Augen, strahlenden Akustikgitarren und einem klebrigen Netz aus Lalala-Melodien und Trallalala-Refrains einzufangen. Für mich klang das verdächtig nach den Beatles und damit nach guter

Laune. Beides Dinge, die ich damals für eher unnötige Erfindungen in der Menschheitsgeschichte hielt. Uns überraschte nur, wie selbstbewusst und unbedarft die Typen ihre gute Laune propagierten. Überraschte war gar kein Ausdruck. Wir waren zutiefst schockiert. Offensichtlich meinten die es ernst. Was das Ganze für uns nur noch unerträglicher machte. Die wussten wohl nicht, dass sie sich im Land von Nietzsche, Schopenhauer und anderen Pessimisten und Tiefschürfern befanden. Einem Land, in dem die Bahn immer zu spät kam und der kleine Mann der Doofe war. Kurzum: ein Land, das am Abgrund stand. »Wie sind die denn drauf?«, raunte mein Metal-Bruder voller Ablehnung. »Die kommen wohl von einem anderen Planeten«, stimmte ich grimmig ein. Wie recht ich behalten sollte. »Die sind aus Australien«, belehrte mich meine Nachbarin, eine große Brünette, obwohl sie nicht gefragt worden war. »Falsch, die sind aus Neuseeland«, korrigierte eine kleine Blonde mit schönen Augen und saftigen Lippen. Ich schaute sie fragend an und verpasste es dann mit einem muffeligen »Aha« wie üblich, in ein aussichtsreiches Abenteuer einzusteigen. Immerhin lernte ich so schon, dass Neuseeland und Australien in einer interessanten Verbindung zueinander zu stehen schienen. Aber Neuseeland existierte in meinem damaligen Universum nicht. Das lag schließlich, soviel ich wusste, irgendwo südlich und war viel zu weit weg für jemanden, der seine Urlaube in Holland am Bunsenbrenner verbracht hatte. Neuseeland bedeutete Süden, Sonne und Strand, was nichts für mich war. Immerhin verstand ich aber, dass Süden, gute Laune und Frauen irgendwie zusammenhingen, was mir damals schon latente Sorgen bereitete, wenn ich über die Aussichten eines erfüllten Liebeslebens nachdachte.

Wie Schafe in einem Gatter standen wir eingepfercht im Menschenpulk, während wir immer noch mit missmutigen Mienen auf die Ausgeburt des fröhlichen Optimismus starrten und das Wunderliche weiter seinen Lauf nahm. Als diese Band, die sich

»Crowded House« nannte, den Song »Weather with You« an-
stimmte, passierte genau das, was der Titel so großspurig versprach: Die Sonne lugte für einen kurzen Moment hinter den
schweren schwarzen Wolken hervor und warf ihre grellen Strahlen über die nasse Menschenmasse. Das Publikum jaulte vor
Freude und jubelte ekstatisch, als sei der Heilige Geist in sie gefahren. Dieser effektive Optimismus imponierte selbst uns, die
wir Wundern eher skeptisch gegenüberstanden. »Respekt. Überzeugende Show«, meinte mein Metal-Bruder und nahm einen
Schluck billigen Sangria. Die Menschen strahlten der Bühne
sehnsüchtig, fast berauscht entgegen, als wäre ihnen der Sie-wis-
sen-schon-Wer erschienen. Diesen Blick der dusseligen Glückseligkeit sollte ich später immer dann ernten, wenn ich erzählte,
dass ich in Neuseeland gelebt hätte, in dem Land also, das als
Paradies durch Reisekataloge, Diavorträge, deutsche Sehnsüchte
und neuerdings auch durch das öffentlich-rechtliche TV-Sei-
fenopernprogramm geisterte. Dann würde den Menschen ein
seufzendes Oh und Ah entfahren. So als wäre Neuseeland der
Heilsbringer, der Erlöser, das Patentrezept gegen Depression
und Gefängnisse im Kopf, das Allheilmittel gegen den inneren
Schweinehund und die große Angst vor dem Chaos, vor der Un-
ordnung, vor dem Leben und seinen bösen Nickeligkeiten. So als
wäre Neuseeland die große Freiheit, die sich im Urlaub bequem
bestaunen lässt – wie ein Ausstellungsstück in einem Museum.
Dabei weiß doch jedes Kind, dass die Freiheit lediglich ein gol-
dener Käfig mit Aussicht aufs Meer ist. Wenn ich dann aber erzählte, dass ich es da in diesem Sehnsuchtsland nicht ausgehalten
hätte, würden sie mich mit mitleidsvollem Blick anstarren und
sagen: »Warum das denn nicht? Das ist doch so schön da.«
    Schön war für mich schon als halbstarker Teen anders. Ich
hatte andere Interessen, Heavy Metal und Horrorfilme zum Beispiel. Das waren meine Paradiese und für mich die adäquaten
Abbilder für die lausige Welt, in der wir lebten, in der wir existie-

ren mussten, obwohl wir – soweit ich mich erinnern konnte – keine bürokratische Einverständniserklärung unterschrieben hatten. Dabei hatte ich die wunderbarste Kindheit diesseits der Milchstraße gehabt, mit Geranienstauden am Balkon, Katzen, Kanarienvögeln und Kaninchen, die wir an manchen Sonntagen schlachteten, SPD-Mitgliedern als Eltern, Verdun-Besuchen im Urlaub und der Bild-Zeitung zum Frühstück. Die einzige Hölle, die ich kannte, waren Familienfeste, auf denen Opa auf seiner Front-Mandoline unaufgefordert sein Repertoire von rund 200 volkstümlichen Gassenhauern zu Mohnkuchen und Schinken-Spargel-Röllchen tirilierte und dabei die neonlichtdurchflutete Luft des Partyraumes mit seinen belgischen Lungenkillern namens »Gold Dollar« verräucherte. Diese schlimme Erfahrung muss mein misanthropisches Weltbild zementiert haben. Ich war fortan gegen alles, vor allem gegen Bücher mit einem Umfang größer als 150 Seiten, gegen Menschen, die sagten, sie hörten diese oder jene Musik, und besonders war ich gegen bunte Hemden. Mein Messias war der fledermausessende Ozzy Osbourne. Ich trug eine Metal-Matte und in Aussicht auf den drohenden Weltuntergang Schwarz. Aus tiefster Überzeugung hatte ich mir einen Wolf mit geifernden Zähnen und blutunterlaufenen Augen auf den Oberarm stechen lassen. Nicht aus überzeugter Tierliebe wohlgemerkt. Ich fuhr einen kantigen Opel Kadett 77er Baujahr, den ich für 300 Mark gekauft hatte, der aber leider schwimmbadblau war. Auf dessen Motorhaube hatte ich zum Ausgleich den Namen einer US-Punk-Band geschrieben: Samhain. Und in die Heckscheibe hatte ich einen Aufkleber geklebt. Aufschrift: Randaleball. Der einzige Traum, den ich hatte, war, eine Zapfanlage für gekühltes Bier in mein Auto einzubauen. Mit anderen Worten: Ich war eine ziemlich harte Nummer. Und die Welt war gegen mich.

In so einem Zustand des angestrengten Widerstandes war es nicht verwunderlich, dass ich das Paradies damals nicht wahrnahm. Paradiese sind eine komplizierte Angelegenheit. Für den einen ist das Paradies ein Nachmittag mit Latte macchiato und Jonny Cash, für den anderen 200 Liegestütze, für wieder einen anderen ein Abend mit Noam Chomsky. Meistens ist es allerdings nicht dort, wo Menschen glauben, dass es sei. Und wenn man glaubt, dass man es gefunden hat, ist es schon wieder weg. Menschen sind, davon bin ich überzeugt, nicht paradiesfähig, zumindest nicht, solange sie nicht tot sind. Und wenn ich der Hüter des Paradieses wäre, würde ich auch keinen Menschen dort hineinlassen. Aus lauter Langeweile würden sie dort nur anfangen, Zäune zu basteln, Vereine zu gründen und über die Wolken zu joggen. Außerdem: Was ist schon ein Paradies auf Erden wert, das von Menschen als solches betitelt wird?

Anstatt mich mit der Suche nach Paradiesen aufzuhalten, beschloss ich nach der Schule, in den Osten zu gehen, um Wodka aus Fässern zu trinken, rohes blutiges Fleisch zu essen, mit Kalaschnikows zu schießen und viele russische Schimpfwörter zu lernen. Das tat ich für einige Jahre, bis mir die dunkle slawische Seele schließlich ziemlich schwer im Magen lag. Zusammen mit dem deutschen Idealismus im Kopf und meinem kultivierten Pessimismus im Herzen wirkte das Ganze wie ein hochexplosives Gemisch kurz vor der Detonation. Ich war derweil ziemlich intellektuell geworden, hörte Zwölftonmusik und Free Jazz, las Donald Duck und die *Ordnung der Dinge* von Michel Foucault und überlegte, mir zu meinem 25. Geburtstag einen Flug mit einer schicken MIG zu gönnen. Dennoch brachte mir all das nur wenig Klarheit über das Drüber und Drunter in der Welt. Kurzum: Ich wusste damals nicht, wie es weitergehen sollte. Ich brauchte eine Auszeit. In mir reifte der Wunsch, die Welt vom anderen Ende aus zu betrachten. Inselmenschen und Paradiese standen zwar immer noch nicht auf meinem Wunschzettel, aber ich erinnerte mich an die Demagogen der guten Laune bei dem Festival in der Eifel. Denn nachdem ich als Journalist über Kabarettisten,

Kaninchenzüchter und Karnevalisten geschrieben hatte, träumte ich von einer neuen Karriere als Frontberichterstatter in Krisengebieten. Ein Land mit glücklichen und gelassenen Menschen war da vielleicht ein erster Schritt in die richtige Richtung.

Ich beschloss: Gute Laune ist keine so üble Sache. Und ein Land, in dem es mehr Schafe als Menschen geben sollte, in dem Steaks so groß wie Pizzateller sein und Grills wie Raumschiffe aussehen sollten, konnte kein schlechtes Land sein, auch wenn die Menschen dort leider Englisch und kein Russisch sprachen. Aber, so beruhigte ich mein slawisch sozialisiertes Gewissen schnell: Immerhin lag Neuseeland ja auch im Osten, nur etwas südlicher halt. Die Perspektive hängt immer vom Standpunkt ab. Ich beschloss also, in das Land zu gehen, das bereits Lenin als »ein Land am Ende der Welt« bezeichnet hatte.

Als ich meinen Eltern bei einem sonntäglichen Rinderbraten mit Kartoffeln, brauner Soße und der Lindenstraße zum Dessert schließlich erklärte, dass ich nun für unbestimmte Zeit nach Neuseeland gehen würde, fragte meine Mutter: »Hat dir das Essen nicht geschmeckt?« Und ich wusste: Ich muss hier weg.

Auf ans andere Ende

»Terrible tragedy in the South Seas.
Three million people trapped alive.«
Tom Scott, Satiriker, 1979 über Neuseeland

Fernweh lag nicht in der Bestimmung meines Clans. Niemand in meiner Familie hatte, soweit ich weiß, je das Große, Weite, das Unbekannte und Fremde gesucht. Niemand hatte sich in einem Einbaum durch den Amazonas geschlagen, hatte Eisbären auf dem Packeis gejagt oder Muscheln auf dem Mars gesucht. Niemand hatte sich die Einsamkeit aus der Seele gerissen und war mit ihr durch die Welt getourt. Meine Familie war eher auf Bodenhaftung, Wurzelbildung und Übersicht hin orientiert. Nur ein Großonkel meines Vaters, so hörte ich aus den konspirativen Gesprächen im Ältestenrat der Familie heraus, hatte den ganz großen Sprung gewagt und war in den Fünfzigern nach Kanada gegangen. Er ward nie mehr gesehen. Wahrscheinlich, so mutmaßte meine Tante einmal, war er von Bären gefressen worden. Mir sollte das eine Warnung sein. Seit meiner Kindheit glaubte ich deshalb, dass überall in der Welt Bären auf Frischfleisch aus der Zivilisation warteten. Die Natur blieb mir von da an nicht geheuer.

Nur mein Opa hatte es als junger Spund mit seiner Familie aus dem Posener Land in die Stolberger Atsch nahe bei Aachen geschafft. Etwas später war er bis nach Sibirien gekommen, wo er einige Jahre gelebt hatte, allerdings nicht freiwillig. Meine Familie erzählte sich sogar von geheimnisvollen Fotos, auf denen er und eine hübsche Russin zu sehen waren. Die Fotos sind eines der größten Mysterien unserer Familie, nie hat sie jemand zu Gesicht bekommen. Anscheinend wusste mein Opa aber, wie man sich in der Fremde durchschlug, ohne unter die Räder zu kommen. Mein Vater dagegen hatte sich schon vor langer Zeit vorgenommen, nur dort Urlaub zu machen, wo man Deutsch spricht und das Essen reichlich und fleischig war. Italien und Spanien waren deshalb kein Thema. »Das ist doch kein Essen dort. Das ist Insektenfraß«, pflegte mein Vater über Tapas, Salate und Pizza zu sagen. Zudem wollte er keine Busreisen oder zu lange Flugreisen machen. Nach zwei, drei Stunden Fahrt sollte man am Ziel sein. »Sonst bekommst du ja Hämorrhoiden«, schimpfte er kopfschüttelnd. Entsprechend limitiert war das potenzielle Erkundungsgebiet. Eifel, Holland, Belgien, deutsche Nordsee und andere Campingidylle. Bayern war nach einem Urlaub, der im Regen geendet war, für meine Eltern auf immer und ewig gestorben. »Hier fahr ich nie mehr hin«, hatte meine Mutter geschrien, als es zwei Tage nach unserer Ankunft immer noch so heftig regnete, als sei der Monsun über uns gekommen. Anders als mein Vater war meine Mutter aber eine verhinderte Abenteuerin und Kosmopolitin, die eine erstaunliche Kommunikationskultur entwickelte unter Völkern, die eine andere Sprache sprachen. Mit Händen und Füßen gestikulierte sie sich ohne Probleme durch Gespräche mit Russen, Engländern oder Hunden.

Das Fernweh, das mich trieb, war nicht nur mir ein Rätsel, sondern auch meinen Eltern. Nach reichlicher Überlegung war klar, dass ich nicht – wie wiederholt von meiner Schwester gemutmaßt – kurz nach der Geburt mit einem anderen Kind vertauscht worden war, sondern dass ich mein Fernweh von meinem Opa geerbt haben musste. Untrügliche Beweise waren für meine Mutter, dass ich schon als Baby überall schlafen konnte, wo man mich hinlegte, und dass ich nie Heimweh hatte, wenn ich bei meinen Großeltern in den Ferien war. Zudem war ich als Kind schon allein auf allen vieren auf Erkundungstour in Opas Garten unterwegs gewesen. Wenn meine Mutter über mein Fernweh sprach, hatte ich immer das Gefühl, ich hätte eine schlimme, unheilbare Krankheit, die mich zu einem Aussätzigen machte, der wie ein Leprakranker in einer dunklen Höhle außerhalb der Gesellschaft existieren muss.

Einer aus unserer Familie musste schließlich die Wände der Tradition einreißen, ein größeres Flugzeug besteigen und die weite Welt erkunden. Ich spürte, ich war der Auserwählte. Niemand würde einen Auserwählten aufhalten. Meine Mutter versuchte es dennoch. »Ist es nicht gefährlich dort?«, grübelte sie. »Neuseeland, meine ich, das ist doch Südsee. Gibt es da nicht gefährliche Tiere, Menschenfresser, Erdbeben, Sturmfluten oder Vulkanausbrüche?« Diese Gefahrenbeschwörung konnte mich nicht beeindrucken. Schließlich stirbt der Mensch, statistisch gesehen, eher im Auto als durch Naturkatastrophen. Dann griff sie zu schärferen Waffen. »Und wovon willst du leben? Was willst du arbeiten?« Aus meiner Mutter sprach der Geist der Bundesrepublik. Was für Fragen! Ich war schließlich auf dem Weg ins Paradies. An solch schnöde Dinge wie Arbeit und Geld konnte ich da wirklich nicht denken. »Notfalls werde ich Metzger«, beruhigte ich meine Mutter. »In Neuseeland gibt es jede Menge Fleisch.« Tatsächlich war das einer der Berufe, die mir äußerst attraktiv erschienen.

Meine Mutter hörte jedoch nicht auf, mich in die Schluchten der Skepsis zu treiben. »Wie lange fliegst du denn?« »So um die 28 Stunden. Mit drei Zwischenstopps, in London, Bangkok und Sydney.« »Das ist aber lange«, stellte sie richtig fest. »Dann nimm dir genug zu essen mit.« »Essen gibt es im Flugzeug.« Achtundzwanzig Stunden waren meiner Meinung nach eine verdammt kurze Zeit, wenn man ins Paradies wollte. Andererseits sollte so ein Flug in ein Paradies auch keine Kinderrutschbahn sein. Denn sonst würde ja jeder dorthin fliegen wollen. So aber musste man bereit sein, einen gewissen Schlaf- und Hygienemangel zu ertragen, Glieder- und Rückenschmerzen und Gefahren wie zum Beispiel schnarchende Sitznachbarn oder Thrombose, die einem ein Bein, letzten Endes sogar das Leben kosten könnte, wie ich entsetzt im Internet las.

Mein Beschluss, auszuwandern, stand fest, und ich kündigte meinen Job, meine Wohnung und meinen Bausparvertrag, den ich mir zugelegt hatte, um meine Eltern in dem Glauben zu wiegen, dass ich nach meinem Studium ein relativ normales Leben führen würde. »Wollen Sie sich das nicht lieber noch einmal überlegen?«, fragte mich die freundliche Versicherungsfachverkäuferin, als ich am Tag der Abrechnung vor ihr saß und sie ein zutiefst sorgenvolles Gesicht aufsetzte, so dass es mich arktisch schauderte. Man wisse ja nie, warnte sie und hob den Zeigefinger. Ich ließ mich nicht beirren, meine Entscheidung stand felsenfest. Dann unterschrieb ich selbstsicher das Auflösungsdokument, als handelte es sich um ein Entlassungspapier, das mir die Freiheit nach einem Gefängnisaufenthalt bestätigte. Wahrscheinlich hielt mich die Frau für einen Spinner – nicht ganz zu Unrecht. Beflügelt von der nahenden Freiheit, hielt ich mich für Supermann, nur fehlte das »S« auf meinem T-Shirt. Nichts konnte mir etwas anhaben. Ich hatte mir den Gedanken zu eigen gemacht, dass Besitz bindet und man sich von ihm frei machen müsse, um wirklich frei sein zu können. Mit solchen und anderen tiefgründigen Sätzen nervte ich in jenen Tagen meine Umwelt. Für meine Mitmenschen war ich unerträglich. Zweifel am Erfolg meines Planes hatte ich nicht. Wobei ich, ehrlich gesagt, gar keinen richtigen Plan hatte. Ich war schließlich auf ein Abenteuer aus.

Ich gebe zu, in Alpträumen suchten mich in dieser Zeit zuweilen die Geister des Sicherheitsdenkens heim. »Du armer Irrer«, hui-buhten sie mir ins Gesicht und rasselten mit ihren rostigen, schweren Ketten. »Das geht doch in die Hose.« Hahaha, knatterte ihr Lachen in den Nächten vor der Abreise durch meinen Kopf. Schweißgebadet wachte ich morgens auf und las im Internet zur Beruhigung ein paar Kalenderblattsprüche. »Wer sich noch nie verloren hat, kann sich auch niemals finden.« Oder: »Das Leben ist immer lebensgefährlich.«

In den letzten Tagen vor meiner Abreise stieg dann die Wehmut in mir auf. Die übernahm so weit die Kontrolle in meinem Kopf, dass ich mir sogar ein Überlebenspäckchen für schlechte Tage in einem fremden Land packte – mit Goethe, den ich eigentlich nicht mochte, mit Kölner Karnevalsliedern, die ich eigentlich auch nicht mochte, und mit Herbert Grönemeyer, den ich alles andere als mochte. Ich war, so stellte ich ein wenig deprimiert fest, auch nur ein Mensch. Später, nach einem halben Jahr in Neuseeland, würde ich an düsteren Tagen der inneren Schwäche sogar durch meine WG in Auckland Grönemeyer singend spazieren, was mir jetzt, da ich diese Zeilen schreibe, sehr befremdlich vorkommt. Seitdem bezweifle ich, dass das Reisen die guten Seiten in einem Menschen hervorbringt.

Der Tag, an dem ich Deutschland verließ, war ein recht durchschnittlicher Tag im Rheinland. Es war August, und es regnete. Morgens aß ich mein letztes Rosinenbrötchen mit Fleischwurst, roch noch einmal am Papier der *Kölnischen Rundschau* und wünschte die muffige Musikauswahl von *WDR 2* – auch im Abschied keine falsche Sentimentalität – zum Teufel. Toto, Bryan Adams, Eurythmics, so stellte ich mir vor, würde es in Neuseeland sicher nicht geben. Dann saß ich schon im Flugzeug, und irgendwo zwischen London und Indien griff das Paradies nach mir. Es war gestattet, so viel Bier zu trinken, wie man wollte. Wahrscheinlich sollte man das auch. Denn die Sitze in den Transkontinentalmaschinen waren ein Fall für Tierschutzexperten. Man bekam eine ungefähre Vorstellung davon, wie sich Hühner in Legebatterien fühlen mussten. Es zwickte und zwackte, so dass ich auf meinem bierkastenbreiten Sitz hin und her rutschte und nur selten zur Ruhe kam, obwohl ich nicht sonderlich groß bin. Zur Lockerung machte ich ein paar Anti-Thrombose-

Übungen. Waden strecken und entspannen. Strecken und entspannen. Denn ich wusste: Thrombose kann töten. Meine Nachbarin zur Linken, eine etwa 80 Jahre alte Engländerin mit erdbeerroten Lippen, schaute mir interessiert zu. »Hier«, sagte sie und hob ihre Plastiktasse. »Ein Schluck Gin hilft immer. Cheers.« Ich prostete ihr mit meinem Bier zu.

Zu meiner Rechten saß das fleischgewordene Outback: Jack, ein etwa zwei Meter großer Australier mit gewaltigen Oberschenkeln. Er behauptete, er käme aus »Toowoomba-Quänsländ-Mät« – ein Ort, von dem ich noch nie gehört hatte, was nicht verwunderlich war. Denn seit meinen Schulzeiten glaubte ich, Australien sei eine unnötig groß geratene Insel, die aus Sydney, Melbourne, dem unbewohnbaren Outback und ein paar Kängurus bestand. Ich vermutete daher, dass »Toowoomba-Quänsländ-Mät« irgendwo im Outback liegen musste, wo offensichtlich die besonders harten Kerle herkamen. Denn obwohl es im Flugzeug so kühl war, dass ich eine neue Eiszeit befürchtete, hatte Jack Shorts an und ein Muscle-Shirt mit der Aufschrift »Streetfighting Motor Cycle Club«. Er trug eine große Brille, was ihm fast ein intellektuelles Aussehen gab. In seiner rauhen Stimme hallte der Klang des Buschlandes. Seine muskulösen Arme waren mit dilettantischen, aber respekteinflößenden Tätowierungen übersät, die unter der von der Sonne braun gegerbten Haut gräulich und bläulich schimmerten. Anker, Messer, Säbel, eine Pistole. »Geht wohl ziemlich rauh zu bei euch in Quänsländ-Toowoomba-Mät«, sagte ich. »Was erwartest du sonst von einem einstigen Strafgefangenenlager, Mät?«, antwortete Jack, jede Silbe sauber und deutlich artikulierend, weil er bemerkt hatte, dass ich kein Landsmann war. »Aber ich komme aus der Stadt Toowoomba in Queensland, eine Region im Nordosten Australiens, Mät« – und »Mät« oder vielmehr »Mate« heiße so viel wie Freund. »Das sagt man bei uns so. Und wenn du jemanden triffst, dann sagst du: ›Howizitgoin, Mate‹, ›Wie geht's dir, Kollege?‹«

»Und nun du«, forderte Jack mich auf. Ich spannte meine Gesichtsmuskeln an und presste das »Howizitgoin, Mate« so formvollendet grunzend aus den Tiefen meiner Mundhöhle heraus, dass der Rachen kratzte, aber das Produkt ziemlich beeindruckend klang. »Nicht schlecht, Mate, yeah, wirst noch ein richtiger Cowboy. Hey, erwarte da aber keine Antwort drauf. Wir sind ja keine Heulsusen. Ist eher so 'ne Art Begrüßung, 'kay?« »'kay, Mate«, erwiderte ich. Jack grinste. »Du bist aus Deutschland, was?«, fragte er dann. »Wusste ich. Ihr seid immer so freundlich und zurückhaltend. Außerdem habt ihr einen furchtbaren Akzent, wenn ihr Englisch sprecht.« Er grinste. »Aber weißte was? Ich mag euch. Ihr macht großartige Stahlnägel. Die halten was aus. Die habe ich mir in Australien extra besorgt, als ich mein Haus gebaut habe. Meinen Besuchern sage ich jetzt immer: Hey, guckt mal, das sind Nägel aus Deutschland. Da kannste mit 'nem Truck dran ziehen, die bekommste nicht raus. Yeah, Mate. Von Nägeln versteht ihr was.« Seine Augen glühten vor Begeisterung, der man gut entnehmen konnte, wie viel Spaß es ihm machen musste, deutsche Nägel mit dem Hammer zu versenken.

Nach seinem Lobgesang auf diverse deutsche Qualitätsprodukte verfiel Jack wieder in seine undurchdringliche Busch-Artikulation. Soweit ich verstand – und das war nicht viel –, ging es in seiner Rede um das letzte Formel-1-Rennen und eine wilde Party, die er mit Freunden in London gefeiert hatte. Ich schaute, erfüllt von einem Gefühl ekstatischer Leere, auf seinen bartumwucherten Mund und versuchte angestrengt, irgendwelche Lichtungen in die endlosen Satz- und Wörterwälder zu schlagen. Hoffnungslos. Ich sah nur Bäume und verstand nur ein Wort – Mate. Irrte ich mich, oder klang das, wenn es in einem Flächenbombardement auf einen einschlug, wie Määääh? Vor allem an den episch breit gezogenen Ääääs, deren Wirkung mit einer gekonnt hochgezogenen Nase verstärkt wurde, schienen Australier ihren Gefallen zu haben. Jacks Sätze klangen, als würde man versuchen, mit einer Kettensäge einem besonders harten Baumstamm beizukommen, wobei die Säge immer wieder im Holz hängen blieb und man immer wieder neu ansetzen musste. Mein Schulenglisch hatte mich auf solch eine archaische Exotik nicht vorbereitet. Er dürfe mich da nicht falsch verstehen, sagte ich zu Jack und wollte wissen, ob die in Neuseeland auch so interessant sprechen würden. »Was glaubst du, Mate. Die Kiwis sind verdammte Hinterwäldler. Die sind echt 'n bisschen seltsam. Im Vergleich zu deren Sprache sprechen wir verdammtes Oxford.« Hahaha! Jack lachte und hielt sich den Bauch mit seinen riesigen Händen. »Jack, Mate«, hob ich bewusst cool an. »Sag mal, ich fliege nach Auckland, Neuseeland. Wie isses denn da? Schon mal über den Teich geflogen, Mate?« Jack legte los: »Verdammt, Mate. Lass das bloß sein. Was willst du denn da? Nichts als maulfaule Farmer gibt es dort und keinerlei gefährliche Tiere. Australien dagegen ist was für richtige Männer. Hier kannst du auf tausend Wegen ums Leben kommen. Wir haben Skorpione, Spinnen, Krokodile und ziemlich eklige Quallen, die dich ruck, zuck erledigen. Das spürst du gar nicht, und schon bist du tot. Aber die Kiwis, Mate, die haben nichts als ihren dicken Vogel, der noch nicht mal fliegen kann und bald sowieso Geschichte ist. Ist das ein gutes Nationalsymbol? Nein, Mann. Ihr Deutschen, ihr habt doch den Adler, das nenn ich mal ein Wappentier. Aber ein dickes lahmes Viech wie der Kiwi?« Jack schüttelte den Kopf und strich seine langen strähnigen Haare glatt. »Außerdem: Ein Land, das du an einem Tag von Ost nach West durchqueren kannst, ist kein Land. Verstehst du, Mate? Der Mensch liebt Gefahren und Herausforderungen. Du brauchst Respekt vor deinem Land. Den hast du nur, wenn du weißt, dass es dich töten kann. In Wüsten, die einen austrocknen. In Wäldern, die einen verschlucken, und Flüssen, die einen mitreißen. In Sandstürmen oder Tornados.« Jack fixierte mich durch seine dicken Brillengläser mit seinen dunklen, starren Augen, in denen ich den schwarzen

Abgrund, das düstere Herz Australiens zu erkennen glaubte. »Vergiss Kiwi-Country«, riet Jack mit lauter Stimme und einer abweisenden Kopfbewegung. »Mann, da pennste ja ein. Komm nach Australien. Kommste mich besuchen, dann gehen wir auf die Jagd.« Jack hob seine Arme und imitierte, soweit ich das mit meiner spärlichen Waffenkenntnis erkennen konnte, eine Schrotflinte und dann deren dumpfen Schüsse. »Bumm! Bumm!« Eine japanische Stewardess, die gerade vorbeistakste, stoppte kurz, sah Jack an und lächelte. »Coffee? Tea?« »Ich habe«, setzte Jack seine interkulturelle Tirade fort, »nur in einer Beziehung Respekt vor denen: Rugby. Die All Blacks, die sind stark. Die schaue ich mir gern an. Vor allem, wenn sie von unseren Jungs in Grund und Boden getrampelt werden.« Hahaha! Wieder dröhnte Jacks grollendes Lachen durch die Kabine. Offensichtlich war das australische Selbstbewusstsein ebenso groß wie ihr Kontinent, der wie ein fettes Kotelett im Südpazifik lag. Neuseeland dagegen wirkte, schaute man sich das Ensemble auf der Weltkarte an, wie zwei zu lang gegrillte Stücke Bauchspeck, die man auf einem Globus erst entdeckte, wenn man die Kugel leicht drehte und seine Augen durch eine anstrengende Kopfwendung im Schein einer Schreibtischlampe auf den Schatten unterhalb Australiens richtete. Da unten, in der letzten Ecke der Erde, lag Neuseeland. Wäre es im Kalten Krieg zu einem Atomkrieg gekommen, ging es mir durch den Kopf, wäre Neuseeland wahrscheinlich das einzige Land gewesen, das die Sowjets oder die Amerikaner vergessen hätten zu bombardieren. Wäre die Welt eine bessere geworden, fragte ich mich, wenn nur die Neuseeländer überlebt hätten? Diesen Gedanken verwarf ich gleich wieder. Wahrscheinlich hätten die Neuseeländer noch nicht mal bemerkt, dass sie die letzten Exemplare der Menschheit gewesen wären. Ich hatte gerade den geistigen Punkt hinter mein Gedankenspiel gesetzt, da wurde ich rüde in die Gegenwart zurückgeholt. »Sie sind sehr laut und unhöflich, Mr. Jack«, beschwerte sich meine Nachbarin in einem akzentuierten Teetrinker-Englisch, die Jacks Rede offenbar gehört hatte. »Ich bin nur sehr ehrlich, my dear«, antwortete Jack, ihren Akzent mit einem breiten Grinsen imitierend. »Verdammte POMEs«, flüsterte er mir ins Ohr. Sein feuchtwarmer Bieratem zog in meine Nase, die von der Klimaanlagenluft mittlerweile so trocken war wie die Sahara.

Jacks persönliche Ansichten über den kleinen Nachbarn ließen mich keineswegs an meinen Plänen zweifeln. Große Länder waren mir ohnehin viel zu kompliziert und deswegen zu anstrengend. Neuseeland dagegen war ein Sandkorn in der Weltzeituhr. Neuseeländer hatten, soweit ich wusste, nie irgendwelche Ambitionen geäußert, die Welt zu bekriegen und zu beherrschen. Neuseeländer bedrängten niemanden, Wodka aus Saftgläsern zu trinken oder ihre Frauen zu heiraten, oder? Mir gefiel die Aussicht, mich für einige Zeit in die Hängematte der Bedeutungslosigkeit zu legen und auszuruhen – von meinen Reisen in den wilden Osten und meinen großartigen journalistischen Beiträgen zur Weltgeschichte. Außerdem wollte ich ja kein rüdes Abenteuer, bei dem es um Leben und Tod ging, sondern ein bisschen Zivilisation, gepaart mit einem neuen Leben auf Zeit, ein sorgenfreies Ikea-Abenteuer, bei dem ich weder mit schlechtgelaunten Verkäuferinnen noch Giftschlangen zu kämpfen hatte. Sondern nur mit mir selbst. Es sollte ein sanftes Abenteuer werden, das mir meinen ersten großen Befreiungsschlag vom deutschen Vollkasko-Leben erträglich machen würde. Ich wollte mich fallen lassen, aber doch nicht gleich ins Chaos. Das Freischwimmen sollte schließlich nicht zu anstrengend sein. Ich wollte einfach Ruhe, etwas Glück, noch mehr Gelassenheit. Ich wollte wissen, wie das ist, wenn man gute Laune hat, wenn man zufrieden ist – einfach so. Ich wollte erfahren, wie das ist, wenn man zuversichtlich ist, an die Zukunft und an den Optimismus glaubt. Außerdem wollte ich mich der großartigen, der herrlichen und atemberaubenden Natur aussetzen – nackt und schutzlos wie ein Rehkitz –, um zu sehen, was sie mit einem macht, der nur Schwarz trägt. Wird man im Anblick von Bergen und Wäldern ruhiger oder verrückter? Wie ist das, wenn so viele leuchtende Farben um einen herum sind? Trägt man plötzlich bunte Hemden und helle Stoffhosen, wechselt man auf die Seite der Müsli-Esser und Gemüsefans? Kann man wirklich frei sein, ohne einsam zu sein? Wird man im Land der Gelassenen tatsächlich gelassener? Und kann man die gelernte Gelassenheit im Handgepäck mitnehmen zurück nach Deutschland? Außerdem wollte ich endlich mal ein bisschen normal sein. Meine Mutter und meine Freunde hatten sich schon immer um mich gewisse Sorgen gemacht, da ich die meiste Zeit meines jungen Lebens damit verbrachte, in den »kaputten« Osten zu fahren. »Wenn das so weitergeht«, hatte ein Bekannter mal gewarnt, »dann bist du in ein paar Jahren am Ende. Dann kann man dich in die Klapse stecken.«

Neuseeland, das ahnte ich vage, war für mein persönliches Experiment genau der richtige Ort. Was wusste ich über Neuseeland? In Neuseeland lebten viele europäischstämmige Menschen und weniger Maori, die neben dem Kiwi offensichtlich als Tourismus-Maskottchen für ihr Land herhielten. In Prospekten zeigten sie ihre massigen und muskulösen Körper und streckten die Zunge heraus – was man zur Begrüßung offensichtlich so machte in Neuseeland. Als Staat war Neuseeland ungefähr so alt wie die Glühbirne. Als Land war es viel, viel älter. Vor 82 Millionen Jahren hatte sich das spätere Neuseeland von dem Riesenkontinent Gondwana abgespalten und machte seitdem sein eigenes Ding im Südpazifik. Seinen Namen erhielt das Land schließlich aus einem anderen abseitigen Land. Im 17. Jahrhundert taufte ein niederländischer Kartograph die beiden Inseln im Südpazifik Neuseeland – in Hommage an die flache südniederländische Provinz Zeeland, wo meine Eltern mit uns Kindern häufig den Sommerurlaub verbracht hatten. Die Maori aber nannten ihr Land Aotearoa – das Land der langen, weißen Wolke. Ein Name, der die Zimbeln eines jeden Ethnoromantikers zum Bimmeln bringen musste. Neuseeland bestand aus zwei Inseln. Die Nord- und die Südinsel. Im Norden, so hieß es, gab es vor allem Menschen und Schafe. Im Süden vor allem Natur und Schafe. Was wusste ich sonst? Neuseeland vergötterte Rugby und wurde von einer Frau regiert. Neuseeland kannte keine Arbeitslosigkeit und Armut. Es schien mir grün, friedlich, freundlich, harmlos, unschuldig und so zivilisiert zu sein, dass hier sogar jede abgelegene Dschungeltoilette mit ausreichend Toilettenpapier (zweilagig) bestückt war, wie mir ein Bekannter erzählt hatte. Aus der Gestaltung der Weltgeschichte hatte sich das Land bis dato begrüßenswerterweise herausgehalten. Außer dass es Neuseeland irgendwie gelungen war, selbst meinen Supermarkt um die Ecke jeden Tag mit Lammfleisch und Kiwis zu versorgen. Von Neuseeländern erwartete man, dass sie gute, glückliche und gesunde Menschen waren, dass sie geboren wurden – allein mit der Mission, Öko-Paprika anzupflanzen, Tiere zu schützen und unser Weltklima zu retten. Aus der Entfernung betrachtet, konnte ich mir deshalb kaum vorstellen, dass in Neuseeland auch gestritten, geschieden, gestorben und gemordet wurde. Vor Neuseeland hatte niemand Angst. Anders als vor dem wilden Osten.

Boris Groys, ein deutscher Philosoph, hat in den Achtzigern mal einen vielbeachteten Artikel geschrieben. Auf Russland projiziere der Westler, so Groys, all seine unterbewussten Ängste, seine Furcht, seine Wahnvorstellungen. Dieser Gedanke ließ sich diametral entgegengesetzt auf die Bedeutung Neuseelands anwenden. Wenn der Osten im Unterbewusstsein des Westens das Düstere verkörperte, dann war Neuseeland das Lichte, das reine Gewissen, ein braves grünes Schlaraffenland vor allem deutscher Sehnsüchte. Da die Zivilisation nicht immer das Beste in uns hervorgebracht hatte, sehnten wir uns nach solch einem abseitigen Land, nach Natur, nach viel Natur, die uns nicht an unsere Geschichte erinnern, keine lästigen Fragen stellen und uns einfach gute Menschen sein lassen würde. Neuseeland würde unsere arme dunkle Seele reinigen. Neuseeland würde unsere wirklichen Qualitäten erkennen – und uns auf den Pfad unserer eigentlichen Bestimmung zurückführen – auf den des Wanderers, Schrebergärtners, Naturpredigers, kurzum: auf den des friedliebenden, harmlosen und netten Menschen, der gern mit den Vögeln trällert, mit den Schafen blökt und in die Wolken schaut. Im Grunde genommen waren wir braven sinn- und harmoniesuchenden Akademiker, Bildungsbürger und Mittelständler ja Neuseeländer, nur dass wir im falschen Land geboren worden waren. Neuseeland war für solch eine symbolische Wiedergeburt also der richtige Ort: Es galt als das schönste Land der Welt. Es quoll über vor traumhafter Landschaft und einsamer Natur, die unberührt, ungestüm und wild war – aber nicht *zu* unberührt, ungestüm und wild.

Die nächste Flugetappe von Bangkok nach Sydney verlief ohne größere Vorfälle. Jack trank Bier, rülpste ein paar Mal in Richtung Hinterkopf seines Vordermannes, die alte Engländerin bestellte sich ein paar Gin Tonics, schlief schließlich ein und schnarchte wie ein Walross, als wir über Indonesien hinwegdüsten. Ich genoss den endlos scheinenden Flug, versuchte die Ästhetik von Rugby zu durchblicken, als ich mir die Höhepunkte der WM von 1999 im TV des Bord-Unterhaltungsprogramms anschaute. Nach zehn Sekunden gab ich auf. Ich blickte ein paarmal aus dem Fenster, sah unten Hunderte von winzigen Lichtern, die wie Glühwürmchen in einem schwarzen Meer zu treiben schienen, dann wieder nur undurchdringliche Schwärze. Ich hatte wohl zu viele der Tourismus-Filmchen geschaut, in denen es um klares Wasser, schöne Berge und grüne Wälder ging, denn schon zehn Stunden später spukte mein Gehirn Täler und

Hügellandschaften in die endlosen Wolkenmassen, die ich nicht mit einem Gefühl der Furcht, sondern mit einem Gefühl der Sanftmut anblickte. Der Transformationsprozess musste bereits begonnen haben. Mehr und mehr hatte ich das Gefühl, all das, was mich ausmachte, hinter mir zu lassen.

In Sydney brach Jack mir fast die Hand, als er sich von mir verabschiedete. »Lass dich nicht von den Kiwis fressen, Mate«, riet er mir und zog lachend von dannen. Mit einer Stunde Verspätung begann die vierte und letzte Etappe. Wir flogen über dem blauen Nichts. Einmal in meinem Sitz gelandet, konnte ich mich zunächst nicht entscheiden, ob ich wach bleiben oder schlafen sollte. Matthias, mein deutscher Sitznachbar, nahm mir die Entscheidung ab. Er redete wie ein Wasserfall auf mich ein, als ich mich als Landsmann zu erkennen gegeben hatte. »Nach Neuseeland. Ja. Da fahre ich hin«, hatte er gesagt, wobei nicht nur das Wort »fahren« komisch war, sondern auch sein traumverlorener Blick, mit dem er »Neuseeeeeland« betonte. Es war der Blick, den alle aufsetzten, wenn sie von Neuseeland sprachen oder von Neuseeland hörten. Neuseeeeeeland. Aaaahhh. Matthias kam aus Stuttgart, war 24 Jahre alt und ziemlich aufgeregt. An seiner Stelle wäre ich auch aufgeregt gewesen. Er hatte im Internet ein 19-jähriges Maori-Mädchen kennengelernt und beschlossen, sie zu treffen. Und dazu ihre Familie, die ihn am Flughafen empfangen wollte. Wie ich als Mann von Welt wusste, bedeutete das nicht nur, dass am Flughafen seine Herzallerliebste samt Mutter und Vater mit freudigen Gesichtern stehen würden, sondern dazu zehn Tanten und Onkels und rund 30 Cousins und Cousinen. »Ich bin so verliebt«, schwärmte er. Es war sein erster Flug, seine erste größere Auslandsreise, und er lebte noch bei seiner Mutter, was meine Meinung, er gehe da etwas zu blauäugig an die Liebe ran, nicht unbedingt abschwächte. Höflich, wie ich war, entschied ich mich, ihm das nicht zu sagen. Die Realität, sie erwischt jeden irgendwann mit ihrem Vorschlaghammer. Am liebsten hätte ich ihn geschüttelt, aber das Gefühl, abseits von allem zu sein, hatte schon die große Gelassenheit in mir entfacht. Ich fühlte mich entspannt wie lange nicht mehr. Mit glühenden Wangen saß Matthias neben mir und löschte seine aufsteigende Nervosität mit Sekt und Bier, was mir gefiel.

Das Erscheinen des Paradieses im Fenster hatte ich wohl um ein paar Minuten verschlafen, als ich von einem lauten deutschen »Das ist aber grün!« geweckt wurde, das in einer der Reihen hinter mir von einem der Indiana-Jones-Menschen ausgestoßen worden war. Verschlafen blickte ich aus dem Fenster – und tatsächlich: Das sah wirklich ziemlich grün aus, was ich weit unter der linken Tragfläche liegen sah. Und dazu so gesund – wie frischer Spinat, den ich schon als Kind nicht ausstehen konnte. »Das strahlt ja richtig, das Gras«, meinte Matthias. »Unser Gras in Deutschland wirkt dagegen ziemlich gräulich. Findest du nicht?« So genau hatte ich mich mit dem Gras bei uns noch nicht befasst.

Nach 28 Stunden im Himmel betrat ich die heilige Erde Neuseelands, ungewaschen und komatös, durch einen imaginären Tunnel und über einen biederen grünlichen Teppich, was dem ohnehin erstaunlich ruhigen Flughafen den Hauch eines heimeligen Wohnzimmers verlieh. Oder den einer Kneipe. Eine Vorstellung, die mir besser gefiel und die ich deshalb fröhlich durch den Flughafen trug. Ich wollte schlafen und eine Dusche, bevor das Abenteuer beginnen sollte. Alles zu seiner Zeit. Gleich hinter dem letzten Schnapsladen im Flughafen, bevor es zum Stempel- und Visa-Empfang ging, sah ich meinen ersten Dschungel – aus Plastik –, dazu trällerten Vögel aus Lautsprechern. Eingefangen von der ungewohnten Exotik, stand ich schließlich vor der Einwanderungsbehörde Neuseelands. »Herzlich willkommen und alles Gute in unserem Land«, sagte der kleine Mann indischer oder pakistanischer Herkunft und gab mir meinen Pass zurück. Ich glaubte meinen Ohren nicht zu trauen und schaute den Mann verwirrt an – er lächelte tatsächlich, als hätte er nach Monaten der Einsamkeit endlich mal wieder einen Menschen zu Gesicht bekommen. Das war ich als Hardcore-Ostreisender nicht gewohnt. Dort wäre jede Andeutung eines Lächelns bei der Kontrolle mit der Entsendung in ein Arbeitslager bestraft worden. Durch das Flugzeugfenster hatte ich schon die Männer beobachtet, wie sie das Gepäck auf ihre Wagen luden und dabei lachten. Menschen, die während ihrer Arbeit lachten, hatte ich das letzte Mal in einem sowjetischen Propagandafilm gesehen. Offensichtlich war es nicht das Schlechteste, am Tellerrand der Welt zu leben.

Zum Glück hatte ich weder Hackfleisch noch Bratwürste in meinem Gepäck, und so kam ich schnell durch die Hunde-Beschnüffelungskontrolle der hechelnden Anti-Öko-Killer-Einheit und den Zoll. Im Flugzeug hatte man bereits eine auffallend bunte Einreisekarte ausfüllen müssen, deren bohrende Fragen einem das Gefühl gaben, das Land mit der Einfuhr von kleinen Öko-Terroristen wie Mikroben und Bakterien, die sich womöglich unter Fingernägeln oder Schuhsohlen eingenistet hatten, eher in Schutt und Asche legen zu können als mit dem ein oder anderen Granatwerfer, den man möglicherweise bei sich trug.

Eine ältere Chinesin hinter mir in der Schlange hatte offensichtlich noch nichts davon gehört, dass Neuseeland keinen Spaß verstand, wenn es um sein fragiles Grün ging. Ich sah, wie ein Zöllner den schweren Koffer der Chinesin öffnete. Der große Beamte mit dem rundlichen braunen Gesicht kramte im Inneren des Koffers, dann stockte er, und sein Gesicht überzog sich mit einer bedenklichen Ernsthaftigkeit. »Das ist ein Hühnchen, und dessen Einfuhr ist verboten«, sagte der Zöllner und hielt das geräucherte, in Zellophan eingepackte Hühnchen in die Luft. Eine Übersetzerin kam gleich herbei und übersetzte. Das Gesicht der alten Frau wirkte nun besorgt. Dann redete sie aufgeregt und fand gar kein Ende mehr. Die Übersetzerin sagte lächelnd: »Das ist aber für meinen Sohn.« »Das mag sein«, entgegnete der Zöllner. »Aber Sie dürfen kein Essen einführen. Das ist verboten.« Offensichtlich wollte sich die alte Dame nicht gleich geschlagen geben. Wieder redete sie los, die Wörter reihten sich aneinander. Der Beamte schaute ausdruckslos und geduldig auf die kleine alte Dame. Schließlich sagte die Übersetzerin: »Das Hühnchen ist nicht schlecht. Das ist gute Qualität.« Und plötzlich griff die Alte in den Koffer, wo offensichtlich ein zweites Hühnchen lag. Sie löste das Zellophan und riss einen Batzen aus dem cremefarbenen Körper heraus. Sie biss in den Batzen und hielt das angefressene Bein dem Beamten fuchtelnd entgegen. Dazu ergoss sich eine Welle chinesischer Wörter über den Beamten. »Schluss jetzt«, sagte er laut und bestimmt, nahm die beiden Hühnchen und warf sie in einen Mülleimer. Die Alte schien wie erstarrt, dann zog sich ihr Gesicht verkrampft zusammen, und sie heulte los. Ich sah noch, wie sich der Beamte mit seiner Hand an den Kopf fasste und die Augen verdrehte. Dann war ich durch den Ausgang verschwunden. Ich schritt mit anderen Reisenden in die Flughafenhalle, und plötzlich entbrannten solch ein Jubel und eine Freude bei den Wartenden, wie ich es noch nirgendwo sonst erlebt hatte. Offensichtlich freuten sich die Menschen, dass sie endlich mal jemand besuchen kam. Ich streckte meine Arme gen Himmel und jubelte über meine großartige Reiseleistung. Im Augenwinkel sah ich noch, wie Matthias von seiner Internet-Freundin scheu mit einem Kuss auf die Wange und einer Rose begrüßt wurde und dann von drei korpulenten braunen Frauen nacheinander in die Arme genommen wurde. An eine schwere Brust gepresst, glaubte ich, Matthias glückselig lächeln zu sehen. Da war jemand offensichtlich schon angekommen, während ich meinen Weg noch suchte.

Zeitgeist

»A south Taranaki massage parlour is offering
fresh breast milk as an extra service to customers.«
Dominion Post, 18.7.2003

»FOUND, opal ring about 14 years ago (sorry for lateness).«
Northern Advocate, 26.8.2003

Gleich am ersten Tag meines neuen Lebens wusste ich, was ich zu tun hatte. Ich beschäftigte mich mit den Gefahren, auf die ich mich einstellen musste. Vorsicht war schließlich die Mutter der Porzellankiste. Ich las, dass Auckland, meine neue Heimat, dummerweise auf einem riesigen Vulkanfeld erbaut worden war. Achtundvierzig, wenn auch erloschene, Vulkane standen als grüne Kamelhöcker im Stadtgebiet herum und erinnerten daran, dass die Stadt quasi auf einem Lavameer schwamm. Während die Aucklander die interessante Lage ihrer Stadt zu genießen schienen, war das für mich eine deutliche Einschränkung der Lebensqualität. Nicht nur wegen des brodelnden Untergrunds. So bewegte ich mich an den ersten Tagen mit gespitzten Ohren und offenen Augen durch die Stadt – immer gewahr, dass die Erde plötzlich zu poltern beginnen konnte.

Ich brauchte nicht lange zu warten. Gleich am zweiten Tag erlebte ich mein erstes Erdbeben. Im Radio. Auf der Südinsel hatte es, so meldeten die Nachrichten, heftig gerumst. Sieben Komma zwei auf der Richter-Skala. »Yeah, da hatten wir ein bisschen Rock 'n' Roll hier unten«, röhrte ein Bewohner von der Südinsel im Radio. Dann lachte er, und der Moderator stimmte ein. »Yeah! Und das ist für Mutter Erde.« Dann krachte es aus dem Radio. »Let There Be Rock« von AC/DC. Anscheinend lebte es sich auf einem wackeligen Untergrund wesentlich gelassener. Das gefiel mir. Deswegen war ich hier. Und so schlenderte ich zur Übung gelassen wie ein Stück warme Knete durch die Straßen von Auckland. Dabei wunderte ich mich auf Schritt und Tritt über das Paradies – dass der Himmel grau war, die Briefkästen rot, die Menschen sich beim Busfahrer bedankten, wenn sie ausstiegen, und man im Supermarkt oder Café angesprochen und manchmal auf der Straße gegrüßt wurde. Mit zackig verkürzten Morsecode-ähnlichen Zurufen. »Hiya!« »Hello!« »G'day!« Einfach so wurde man gegrüßt, ohne dass man eine Versicherung, eine Religion oder einen Telefonanschluss kaufen sollte. Die Neuseeländer begegneten einem erst mal freundlich und offen. War das vielleicht eine Art kultivierte Nachbarschaftseuphorie, die man entwickelt hatte, weil man in einem einsamen Land lebte?

»Und wie war dein Tag heute?«, fragte mich die spargelige studentische Verkäuferin mit der lila Wollmütze, während sie mein Eingekauftes scannte und wahllos in Plastiktüten verpackte. »Ja, wie war mein Tag?«, überlegte ich laut. »Ganz okay. Der hat gerade erst angefangen. Bin erst vor ein paar Tagen in Neuseeland angekommen, weißt du. Ich habe noch Jetlag, habe aber schon von meinem ersten neuseeländischen Erdbeben gehört.« »Da gewöhnst du dich dran. Bei uns gibt es, glaube ich, so um die 14 000 jedes Jahr.« Vierzehntausend Erdbeben. Mir stockte der Atem. »Wow«, dachte ich. Da würde ich sicher auch mal ein richtiges erleben. Es musste ja nichts Wildes sein, eine kleine Erschütterung vielleicht – für die Erinnerung, damit ich später prahlen könnte: Ich bin Supermann! Ich habe ein Erdbeben überlebt! »Und woher kommst du?«, riss mich die Studentin aus meinen Gedanken. Ich sagte es ihr. »Deutschland? Cool.« Deutschland und cool, diese Verbindung hatte ich so noch nicht gehört. Sie sagte aber nicht kuhl, sondern kohl, allerdings mit einem offenen O wie in Ochse. »Warst du schon mal in Deutschland?«, fragte ich. »Nein, was denkst du? Viel zu weit weg und zu teuer. Aber wenn man von so weit hierhinkommt – das ist schon cool. Sehr cool. Wir freuen uns über Besuch. Und wie findest du Neuseeland?« »Ich bin ja erst ein paar Tage hier. Sehr ruhig hier. Selbst in der Stadt. Das macht mich ganz nervös.« »Wirklich? Ruhig? Ich bin abends immer so fertig, dass ich mich mit Yoga und Tee beruhigen muss. Oder ich singe und spiele Gitarre. Kann ich nur empfehlen, wenn es dir mal ähnlich gehen sollte. Du wirkst überhaupt ziemlich unentspannt. Geh doch mal zur Massage. Zum Beispiel in Newmarket im Schwimmbad. Die sind gut.« »Ja, danke. Werd's probieren«, sagte ich, dachte aber: Massage? Bin ich nach Neuseeland gekommen, um mich massieren zu lassen? Ganz bestimmt nicht. Die Schlange war längst um fünf Personen gewachsen, aber das schien weder die Verkäuferin zu stören noch die Wartenden. Niemand schaute gehetzt, genervt, so, als ob man ihnen wichtige Lebenszeit klaute und sie deshalb am liebsten Amok laufen würden. Alle wirkten entspannt, gelassen. Alle hatten diesen vollends gelösten Gesichtsausdruck, so als stünden sie kurz vor der Himmelfahrt. Wozu brauchte man hier also Masseure oder Yoga?

Dann, am dritten Tag, erreichte mich nach der Nachricht von den 14 000 Erdbeben im Jahr die nächste Hiobsbotschaft: Halb Neuseeland wollte Neuseeland verlassen. Ausgerechnet jetzt, wo ich doch erst angekommen war. Siebenhundert Neuseeländer verließen ihr Land – jede Woche. Das hatte ich im Radio gehört. Die meisten in Richtung Australien, zum Erzfeind, dem arroganten, großkotzigen, aufgeplusterten und lauten Australier. Bald würde Neuseeland leer sein. »Hey, weißt du«, sagte ein Anrufer. »Ich liebe mein Land, und es tut mir leid, dass ich gehe. Wirklich. Aber gegen Australien ist Neuseeland ein Dritte-Welt-Land. Ich muss das so sagen. Da bekommst du ein Drittel mehr Lohn. Hier kann man doch kein normales Leben führen. Wir produzieren ja noch nicht mal Autos.« Ein anderer lobte die australischen Schulen. Einer die australischen Internet-Verbindungen, die hundertmal schneller seien. Wieder ein anderer das australische Fernsehen und die Zeitungen. Einer sogar das australische Rugby-Team, die Wallabies. Eine ältere Anruferin beschwerte sich, dass sie ihr Neuseeland nicht mehr wiedererkenne. »Früher haben unsere All Blacks immer gewonnen. Alle waren so nett zueinander. Und nun? All die Drogen. Die Verbrecher. Niemand kümmert sich um den anderen. Alles ist so unpersönlich geworden. Wenn ich jünger wäre, würde ich auswandern. Und zwar nach Australien. Jawohl!« Das machte selbst den Moderator sprachlos.

Was hatte ich nur getan? Ich saß fassungslos vor dem Radiogerät und kaute auf meinem faden Marmeladentoast. Mir wurde heiß und kalt. Ich begann zu zittern. Meine Illusionen zerrannen wie heißer Käse. Was aber war ein Reisender ohne seine Illusionen? Ein Urlauber. Ein Urlauber wollte ich aber nicht sein. Nur ein Anrufer, der, wie er sagte, vor zehn Jahren aus Indien gekommen war, fand gute Worte für seine neue Heimat. »Ich weiß wirklich nicht, was die alle haben. Neuseeland ist doch *godzone*, Gottes eigenes Land. Es ist das Paradies. Die Luft ist sauber, das Wasser blau. Es gibt keine Verbrecher. Na ja, nicht so viele. Und ich habe eine kleine Firma mit fünf Arbeitern. Wenn man arbeiten will, bekommt man Arbeit. Geld ist doch nicht alles. Ich liebe dieses Land. Ja, ich liebe Neuseeland. Alle Menschen sollten hierhinkommen.« Das wiederum fand ich auch wieder übertrieben.

Ich hatte mich zunächst im Stadtteil Ponsonby niedergelassen. Einem zentralen, sehr harmlosen Stadtteil im Espresso-Gürtel der Stadt, wo früher polynesische Gangs wie die King Cobras und nun die Ich- und Handysüchtigen ihr Unwesen trieben und einen merkwürdigen Umgang pflegten. Wurde jemand begrüßt,

verabschiedet, oder erkundigte man sich nach dem Wohlbefin-
den seines Gegenübers, geschah dies immer mit einer überdehn-
ten, übekandidelten und vor allem lauten Betonung. »That's fan-
täääastic.« »Oh, how bjuuutiful.« »Oh, how aaaaaare ya?« »You
look so gooood today.« »It's so nice to meeeet you.« Offensichtlich war das Leben auf der Ponsonby Road eine einzige Seifen-
oper. Besonders gut gefielen mir allerdings die kleinen Fleischer-
läden in meinem Bezirk. Mit dicken Fleischbatzen und Steaks im
großen Schaufenster, alle säuberlich angeordnet und mit liebe-
voll beschriebenen Angebotsschildern bestückt. Hier war die
Welt offensichtlich noch in der Tante-Emma-Ordnung. Wie bei
unserem Dorffleischer, wo ich als kleiner Junge immer eine dicke
Scheibe Fleischwurst in die Hand gedrückt bekam, und zwar
ohne dass die Mama einem die Scheibe wieder aus der Hand
nahm, weil sie der Meinung war, dass sie nicht gut für den Cho-
lesterinspiegel war. Ein Zimmer hatte ich schnell gefunden, in
einer dieser niedlichen Holzvillen mit Palmen im Vorgarten und
Schaukelstuhl auf der Veranda, die nach Dauerurlaub aussahen.
Hier konnte ich einer heimlichen Neigung nachgehen und mich
wie ein Kolonialherr fühlen. »Was?«, hatte mich der *landlord* gefragt, der in diesem Fall eine Frau war. »Einwohnermeldeamt?
Was soll das sein?« Vielleicht hatte ich das Wort auch nicht richtig ins Englische übersetzt. »You know, where you need to regi-
ster as a citizen«, sagte ich erklärend. »In Deutschland ist das
Gesetz.« »Hier nicht«, entgegnete die Vermieterin. »Da kann ja
jeder kommen«, sagte ich. »Nein, da kann nicht jeder kommen.
Ich verlasse mich auf meine innere Stimme. Und die täuscht
mich selten. Die hat ein Gespür für krumme Vögel wie ein Rott-
weiler.« Sie hatte mich mit ihrem stechenden Blick in die Zange
genommen. »Habt ihr denn keine Angst vor Terroristen?«, fragte
ich. »Nein, nein. Neuseeland ist doch viel zu weit weg von allem.
Was wollen die denn hier? Urlaub machen vielleicht. Aber
sonst?«

Der Jetlag hatte mich fest im Griff in diesen ersten Tagen. Ich schlief lange, und wenn ich am frühen Abend aufwachte, war es schon stockfinster, und halb Auckland schien bereits im Bett zu liegen. Dafür begann das Leben schon mit den ersten Sonnenstrahlen. Wer in Ponsonby länger als 20 Uhr aufblieb, war ein einsamer Mensch. Man hörte dann nur den Wind, der wie ein hungriges Tier an den Fensterbeschlägen nagte. Ich existierte in diesen Tagen nur nachts – wie ein Possum. Mit dem Jetlag in Kopf und Körper nahm ich meine Umgebung mit kleinen Augen durch einen Filter, wie durch Milchglas wahr. Ich schaute vor allem Fernsehen – weil mal ein berühmter Dichter gesagt hatte, dass man ein Volk am besten an seinem Fernsehprogramm erkennen würde. Es gab zwei staatliche Sender und einen privaten. Dazu noch einen Musiksender, der aber nicht der Rede wert war. Die Nachrichten waren mit einer Stunde extrem lang. Extrem lang für ein Land, das nicht inmitten des Weltgeschehens lag. Meistens ging es allerdings nicht um harte Politik, sondern um bunte Geschichten. Also Menschenschicksale, Hundeschicksale, Pflanzenschicksale. Dreißig Minuten widmete man sogar dem Sport, was mir bereits eine Ahnung davon gab, wie überaus wichtig der Sport für den Identitätsbaukasten der Neuseeländer sein musste. Hier war alles Kricket, Netball und vor allem Rugby. Ich lernte erstaunt, dass es sogar zwei Rugby-Spielarten gab. Rugby Union war das traditionelle Rugby. Rugby League nannte man die schnellere, weil von Regeln entrümpelte Variante. Sie wurde vor allem vom Proletariat verfolgt. Neuseeland war komplizierter, als ich gedacht hatte. Ich hatte zwar noch keine Ahnung vom Rugby, aber die testosterontreibenden Spielausschnitte bannten meine Aufmerksamkeit. Wohl weil ich ein Herz für Fleisch und Archaik hatte. Später sollte ich mich tatsächlich ein wenig in diesen Sport verlieben – was vielleicht etwas krank klingt, aber die Wahrheit ist. Meine Lieblingssendung allerdings war eine Hausrenoviersendung, die nicht mit bieder braven

Wohnkonzepten aufwartete, wie man das vom deutschen Äquivalent gewohnt war. In einer Folge durften die Kinder eines Aucklander Ehepaars das heimische Haus nach ihren Vorstellungen umbauen. Während die Eltern in die Verbannung nach Fidschi geflogen wurden, bauten die Kinder mit Hilfe der TV-Innenarchitekten und Bauarbeiter das Wohnzimmer in eine ägyptische Grabanlage um, inklusive Sand und Sarkophag, das Esszimmer in eine Vampirhöhle, samt Spinnennetzen und Särgen als Sitzgelegenheit, und den Garten in eine Schlachtszenerie mit Schützengräben und einem Panzer als Rutschbahn. Als den Eltern das Wunderwerk der Innenarchitektur dann vorgeführt wurde, gab es für die Kleinen nicht etwa eine ordentliche Tracht Prügel, nein, der Vater tätschelte seinem Sohn den Kopf und meinte, dass ihm das alles wirklich gut gefalle. Sei mal was anderes, urteilte die Mutter. Beiden schien das durchaus ernst zu sein. Hier war man im Kopf eben nicht so unflexibel und festgefahren. Hier stand man Experimenten, auch wenn sie durchaus existenzialistischer Natur waren, viel offener gegenüber. Auch das gefiel mir.

Den Zeitpunkt meiner Ankunft hatte ich vielleicht etwas unüberlegt geplant. Der neuseeländische August war ein launischer grauer Monat ohne sonnige Ambitionen. In den Nächten, so wurde mir außerdem klar, tanzte nicht der Bär durch die Straßen von Auckland, sondern es heulte allein die Stille. Ich hatte zwar davon gehört, dass es auch in Auckland so etwas wie ein Nachtleben geben sollte, aber das fand unter der Woche ganz sicher nicht in Ponsonby statt. Kurz nach Sonnenuntergang begann sich die Stadt zu leeren. Langsam verschwanden die Autos, dann die Menschen, dann das Licht. Ich nutzte die schlaflose Zeit zu langen Spaziergängen durch die kühle Nacht der Stadt und die angrenzenden Suburbs, die von den Einheimischen »Burbs« genannt wurden, was sich für mich nach Rülpser anhörte. Während ich so durch die dunklen Straßen lief, überkam mich die Ahnung, dass ich die Langeweile zu meiner Komplizin machen und meine Dämonen bändigen musste, um hier anzukommen. Die von Mittelklassewagen gesäumten Straßen waren still und leblos. Nur von der Hauptstraße her hörte man das Autorauschen, manchmal ein Rascheln aus einem der Gärten, manchmal ein Pfeifen, das nach einem Vogel klang, manchmal den Wind, der mit seinen Händen in die Baumkronen griff und sie kräftig schüttelte. Wenn ich die Augen schloss, dann konnte ich mir durchaus vorstellen, in einem wilden Waldgebiet zu stehen. Ich pflegte ein paar Stunden durch die hügeligen, aufgeräumten Puppenhausstraßen zu laufen, in die hell erleuchteten Wohnzimmer zu blicken, die mich an die Fotos aus einem Wohnungsausstattungskatalog erinnerten, um dann an meinem Lieblingsplatz zu verweilen. Gegenüber der Lincoln Street, auf der anderen Seite der Ponsonby Road, blickte man in eine steil abfallende Straße, die mit ihren Häuschen, Bäumchen und Laternen so abgeschieden wie eine Straße in einem malerischen Provinznest wirkte. Aber aus diesem Bild der Ländlichkeit und Abseitigkeit erwuchs das dem Fortschritt geschuldete Wahrzeichen der Stadt, der Fernsehturm von Auckland, der nachts blau oder lila leuchtete wie der gen Himmel schießende Turm einer Raumstation, so als wollte Neuseeland der ganzen Welt signalisieren: »Huhu! Wir sind auch noch da.«

»Huhu! Ich bin auch noch da!«, hätte ich dem alten Knochen am liebsten zugerufen. Der saß neben mir an der Theke der Bar, die ich an einem Abend auf meinen Spaziergängen entdeckt hatte. Der Alte schaute auf seine grüne Flasche Steinlager, als wollte er sie hypnotisieren. Ich hatte ihm schon drei Fragen gestellt, und dreimal hatte ich eine kauzig-knappe Antwort erhalten, aus der die neuseeländische Leere sprach. »Nein, Mate.« »Ich weiß nicht.« »Keine Ahnung.« Lektion eins hatte ich gelernt: Nicht alle Neuseeländer wollten gesprächige Nachbarn sein. Dafür aber Serge.

Er saß links neben mir und hatte meine kläglichen Kommunikationsversuche beobachtet. Serge war gesprächig. Er kam aus Rumänien. »Wir haben eine reiche Geschichte, weißt du das? Hast sicher schon von Vlad, dem Pfähler, gehört! Weißt schon, der Dracula.« Ich nickte, weil ich wusste: Jedes Land in Osteuropa hatte eine reiche Geschichte. »Ja, das verstehst du. Bist ja auch ein Europäer. Wir müssen zusammenhalten in der kalten Fremde.« Er klopfte mir auf die Schulter. »Die Kiwis«, sagte er und zeigte auf den Alten, der wohl in eine Art Thekenstarre verfallen war, »die Kiwis sagen zwar zu jedem hallo und guten Abend, aber eigentlich sind sie verklemmte Schafhirten. Haben echt einen Stock im Arsch. *Fuck*. Ich bin seit sechs Monaten hier, und glaubst du, ich hätte es mal geschafft, einen meiner Kollegen zu einem Bier zu überreden, *fuck?* Keine Chance. Wenn du hier Freunde machen willst, brauchst du drei Leben Zeit. *Fuck*.« In seiner Heimat war Serge ein paarmal Bodybuilding-Regionalmeister gewesen. Nach Auckland war er gekommen, um Geld zu verdienen. Er arbeitete als Maurer. Morgens ging er zu einem Treffpunkt in der Stadt. Dorthin kamen die Firmen, die Arbeitskräfte suchten. Dann ging es meistens gen Süden der Stadt, wo wie wild gebaut wurde. Als Handwerker konnte man glücklich werden in Neuseeland. Die Zeitungen, das hatte ich selbst gesehen, waren voll mit Anzeigen, in denen nach Tischlern, Zimmermännern und Verputzern gesucht wurde. Serge gehörte zu den Menschen, die aus irgendeinem Grund nahe an einen heranrückten, so nah, dass man ihren Atem, ihr billiges Moschus-Aftershave riechen und die Mitesser auf ihrer Nase ausmachen konnte. Hatte wohl als Kind zu wenig Streicheleinheiten bekommen. Serge hatte kurze Haare, er trug eine weiße, glänzende Trainingshose und eine schwere Goldkette. Er wedelte mit seinen trainierten Armen wie ein Kickboxer, wenn er sprach. In seinen Augen loderte die rumänische Leidenschaft, aus seinem ganzen Körper sprach diese unheimliche Intensität, die ich vor allem von unseren expressiven osteuropäischen Mitmenschen kannte. Sein Englisch holperte wie ein knatternder Trabi. Nur das *fuck*, das er in jeden Satz zweimal einstreute, wirkte auf eine komische Weise authentisch. Seine in den Schluchten von Bukarest gestählte Stimme war so laut, dass sie selbst die dumpfe Bumm-Bumm-Musik in der Bar übertönte. »Vielleicht machst du den Neuseeländern Angst«, meinte ich. »Wie, Angst?« »Na, durch deine Art. Du bist so, na ja, aufbrausend.« »Wie, aufbrausend? Ich aufbrausend? Pass auf, mit wem du sprichst. Ich bin die Ruhe in Person. Ich bin Rumäne. Wir haben uns immer im Griff. Wir sind überall bekannt für unsere guten Manieren. Wir gelten schließlich als die Franzosen Osteuropas.« Serge war von seinem Hocker aufgesprungen, und nun stand er da wie ein Herkules, der auf seine nächste Aufgabe wartete. »Wie du meinst«, raunte ich, gab meine interkulturelle Belehrung aber nicht auf. »Vielleicht musst du dich etwas einfühlsamer zeigen, wenn du in einem anderen Land bist. Etwas reservierter und zurückhaltender. Die Menschen sind möglicherweise anders hier.« »Was? Bin ich schwul, *fuck?* Entweder die nehmen mich so, wie ich bin. Oder sie lassen es.« »Vielleicht wirst du dann aber nicht sonderlich glücklich hier.« »Pah, glücklich. Dann gehe ich eben wieder nach Rumänien. Wir werden bald sowieso zur EU gehören. Dann geht es uns besser, *fuck.*« Serge lachte überlegen. Hahaha. Ich stimmte ein, allerdings, weil ich das für einen guten Witz hielt. Rumänien in der EU. Hahaha! Hier am Ende der Welt waren die Gedanken frei, übermütig frei, märchenhaft frei. Ich war in einer Ponsonby-Chic-Bar mit dem deutschen Namen »Zeitgeist« gelandet. Rustikale Bierkneipen hatte ich vergeblich gesucht. Sie passten anscheinend nicht in die mittelklassige Pippi-Langstrumpf-Welt von Ponsonby. Dass ich als Erstes einen Rumänen kennengelernt hatte, verwunderte mich allerdings wenig. Auf Reisen zog einen das an, was einem am nächsten war. In der Fremde war man durchaus abergläubisch.

Am nächsten Abend saß ich wieder in dieser Bar, die unter der Woche chronisch unterfrequentiert zu sein schien, und testete mich durch die neuseeländische Bierauswahl. Speight's, Mac's Gold, Steinlager. Wieder saß der Alte an der Theke und starrte auf sein Bier. Er sah dabei noch nicht mal unglücklich aus, auch nicht direkt glücklich, irgendwas dazwischen, glücklich-unglücklich vielleicht. Ich startete einen neuen Kommunikationsversuch. »Und wie läuft's, Mate?«, fragte ich beschwingt. »Ganz ordentlich.« »Du kommst wohl häufiger hierher.« »Geht so.« »Und was treibst du so?« »Ich starre auf mein Bier, siehst du doch.«

»Bei dem hast du keine Chance, Bro!«, meinte Dani, ein großer, dicker Samoaner, der links neben mir saß. »Der kommt von der Südinsel oder Mainland, wie die das nennen. Die reden kaum und sind störrisch wie Vieh. Und uns hier halten sie für die Pest. Keine Ahnung, warum der überhaupt hier an der Bar sitzt.« Der Alte grunzte und nahm einen Schluck. Dani trug ein T-Shirt so weit wie ein Bettlaken. Er hatte große, gutmütige Kuhaugen und wurstige Riesenhände. Während das Kiwi-Englisch sich knorzig-rauh wie trockenes Unterholz anhörte, war seine Sprache von einer seifigen Eleganz und rhythmisch wie ein Rap. Dani, der zu der Kategorie der dauer-gutgelaunten Menschen gehörte, benutzte eine Menge Wörter, die ich nicht kannte. *Awesome. Beaut. Joker. Peace out*, sagte er besonders häufig, wahrscheinlich ein ironischer Brudergruß unter polynesischen Gangsta-Rappern. »Frieden ist out.« Er selbst bezeichnete sich als *coconut*, Kokosnuss, was sicherlich selbstironisch gemeint war. Zumindest hoffte ich das für ihn. Dani war Lehrer, sang sonntags in einem Gospelchor, und er war gar nicht einverstanden mit meinen pauschalen Nachfragen über die Neuseeländer. Ich wollte von ihm wissen, wie der Neuseeländer denn so drauf sei. Was er esse und was er denke, was er lese und so weiter. Dani schüttelte seinen riesigen Kürbiskopf. »Neuseeland ist komplizierter, als du denkst, Bro«, sagte er und rührte in seinem bunten Schirmchen-Cocktail, der schmerzhaft süß aussah. »Hier gibt es Europäer, Chinesen, Inder, Pakistaner, Maori, die ganzen Polynesier. Was weiß ich. Viele sind schon mehrere Generationen hier, und sie sind alle Neuseeländer. Solche Typen wie der da. Also weiß und muffelig. So war Neuseeland früher mal. Aber heute ist es bunt und gutgelaunt. So wie ich.« Dani grinste wie eine hypereuphorische Disney-Figur. Der Alte grunzte. »Außerdem gibt es da noch all die regionalen Identitäten. Den West-Aucklander. Den Süd-Aucklander, wobei der sich in Otara wieder von dem in Papatoetoe unterscheidet. Und dann die in Taranaki, die von der Ostküste oder in Kerikeri. Die auf den Chatham Islands oder die an der Westküste auf der Südinsel, dann die Wellingtonians. Aber auch da muss man wieder von Bucht zu Bucht unterscheiden. Alle verschieden, alle anders.« Dani hatte Gefallen an seiner anthropologischen Rede gefunden und redete und redete. Zwischendurch drehte er, wohl um seine Lebenslustigkeit zu untermauern, eine Pirouette, schwang seine ochsenschwere Hüfte oder spreizte seinen Zeige- und Mittelfinger zu einem Hip-Hop-Gruß. Mein Kopf dagegen rauchte wie ein überforderter Ofen. Ich sah meine Träume schwinden. Ich hatte mich so auf ein unkompliziertes, verständliches und überschaubares Neuseeland gefreut. Ein Land ohne Ecken und Kanten. Ein Land wie eine Scheibe. Und nun das. »Hey, Bro«, sagte Dani und gab den Motivationstrainer. »Hey, das schaffst du schon. Macht doch Spaß, das alles zu entdecken. No worries, Bro. No worries, Bro!« Von wegen »no worries«. Mein Kopf platzte jetzt schon vor Sorgen. Schwer wie Blei stapfte ich nach Hause.

Am dritten Abend saß ich allein neben dem Alten an der Bar. Kein Serge, kein Dani. Wir schwiegen Bilder in die nikotinfreie Luft. Der Barkeeper hockte gelangweilt in einer Ecke und ordnete an einem Laptop die Musikauswahl, die furchtbar R-'n'-B-lastig war. An diesem schwummrigen Herzensgesang für debile Gefühlssüchtige würde noch mal die Welt zugrunde gehen, dachte ich in meiner offensichtlichen Langeweile. Und plötzlich sprach er, der Alte. Hatte ich richtig gehört? »Hey«, hatte er gesagt, ohne seinen Blick von seinem Bier zu nehmen. Offensichtlich war der Alte, der in seinem rustikalen T-Shirt-Jeans-Stiefel-Chic überhaupt nicht in das Ambiente der Bar passen wollte, in Plauderlaune. Ich hatte ihm noch nicht mal ein Wort entgegnet, da hatte er bereits einen Monolog aufgenommen. »Hey, ich bin früher auch viel gereist, weißt du. War überall. Am Amazonas, in China, in Rom. Hab viel gesehen. Hat auch Spaß gemacht. Wirklich. Warum ich dir das erzähle? Du bist ein Reisender. Das sehe ich. Dir springt die Sehnsucht ja aus dem Gesicht. Aber ich sag dir eins. Eins habe ich gelernt.« Er machte eine Pause. »Reisende«, sagte er und klang plötzlich wie ein Prediger. »Reisende kommen niemals an. Niemals. Wollte ich nur mal so gesagt haben.« Dann verstummte der Alte wieder und saß da – wie ein steinernes Orakel. In diesem Moment erschrak ich. Mein Oberschenkel war von einer leichten Vibration gekitzelt worden. Ich dachte zunächst an die Vorboten eines Erdbebens. Aber dann begriff ich: Das war sicher meine Mutter. Ich zog mein Handy aus der Hosentasche und las die SMS. »Du meldest dich gar nicht mehr. Bei uns gibt es heute Sauerbraten. Den hast du doch so gern. Mama.«

Auckland – Stadt wider Willen

»Weißt du, was falsch mit dieser Stadt ist? Sie ist zu kompliziert.
Auckland sollte niemals so groß sein, wie es jetzt ist.
Wir sind auf einer kleinen Insel und füllen sie auf,
packen immer mehr Menschen darauf –
eines Tages wird sie abbrechen und im Meer versinken.«
Chad Taylor

Hi, ich bin James. Wie geht's, Mann?« Ein gutgelaunter, bohnenschlaksiger Junge mit einem Mondschaflächeln und einer Achtziger-Jahre-Metal-Frisur tänzelte neben mir her. »Geht so«, brummte ich, was die lästige Frohnatur aber nicht weiter zur Kenntnis nahm. »Hier, unser neues Café. Komm vorbei.« Dann drückte er mir einen Werbezettel in die Hand. Ich las: »Neueröffnung in der Ponsonby Road. Probiert unsere leckeren Kuchen und Torten. Unseren delikaten Kaffee. Alles garantiert organisch.« Organisch? Das englische Wort für Bio oder Öko also. Klang irgendwie nach Kompost. Ich wollte den Zettel gerade zusammenknüllen und in einen Papierkorb werfen, da fiel mein Blick auf den letzten in Giftgrün gedruckten Satz auf dem Flyer: »Hey, Leute! Bitte vergesst nicht, diesen Flyer in das Altpapier zu werfen, wenn ihr ihn nicht mehr braucht. Unsere Bäume danken es euch.« Ich fühlte mich ertappt, faltete den Zettel zusammen und steckte ihn mit schlechtem Gewissen in meine Jackentasche. Die Bäume würden es mir danken.

Die ersten Wochen verbrachte ich damit, die Stadt spazierend zu erschließen. So bekam ich wenigstens einen Eindruck davon, wie die Häuser aussahen, wie die Menschen sich einrichteten, wie sie ihre Vorgärten bestellten. Meine vorübergehende Bleibe an der Ponsonby Road hatte ich gegen ein Zimmer in einer WG eingetauscht. Seit neuestem wohnte ich in Mount Eden, einem schönen Bungalow-Stadtteil am Fuße des gleichnamigen Hügelvulkans, in dem sich betuchtere Künstler und Familien niedergelassen hatten. Ich lief weiter durch eine der Alkoholverbotszonen über die Karanghape Road, kurz K'Road, der berüchtigten Bio-Café-Hippie- und Rotlichtbezirksstraße am oberen Ende von Auckland Downtown, auf der man zu jeder Tageszeit eine erstaunlich hohe Konzentration von Menschen mit kleineren und größeren Macken traf. Es war windig und grau. Und zwar richtig grau, asphaltgrau, rattengrau, grabsteingrau, flugzeugträgergrau.

Das Radfahren hatte ich nach ein paar Versuchen längst aufgegeben, nachdem ich zwei der steilen Hügel nur mit äußerster Anstrengung geschafft hatte, dann aber fast den Erschöpfungstod gestorben war. Ohne Auto oder Motorrad war man im hügeligen und weitläufigen Auckland verloren. Man kam nicht raus, nicht rein, nirgendwohin. Als Spaziergänger kam man sich dagegen wie ein Hippie mit Persönlichkeitsstörung vor. Denn das Spazieren in ziviler Kleidung war nicht üblich. Man wurde dafür sogar etwas mitleidig angeschaut, so als ob man eine schlimme Krankheit hätte. Wenn man rausging, zu Fuß, dann nur zum ehrgeizigen Hügel-Joggen. Ansonsten benutzte man das Auto, was dem Kiwi ein Symbol für Freiheit und Mobilität war, auf der die komplette neuseeländische Wirtschaft fußte, die wiederum auf einem recht niedrigen Benzinpreis basierte. Wahrscheinlich würde die Evolution, dachte ich, sich irgendwann entschließen, auf die Produktion von Beinen zu verzichten. Aber was, wenn dann der Sprit teurer wurde?

Sechzehn Uhr. Das Aucklandsche Verkehrschaos begann, der einzige und damit größte Stau des Landes, um im neuseeländischen Superlativ-Jargon zu sprechen. Die Autos drängten sich Stoßstange an Stoßstange, Blech an Blech. Alles war verstopft.

Vor allem auf den Autobahnen, die Auckland Downtown wie eine Python umrankten. Eigentlich hatte ich gedacht, dass ich mich im Paradies mit solch weltlichen Phänomenen nicht mehr plagen müsste. Manche Städte ließen sich ja mit prägnanten Schlagworten charakterisieren. Paris war elegant und nonchalant. London weltmännisch. Tokio verrückt. Berlin durchgeknallt, arm und hip. Moskau großkotzig und teuer. Minsk weit und sauber. Was aber war Auckland? Auf diese Frage hatte ich bereits einige Tage Gehirnzellen verschwendet. Für was war Auckland berühmt? Für seinen Stau, seinen Yachthafen, für sein Fährgebäude am Hafen? Für seine Shopping Malls? Seine Strände? Seine Bootsbauer, seine Banker, seine alljährliche Blumenshow? Ich hatte keine Ahnung. War Auckland eine aufregende Stadt? Auckland war sicher eine aufregendere Stadt als vor 20 Jahren, als es langsam begann, seine Finger in die moderne Welt auszustrecken, und die Espresso-Sucht kultivierte. Aber dennoch: Ich glaubte, dass die Kids hier nicht Drogen nahmen, weil ihre Stadt so unglaublich spannend war, sondern um sie sich ein wenig aufregender zu machen. Von einer Stadt, die nach einem Politiker benannt war, durfte man wohl auch nicht zu viel erwarten.

Schließlich stand ich auf der Queen Street, der vielleicht einzigen Straße Neuseelands, durch die ein Hauch Großstadtatmosphäre wehte. In Outdoorklamotten gehüllte Touristen mischten sich hier mit weißen Anzugträgern, pickeligen Jungs in Schuluniform-Shorts, Sweatshirts und komischen Wollmützen, shorts- und sockentragenden Männern, nach Manga-Vorbild geschminkten Asiatinnen und dicken Polynesiern in Hip-Hop-Klamotten. Noch nicht mal am Ende der Welt war man vor der Globalisierung sicher. Mir schien, dass sich die Menschen, die Bauarbeiter, die Autos hier langsamer bewegten, als ich es von großen europäischen Städten gewohnt war. Diese Stadt lebte nach ihrer eigenen Uhr. Gestern hatte ich unsere WG-Katze beim Mäusefangen beobachtet. Und selbst das wirkte wie mit

Zeitlupe eingefangen. Vielleicht hing diese frappierende Beschaulichkeit mit der Gravitation zusammen? Wenn man mit der Geschwindigkeit von Städten wie London oder Tokio nicht klarkam – mit der von Auckland kam jeder klar. Bis auf die Neuseeländer selbst, die das Leben in Auckland bizarrerweise als »Rats Race«, als »Rattenrennen« also, bezeichneten. Ich dagegen fühlte mich hier nicht sonderlich getrieben, sondern eher wachkomatös beschwipst. Ich blickte zum unteren Ende der Straße, wo sich ein Touristenshop an den anderen reihte, in denen man mitunter auch Jade-Anhänger mit Maori-Symbolen kaufen konnte, die in China hergestellt wurden. Ich sah die Sushi-Läden, Boutiquen, Fastfood-Ketten und blickte dann zum ansteigenden oberen Ende der Straße, wo sich asiatische Restaurants aneinanderdrängten. Auckland Downtown war nicht sonderlich attraktiv. Downtown, das klang ja irgendwie nach Metropole, nach New York, was aber einen vollkommen falschen Eindruck gab. Hochhäuser gab es zwar auch hier, allerdings keine Wolkenkratzer. Auckland war mit seinen 350000 Einwohnern, die in Downtown lebten, ein Mini-New-York oder Mini-Los-Angeles, alles war im Vergleich zu den Metropolen der Welt irgendwie mini, die Skyline, die Drogensucht, die Lautstärke, der Dreck, die Scheinheiligkeit, der Hang zur Selbstinszenierung und Hysterie, die ein New Yorker in der Aucklander Version wahrscheinlich als Beruhigungsmittel empfinden würde. In Hommage an die Partnerstadt Los Angeles hat sich Auckland sogar einen ähnlich berüchtigten Stadtteil wie South Central in L.A. zugelegt. Und zwar im Süden Aucklands, wo vor allem Polynesier wohnten und von dem die Weißen mit allergrößtem Respekt sprachen. Ansonsten war Auckland Downtown ein buntes Sammelsurium an wild und quer gebauten Glas- und Stahlhochhäusern, in denen Banken und Handelsfirmen residierten. Alte Häuser gab es kaum. Alles schien neu, halbwegs neu, fast neu, neuwertig. Wie aber sollte ich mich darin wiederfinden? Das Junge, das Neue, das in Zello-

phan verpackte Frische interessierte mich nicht. All dieses Ge-
lalle von der Jugendlichkeit, dem blühenden Schönen, dem in
Hochglanz beschriebenen Lifestyle, dem man auch hier nicht
entgehen konnte. Das verhüllte, warum wir meines Erachtens
vor allem auf dieser Welt waren – zum Leiden, zum Sterben und
zum Biertrinken. Alles andere war nichtiger Fliegenschiss. Ich
hatte mir zwar ein wenig Erholung von der europäischen Kultur-
schwere gewünscht. Aber gleich so eine Radikalkur?

Zwischen all der wuchernden Wildheit fand man nicht nur
bedeutungslose Leere und Wirre in allen möglichen Formen,
sondern auch architektonisch sehr verspielte Gebäude, die wie
die Umsetzung eines schrägen Picasso-Bildes wirkten, so zum
Beispiel das Aotea-Centre. Mit einem Platz davor, der keiner war.
Tiefere Zusammenhänge und Verbindungen suchte man hier,
wie mir schien, vergeblich. Was ich mir damit erklärte, dass
die Neuseeländer als Kleinstadt- und Landnation naturge-
mäß keine Ahnung von der Städteplanung haben konnten. Niemand hatte wohl damit gerechnet, dass man irgendwann mal den
stadtentwicklerischen Herausforderungen einer Riesenstadt wie
Auckland begegnen musste. Großstädte, das kultivierte Metro-
polenleben waren dem Neuseeländer, der den Strand, den Busch,
die Ebene, das Meer als natürliche Lebensräume vorzog, immer
noch suspekt. Gerade im Sommer sollte ich das später noch be-
merken. Dann stand das Stadtleben in Neuseeland still wie ein
verlassenes Karussell auf einem Spielplatz. Auckland starb dann
aus, wurde zur leblosen Hülle, zur Geisterstadt. Während sich
die Strände in pulsierende Jahrmärkte des Lebens verwandelten.
Dann wirkte Auckland erst recht wie eine aus den Fugen geratene ländliche Gemeinde, eine verwirrend große Anhäufung von
Dörfern mit ihren typischen Dairy-Fish-and-Chips-Shops- und
Supermarkt-Ansammlungen, die sich häufig so sehr ähnelten,
dass ich mich in den Stadtteilen das ein oder andere Mal verirrte.
Stand man auf einem der erloschenen, grasgrünen Vulkanhügel,

sah man einen unendlichen kilometerweiten Teppich von ein-
stöckigen Eigenheimen, diesen dünnwandigen Holzvillen und
-bungalows mit ihren roten oder grünen Wellblechdächern, mit
kleinen Gärten, den Jeeps, Holdens, Toyotas und Booten in der
Einfahrt. Für mich wirkten diese Häuser wie niedliche Urlaubs-
und Sommerhäuschen, die das Rauswollen auf das Meer und in
die Natur vermittelten und keine bürgerliche Standfestigkeit und
Heimatverbundenheit, mit der urbane Traditionen, gepflegte Rituale, epische Familiengeschichten in Verbindung standen. Diese
dünnen Holzhäuser schienen nicht für die Ewigkeit gebaut. Entweder, weil jedem klar war, dass ein Leben auf einem Vulkanfeld
von einer gewissen Absehbarkeit geprägt war. Oder weil die Einwanderer es bei ihrer Ankunft gar nicht richtig glauben konnten,
in solch einem schönen Land gelandet zu sein, dass sie die ganze
Zeit mit Fischen, Surfen, Jagen und Schafescheren beschäftigt
waren und völlig vergaßen, den soliden Hausbau zu lernen. Oder
weil, und das ist die Erklärung für alle Kulturpessimisten, die
Einwanderer so enttäuscht von Neuseeland waren und sich erst
mal ein paar schnell zusammengezimmerte Holzhütten bauten,
mit der Aussicht, bald wieder nach Hause zurückzukehren oder
weiterzuziehen. Das gab der Stadt bis heute ihren improvisatorischen Kraut-und-Rüben-Charakter. Wie es im Leben so war,
blieb man dann doch länger, und irgendwann hatte man vergessen, dass man eigentlich zurückkehren wollte. Nun nannte man
seine Heimat Paradies. Geblieben aus den Tagen des Missmutes
waren die Holzhäuser und eine gewisse Unruhe, die die Aucklander umzutreiben schien. Als eine Erinnerung daran, dass bald
alles vorbei sein würde. Denn den Aucklander befiel tatsächlich
eine gewisse Unruhe, wenn er nicht dreimal im Jahr umzog. Um-
ziehen, Häuser einrichten, Häuser kaufen, Häuser verkaufen war
eine der Lieblingsbeschäftigungen des Aucklanders. Sonntags
ging man deswegen nicht in die Kirche, sondern zum Open
Home, also zu einer Hausbesichtigung, oder gleich zu einer

Hausauktion. Diese innere Unruhe der Aucklander rührte auch daher, dass Auckland zwischen Tasmanischer See und Pazifik lag, das Meer war immer und überall in Sicht- und Reichweite. Der Horizont, die Sehnsucht waren die ständigen Bezugspunkte dieser Stadt und damit die Fluchtpunkte für die Sehnsüchte und Träume ihrer Bewohner. Man musste sich bewegen, wenn man nicht das Gefühl haben wollte, inmitten einer riesigen, endlos scheinenden Wassermasse auf alle Ewigkeit gefangen zu sein. Wie die Stadt wohl vom Meer aus gesehen wirkte, überlegte ich, nicht wissend, dass ich dies schneller als gedacht erfahren würde.

Schaukelnde Welt

»New Zealand, when all is said and done,
is a couple of islands stuck away by
themselves, surrounded by nothing but ocean.«
Conrad Bollinger

So, Ingo, du kommst also aus Deutschland und willst hier in unserem tollen Team arbeiten?« Was heißt, ich will? Ich muss, dachte ich, sagte aber euphorisch wie ein kleines Kind, das mit glühenden Augen nach seiner Spielzeuglokomotive gierte: »Ja, das wäre wirklich phantastisch. Ich habe schon viel von Ihrem tollen Team und der grandiosen Arbeitsatmosphäre gehört.« Das war gelogen, aber ich brauchte den Job. Meine ohnehin spärliche Finanzlage würde sich schon bald in Richtung Desaster entwickeln. Auch wenn dies eine traurige Erkenntnis war: Aber kein Paradies gab es umsonst. Die Stundenlöhne am Ende der Welt waren aber auch nicht von dieser Welt, wie ich von meinen Mitbewohnern erfahren hatte. Dafür aber die Mieten und Lebensmittelpreise. Bald würde ich pleite sein. Ich wollte mich zwar fallen lassen, aber nicht ohne das nötige Kleingeld in der Tasche zu haben. So begann mein paradiesischer Neuseeland-Aufenthalt mit der neuseeländischen Erfahrung schlechthin. Weil man hier die Herausforderungen des Lebens liebte und der Meinung war, dass man alles tun könnte, wenn man nur wollte, hatte ich beschlossen, eine Karriere als Buchverkäufer zu starten. Was mich dafür qualifizierte? Ich konnte lesen, und ich kannte einige Bücher. Das Verkaufen aber hasste ich, wie auch das werbende Kundengespräch, wie überhaupt die Kommunikation mit Menschen, mit denen ich eigentlich nicht reden wollte. Auch ich war nicht perfekt. Der Personalchef des Buchshops an der Queen

Street saß mir lächelnd gegenüber und gab sich ziemlich kollegial. Ich war mir sicher, dass das nur gespielt war. Wenn der Typ seine Macht durch einen Mitarbeiter in Gefahr sehen sollte, würde er seine Gelassenheit ablegen und einen hochkant rauswerfen – gnadenlos, kaltblütig. Trotz aller Gelassenheit: Schließlich waren wir in einem Land, das den real existierenden Neoliberalismus quasi erfunden hatte. Natürlich war der Mann nun darauf bedacht, eine Kumpelatmosphäre zu schaffen und seinen Laden in Pazifikblau zu pinseln. Allerdings ließ ich mich davon nicht täuschen. Mit seiner Designbrille, seinem Checker-Blick und seinem durchtrainierten Körper wirkte er wie ein Karriere-Snob. Trotz des lässig aus der Hose hängenden Hemdes. Als Strategie hatte ich mir überlegt, mich als ehrgeizigen, superkreativen, arbeitsamen und individuellen, aber umgänglichen, nicht zu komplizierten, kompromissbereiten, unwiderstehlich teamfähigen Menschen zu präsentieren. So wie man das eben auf unserer Seite der Erde machte. »Also, Ingo. Warum willst du bei uns arbeiten?« »Ich liebe Bücher. Ohne sie könnte ich nicht leben«, schwärmte ich mit der nötigen euphorisch bescheuerten Betonung, die ich mir allerdings selbst nicht abnahm. Aber ich hatte mir vorgenommen, besonders sympathisch und unkompliziert zu wirken und nicht wie eine tickende Zeitbombe für jedes Arbeitsklima. Schließlich hatte ich nur einmal in meinem Leben in einem richtigen Arbeitnehmerverhältnis gearbeitet, mit Vertrag, Versicherung und Mittagspause. »Ich lese«, hörte ich mich schwadronieren, »seit ich denken kann. Und ich habe schon eine Menge Bücher gelesen. Zudem habe ich Slawistik und damit Literaturwissenschaft studiert. Ich verfüge also auch über das nötige fachliche Rüstzeug. So könnte ich den Kunden an meinem Wissen teilhaben lassen.« Das allerdings beschränkte sich vor allem auf die dicken, düsteren Realismusromane des russischen 19. Jahrhunderts. Und so kam mir die nächste Frage von Mr. Checker wie gerufen. »Du hast unseren Shop ja gesehen. Was würdest du verändern? Und sei ruhig kritisch.« Tatsächlich sah der Laden wie eine biedere Einerlei-Stadtteilbibliothek aus. Dazu nervte einen dieses ewige Fahrstuhl-Jazz-Gedudel, das einen wohl mit seinem scheinheiligen Gefühl der unkomplizierten Weltliebe beruhigen sollte, mich aber nur nervöser machte und zu blutrünstigen Massaker-Gedanken verleitete. »Also, Ihr Shop sieht natürlich schon toll aus«, sagte ich. »Tolle Musik, gute Auswahl, bei den Büchern und bei der Musik. Auch die Aufteilung gefällt mir. Man findet alles relativ leicht. Nur die Auswahl an russischer, polnischer und tschechischer Literatur ist verbesserungswürdig. Ich denke an die Bücher von Sorokin, Kohout, Milosz. Sie wissen schon. Ihre Kunden würden eine Verbreitung des Sortiments sicher schätzen.« Warum ein Neuseeländer, der eine halbe Erdumrundung von Osteuropa entfernt lebte, diese Autoren schätzen sollte, war mir selber nicht klar, aber irgendwie fand ich meine Idee innovativ. Neuseeland schien sich noch nicht mal für die Literatur seiner poly- und melanesischen Nachbarn zu interessieren. Ganz groß im Kurs stand dagegen die übliche englischsprachige Belletristik, die man in den Flughafenbuchläden in aller Welt kaufen konnte. »Interessant«, log Mr. Checker. »Und hast du schon mal als Verkäufer gearbeitet?« »Ja, habe ich«, sagte ich stolz. »Sechs Jahre Erfahrung an der Kasse einer Tankstelle. So eine Quasi-Supermarkt-Tanke, wo man auch Bier, Grillfleisch und Zeitschriften bekommt, wissen Sie.« »Aber Bücher hast du noch nie verkauft, oder?« »Na ja, Bücher gab es da auch. Also keine richtigen. Eher Groschenromane und Comics.« »Aber«, beeilte ich mich zu sagen, bevor Mr. Checker im Kopf bereits seine Entscheidung gegen meine Einstellung getroffen hatte. »Aber das traue ich mir auf jeden Fall zu.« Das wollten sie doch hören, die neuseeländischen Lebenskünstler, oder? Jeder sollte seine faire Chance haben, oder?

Ich sollte natürlich nichts mehr von Mr. Checker hören. War ihm wohl doch zu unheimlich gewesen. Wie ich später von meinen irischen Mitbewohnern lernte, die schon deutlich mehr Erfahrung auf dem neuseeländischen Arbeitsmarkt gesammelt hatten, hatte ich mich wohl etwas zu ehrgeizig und persönlichkeitsfixiert präsentiert. »Die Leute sind ja hier vor 150 Jahren nicht hingekommen«, erklärte Margo, »um schlechter zu leben und zu arbeiten als in ihrem Heimatland. Sie haben sich dieses Land ausgesucht, um es etwas langsamer angehen zu lassen. Das wirkt bis heute in ihrem Arbeitsethos nach. Zudem werden Individualisten immer noch als gefährlich für die Gesellschaft angesehen. Hier zählt das Team und nicht der, der sich hervortut. Diese Rolle wird nur einigen gestattet. Ein paar Rugby-Spielern und dem Bergsteiger Edmund Hillary, aber nur dann, wenn sie sich im Großen und Ganzen bescheiden und einfach präsentieren und der Gesellschaft demütig unterwerfen.« Man konnte diesen Charakterzug auch als Zwang zum Konformismus interpretieren. Oder auch als Höflichkeit.

Aller Erkenntnis zum Trotz aber hatte ich keinen Job und damit ein Problem. Aber das sollte sich schneller lösen lassen, als ich in diesem Moment zu glauben gewagt hätte. Marc – Margos Freund, der auch auf Jobsuche war – und ich hatten uns mal wieder ins »Ale House« gesetzt, um unseren Neuseeland-Blues zu besingen und über Auckland zu philosophieren. »Diese Stadt ist im Vergleich zum Rest des Landes so verrückt überdimensioniert«, sagte er, »dass ich gut verstehen kann, warum der Rest Neuseelands die Aucklander für Außerirdische hält. Auf der einen Seite ist Auckland die Geldmaschine des Landes, die vielleicht modernste und produktivste Stadt Neuseelands. Andererseits ist es die kriminellste, dreckigste, lauteste, teuerste, ärmste, ungesündeste, die ethnisch bunteste, die unfairste, die aufgeregteste Stadt des Landes. Auckland ist vielleicht so was wie ein dunkler Spiegel für den Rest Neuseelands, in dem man sich schon mal anschauen kann, mit welchen Herausforderungen das Land zu kämpfen hat, wenn es noch größer wird. Und im Weltstandard noch normaler. Schau mal zu uns nach Europa. Wir lachen doch über die Panikattacken, die Neuseeländer bekommen, wenn sie bei den Nachrichten von einem Mord oder Überfall mal wieder ihr Paradies untergehen sehen. Vielleicht sind wir aber nur die Zyniker, die all die Krankheiten der westlichen Welt schon für normal halten.« Marc war nicht nur ein guter Trinker, er war auch ein Philosoph. Wie alle Iren. Mit ihm fühlte sich die Perspektivlosigkeit, unter der wir ja beide litten, nicht so schlecht an. Wahrscheinlich war dies das paradiesische Lebensgefühl, das man bei der Einreise gratis mitbekam. Einen Hang zur gefühlten Katastrophe hatte ich bei den Neuseeländern ebenfalls konstatiert. Obwohl ich eigentlich geglaubt hatte, ich hätte es mit den Erfindern des Optimismus zu tun. In Radiosendungen wurde gejammert und geweint – über die Kriminalitätsstatistik, die steigenden Immobilienpreise, die niedrigen Löhne, die Politik, den Sport und so weiter. Ehrlich gesagt, fühlte ich mich deswegen aber auch ein wenig wie zu Hause bei meiner Mutter. Ein Grund für die neuseeländische Schwarzmalerei war für mich das Erbe der deutschen Einwanderer des 19. Jahrhunderts, wie auch die Liebe der Kiwis zu Gesetzen, Regeln und Regulierungen. So sollte es tatsächlich einmal die Überlegung gegeben haben, Touristen mit Broschüren und Schildern das Linksgehen auf den Trottoiren einzubleuen. Ein anderer Grund für den gejammerten Pessimismus war wohl auch die Todessehnsucht, die man im Angesicht von Vulkanen, Erdbeben, Wellenbergen und Stürmen kultiviert hatte.

Draußen vor dem »Ale House« wurde es schon wieder dunkel. Es war immer noch Winter. Zumindest dem Kalenderblatt nach. Das Fernsehen in der Kneipe zeigte Segeln. Ziemlich mutig für einen Sportsender, der Geld verdienen wollte. »Das ist neben Rugby Nationalsport«, erklärte Marc. Segeln als Nationalsport? Das kam mir doch sehr exotisch, wenn auch logisch vor. Neuseeland war vom Wasser aus entdeckt worden, und wenn man heute nicht allein mit dem Gefühl, dass die Welt eine einsame Insel ist, leben wollte, musste man in die Luft oder aufs Wasser. Das hatte etwas nahezu Biblisches. Fußball dagegen war fast nicht existent und galt als Kinder- und Heulsusensport. »Und der Wettbewerb da heißt America's Cup«, erklärte Marc. »Ist für die Neuseeländer 'ne heilige Kuh. Und das Rennen ist 'ne alte Nummer. Da geht es um so 'ne hässliche Silberkanne. Neuseeland hat 1995 den Cup von den USA gewonnen. Das war 'ne große Sache für so ein kleines Agrarland. Seitdem sind die Kiwis dem Cup verfallen. 2000 haben sie ihn hier in Auckland verteidigt. Und nun wollen sie ihn zum zweiten Mal verteidigen, um der Welt und sich zu beweisen, dass sie Großes leisten können. Sonst vergisst man ja schnell, dass es hier unten im letzten Zipfel der Erde überhaupt ein Land gibt. Und der Dicke da«, Marc zeigte auf einen alten, fettleibigen Mann mit dem schlecht gelauntesten Gesichtsausdruck, den ich jemals gesehen hatte, »das ist der Bad Boy des Cup. Big Bad Dennis Conner. Der ist Ami und hat den Cup schon viermal gewonnen. Irgendwann Ende der Achtziger hat er die Neuseeländer mal als Verräter beleidigt. In einem TV-Interview in Neuseeland wollte ihn Paul Holmes, ein bekannter Moderator hier, dazu bringen, sich zu entschuldigen. Da ist Conner einfach während der Sendung aus dem Studio marschiert. Ist 'ne legendäre Geschichte.«

Der America's Cup war also die großartigste und älteste Segelveranstaltung der Welt. Und Segeln war Volkssport in Neuseeland. Aha. Ich sah mein Weltbild erschüttert. Ich hatte noch nie von diesem Cup gehört – und das, obwohl ich quasi in Holland am Strand aufgewachsen war. Allerdings war das Segeln aus meiner Sicht immer ein Sport für reiche Pinkel gewesen, die in weißen Leinenhosen und cremefarbenen Pullovern bei Prosecco und Kaviar Seemänner spielten, um sich einen Vorteil im Geschlechterkampf zu sichern. Dazu glich die Segelkaste einer Sekte, die sich mit Hilfe einer Geheimsprache verständigte und die

Außenstehende als erbärmliche Geschöpfe betrachtete. Wie, noch nie von einer Halse gehört? Von Steuer- und Backbord? Vom Anluven?

Wir blickten auf den Fernseher, wo sich zwei riesige Segelboote gegenseitig beharkten. Sogar das Knarzen, Heulen und Flattern der Segel konnte man hören. Allerdings schienen die Boote nicht sonderlich schnell, das Rennen aber unendlich langatmig zu sein. Wer war schneller, wer führte? Ich hatte keine Ahnung. Dazu wurden die ganze Zeit irgendwelche Computergrafiken mit vielen Zeichen, Zahlen und Symbolen eingeblendet. »Um das zu verstehen, muss man ja studiert haben«, sagte ich. »Oder Neuseeländer sein«, meinte Marc, der auch ein wenig von diesem Cup-Virus befallen zu sein schien. »Der Clou bei dem Rennen ist die Technik. Ist 'ne Wissenschaft für sich. Die Boote müssen superleicht und superflexibel sein. Deswegen beschäftigen die Teams ganze Horden von Technikern und Wissenschaftlern. Und manchmal versucht der eine den anderen auszuspionieren, um sich einen Vorteil zu verschaffen. Wenn das die ausspionierte Seite spitzbekommt, kann die Angelegenheit schon mal vor dem Gericht landen, vor dem Cup-Gericht.« »Die haben ihr eigenes Gericht?«, fragte ich erstaunt. »Und wie. Dazu jede Menge Regeln und Tradition und Bürokratie.«

Damals hatte ich ja noch keine Ahnung, aber der America's Cup war tatsächlich eine recht humorlose, kleingeistige, bürokratisierte, strengregulierte Parallelgesellschaft, in der geistige Gruppierungen wie Modernisten und Traditionalisten um die Deutungshoheit kämpften. Warum schuf der Mensch sich Parallelwelten, die nach denselben Regeln funktionierten wie der Rest der Welt? Besonders phantasievoll war das meiner Meinung nach nicht. Zudem gab es im America's-Cup-Zirkus eine Menge Trinker – was mir die Veranstaltung sehr sympathisch machte. »Und wohin fahren die bei dem Rennen?«, wollte ich wissen. »Die fahren nirgendwohin. Nur gegeneinander auf einem abgesteckten Kurs. Der Schnellere gewinnt. Da geht es um viel Taktik.« »Aha«, kommentierte ich und schaute hilflos auf den Fernseher, wo das Rennen offensichtlich in eine entscheidende Phase getreten war, was ich aber nicht unbedingt bemerkt hätte. Denn für mich sah das TV-Bild mit den beiden Segelbooten wie ein spätromantisches Ölbild aus. An einem Nebentisch fieberten indes zwei ältere Männer wie entfesselt mit. »Komm, den packst du noch«, rief der Kleinere und wedelte mit seiner Faust. »Hast du das gesehen? Der hat taktisch echt was drauf. Der kann den Wind quasi riechen.« Und der andere: »Ja, die haben ihre Mannschaft deutlich verbessert. Mit den Jungs sind die nicht zu stoppen. Die spielen das Spiel so elegant – fast poetisch.« Hier ging es um Segeln, muss ich noch einmal betonen, nicht um Fußball. Ein Gefühl der Exotik befiel mich. Wie sollte ein normaler Mensch diese Regatta nur verstehen? Worauf mich die unheimliche Ahnung befiel, dass Neuseeländer womöglich keine normalen Menschen waren.

»Und hier, der da!« Marc wirbelte aufgeregt mit seinem Zeigefinger. »Der mit dem Nussknackerkinn und dem eiskühlen Blick. Das ist Russell Coutts. Den Namen musst du dir merken. Das ist 'ne Legende, eine Segelikone, der beste Steuermann der Welt.« Mir wäre es zwar nie in den Sinn gekommen, bei Seglern von Ikonen und Legenden zu sprechen, aber gut. »Der ist Neuseeländer und hat den Cup schon zweimal für sein Land gewonnen. Und dann ist er weggegangen. Für Geld natürlich. Seitdem gilt er als Verräter und Abtrünniger hier. Der segelt jetzt als Steuermann für die Schweizer. Das Team heißt Alinghi oder so.« Segelnde Schweizer? Der America's Cup schien tatsächlich ein phantastischer Sport zu sein.

»Buuhh«, raunten die beiden Herren am Nebentisch. »Russell, dieser Bastard. Der wird uns noch den Cup wegnehmen.« »Ja, wahrscheinlich. Aber dann werden wir ihn ausbürgern. Dann kann er ja Schweizer werden und auf den Gletschern segeln.« Beim Sport hatte die Gelassenheit der Neuseeländer offensichtlich ihre Grenzen. Später erfuhr ich sogar, dass einige sehr patriotische Neuseeländer eine Kampagne gestartet hatten – mit dem ominösen Titel »Schwarzes Herz«, die von ihren Profiseglern eine patriotische Haltung zu ihrem Land einforderte, wozu auch gehörte, dass man sein Land nicht im Stich ließ, um mehr Geld bei einem anderen Team zu verdienen. Schließlich war es ein ungeschriebenes Gesetz für die Insulaner eines kleinen Landes, alles Erdenkliche dazu beizutragen, damit ihre Heimat erblühte und nicht unterging. Ehrlich gesagt, fand ich die rebellisch-antikapitalistische Haltung der Neuseeländer, mit der sie das Rad im professionellen Sport, der weltweit eben vor allem vom Geld lebte, zurückdrehen wollten, anfangs ganz sympathisch und drollig weltfremd, nach einiger Zeit aber auch enervierend totalitär. Vielleicht ist es die Natur von Inseln, dass sie dazu neigen, strenge Regeln für ihr gesellschaftliches Leben aufzustellen? Als Schutz gegen Eindringlinge und Einflüsse von außen, als Schutz gegen Einsamkeit und Isolation nach innen.

Plötzlich hatte ich die Idee. Warum nicht als Journalist für deutschsprachige Zeitungen über das Segeln schreiben? Und auch über Neuseeland? Ich würde durch das Land reisen und so zu Geschichten kommen, die vielen anderen verschlossen bleiben würden. Warum war ich darauf nicht schon früher gekommen? Sicher weil ich mir in den Kopf gesetzt hatte, dass ich ein neues Leben beginnen wollte, dafür also auch einen neuen Job finden musste. Das aber hatte ich ja versucht. Einen Buchhändler wollte das Schicksal nicht aus mir machen. Vielleicht aber einen Segeljournalisten. Sofort witterte ich Geschichten, explosive Geschichten von Rivalität, von Verrat und Triumph. Wie richtig ich damit beim America's Cup liegen sollte, erkannte ich erst später. Vor allem witterte ich die Möglichkeit, Geld zu verdienen. Wie sagten die Neuseeländer: Du kannst alles, wenn du es nur willst. Du musst die Herausforderungen ergreifen, die dir das Schicksal vor die Füße wirft.

In den nächsten Tagen beschäftigte ich mich also mit der Geschichte dieser seltsamen Regatta, die 1851 vor England zum ersten Mal ausgetragen worden war. Ich lernte, dass vor allem egozentrische, hyperreiche und streitsüchtige Alpha-Männer wie der Tee-Mogul Sir Thomas Lipton, der Eisenbahn-Tykoon Harold S. Vanderbilt oder der Medien-Kaiser Ted Turner den Cup dominiert und geprägt hatten, weil sie offensichtlich mehr Gefallen daran fanden, ihre Milliarden in hyperfragile Segelboote zu stecken, die nicht schneller als ein Fahrrad waren, als sich ein afrikanisches Land zu kaufen. Ich lernte, dass die USA den Cup bis 1983 unentwegt gewonnen hatten, bis er erstmals von einem anderen Land, nämlich Australien, gewonnen wurde. In der Folge aber, seit 1987, machten sich die Neuseeländer als Super-Seemänner einen Namen. 1995 war es dann so weit: Neuseeland gewann erstmals den Cup in San Diego. Über dieses Ereignis schrieb der US-Journalist Eric Sharp: »Die Vereinigten Staaten haben das Spaceshuttle erfunden, die Atombombe und Disneyland. Wir haben 35 mal mehr Land als Neuseeland, unsere Bevölkerung ist 80 mal größer, unsere Wirtschaftskraft ist 144 mal größer, und bei uns sitzen 220 mal mehr Menschen in Gefängnissen. Viele unserer Großstädte haben mehr Straßenkilometer als es in ganz Neuseeland gibt, unsere zehn größten Städte haben mehr Einwohner als Neuseeland insgesamt, allein in Detroit gibt es mehr Autos als in ganz Neuseeland. Wie kommt es also, dass eine Supermacht mit einer Bevölkerung von 270 Millionen Menschen im America's Cup blamiert wird, dem weltweit technisch anspruchsvollsten Segelrennen, von einem Land, das 3,5 Millionen Einwohner hat und uns nur mit seinen Schafprodukten schlägt?« Offensichtlich hatte Neuseeland 1995 mit seinem Sieg Weltgeschichte geschrieben. Und ich hatte es nicht bemerkt. Ich beschäftigte mich mit der Technik des Cups und lernte, dass es sogar eine hochkomplizierte Formel für den Bau einer Cup-Yacht gab, dass es überhaupt so viele Regeln gab, dass sie die Bücherei des US-Kongresses hätten füllen können. Es gab Regeln für alles. Nichts war dem Zufall überlassen. Die Kontrollwut regierte den Cup. Es war geregelt, wie schwer Winschen zu sein hatten, aus welchem Material sie gebaut sein durften, wie groß die Segel sein mussten, wie lang, breit, tief und schwer der Rumpf. Dasselbe galt für Schrauben, Seile und so weiter. Sogar die Größe der Champagnerflasche, die dem Sieger überreicht wurde, war festgelegt. Es war einfach alles geregelt – bis auf die Laune, die die Segler an Bord haben mussten. Am liebsten hätte man wohl auch Wetter und Wind kontrolliert. »Aber das macht es doch gerade spannend«, erklärte mir ein Segler. »Du hast einen minimalen Spielraum, und in dem kannst du deine Kreativität ausspielen.« Ein Sport für Anarchisten war der America's Cup offensichtlich nicht. Nach ein paar Tagen rauchte mir der Kopf. Obwohl ich noch nie auf einem Segelboot gestanden hatte, schien der Boden unter mir zu wanken. Ich hatte das Gefühl, nun ein Segelboot nach Tonga steuern zu können. Was aber, da war ich mir fast sicher, nur eine romantische Idee war. In meinen Träumen roch ich Salzwasser und Rum und kämpfte gegen Wellenwände, Taifune und Seeungeheuer. Ich war bereit für meinen ersten Artikel.

»Ich will, dass der Leser das Meer riechen kann«, erklärte mir der Redakteur einer deutschen Tageszeitung meinen Auftrag. »Ich will, dass er vom Wind weggespült wird, dass er die Kräfte spüren kann, die an dem Boot zerren. Der Leser muss spüren, dass Sie nahe dabei waren.«

Da es natürlich streng verboten war, auf den Segelyachten mitzufahren, weil die Segler ihren Technikwahnsinn argwöhnisch bewachten, beschloss ich, ein Rennen von einem der Beobachterboote aus zu beschreiben, die dem Renn-Duo hinterhergondelten. Gleichzeitig machte ich mir Sorgen. Mit dem Element des Wassers hatte ich in dieser Form noch keine Bekanntschaft gemacht. Aber ich wusste, dass ich das auf mich nehmen musste. So wollte es das Schicksal.

Und dann stand ich also auf dem Boot, gebückt wie ein alter Mann, hielt mich mit einer Hand an der Reling fest, während das zweistöckige Motorboot durch die Wellen schlug. Vor meinem schwankenden Blick bewegte sich Aucklands Wahrzeichen, die Vulkaninsel Rangitoto, wie ein Jojo auf und ab. Ich blickte zur Seite, suchte den Horizont, an dem ich mich mit meinem Blick festkrallen könnte, um meinen Gleichgewichtssinn wieder in den Griff zu bekommen. Aber auch die Skyline von Auckland, mit ihren Hochhäusern und dem Fernsehturm, wackelte wie ein flimmerndes Fernsehbild. Immerhin war ich noch bei so viel Verstand, um festzustellen, dass Auckland von hier draußen merkwürdig fremd aussah, wie das Trugbild einer Stadt, die nicht hier hinzugehören schien – zwischen die malerischen Buchten, die sich wie Halbmonde in das Land drehten. Mein Kopf war leer, meine Sinne müde. Hinlegen, du willst dich hinlegen, beschwor mich meine innere Stimme, die mich gleichzeitig dafür verfluchte, Segeljournalist werden zu wollen. Ich hatte es ja geahnt. Einer Familie aus Seeleuten entstammte ich nun wahrlich nicht. Ich roch Diesel und das Salz der aufpeitschenden Gischt – der Gestank der schaukelnden Hölle.

»Hey, Mate«, sprach mich ein alter Mann mit faltigem Schlapphut und Shorts auf meinen bemitleidenswerten Zustand an. »Du siehst ein bisschen grün aus. Kommst wohl aus der Stadt, was? Hier, trink ein Bier, dann geht's dir besser.« Er stand neben mir, grinste und hielt ein Bierglas vor mein Gesicht. Ich spürte, wie sich die Reste meines Mittagessens die Speiseröhre hinaufdrängten, und stürzte in die Toilette. Gerade noch rechtzeitig. Die Tabletten gegen Seekrankheit hatte ich zu Hause vergessen. »Jetzt nehme ich das Bier«, sagte ich zu dem Mann mit gequältem

Lächeln, als ich wieder zurück war. »Hey, das gefällt mir. Draufgänger, was? *Cheers*.« Nach dem Bier ging es mir noch nicht gut, aber besser als schlecht. Im Gegensatz zu der japanischen Fernsehcrew, die wie geschlachtete Hühnchen auf der Ledersitzecke des holzgetäfelten Wohnzimmers auf dem ersten Deck lagen. Das japanische Publikum musste an dem Abend wohl auf die spektakulären Bilder von diesem Rennen verzichten.

Wie viel Klischee geht denn noch, dachte ich, als ich die Bücher über historische Segelschiffe und die Kunst der Segelknoten in dem mondänen Seemannszimmer sah, das offensichtlich für Herren mit einer sentimentalen Liebe für dunkles Holz und grüngefärbtes Leder designt worden war. Das Rennen lief bereits, aber ich konnte beim besten Willen nicht erkennen, was da zwischen den beiden millionenschweren Segelbooten passierte, die vor uns im Schneckentempo herfuhren. Der Wind blies auf Sparflamme. Die Sonne schien, der Himmel war stahlblau. Kühl war es dennoch. »Ist das spannend!«, kommentierte der Alte. »Ich tippe auf die Schweizer. Da haben die von dem US-Team keine Chance.« »Aha«, sagte ich. Denn ich hatte keine Ahnung, was da vor sich ging, woher der Wind kam und warum der Alte von Spannung sprach. Damit war ich offensichtlich nicht allein. Auf dem Boot tummelten sich vielleicht 40 Menschen, eine bunte Mischung aus kernigen Neuseeländern, anorektischen Frauen in weißen Hosen und reichen Scheitel-Männern, die ihre Pullover über die Schultern geworfen hatten und offensichtlich zu viele US-Highschool-TV-Serien geschaut hatten. Es ging hier an Bord offensichtlich nicht nur um das Segeln. Über den Daumen gepeilt, schätzte ich, dass sich ein Drittel der Anwesenden auch für das Rennen interessierte, zwei Drittel das Rennen dagegen lediglich als nettes Beiwerk für ihr gesellschaftliches Heitatei verstanden und sich inständig den Häppchen, dem Champagner, dem Gin Tonic, den Cocktails, dem Bier widmeten. Offensichtlich flossen bedeutende Summen der Teambudgets nicht nur in die Entwicklung der Segeltechnik.

Um die Aussagekraft meines Artikels machte ich mir mittlerweile, vorsichtig gesagt, einige Sorgen, weshalb ich beschloss, den Rat von erfahrenen Seebären und Segeljournalisten zu suchen. Auf dem Oberdeck hatte ich zwei lustige alte Herren gesehen, die mit einem dezidiert englischen Akzent die Computergrafiken und Fernsehbilder kommentierten. Sehr laut, damit alle Welt wusste, dass sie es hier mit dem geballten Segelwissen von zwei alten Hasen zu tun hatte. »Was meinst du, Bob?«, sagte der mit den schneeweißen Haaren und dem feuerwehrroten Gesicht. »Ich finde, der gute Russell sieht heute so aus, als hätte er ganz schlecht geschlafen. Nicht, dass der noch am Steuer einschläft.« »Sehr richtig, *my dear*, sehr richtig«, kommentierte der Kleinere mit dem dicken Bauch und der Erzählerstimme. »Der gute Russell ist ja, um es milde auszudrücken, nicht mehr so beliebt in seinem Land. Muss wohl demnächst Asyl als politischer Flüchtling in der Schweiz beantragen.« Die beiden lachten wie die Muppet-Show-Opas Statler und Waldorf. Ich stand in der Tür und realisierte gerade, dass mein Gleichgewichtssinn noch nicht im Lot war, als sich die Blicke der beiden Segelopas auf mich richteten. Nun stand ich im Rampenlicht der Aufmerksamkeit. »Oh, Stuart. Schau dir den jungen Mann an. So blass. Der ist wohl neu hier, was?« »Da hast du recht, mein lieber Fish. Der hat ganz zittrige Beine. Ob wir auch mal so ausgesehen haben, als wir das erste Mal auf einem Boot unterwegs waren?« Die beiden schauten sich an und grinsten. »Ganz sicher nicht, Stuart.« Dann lachten sie wieder und prosteten sich mit ihren Champagnergläsern zu. Offensichtlich hatte niemand Zugang zum Paralleluniversum America's Cup, ohne eine Prüfung bei den beiden Engländern abzulegen. Wie ich erfuhr, waren die beiden Bob Fisher, auch Fish genannt, und Stuart Alexander. Vor allem Fisher gehörte bereits zur holzschweren Geschichte des America's Cup. Er war

1964 erstmals als Journalist bei der seltsamen Segelveranstaltung dabei gewesen, die einen riesigen Bogen um die deutsche Welt gemacht zu haben schien. Fisher liebte dieses Segelrennen wie eine Geliebte, wie er mir später einmal verriet. Er konnte sich an viele einzelne Rennen erinnern, sogar an bestimmte Manöver und Situationen aus Rennen, die in Jahren stattgefunden haben, als ich noch nicht einmal geboren war. Wandelndes America's-Cup-Lexikon, nannte man Fisher deswegen. Ich war einmal mehr erstaunt, wie viele Welten sich in unserer verbargen. Welten, von deren Existenz ich nie etwas geahnt hätte. America's Cup. Eine Welt, die für mich in einer fernen Galaxie gleich rechts neben der der Curling-Enthusiasten verortet war, die für Neuseeland aber die ganze Welt zu bedeuten schien. Ich kam mir vor wie ein Außerirdischer. Oder waren die anderen hier die Außerirdischen?

»Siehst du, Stuart, wie ich es dir gesagt habe, diese schlanke Linie im Design ist ein Vorteil. Dazu haben die eine deutlich längere Wasserlinie. Schau's dir an. Der zieht einfach weg auf dem Vorwindkurs.« »Ja, ja, mein lieber Fish. Wie könnte ich deinen großartigen Kenntnisreichtum anfechten? Dagegen bin ich doch nur ein unwissender Wicht. Verzeihe mein Halbwissen, großer Meister. Ich verneige mich vor dir.« Dann stand Stuart auf und verbeugte sich vor Fish. Als er sich wieder aufrichtete, glühte sein Kopf feuerwehrrot. »Was du nicht sagst, Stuart! Ich verzeihe dir, nur noch dieses Mal. Auf mein Wissen.« Wieder erhoben die beiden alten Herren, die auf dem Ledersofa wie zwei Denkmäler aussahen, ihre Gläser, lächelten sich an und prosteten sich mit herzlichem Blick zu. Kling! »Hast du diese Halse gesehen, mein lieber Stuart. Samtweich. Perfekt. Genial.« »Aaah«, seufzte der Cup-Weise befriedigt und blickte verträumt wie ein kleiner Junge vor einem Weihnachtsbaum auf die Mattscheibe. Wo er gerade wohl die genialste Wende seines Lebens erlebt hatte, erkannte ich lediglich zwei vielleicht etwa 20 Meter lange Segelboote mit irrwitzig großen Segeln und Masten, die irgendwie schräg im Wasser lagen, offensichtlich Meilen voneinander entfernt. Immerhin verstand ich so viel: Das Rennen, das den Unterhaltungswert von Spargelstechen hatte, war gelaufen. Unser Boot schaukelte nun wieder heftiger. Ich hielt mich an einem Stuhl fest und machte wohl keinen guten Eindruck, als mich ein alter Mann mit Rauschebart ansprach. Ein Australier, dem Akzent nach zu urteilen. »Mein Freund, du siehst aber gar nicht gut aus.« Das weiß ich, dachte ich. »Und, interessantes Rennen, was?« Ich nickte. »Ja, tolle Wenden. Bin ganz begeistert.« »Ja, kann man sagen. Und was fährst du normalerweise für ein Boot?« Diese Frage hatte ich befürchtet. »Äh, Boot …«, stotterte ich. »Also, ich bin da noch Anfänger. Ein eigenes Boot traue ich mir noch nicht zu.« »Tja, jeder fängt ja mal an. Ich hab eine 25-Meter-Yacht. Nichts Dolles. Ohne Marmor und Gold. Eher Massenware. Läuft aber wie 'ne Eins. Vor allem im Vorwind. Kannst mich ja mal besuchen. Liegt im Hafen, mein Baby. Dann segeln wir ein bisschen raus. Ich bin ein guter Skipper. Kenne da auch ein paar nette Mädels. Sind zwar Neuseeländerinnen und ein bisschen verstockt. Aber sonst wirklich ganz okay.« »Ja, danke«, sagte ich. »Werd's mir überlegen.« »Okay, Mate. Immer standhaft bleiben. Trink dir ein Bier, dann bekommst du auch wieder Farbe.« Der Alte trottete zur Bar.

Auf einem anderen Fernseher wurde ein Interview mit einem gewissen Bruno Troublé gezeigt, ein clownesker älterer Mann mit rosa Hemd und roter Hose, der auf die Frage, was er von Neuseeland halte, in einem grotesken französischen Akzent wie ein Conférencier schwadronierte. »Ah. Neuseeland. Isch liebe es! Isch liebe es! Das Meer, die Natur, eusch Kiwiiies. Ihr seide einfach tolle Segler. Ihr seide auf dem Meer groß geworden. Nur kochen müsstet ihr noch lernen.« Dann lachte er jovial. »Das war nur ein *little joke*, ein kleiner Witz.« Troublé grinste unschuldig. Die Reporterin lächelte verkrampft. Troublé hatte wohl bemerkt, in ein Fettnäpfchen getreten zu sein. Denn er beeilte sich, ein paar blumige Komplimente nachzulegen. »Ihr Kiwiies. Ihr liebt den Cup wie eure Großmutter. Das gefällte mir. Ihr respektiert den America's Cup und seine großartige Geschischte. Ihr seid ein wichtiger Teil dieser Geschischte. Ihr seid die Seele des Cup.«

Wie sehr der Cup ein Teil der neuseeländischen Identität war, sollte ich später erfahren. Gerade hatte ich ja erst eines der vielen Vorrunden-Rennen erlebt. Aber als die Neuseeländer das Finale des America's Cup gegen die »Schweizer« von Alinghi schließlich mit 0 : 5 verloren, versank das ganze Land in eine kollektive Depression. In einem Rennen zerbrach sogar der Mast der neuseeländischen Yacht. Dieses Bild lief danach immer und immer wieder im Fernsehen. Es wurde das Bild des Jahres 2003 – ein Symbol für eine gedemütigte und erschütterte Nation. Neuseeland bewies einen ausgeprägten Hang zur Depression und Selbstzerfleischung. Das Land zermarterte sich, geißelte sich wie ein sündiger Mönch. Manche hatten die neuseeländische Flagge vor ihrem Haus auf Halbmast gesetzt. Und ich hatte die Befürchtung, die Neuseeländer würden kollektiven Selbstmord inszenieren. Danach wusste ich: Neuseeland konnte ein schönes Land sein, wenn es nicht gerade den America's Cup verlor. Es gab ja viele Tipps für Neuseeland-Reisende, aber nirgendwo hatte ich gelesen, dass man seine Reisezeit mit Bedacht und Blick auf die Segel- und Rugby-Großereignisse wählen sollte. Denn ein durch eine sportliche Tragödie geschädigtes Neuseeland war kein Spaß für den Urlauber, der das Paradies sehen wollte. Enttäuschte, todtraurige Menschen riefen damals bei Radiosendern an und jammerten, dass sie am Boden zerstört seien, dass das Leben keinen Sinn mehr habe, dass die Welt Neuseeland nun nicht mehr ernst nehme und vergessen werde. »Es fühlt sich an, als ob jemand aus der Familie gestorben sei.« »Mein Frühstücksmüsli schmeckt nicht mehr.« »Ich kann nicht mehr in den Spiegel schauen.« Journalisten und Wissenschaftler orakelten, dass die Wirtschaft nun leiden würde, dass sogar die Gefahr einer Krise bestünde, dass die häusliche Gewalt ansteigen und die Zahl der Geburten und Hochzeiten zurückgehen würde. Im gleichen Jahr unterlagen dann die All Blacks auch noch im Finale der Rugby-WM gegen Australien. Danach hatte ich wirklich die Befürchtung, Neuseeland würde per Gesetz beschließen, das Land dichtzumachen und im Meer zu versenken. Mit solchen Tragödien starb Neuseelands Hoffnung, von der internationalen Staatengemeinschaft als Gewinnerland ernst genommen und nicht nur als Land der Schafzüchter und Hobbits belächelt zu werden. Warum man aber von der restlichen Welt, in der es Diktatoren, Tom Cruise und Botox gab, wahrgenommen und ernst genommen werden wollte, war mir ein Rätsel. Vielmehr hätte man sich als exzentrische, unmoderne Querdenker inszenieren sollen, die sich als eigenwillige Insulaner trauten, den USA die Stirn zu bieten. Wie in den Achtzigern, als man den Vereinigten Staaten verbot, mit atombetriebenen Schiffen in die neuseeländischen Gewässer zu fahren. Das war wenigstens charmant. Im Gegensatz zu der Trauer-Show des Jahres 2003. Am Tag nach der WM-Pleite stand ich mit einem Freund auf dem Mount Victoria im Aucklander Stadtteil Devonport, von wo man einen weiten Blick über die Dächer der Stadt hatte. Es war unheimlich still an jenem Tag der Trauer. »Man hört nur das Weinen der Menschen«, sagte mein Freund mit belegter Stimme. »Und sogar das der Ratten.«

Draußen auf dem Deck hatte die Party indes ihren vorläufigen Höhepunkt erreicht. Ein großer junger Mann mit kräftigen Unterarmen und sonnengegerbter Haut schwankte in Richtung Bar. Ein Sektglas flog über Bord. Ein Korken knallte. Ein Bierglas krachte zu Boden. Der Motor heulte auf, und das Boot tuckerte los. Ich schien neben dem japanischen Fernsehteam der Einzige zu sein, dem es nicht gelang, unter den wackeligen Umständen ein würdiges Leben zu führen. Mittlerweile zweifelte ich an meinem Plan, Segeljournalist werden zu wollen. Wie eine abgestellte Holzlatte stand ich an der Bordaußenwand und fühlte mich entsprechend hölzern, leblos, unfähig, einen klaren Gedanken zu fassen. Ich stand am Hinterdeck, schaute auf das blau schimmernde Meer und die bewaldete Vulkaninsel Rangitoto – und empfand nichts dabei. Anscheinend hatte die Seekrankheit auch meinen ohnehin schon nicht stark ausgeprägten Sinn für Naturästhetik lahmgelegt. Bob und Stuart und all die anderen dagegen lachten, redeten, tranken ungehemmt, so als wäre eine schaukelnde Welt die bessere Welt.

Am Abend schrieb ich dann den Artikel. Ich beschrieb die Gischt, die Wellen, das Heulen der Boote, das Flattern der Segel. Der Boden unter meinen Füßen wackelte immer noch. »So habe ich mir das gedacht«, antwortete der Redakteur begeistert. »Man merkt gleich, dass Sie ein alter Seebär sind.«

Draußen im Busch

»I got the blues walking all over my streets.
I keep my head on, I keep shaking no, I gotta get out!«
The D4, Get Loose

Eines Morgens wachte ich auf und hatte das Gefühl, dass mir irgendetwas fehlte. Meine Freunde in Deutschland schienen völlig vergessen zu haben, dass ich noch lebte. E-Mails bekam ich nur noch selten aus der nördlichen Hemisphäre. Anrufe fast gar nicht. Ich lag im Kinderbett meines WG-Zimmers, lauschte der Musik des neuseeländischen Frühlingsbeginns – dem Röhren der Rasenmäher – und starrte wie hypnotisiert an die bordeauxrote Decke meines schuhkartongroßen Zimmers und entdeckte, beflügelt von Douglas Lilburns orchestraler Landschaftsbegehung seiner Heimat, die aus meinen Boxen floss, in der weinfarbenen Tapetenlandschaft Seen, Gebirge und Wälder. Ich war nicht krank, meinem Körper ging es gut. Ich hatte Arbeit, zu essen und kein Heimweh (ein Gefühl, das ich sowieso nicht kannte). Den Touristen fühlte ich mich überlegen. Alle paar Tage schrieb ich nun Segelartikel. Ich kannte die besten Milchkaffee-Macher in Auckland. Ich hatte mir wie ein Irrer die öden Eigenheim-Suburbs erlaufen und mich manchmal über die Stille, diese unheimliche Stille gewundert, die in den geraden Straßen mit ihren grünen Vorgärten und hohen Zäunen lag und die wie ein Schwert in einen hineinfahren konnte. Ich wusste um die lokalen Rivalitäten und Identitäten der Stadt, kannte das hippe Grey Lynn, die Proleten aus dem Westen, die Gangstas aus dem Süden, die Chinesen auf der Dominion Road, die Rentner aus Mission Bay und die Medien- und Pippi-Langstrumpf-Menschen von Ponsonby. Ich trank meinen Bio-Kaffee auf der K'Road, aß mein Sushi auf der Queen und nahm mein Bier in Kingsland. Ich kletterte fast jeden Abend auf den Mount Eden und berauschte mich an den High-Definition-Farben des Sonnenuntergangs, der den Isthmus, auf dem Auckland gebaut war, wie das Innere einer Blutorange färbte. Ich ging mittags in die Shopping Mall von St. Lukes und sonnte mich bei einem frisch gepressten Erdbeersaft im kalten Glück der Marken. Und ich ertappte mich sogar dabei, es komisch zu finden, wenn ich einfach nur spazieren ging – zu Fuß, in Zivilklamotten, ohne Jogging-Ausrüstung. Obwohl ich Auckland immer noch für ein amorphes Amöbenmonster hielt, hatte mich, so befürchtete ich, die Auckland-Krankheit erwischt, war ich schon zu einem jener draußen im Land abfällig »Jafas« genannten Aucklander geworden, hatte ich mich mit der Stadt, die sich wie ein Wildwuchs ins Land fraß, arrangiert. Wie sich überhaupt jeder, der hier lebte, mit Auckland arrangiert zu haben schien. Wegen des Geldes, des Sports, des Berufs, des Zufalls, der Familie oder des Essens. Es gab Millionen Gründe, die besagten: Mit Auckland führte man keine Beziehung, in der es Funken sprühte, in der es krachte und ruckelte, in der einem der Atem stockte und manchmal die Luft wegblieb. Auckland liebte man nicht, mit Auckland hatte man ein Arrangement. Nur deswegen, so analysierte ich scharf, als ich meine Augen durch ein langgezogenes Tal in meiner roten Deckenlandschaft fahren ließ, steckte die zerrissene Stadt so viele Energien und Mühen in ihre Identitätssuche, in ihren Wahn, Bedeutungen, Wichtigkeiten und Superlative so hoch und zahlreich wie Hochhäuser in Taiwan zu erschaffen. So kürte beispielsweise das Stadtmagazin »Metro« in jedem Jahr das beste italienische Restaurant, den besten Friseur, den besten Buchladen, den schönsten Mann der Stadt, den tollsten Strand, die besten Kuchen, Brote, Törtchen, das beste Sushi, die tollsten Blumenläden und so weiter und so weiter. Dabei war das Beste an Auckland, das hatte ich häufig gehört, dass man schnell aus der Stadt draußen war. Draußen. »Du musst mal raus in die Natur. Niemand kommt hierhin, um Städte zu sehen oder sich unsere Kultur anzuschauen. Die ganzen deutschen Touristen treiben sich doch draußen im Dschungel herum, besteigen Berge und laufen zu entlegenen Seen.« James, mein sportlicher und immer positiv gestimmter Mitbewohner, dessen braune Haut ständig glänzte, als ob er als Kind in eine Babycremedose gefallen war, saß am Küchentisch. Er war einer von sechs Mitbewohnern, mit denen ich eine große Villa in Mount Eden teilte. Vor ihm ausgebreitet standen Röhrchen, Reagenzgläser, große und kleine Fläschchen, eine Waage, eine Schachtel mit Hunderten von ovalen Pillenhülsen, und überall lagen kleine Häufchen mit weißem Pulver. Unsere Küche sah plötzlich aus wie eine Apotheke oder schlimmer: wie ein Drogenlabor. Ein aktuelles Thema in Neuseeland. Schließlich rauschte gerade eine gefräßige Metaphetamin-Welle durchs Land, von der Presse »Die P-Epidemie« getauft, und verschlang die jungen und reichen Desperaten, vielleicht die dämonische Seite des neuseeländischen Traumes von der Eroberung des Paradieses. »Du bist immer so grob, Ingo. Wie kannst du an so etwas überhaupt nur denken? Ich stelle doch keine Drogen her. Ich habe festgestellt, dass Supplements günstiger sind, wenn ich sie mir selber zusammenstelle. Jetzt lasse ich mir mein Glutamin, mein Sojaeiweiß, Zink und Magnesium aus den USA kommen.« James' Augen leuchteten wie kleine Edelsteine. Offensichtlich freute er sich über seine wirtschaftliche Cleverness. Unsere WG-Katze saß in Sphinxstellung auf dem Tisch und machte ein typisches Katzengesicht, das Desinteresse am Leben ihrer Umgebung suggerieren sollte. Im Radio begannen gerade die Nachrichten, die von »Mad Butcher« präsentiert wurden – Neuseelands bekanntester Metzgereikette. »Und irgendwie macht mir das Spaß, die Dinger zusammenzubauen«, sagte James, als er eine seiner Wunderpillen zwischen seinem Daumen und seinem Zeigefinger hin- und herrollte – wie einen frisch geschliffenen

Diamanten. »Das gibt einem das Gefühl, produktiv zu sein.«
»Wenn du meinst«, raunte ich und dachte daran, dass ich die Pillen gern durch den Häcksler im Spülbecken jagen und die Reste dann den Possums, die sich neuerdings in unserem verwunschenen Garten herumtrieben, zum Fraß vorwerfen würde. »Du solltest auch einmal diese Pillen probieren. Die sind gut für deinen Körper.« »Vergiss deine Pillen. Ich ess lieber eine Bratwurst.« Die Radionachrichten hatten sich gerade verabschiedet, da ertönte Neil Finns Ich-bin-ja-so-melancholisch-und-geheimnisvoll-Stimme: It's only näääätural … James schmollte derweil, dabei war ich noch, wie ich fand, sehr höflich geblieben. Schließlich hatte ich seit meiner Ankunft gelernt, dass meine Meinung eben nur meine ganz private, bescheidene Ansicht war und dass sie nach den Regeln der neuseeländischen Höflichkeitshölle in keinem Fall einen langfristigen Schaden am Seelenbefinden des Gesprächspartners anzurichten hatte. Natürlich hatte ich längst verstanden, dass die Stammesmentalität einen hohen Stellenwert in Neuseeland einnahm. In einem Land, wo Menschen immer rar waren, man aber auf Menschen als Arbeitskräfte angewiesen war, damit das Land funktionierte, konnte sich niemand leisten, seinen Mitmenschen durch eine Laune oder eine allzu offenherzig formulierte Meinung zu vergraulen. Man liefe so immer Gefahr, für den Untergang seines Landes persönlich verantwortlich zu sein. Deshalb verabscheute James meine europäische Direktheit, meinen Hang zum Alkohol und meine dunklen Launen, die sein Sonnengemüt eintrübten. Er hielt mich für ein wandelndes schwarzes Loch, das alles Lichte in seiner näheren Umgebung verschluckte. Er träumte nicht nur von hellgestrichenen Wänden in unserem Haus, sondern auch von einer Zukunft, in der es nur noch schöne, intelligente, perfekte Menschen geben würde. Eine Zeit ohne Krankheiten, ohne hässliche und dumme Menschen, ohne Fettpölsterchen, ohne Reibung. »Das wird aber spannend«, hatte ich ihm auf seine wirren Ideen entgegnet. Meine Ironie

hatte er nicht verstanden, und so sagte er: »Genau. Das wird phantastisch sein.« James verbrachte täglich mehrere Stunden im Fitnessstudio, zudem lief er Marathon, fuhr Rad, schwamm ab und zu durch den Hauraki Golf oder rannte Berge hinauf, wenn er nicht gerade die neuseeländische Marketingwelt als Senior Manager in einem Kaffee-Import-Unternehmen revolutionierte. James hatte spitze Lippen, eine spitze Nase und spitze Finger. Menschen mit spitzen Körperteilen, so dachte ich, wollten immer so viel vom Leben. James machte mir Angst. Er gehörte zu den Menschen, die den Body-Mass-Index zur Religion erhoben – mit der Folge, dass er irgendwann zu den Standardangaben in Vorstellungsgesprächen, bei Einreiseanträgen und beim Eintritt ins Kino gehören wird. Aber in einem hatte er recht. Ich musste raus – raus zu den Vögeln, zu den Kiwis, zu den Bäumen und Wolken, ins wilde Grün, ins undurchdringliche Dickicht, in den Busch, wo Äste und Bäume wirr und quer wuchsen, wo es nass, matschig und dreckig war, dorthin also, wo, wie man sich so sagte, Neuseelands Herz schlug.

Der Busch hatte eine nahezu mythische Bedeutung, was man daran sehen konnte, dass er sich im am rustikalen Leben und den rauhen natürlichen Gegebenheiten orientierten Kiwi-Slang breitgemacht hatte. »I go bush« sagte man, wenn man sich in den Busch schlug. Und wenn man erschöpft war, sagte man »I am so bushed«, was übertragen bedeutete, dass man so lange durch den Busch gelaufen ist, bis man nicht mehr konnte. Natürlich hoffte ich, dass ich mir während meiner geplanten Wanderung nicht eingestehen müsste, dass ich mich verirrt hatte. Dann hätte ich immerhin diesen schönen kurzen Satz verwenden können: »I got bushed.« Ich hatte zwar schon die Parks von Auckland besucht, war auf dem Hauraki Golf unterwegs gewesen, und das ein oder andere Mal hatte ich sogar meine nackten Füße in den Pazifik gehalten. Aber dorthin, wo die Natur so echt und nah war, dass sie schmerzte, war ich noch nicht gelangt. Dabei gehörte schon eine außerordentliche Anstrengung dazu, der neuseeländischen Natur aus dem Weg zu gehen. Sie war schließlich überall, in den Zeitungen, auf Briefmarken, im Fernsehen, in den Gärten, in den Liedern, an meiner bordeauxroten Zimmerdecke. Dass es mir bislang gelungen war, mich von ihr fernzuhalten, darauf war ich zugegebenermaßen ziemlich stolz. Denn, was wäre, wenn jeder die Natur zum Hobby hätte? Das wäre furchtbar monoton. Zudem war meine Einstellung – davon war ich überzeugt – wesentlich ökologischer als die der sanften Wanderer. Ich blieb der Natur fern und konnte so auch nichts kaputt machen. Hier war ich. Dort die Natur. Ich kam ihr nicht zu nahe. Und sie mir auch nicht. Ein perfektes Arrangement. Es war ja nicht so, dass ich die Natur nicht lieben wollte. Das wollte ich. Sehr sogar. Auch ich wollte beim Anblick von schönen Bäumen und grünen Pflanzen seufzend, o Einsamkeit, o sonniger Strahl, o wunderliche Blätterwelt, an Gedichte denken können. Aber irgendwie gelang mir das nicht. Obwohl die Sehnsucht nach dem Grünen, dem Wuchernden, der Wildnis doch in unseren uralten Genen begraben lag. Aber wehe, wenn die einmal zum Leben erweckt wurde.

Da man sich der Natur als Wohlstandsverweichlichter in homöopathischen Dosen nähern sollte, begann ich meine neue Bekanntschaft, indem ich zur Verwunderung meiner Mitbewohner den Garten aufräumte, Blumen schnitt und neue Beete anlegte. Außerdem aß ich nun Pizza mit Spinat und säte etwas Wasserkresse in einem Blumentopf. Das hatte ich im Kindergarten gelernt. Damals hatte ich allerdings noch bezweifelt, dass ich diese Gärtnerübung irgendwann einmal würde gebrauchen können. Nun dankte ich meiner weisen Kindergärtnerin im Geiste, die gewusst zu haben schien, dass der Mensch ein verdammter Jäter und Säer war.

Als ich mich stark genug fühlte, der Natur gegenüberzutreten – die Wasserkresse hatte schon das Licht der Welt erblickt –, drückte ich Marc, meinen irischen Mitbewohner, an meine Brust. Mir wurde warm ums Herz. »Leb wohl. Ich denke, wir sehen uns wieder.« »Klar, Ingo, du gehst doch nur ein bisschen spazieren«, entgegnete er mir mit seinem typisch verschmitzten Lächeln. »Aber nimm dein Handy mit, falls du dich verirrst. Dann kannst du uns zu Hilfe rufen. Du weißt ja, wie viele Touristen in den Wäldern verlorengehen und dann vom Hubschrauber wieder herausgeholt werden müssen, nachdem sie tagelang durchs Dickicht gelaufen sind. Ohne Wasser, ohne Orientierung. Fast verhungert. Die wollten auch nur spazieren gehen. Und denk nur, welche Dämonen die Wildnis in dir hervorbringen kann. Gruselig.« Marc wollte mich ganz offensichtlich von meinem Abenteuer abhalten. »Ich verlaufe mich nicht«, sagte ich stolz. »Sollen wir nicht lieber im ›Ale House‹ ein Bier heben gehen? Das Wetter ist so schön.« Marc versuchte es mit allen Mitteln. Im »Ale House« hatten wir viele Nachmittage verbracht, wenn sich unsere europäisch verschlissenen Herzen Neuseeland nicht gewachsen fühlten. Diesmal aber lehnte ich ab, ich wusste, was ich zu tun hatte. Mein Ziel: Muriwai, einer der schwarzen Strände im Nordwesten der Stadt, die wie aus dem Weltall gefallene Urflecken vor den cremefarbenen Steilklippen und den knöchrigen Wäldern der Waitakere Ranges, einem Mittelgebirgszug, lagen.

Der Himmel war unwirklich blau, als ich mein Auto, das ich mir von einem Freund geliehen hatte, über eine Schotterstraße steuerte. Vor mir lagen die grünen Hügel, auf denen Hunderte von Schafen ihrer stupiden Ganztagsbeschäftigung, der Nahrungsaufnahme, nachgingen. Aus der Ferne wirkten die Landwirtschaftserzeugnisse wie Wattebällchen, die jemand auf einen Golfplatz geworfen hatte. Ich parkte den Wagen am Wegesrand, stieg in meine Hightech-Outdoorschuhe und schnappte meinen Rucksack. Ein Trecker knatterte vorbei. Der Farmer, der mit seiner Sonnenbrille und seiner Fleecemütze eher wie ein Popstar als ein Bauer aussah, grüßte. Ich grüßte zurück. Ich stand auf einem

Hügel, vor mir der weite Ozean, links der dichte Wald, der sogenannte Goldie Bush, der sich über Hügel und durch kleine Täler zog. Mein forscher Abenteurerblick rauschte ungebremst durch die Szenerie, flog schließlich über den Ozean, schoss dann nach links und rechts, wirbelte ein paarmal über der gewaltigen Nassmasse hin und her, drehte dann noch eine Pirouette wie ein abgeschossener Tölpel, kam zurück, glitt über die unendlichen grünen Hügel und klammerte sich schließlich erschöpft an ein Farmhaus, das auf einem der Hänge lag. So wurde mir wieder vor Augen geführt, dass keine Freiheit ohne Orientierung zu ertragen war. Auch in Neuseeland nicht. Allerdings hatte das Land einen entscheidenden Vorteil gegenüber Europa. Neuseeland war nicht so vollgestellt mit Traditionen, Geschichten, Ideen, mit verbrauchten Seelen, mit Plattenbauten und Nudelbäckern – mit der Vergangenheit. In Neuseeland konnte immer Zukunft sein – zumindest für die europäischen Einwanderer. Hier war genug Raum, um das zu finden, was man suchte oder vielleicht gar nicht gesucht hatte, um das zu suchen, was man schon gefunden hatte, oder das wieder zu verlieren, was man gefunden hatte, oder aber um das zu finden, was man verloren hatte und dessen man nicht gewahr war, es verloren zu haben. Kurzum: Neuseeland bot so viele Möglichkeiten, dass es einem immer wieder schier den Atem verschlug, wenn man nur lange genug darüber nachdachte. Ich war erschrocken darüber, wie mein Gehirn mich auf hinterlistige Art und Weise austricksen wollte, um wieder ein Stück Sinn in meine ärmliche Existenz zu bringen. Die kurze Zeit in der Natur zollte offenbar schon ihren Tribut. Fing das Gehirn nicht unter dem Eindruck der Natur gern an, Trugbilder zu spinnen und die Persönlichkeit zu verändern?! Das hatte ich zumindest mal gelesen. Denn im nüchternen Zustand gefiel es mir, die Meinung zu haben, dass das Leben zu kurz ist, um sich mit Sinnfragen zu beschäftigen.

Ich marschierte zum Start meiner ersten Wanderung auf neuseeländischem Boden. Im Internet hatte ich mir einen Wanderweg mit der Bezeichnung »Goldie Bush Walk« ausgesucht. Das klang, wie ich fand, freundlich und ungefährlich. Entlang des Weges sollte es in zwei Stunden einen Fluss, Wasserfälle und natürlich viele Bäume zu sehen geben. Ziel war die Horseman Road auf der anderen Seite des Tals. Vor allem der Satz »Für Menschen, die einigermaßen oder gar nicht fit sind« hatte mir zugesagt. Nur der Hinweis, dass dem Wanderer eine Flussüberquerung bevorstand – ohne Brücke –, hatte mich im ersten Moment etwas stutzig gemacht. Im zweiten Moment hatte ich ihn aber schon mit einem »Kein Problem« und der Zuversicht eines Abenteurers in die ewigen Jagdgründe der Zweifel geschickt.

Ich stand nun vor dem Wald, blickte in seinen dunklen Rachen und spürte seinen kühlen, feuchten Atem. Mich fröstelte es. Ich schaute mich noch einmal um und ging entschlossen los. Der Pfad begann nach meinem Geschmack. Es ging bergab, in langgezogenen Serpentinen. Unter meinen Schritten krachten Äste und Laub. Der Boden war vom Frühlingsregen vollkommen aufgeweicht. Schon nach kurzer Zeit befiel mich ein Gefühl der Lebendigkeit. Meine Schritte wurden schneller, wuchtiger, selbstbewusster. Sonderbare Bilder meiner Kindheit stiegen wie Dampf aus der kochenden Erinnerungssuppe. Ich im Planschbecken. Ich beim Pilzesammeln. Ich beim Ausmisten der Kaninchenställe. Meine Sinne schnitten klare Bilder und Töne aus dem verschlingenden Palmen- und Farnwirrwarr. Bergab, bergab, immer weiter bergab. Auf einem schmalen Pfad durch den Regenwald. Dann, das war ja vorherzusehen, ging es bergauf, bergauf, steil und steiler. Zeitweise hatte ich das Gefühl, die Eigernordwand erklimmen zu müssen. Auf solch eine Fitnessübung war mein vom Schreiben und Sitzen degenerierter Körper nicht vorbereitet. Ich schnaufte, keuchte und entschied, dass die Fitnesskategorisierung in Neuseeland auf Menschen wie mich nicht zutraf. Im gebückten Staubsaugergang, meine Hände zeitweise auf meine morschen Knie stützend, erkämpfte ich mir meinen Weg und schickte die verdammten Kohlenhydrate ins Krematorium. Dann, exakt nach einer Stunde, stand ich schließlich vor meiner ersten großen Herausforderung – dem Bach ohne Brücke, der kein reißendes Monster war, sondern ein unschuldiger, harmloser Waldbach. Der Mokoroa war nicht zu tief und nicht zu flach. Ein neuseeländischer Durchschnittsbach, wie er als Creek oder Stream tausendfach durch die Landkarten geisterte. Ich stellte mich vor ihm auf wie ein geforderter Duellist, meine Arme in die Hüften gestützt, blickte ich ihn mit einem überlegenen Lächeln an. Der Bach aber, er ließ sich nicht beeindrucken. Er floss weiter durch sein steiniges und modriges Bett – still, an manchen Stellen leise rauschend oder plätschernd. »Kleinigkeit«, rief ich. Schließlich hatte ich schon als Kind Bäche durchquert, indem ich wie eine Elfe von einem Stein zum nächsten gesprungen war. Ich nahm Anlauf, sprang und setzte meinen Fuß auf den ersten Stein. Den anderen Fuß – so war der Plan – wollte ich durch eine gekonnte und schnelle Drehung auf den zweiten Stein setzen, um mich zu stabilisieren. Bei meinen nanosekundenschnellen Überlegungen musste ich wohl übersehen haben, dass dieser Plan anatomisch nicht ausführbar war.

Noch während des Falls, den ich mit einer erstaunlichen Gelassenheit ertrug, konnte ich aus dem Augenwinkel die wunderschöne Lichtung bewundern, durch die sich der Bach seit Jahrtausenden seinen Weg erkämpft hatte. Dann platschte ich wie eine Kartoffel ins kalte Wasser. Die Strömung riss an mir, wirbelte mich umher, so als wollte der Bach mir zeigen, wer hier der Herr im Hause war. Ich griff nach einem Ast, richtete mich auf und kletterte an das Ufer. Sofort wurde mir bewusst, dass man mit Jeans nicht ins Wasser fallen sollte. Meine Hose hatte sich wie ein Schraubstock um meine Oberschenkel gezogen. »Dir zeig ich's!«, rief ich und hielt dem Bach meine geballte Faust entgegen. »Du bekommst mich nicht klein. Du nicht, du wässriger Wicht, du Nichts!« Damit hatte ich einen lupenreinen Tabu-bruch begangen, denn Flüsse waren nach Maori-Verständnis Götter. Und die erzürnte man selbstredend nicht. Allerdings war mir das in dem Moment, als der Kampfgeist in meinen Adern kochte, ziemlich egal. Nun stand ich da, angewurzelt, nass wie ein Biber und horchte ehrfürchtig in den Wald hinein. Aber nichts. Nichts. Nur der Wind rauschte, der Bach plätscherte. Mir fiel ein Stein vom Herzen, ich verstand aber im selben Augen-blick die Botschaft. »Ich ging bis an die äußerste Grenze der Welt, gleichzeitig in die innerste Grenze meines Ich!« Das hatte der haarige Reinhold Messner gesagt; und er hatte recht, der Mann der Berge. Die Fronten waren geklärt. Es stand 1 : 0 gegen mich. Aber ich war zu allem bereit! Ich konnte zurückschlagen, das hatte ich in meiner zwölf Jahre langen Tischtennis-Karriere des Öfteren bewiesen. Das Wichtigste war, mich zu besinnen, nicht den Kopf zu verlieren. Die schöne Lichtung mit ihren Fel-sen, dem Bachbecken und den aufragenden Baumreihen, die wie eine unwirkliche Szenerie auf einem der Wachtturm-Heftchen wirkte, kam mir gerade recht. Die Sonne hüllte die Landschaft in ein wohliges Frühlingswarm. Warm gleich trocknen, dachte ich, denn irgendwie musste ich ja meine Sachen trocken bekommen. Ich suchte mir den breitesten der dunklen Felsen aus, zog etwas widerwillig mein T-Shirt, meine Jeans, Schuhe und Socken aus, ließ aber meine Unterhose an, schließlich wollte ich niemanden verschrecken – auch die Insekten und Pflanzen nicht. Wer weiß, dachte ich, welche Folgen das für das feinfühlige Ökosystem hät-te. Seitdem ich in Neuseeland war, hatte ich mir das besondere Umweltbewusstsein schon zu eigen gemacht. Die Klamotten breitete ich auf dem warmen Felsen aus. Ich legte mich auf einen anderen Felsen, spürte, wie die Wärme in meinen Körper kroch, betrachtete die grelle Romantik und lauschte in den Wald hinein. Nichts. Nichts zu hören. Nur der Wind, der durch die Bäume strich. Und der plätschernde Bach. Aber keine Vögel. Als der britische Entdecker James Cook 1769 Neuseeland erreichte, soll der Krach, den die Vögel in den Wäldern und auf See machten, so laut gewesen sein, dass man sein eigenes Wort nicht verstand. Nun war es still. Wie beunruhigend Stille doch sein konnte. Ich schnappte mit meinen MP3-Player, den ich für solche Notfälle immer dabeihatte, und wählte ein Lied von Slayer: »Raining Blood«. Nun ging es mir besser.

Nach einer Stunde waren meine Kleider so weit trocken, dass ich meinen Marsch fortsetzen konnte. Mit einem Gefühl der Überlegenheit – schließlich hatte ich den ersten Willenstest gegen die Natur bestanden – stapfte ich selbstbewusst los. Weiter, weiter ging es bergauf. Durch einen dichten Märchenwald, dessen phantastisch geformte Bäume und Pflanzen mir fremd waren. Der weiche Boden gab unter meinen kräftigen Schritten immer wieder nach. Pünktlich nach einer weiteren Stunde erreichte ich das Ende des Weges. Offensichtlich war meine Fitness doch nicht so schlecht, wie ich befürchtet hatte.

Aber was war das? Der Endpunkt der Wanderung, die bis dato immerhin drei Stunden meiner Lebenszeit gekostet hatte, war extrem enttäuschend. Kein See, kein Gletscher, noch nicht einmal eine ausladende Sicht über den Ozean wurde dem Naturfreund hier geboten, in die man irgendeinen Mehrwert hätte hineininterpretieren können. Für neuseeländische Verhältnisse ein Desaster. Ich blickte nach rechts, nach links. Die Horseman Road entpuppte sich als eine typische rauhe Landstraße, ohne Asphalt, nur Sand und Schotter – wie der Name schon vermuten ließ: eine Straße für den Pferdemenschen. In der Ferne erkannte ich eine Farmersfrau, die einen Kuchen auf der Veranda ihres Hauses aß. An einer anderen Stelle warnten gleich drei Schilder vor Autodieben. So viel Zivilisation. Das war ein völlig unwürdiges Schlussbild für meine erste große neuseeländische Naturbegehung, entschied ich. Außerdem war es noch früh, ich hatte noch Kraft, der Natur war ich noch nicht überdrüssig. Ich wollte mehr Luft, mehr Grün, mehr von dem Draußen, das mir James so sehr ans Herz gelegt hatte und das sich jetzt, wo ich mittendrin steckte, gar nicht schlecht anfühlte – ein bisschen wie die Tage meiner Kindheit, als ich mit Freunden am Ufer der Rur durch das hüfthohe Gras gesprungen war.

Ich kehrte zurück zur Weggabelung, an der ich auf meinem Hinweg schon ein Schild gesehen hatte, das einen alternativen Rückweg anbot – zu einem Wasserfall und dann entlang des Mokoroa, mit dem ich mich ja schon angefreundet hatte, zurück zum Ausgangspunkt meiner missglückten Bachüberquerung. Neunzig Minuten sollte der Weg in Anspruch nehmen. Jetzt war es 15 Uhr. Ich würde rechtzeitig zu Hause sein, um mir mit einer kühlen Flasche Speight's-Cowboy-Bier in der Hand »Country Calendar« anzuschauen – meine Lieblingssendung, in der es um Farmer ging, die Musik auf ihren Drahtzäunen machten oder ihren Schafen und Rindern Lieder vorsangen. Also los. »Im Frühtau zu Berge, wir ziehn, fallera!« Fallera! Fallera! Der Wasserfall: Das Wasser, wie es eingerahmt von Felsen in die Tiefe schoss, der glänzende Schein der Sonne, der Wassernebel – alles sehr schön, dachte ich und blickte von einer Plattform hoch über dem Mokoroa-Bach hinunter in den donnernden Pool. Weiter, weiter, hämmerte es in meinem Kopf. Nur keine Zeit an die Romantik verlieren. Nun kam ich zu einem zweiten Schild, das mich erstens wieder in meinem Vorurteil bestätigte, dass Neuseeländer ebenso wie die Deutschen die Schilderei liebten, und mir zweitens sagte, das sich hier irgendjemand um mich massiv Sorgen zu machen und meine Leistungsfähigkeit zu unterschätzen schien. Denn das Schild warnte vor »mehreren Flussüberquerungen«, vor »steilen und matschigen« Abschnitten, und ausdrücklich betonte es, dass der Weg entlang des Baches »nur für sehr erfahrene Wanderer« gedacht war. »Sehr erfahrene Wanderer!«, sagte ich mir selbstbewusst. »Damit meinen die natürlich mich.« Entschlossen und stur, den Duft des feuchtwarmen

Frühlings in meiner Nase, stieg ich hinab zum Bachbett und nahm die Verfolgung der orangefarbenen Pfeile auf, die den Pfad durch Fluss und Dickicht kennzeichneten.

Erst als sich der Pfad in einen von Büschen und Sträuchern zugewachsenen und damit unsichtbaren Pfad entwickelte, der durch das Unterholz und vorbei an Felswänden kroch, kamen mir die ersten Zweifel an meiner Abenteuerlust. Hatte ich die richtige Entscheidung getroffen? Vielleicht hätte ich doch den sicheren Rückweg wählen sollen? Vielleicht hätte ich doch mit Marc ins »Ale House« gehen sollen? Natürlich hätte ich das. Aber für eine sichere Rückkehr war es nun zu spät. Wenn ich meine Gedanken noch weiter kreisen ließ, würde ich überhaupt nicht vorwärtskommen und mich bei Einbruch der Dunkelheit auf den feuchten Waldboden legen müssen, um dort die ersten Sonnenstrahlen abzuwarten. So war es einem meiner Bekannten mal irgendwo auf der Südinsel ergangen. »Amüsant war das nicht«, hatte er gesagt. Eine solche Nacht wollte ich mir und dem Wald ersparen. Auch wenn dies mein persönlicher Protest gegen die komfortsüchtige Kapitalismusgesellschaft und unsere wattierte Wellness- und Wohlfühlgesellschaft hätte werden können. Aber ganz ohne Internet, ohne Blog? Zum Glück musste ich nicht mit einem Kompass den Weg bestimmen. Die orangen Pfeile an Ästen, am Boden und auf Steinen wiesen mir den Weg, den Weg in mein Unglück. Denn plötzlich zeigte ein besonders großer Pfeil gen Bach, der sich gerade träge wie ein Regenwurm durch sein Bett schob. Ich blickte auf den Pfeil und hatte das sichere Gefühl, dass jemand den Pfeil da mit einer gewissen Schadenfreude angebracht hatte. Er wirkte deutlich oranger, noch größer, ganz bestimmt spitzer als die anderen Pfeile. Ich schaute mir die Situation an. Wie schon bei der ersten Überquerung lagen einige runde, abgeschliffene Steine zwischen den beiden Ufern, und wieder hörte ich ihr Rufen. »Komm, Ingo. Spring! Spring!«

Was soll ich sagen? Ich sprang, und wieder hatte ich meine

Koordinationsintuition überschätzt. Denn eine halbe Sekunde später spürte ich das eiskalte Wasser auf meinem Körper, meinem Gesicht, meinem Kopf und betrachtete die Unterwasserwelt des Mokoroa-Baches durch den Blasen-Blubber des aufgewühlten Wassers. Ich richtete mich auf und stand da, hüfttief im Wasser, meine Gesichtszüge hatten sich zu einer apokalyptischen Verbitterungssinfonie zusammengezogen, der Wald dampfte unschuldig in der Frühlingssonne. Mit dem Gefühl, nun einen besonders seltenen und alten Baum mit einer wuchtigen Kettensäge bearbeiten zu wollen, kletterte ich das steile Ufer hoch und wusste, was zu tun war. Ich musste nackt weiter. War das ein perverser Gedanke? Vielleicht. Aber was sollte ich machen? Ich war allein auf mich gestellt. Ich wollte überleben. In drei Stunden würde die Sonne untergehen, und dann würde es kalt werden wie in einem Kohlekeller. Entschlossen entledigte ich mich meiner nassen Sachen, rollte sie zusammen und packte sie in meinen Rucksack. Dann stand ich da im kühlen Schatten der Kronen, aus dem sich die Sonne langsam zurückzog – und fühlte mich irgendwie beobachtet. »Hello!«, brüllte ich. Aber nichts, keine Antwort. Kein Echo, natürlich nicht. Nur das Pschhhhh des Baches, nur das Sccchhhhhhh der Bäume. Der Soundtrack des schleichenden Wahnsinns. Der Gedanke, nun nackt wie ein Frosch durch den Regenwald zu hüpfen, befremdete mich. Es soll ja Menschen geben, die nackt kochten und wanderten – in der Überzeugung, dass sie so ein unvergleichliches Gefühl der Befreiung erlebten. Dabei weiß jedes Kind, dass es, wenn man sich befreien will, nicht reicht, seine Socken auszuziehen. Ich hielt das Nacktsein für einen unnötigen Zustand. Auch wenn, wie von den Nudisten so gern ins Feld geführt, die Natur uns nackt aus dem Mutterleib wirft. Dazu sage ich nur das: Auch die Natur macht mal Fehler. Außerdem war mit Nacktheit im immer noch puritanischen Neuseeland überhaupt nicht zu spaßen. Selbst Männer in schmalen Badehosen liefen am Strand Gefahr, wegen der Erregung öffentlichen Ärgernisses angezeigt zu werden. Die Polizei in Wellington hat den neuseeländischen Rugby-Fans sogar mal untersagt, das äußerst knappe Bade-Outfit aus dem »Borat«-Film bei einem internationalen Turnier zu tragen. »Es ist eine Familienveranstaltung, und es werden Kinder da sein«, lautete nach einem Bericht der englischen Zeitung *Sun* die Begründung. Hoffentlich, so dachte ich, war auf dem Goldie Bush Walk nicht gerade eine Schulklasse auf Naturinspektion unterwegs. Hoffentlich würde ich keinem Ranger auf Possumpatrouille in die Arme laufen. Was würde der dann denken? Vor allem: Was würde der unternehmen? Deutsche galten wegen ihrer Liebe zum Nacktbaden und zu Swinger-Partys in gewissen Kreisen Neuseelands ohnehin als frivole Lüstlinge.

Ich machte mich auf den Weg. Und schon nach wenigen Hundert Metern sah ich aus wie ein Soldat, der aus einem Straflager geflohen war – feine blutige Schnitte an den Beinen, Dreck, Blätterreste, tote Insekten klebten auf Armen und Brust. Laub hing in meinen aufgewühlten Haaren. Äste und Sträucher schlugen unablässig gegen meine Hüften und Schenkel und hinterließen rote Sado-Maso-Striemen auf meiner blassen Haut, die seit den Tagen meiner Kindheit keine Sonne mehr gesehen hatte. Meine Schuhe waren nass wie ein Schwamm. Ich hätte nie gedacht, einmal im Leben diesen Satz sagen zu können: Hätte ich doch nur Teva-Sandalen gehabt. Die heilige neuseeländische Natur war in mich gefahren. Sie hatte buchstäblich Besitz von mir ergriffen und rächte sich nun dafür, dass ich ihr die Faust gezeigt hatte. Hätte ich nur eine schöne, scharfe Machete gehabt. Der Bach wurde nun wieder breiter, floss in kurvigen Bahnen durch die grüne Welt und lag an manchen Stellen so tot wie ein See in seinem Bett. Die nächste Herausforderung lag vor mir. Diesmal wollte ich es besser machen, durch den Bach waten wollte ich nicht. Schließlich brauchte ich meine Körperwärme für den Rest des Weges. Ich analysierte die Situation wie ein Feldmarschall.

Die Natur schlägt man nur mit Köpfchen – nicht mit der Intuition. Ah, ich sehe. Ein paar mittelgroße Steine, die guten Halt versprechen, bis zur Mitte des Baches, der ungefähr einen Meter tief sein dürfte. Geringe Strömung. Aber dann klaffte ein breites Loch zwischen dem rettenden Ufer und dem letzten Stein. Hmmm? Ich könnte relativ sicher auf den Steinen bis zur Mitte des Flusses spazieren und dann aus dem Stand zum flachen Ufer springen. Das wollte ich probieren, obwohl der Weitsprung nie zu meinen besseren Disziplinen gehört hatte. Aber in der Hoffnung liegt die Kraft. Konzentriert machte ich mich auf, setzte langsam einen Fuß vor den anderen. Ein Stein, zwei Steine, ein größerer Schritt. Geschafft. Ich stand auf dem letzten Stein, der mich vom Ufer trennte. Aus der Nähe sah die Distanz, die ich überbrücken musste, allerdings wesentlich imposanter aus. Ich nahm das Ziel mit einem konzentrierten Tunnelblick ins Visier, spannte meine Unterschenkel an, wippte vor und zurück und stieß mich mit einem kräftigen Stoß ab. »Jaaaa!«, rief ich, in der Hoffnung, mir so einen zusätzlichen Rückstoß zu verschaffen.

Falsch gehofft. Ich berührte mit dem linken Fuß sanft die Uferböschung und fiel rücklings ins Wasser. Platsch. Zum dritten Mal lag ich im Bach – fassungslos. Ich schnaubte. Ruhe bewahren, Ingo, Ruhe bewahren. Sich unbeeindruckt zeigen, keine Energie verschwenden – eine alte Buschmann-Regel. Schließlich wurde der Neuseeländer erst in der Natur zum Neuseeländer. Und der neuseeländische Mann zum neuseeländischen Mann. Ich steckte mittendrin, in diesem Initiationsritus. Ich versuchte mich abzulenken, dachte an die Geschichten von einem Freund, der Wanderungen für eine erholsame Beschäftigung hielt. Er war schon in strömende Bäche gefallen, von Mücken zerfressen, von Steinschlägen begraben und von Feuersbrünsten überrascht worden. »Wenn du so was überlebst«, hatte er mit tiefer Stimme doziert, »dann verstehst du, wie Neuseeland tickt und dass die Menschen nur überleben konnten, wenn sie in und mit der Natur klarkamen. Außerdem fühlst du dich nach solchen Erfahrungen erst richtig lebendig.« Ich dagegen fühlte mich auch schon sehr lebendig, wenn ich Wodka trank. So fand jeder sein Stück gestanzte Ewigkeit. Verrückte Welt.

Meine Wut hatte ich mittlerweile auf diese orangen Pfeile gelenkt, diese miesen orangefarbenen Pfeile. Wenn sie klein waren, dann war ich sicher. Aber wenn sie groß und größer wurden, so groß wie Ampellichter, dann wurde es schlimm. Und dann zeigte der orange Pfeil wieder über den Bach, aber es gab keine Steine, nichts, auf dem man ihn hätte überqueren können. Pah, rief ich. Du bekommst mich nicht klein. Ich war jetzt einer der Buschmänner, die sich in den jungen Jahren der neuseeländischen Geschichte mit Esel und Zelt durch die mächtigen Wälder und Berge der mystisch-wilden Westküste geschlagen hatten. In einer Reaktion aus stolzem Trotz und Niedergeschlagenheit stieg ich ins Wasser. Gott, war das kalt. Ich biss auf meine Zähne und schritt mit mächtigen Schritten voran, setzte meinen rechten Fuß auf das aufragende Ufer und zog mich an einem Ast hinauf. Ich richtete mich auf, riss meine Arme wie ein Superheld jubilierend in die Höhe, während die Sonnenstrahlen meinen Bauch wärmten – und voller Verachtung urinierte ich in den Bach.

Dann kramte ich aus meinem Rucksack meinen Flachmann hervor, den mir ein weißrussischer Gewerkschaftsboss geschenkt hatte und den ich für alle Notfälle eingepackt hatte. Ich nahm einen Schluck und spürte das süße Whisky-Malz an meinem Gaumen. Aaah. Das Wasser tropfte aus meinen nassen Haaren. Ich blickte den Bach entlang und sah in einiger Entfernung schließlich die Stelle, an der ich meine erste Berührung mit den Wassern des Mokoroa hatte. Ja, das war sie. Kein trügerisches Bild des Whiskys. Keine Fata Morgana. Ich nahm noch einen Schluck – um mich zu wärmen. Und noch einen Schluck – auf meine Glanzleistung, die ich nun im Angesicht der Hoffnung gern als solche deutete. Dann trank ich die Flasche leer. Weniger

Ballast. Mit einem Grinsen debiler Glückseligkeit auf dem Gesicht und einem pochenden Herzen marschierte ich los und nahm den Weg zur Constable Road in Angriff. Der Rest war ein Kinderspiel. Ich traf niemanden, ich sah niemanden. In der Ferne hörte ich einen Trecker knattern. Die Vögel waren anscheinend aus ihrem Schlaf erwacht und pfiffen mir eine Abschiedssinfonie. Je schneller ich lief, desto wärmer wurde mir, desto gleichgültiger wurden mir der Matsch, der Moder, der Anstieg. Dann nach einer Stunde hatte ich die rettende Straße erreicht. Vorsichtig lugte ich aus dem Wald heraus, blickte nach rechts, nach links. Niemand zu sehen, zum Glück. Als ich wie ein aufgescheuchtes Reh auf die Straße sprang, spürte ich noch einen kalten Wind in meinem Rücken – der Wald, er war wohl froh, mich los zu sein. Das beruhte, um das hier in aller Entschiedenheit festzustellen, auf Gegenseitigkeit. In gebückter Lauerstellung lief ich über die Schotterstraße und dachte an die Worte, die ich im Internet über meinen ersten Wanderweg gelesen hatte: »Einfacher bis gemäßigter Weg. Für Menschen mit mäßigen Fähigkeiten«. Endlich tauchte mein Auto am Straßenrand auf. Umrahmt wurde die Szenerie der Erlösung von einem Abendhimmel, der bereits glühte wie ein See aus goldenem Weizenbier. »Draußen zu sein«, dachte ich noch, »das ist ein feines Gefühl.«

»Jesus, vier Mal bist du im Wasser gelandet? Und du bist dann völlig nackt zum Auto zurückgelaufen? Zum Glück hast du niemanden getroffen. Die hätten dich sicher verhaftet.« James lachte wie ein Roboter, als ich am Ende meines Berichts angelangt war. Ha! Ha! Ha! Ich blickte ihn mit ernstem Gesicht an. Humor war hier nicht angebracht. Ich war verletzt, ich war traumatisiert, ich hatte Schlimmes erlebt. Neuseelands Natur hatte einen Anschlag auf mich verübt. James schien das nicht zu stören. »Hört sich so an, als sei die Landschaft recht schön gewesen«, sagte er. »Das hättest du richtig genießen sollen.« Ich ließ den lachenden

Optimisten sitzen, stiefelte in mein Zimmer, legte die Lilburn-CD ein und schmiss mich auf mein Bett. So gründlich ich auch suchte, die Täler und Berge in meiner bordeauxroten Decke waren verschwunden. Es blieb eine stinknormale Decke – ein bisschen schlecht gestrichen vielleicht.

»Nenn mich einfach Ed!«

»Irgendwann werde ich den Everest besteigen.«
Edmund Hillary zu einem Freund vor dem II. Weltkrieg

Die Legende konnte man anrufen. Sie stand im Telefonbuch wie all die Clarks und Jones. Wie einer unter vielen. Da stand es schwarz auf gelb. Sir Edmund Hillary, Remuera Road, Auckland, dazu die Telefonnummer. Der erste Mann, der dem Himmel sehr nahe gekommen war – auf seinen eigenen Beinen. Mir wurde etwas schwindelig, hatte ich doch erwartet, eine ganze Armee von PR-Managern becircen zu müssen, um zu einem Treffen mit dem Bergsteiger zu gelangen. Schließlich war Hillary weltberühmt, ein Meta-Gigant, der die Phantasie in ungeahnte Höhen trieb – und das nicht nur in Neuseeland. Auch wenn man nur hier in seiner Heimat und vielleicht in Nepal und Indien wusste, dass der Erstbesteiger des Mount Everest Neuseeländer war. In Indien sollen sogar die Tiger an die Ufer des Ganges gekommen sein, um den berühmten Abenteurer zu sehen, als er den heiligen Fluss 1977 bereiste.

Am 27. Mai 1953 hatte der Bienenzüchter aus Tuakau das Dach der Welt erklommen, den Mount Everest. Nun war er mein Nachbar. Zumindest fast. Ihn und mich trennten nur wenige Kilometer und ein paar grüne Hügel. So nah war ich dem Everest noch nie gekommen. Ansonsten trennten uns Galaxien. Meine bergsteigerischen Ambitionen hatte ich schon frühzeitig beerdigt, nachdem ich den schlimmsten Urlaub meines Lebens als Zwölfjähriger in Bayern verbracht hatte und dort bei 1265 Metern über dem Meeresspiegel fast an einem Asthmaanfall gestorben wäre. Vor ein paar Wochen hatte ich immerhin den Tongariro Crossing, Neuseelands bekanntesten Höhenwanderweg für blutige Anfänger, unbeschadet bewältigt. Nachdem mich dort eine Gruppe hyperfitter Senioren und ein paar superdurchtrainierte und offensichtlich verrückte Jogger fröhlich lächelnd überholt hatten, hatte ich einmal mehr feststellen müssen, dass die Horizontale doch der erstrebenswerte Zustand im Leben war. Man musste nicht auf Berge klettern, um glücklich zu sein. Liegen lernen war viel schwieriger. So verschob ich meine bergsteigerischen Ambitionen auf die übernächste Wiedergeburt, mit der nächsten wollte ich Fleischer werden.

Seit Wochen war ich ja beim America's Cup damit beschäftigt, das innige Verhältnis der Neuseeländer zum Element des Wassers zu erforschen. Und meine Bodenhaftung hatte ich schon durch meinen Busch-Ausflug ausreichend gestärkt. Mit einem Besuch bei Hillary wollte ich zur sprichwörtlichen Bodenständigkeit zurückgelangen. Denn Hillary galt in seiner Heimat als der Inbegriff der Bodenständigkeit. Er war der größte und überzeugendste Philosoph der heiligen Bodenhaftung – der trotz seines übermenschlich scheinenden Ehrgeizes und seiner abenteuerlichen Höhenflüge davon predigte, wie wichtig es sei, mit beiden Beinen auf der Erde zu stehen.

Zudem versuchte ich meine Zeit mit jeder Menge Sinn zu füllen. Denn die Tage zogen sich wie Kaugummi, wie sehr zäher Kaugummi. Das schien eine Eigenart des Lebens im Paradies zu sein. Eine unsinnige Menge an Zeit zu haben, in der man über sich und nochmals über sich grübeln konnte und dabei immer wieder vor allem zu einem Ergebnis gelangte: Es war nicht einfach, so viel Zeit mit sich und seinem Ich zu verbringen. Ein Ich, das ein anderes Ich war, als ich es in Deutschland von mir kannte. Nun, da sich mein Ich in der für längere Auslandsaufenthalte typischen Transformation befand, konnte ich nur noch drei Konstanten an mir ausmachen, die mein Ich grundlegend zu bestimmen schienen: meine Liebe zum Bier, meine Liebe zum Fleisch und meine Unruhe. Wer stehen blieb, der lief Gefahr, zum stehenden Gewässer zu werden und zu stinken zu beginnen. Und so versuchte ich in Bewegung zu bleiben und schlabberte und waberte als elektrischer Seelen-Pudding durch die Straßen von Auckland und malte mir aus, was ich alles mit meinem Leben anfangen könnte. Dabei kamen mir vor allem romantische Abenteurerberufe in den Sinn, von denen man als Junge träumte: Drachentöter, Cowboy, Pirat. Neuseeland schien diese Träume mit seinem Hang zur rustikalen Bodenhaftung und seinem freifliegenden Pioniergeist zu befördern. Auch Hillary schien solch einem Jungstraum entstiegen zu sein. Er stammte aus einer Zeit, in der es tatsächlich noch Orte gab, die man sich nicht vorstellen konnte, die deswegen die Phantasie beflügelten, die einen träumen ließen. In einer Welt, in der man vom heimischen Sofa aus risikosicher via Google die Bordsteinpflaster in Katmandu bestaunen und nahezu jedes Abenteuer kaufen kann, kaum noch vorstellbar. Hillary war der letzte Abenteurer. Einer, der wohl noch daran glaubte, dass er mit seinen Expeditionen nicht nur sich selbst, sondern der Menschheit diente. Einer, der auszog zum Ende des Regenbogens und von dort mit einem Topf voller Gold zurückkehrte. Ohne Blogs und Sponsorenvertrag. Außerdem war der große Mann mit den buschigen Augenbrauen, den wuscheligen Haaren und den markanten Wangenknochen einer der wenigen, denen die Neuseeländer einen herausragenden Status zugestanden. Ansonsten grassierte das TPS- oder Tall-Poppy-Syndrom – auch wenn das nach einer lebensbedrohenden Krankheit klang, meinte es lediglich die Aversion gegen alle, die sich hervortaten, die mehr sein wollten als der neuseeländische Durchschnitt. Allzu individualistische Ambitionen, so hatte ich häufig den Eindruck, standen auf der Liste der schlimmsten Verbrechen gleich hinter dem Hochverrat. Wenn sich jemand hervortat, musste klar sein, dass er seinem *iwi* oder *hapu*, seinem Stamm also, diente und nicht nur sich selbst genügte. Wie Hillary. Er wollte expressis verbis Durchschnitt sein, ein Normalo, der seinem wüsten Aussehen und Charakter nach ein comichaftes Ebenbild des bescheidenen, rauhen, zupackenden, wortkargen, aber gutmütigen Joe Bloggs, des neuseeländischen Otto Normalverbrauchers, war, der sich ein paarmal heroisch der Natur entgegengeworfen und ihr standgehalten hatte. »Well, George, we knocked the bastard off«, »George, wir haben den Bastard umgelegt«, sagte er in dieser typischen Hillary-Mischung aus Schnoddrigkeit, Ironie und Kurzatmigkeit zu seinem Expeditionsleiter George Lowe nach der erfolgreichen Everest-Besteigung. Hillary war das, was man in Neuseeland einen »guten Bastard« nannte. Er beteuerte sein ganzes Leben lang, dass er tatsächlich der durchschnittliche, nicht übermäßig intelligente, praktisch veranlagte Kiwi-Kerl von nebenan war, der seine Chancen genutzt und dabei auch Glück gehabt hatte. Dafür liebten ihn die Neuseeländer, und dafür ließ er sich lieben. Hillary war ein Held wider Willen, der keinen zu großen Pfifferling auf die Beweihräucherung gab, mit der man seine Person seit mehr als fünfzig Jahren vernebelte. Selten nur war er so unbequem wie beispielsweise ein David Lange, der einstige Premier Neuseelands, der sein Land Mitte der Achtziger mit radikalen Reformen auf den Kopf gestellt hatte. »Damit es uns nicht um die Ohren flog und wir es wieder flottbekamen«, wie er mir in einem Interview einmal sagte. Lange war der Störer, der Aufwiegler, der es genoss, seine Gegner mit seinem scharfsinnigen Humor zu entblößen und ihnen seine intellektuelle Überlegenheit zu demonstrieren. In vielerlei Hinsicht war Lange der Gegenentwurf zu Hillary. Eine Identifikationsfigur für Fortgeschrittene. Hillary dagegen war der gute Geist, das Maskottchen und die Vaterfigur seines Landes – in einer Person. Wie er, glaubten viele Kiwis, sollte einer von ihnen sein. Hillary war das Vorbild, der Archetyp des neuseeländischen Traumes – und deshalb der »größte lebende Neuseeländer«, ein Siegertyp, der sehr erfolgreich mit allem gewesen war, was er sich vorgenommen hatte. So neben der Everest-Besteigung auch mit der Durchquerung der Antarktis 1956 bis 1958 und mit dem Bau der ersten Schule im nepalesischen Khumjung 1961. Auch gelang ihm die erste und bisher einzige Besteigung des Mount Herschel in der Antarktis 1967, dazu noch die besagte Ganges-Expedition. Nur den Yeti hatte er nicht gefunden. Aber das sahen ihm seine Landsleute nach. Für sie war er der lebende Beweis dafür, dass Träume wahr werden konnten – und waren sie noch so hehr, noch so unglaublich. Man musste nur an sich glauben, hart an sich arbeiten, auch wenn man wie Hillary nur über ein mittelmäßiges Talent verfügte. Deswegen packten die Neuseeländer sein rauhes, von eisigen Winden geformtes Konterfei mit den etwas zu großen Ohren dorthin, wo es jeder sehen konnte, wo es zum Alltag der Menschen gehörte, wo es sie jeden Tag an ihre Träume und Ziele erinnern würde: auf den kleinen Fünf-Dollar-Geldschein. Ich hatte noch nie jemanden getroffen, der auf einem Geldschein abgebildet war. Einmal war mir Gauß im Traum erschienen, aber das ist eine andere Geschichte.

Nervös wählte ich die Nummer. Freizeichen. Mein Herz pochte. »Hello«, meldete sich die warme, freundliche Stimme von Lady June. Sie war Hillarys zweite Frau, die er nach dem Tod seiner ersten Frau Louise im Jahr 1975 geheiratet hatte. Ich stotterte irgendwas in der Art wie »Ich … Journalist … Treffen mit großem Hillary. Bitte, bitte!« Lady June sagte verständnisvoll: »Ein Treffen? Einen Augenblick. Ich hole meinen Mann.« Ich antwortete: »Oh, oh, danke! Vielen Dank!« Der Weg zu Hillary schien tatsächlich sehr einfach. Mein Herz schlug jetzt im Stakkato. Meine Hände schwitzten Bäche. Ein paar Sekunden später hörte ich diese prägnante dunkle, aber weiche Stimme, die durch einen Zeittunnel aus einer anderen Welt zu mir zu sprechen schien. »Jaaaa«, sagte Hillary, und sofort fühlte ich mich beruhigt, ruhig, fast narkotisiert, zurückversetzt in eine heimelige Kinderwelt. Nun, so raunte mein Gemüt, nun würde die Weltgeschichte doch ein gutes Ende nehmen. Hillarys unerschütterliche Ruhe und Gelassenheit waren legendär. Sie schienen sogar durch das Telefon zu wirken. »Ein Treffen?«, fragte er. »Das ist kein Problem. Komm zum Tee. Dann können wir uns unterhalten. Aber tu mir einen Gefallen. Nenn mich einfach Sir Ed oder Ed.« »Ja, okay«, stammelte ich. »Danke, Mr. Hill... äh, Sir Ed.«

Am Tag unseres Treffens kaufte ich einen Strauß Frühlingsblumen für Lady June. Ich war so aufgeregt, dass ich drei Stunden um den Mount Eden spazierte und versuchte, meine Nervosität abzuschütteln. An einer Grundschule beobachtete ich die Kinder, wie sie barfuß oder in Mini-Flipflops durch den Regen tollten. Als Kind konnte man sich wahrscheinlich nichts Schöneres wünschen, als in Neuseeland aufzuwachsen. Nicht nur, weil man das Schnürsenkelbinden erst später lernen musste. Man durfte barfuß in die Schule gehen, in kurzen Hosen und kurzärmeligem Hemd. Fast immer war Sommer, der Regen war fast immer warm. Mama und Papa fuhren am Wochenende mit einem zum Camping, zum Strand, in den Regenwald, auf einem Fluss zum Kajakfahren, auf das Meer zum Segeln oder auf eine Insel wie Tiritiri Matangi zum Bäumepflanzen, Tuatara-Echsen- oder Vögel-Beobachten. Wunderbar! Wörter wie »Bildung« oder »Allgemeinbildung« waren nahezu unbekannt. Umso höher im Kurs stand die »Motivation«. Hier wollte jeder Farmer, Rugby-Spieler oder Metzger werden und niemand Dichter oder Denker. Dem versuchte man entgegenzusteuern und die Kleinen auch für kreative Berufe zu begeistern. »In der Schule«, hatte mein späterer Mitbewohner Shalem mir erzählt, »sind wir zu allem ermuntert worden. Theaterstücke schreiben, singen, Musik machen.« Wie furchtbar, hatte ich zu Shalem gesagt. Denn auch der musische Zwangsvollzug schien mir nicht völlig durchdacht. Wer hätte denn dann noch den schönen Job eines Musik-, Kunst- oder

Literaturkritikers übernehmen wollen, der alles zunichtemachte, was ihm vor seine Gehirnlappen kam? Natürlich steckte in der esoterischen Dauermotivation, wie ich scharfsinnig erkannte, als ich durch den Regen stapfte, ein musisches Überlebensprogramm für ein kleines Inselvolk, wie es die Neuseeländer waren. Hier musste jeder ran, wenn er sich nicht sagen lassen wollte, dass er künftig für den kulturellen und seelischen Untergang seines Landes verantwortlich sein würde. Denn allein der Rugby reichte wohl nicht als Seelenfutter. Er produzierte zwar kräftige Männer, aber keine schönen Sätze.

Zur geistigen Zerstreuung vor dem großen Treffen erklomm ich den Mount Eden, beobachtete die im Krater grasenden Kühe und befand, dass sie ein tolles Leben hatten und mit sich und ihrem Schicksal im Reinen schienen. Kühe waren die wahren Buddhisten, gutmütig und ahnungslos. An manchen Tagen wollte man gern so eine Kuh sein, dachte ich und blickte in das graue Nieselregen-Auckland.

Dann nahm ich ein Taxi. »Was, zu Hillary, zu Ed, dem Bergsteiger?« Simon war vor zehn Jahren aus Malaysia nach Auckland gekommen und schien nun vollkommen aus dem Häuschen. »Ed ist unser aller Held. Ich habe seine Bücher verschlungen. Ein guter Mann, ein guter Mensch. ›Jeder hat seinen Everest‹, das hat Ed gesagt. Ich will, dass mein Sohn auch ein guter Mensch wird. Deswegen erzähle ich ihm von Ed, was er für die Menschen in Nepal Gutes getan hat. Wusstest du, dass er sogar eine Auszeichnung von den Taxifahrern in Katmandu bekommen hat?« Ich schüttelte den Kopf. Aber ich wusste, dass er alle seine Orden und Auszeichnungen in einer Metallkiste verstaut hatte, die er erst jetzt für eine Ausstellung in seiner Heimatstadt aus seiner Garage hervorgekramt hatte. »Ja, der Sir Ed, er hat viele Auszeichnungen bekommen«, sagte Simon wehmütig. »Wenn es nur noch mehr solcher Menschen geben würde.« Dann versank der

Fahrer ins Grübeln. Es war unglaublich. Kaum erwähnte man nur den Namen Hillary, schon schien die Welt ein besserer Ort. Sogar die Sonne brach sich nun Bahn durch die schmutzige Tristesse, die bisher den Tag bestimmt hatte. Der Nieselregen glitzerte im Sonnenschein wie ein Vorhang aus kleinen Diamanten.

Der Fahrer stoppte vor einer Einfahrt an der Remuera Road – eine Gegend, deren üppiger Wohlstand sich in der stattlichen Anzahl der »Remuera Trecker«, der großen Allrad-Jeeps, zeigte. »Das Haus«, sagte er und hob seinen Arm als Wegweiser, »muss da hinten sein. Bestell Sir Ed bitte viele Grüße und wünsche ihm alles Gute von mir, für sich und seine Familie. Dass er noch viele Jahre leben möge. Sag ihm, dass es gut ist, dass es ihn gibt.« »Mach ich«, versprach ich. Ich reichte ihm das Geld, Simon aber winkte ab. »Nein, nein. Es war mir eine Ehre. Wer zu Sir Ed fährt, der braucht nicht zu zahlen.«

Auf dem Briefkasten stand kein Name. Wozu auch, wenn ganz Neuseeland wusste, wo *er* gerade lebte? Mit weichen Knien schlich ich die Einfahrt entlang und stand plötzlich vor einem dieser Ziegelsteinbungalows, die aus den Fünfzigern oder Sechzigern stammten. Das Haus war nicht zu groß, nicht zu klein. Es war keine Villa, die in all ihrem Prunk und Protz die Berühmtheit Hillarys widerspiegelte, sondern ein Haus, das seinen Geist zu symbolisieren schien – unauffällig, nicht in der ersten Reihe stehend, mit dem Mut zum Verfall. Ich horchte in mich hinein und befand, dass ich zwar immer noch nervös wie eine aufgescheuchte Wüstenmaus, aber nun bereit für das Zusammentreffen mit dieser historischen Persönlichkeit war. Ich atmete tief durch und klingelte. Es war der 12. Oktober 2002, 15.01 Uhr. Lady June öffnete die Tür mit einem Lächeln des Willkommens – zum Dahinschmelzen. Sie trug eine große Brille, hatte rosige Wangen und eine gewaltige, majestätisch aufragende Frisur, die silbern glänzte – eine Oma wie aus einem Bilderbuch. »Kommen Sie bitte herein. Mein Mann ist sofort da. Ich mache schon mal den

Tee. Sie trinken doch Tee, oder?« Ich nickte schüchtern. Ich hätte auch einen Whisky getrunken – zur Beruhigung. Als ich die Türschwelle mit pochendem Puls übertreten hatte, war mir, als wäre ich in eine andere Welt eingetreten. Im Haus war es warm, still, die Geräusche, die von der Straße drangen, angenehm dumpf. Dann, als ich im Flur wartete, hörte ich leise, bedächtige Schritte, und mir schien, dass sich das Nahen Hillarys durch einen leichten Temperaturanstieg im Raum ankündigte – oder lag die plötzliche Hitzewallung an meinem Lampenfieber? Und da kam das lebende Denkmal – Sir Ed. Sein Körper war zwar gebückt vom Alter, aber immer noch imposant. Seine Nase war immer noch so steil wie an dem Tag, als er den Everest erklomm. Etwas müde wirkten seine Augen, bedächtig waren seine Bewegungen. Zur Begrüßung setzte er das warme, gutmütige Lächeln auf, das wohl nur diejenigen hatten, die den Boden trotz gewaltiger Höhenflüge nie verlassen haben. Er reichte mir seine große Hand, die ofenwarm war und die meine Hand komplett umschloss. »Aus Deutschland«, sagte er mit erhabener Stimme. »Da war ich ein paarmal. Ein schönes Land.« Das Alter hatte seinen einst athletisch gestählten Körper gerundet und gebeugt. Aber trotz seines Alters schien seine Gestalt nichts an der einstigen Mächtigkeit eingebüßt zu haben. Kaum vorstellbar, dass dieser Baum von einem Mann als Junge klein und schüchtern gewesen sein soll. Er strahlte eine tiefe, unerschütterliche Ruhe aus – eine Ruhe, die er 1953 auf dem Everest zwischen dem ewigen Blau des Universums und dem unschuldigen Weiß der Erde gespürt haben musste. Hillary war der fleischgewordene Fels in der Brandung. Ich dagegen kam mir in seiner Gegenwart wie ein Sandkorn vor, das die Wellen der Geschichte hin und her spülten. »Ich habe das Gefühl, dass ich von Jahr zu Jahr schrumpfe«, sagte Sir Ed und lächelte. »Wahrscheinlich verschwinde ich irgendwann in der Erde.« Ich war schon jetzt im Erdboden versunken. Ich folgte ihm ins Wohnzimmer, wo ich auf einem roten

Sofa Platz nahm. »Dort haben schon die Queen und Bill Clinton gesessen«, sagte er. »Sie sind also in guter Gesellschaft.« Ich erschrak und hatte urplötzlich das Gefühl, eine steife Haltung einnehmen zu müssen, um das Sofa nicht durch meine Lässigkeit zu entweihen. Mein Blick wanderte gierig durch das große Zimmer. An den Wänden hingen viele Fotos, die von der eisigen Faszination dieses Berges, des Everest, erzählten, einer Welt, so groß, gewaltig und überirdisch, dass sie gar nicht in diesen überschaubaren Raum passen wollte, der nach Zufriedenheit, Gemütlichkeit und Tee roch, wie bei Oma und Opa. Überall hingen indische, nepalesische und tibetanische Figuren, Teppiche und geheimnisvolle Masken – da ein Foto, auf dem Hillary etwas steif neben Queen Elizabeth II. saß, dort eines, auf dem er mit Bill Clinton um die Wette lachte. Im Arbeitszimmer sah ich später noch ein Foto von einem Abenteuer-Kollegen: von Neil Armstrong auf dem Mond, selbstredend mit persönlicher Widmung. Ich kam mir vor wie ein Bittsteller, der seinem König in einer unendlich hohen Halle gegenübertrat – überfordert und im Angesicht der Ewigkeit zur Winzigkeit degradiert. Fast übersah ich das Eisbeil, das zwischen all den Sammelstücken eines Lebens beinahe unauffällig an der Wand hing. Mit ihm hatte sich Hillary die 8850 Meter aus Schnee, Eis und Felsen hinaufgekämpft. Später, im Januar 2008, sah ich es wieder. Es lag auf dem Sarg, der aufgebahrt in der St.-Mary's-Kirche von Auckland stand – bevor Hillary seine letzte, seine allerletzte Reise antrat. »Wir wussten ja gar nicht, ob wir da oben auf dem Everest existieren konnten«, sagte er. »Glück gehabt, würde ich sagen.«

Lady June servierte den Tee. »Er ist mittlerweile leider etwas taub«, sagte sie höflich. »Schreien Sie ruhig, wenn nötig.« Schreien? Durfte ich ein Stück lebende Weltgeschichte anschreien? Sir Ed saß in seinem Sessel und atmete ruhig. Wo, fragte ich mich, wo war nur all die Sehnsucht, die Unruhe hin, die ihn in jungen Jahren wie eine Dampflok in die Welt hinausgetrieben hatte.

Dann erzählte er noch einmal vom Everest, von den letzten Metern, die ersten Schritte, die er auf den Berg der Berge setzte und von dem berühmten Foto, das er von seinem Partner und späteren Freund Tenzing Norgay machte, der darauf seinen Eispickel in das Blau des Universums reckte. Von ihm dagegen gibt es kein Foto. Nicht weil er vergessen hatte, sich fotografieren zu lassen, sondern »weil ich wusste, dass Tenzing noch nie fotografiert hatte, und der Everest war der denkbar schlechteste Ort, um ihm das beizubringen«. »Ach, der Everest«, seufzte er dann. »Es ist ja nur ein Berg. Und all das ist schon so lange her. Und ich hätte niemals gedacht, dass man sich an mich wegen der Besteigung so viele Jahre danach noch erinnern würde.« Er war davon ausgegangen, dass der Ruhm sich vielleicht drei Jahre halten würde. »Nicht mehr. Die Besteigung war ja schließlich nicht der Anfang oder das Ende der Welt. Ich persönlich ziehe es vor, nicht so viel Tamtam um Vergangenes zu machen.« All das über »die Sache mit dem Everest« hatte Sir Ed sicher schon Tausende Male in den vergangenen fünfzig Jahren erzählt, immer wieder ohne Murren, mit Geduld, »weil der Everest ja schon der Grund für mein glückliches Leben war«. Da müsse man dankbar sein. »Weißt du«, sagte er dann, »es war ja nicht der Berg, den wir erobert haben, wir haben uns selbst erobert.« Ich schaute ihn an wie ein griechisches Orakel. Es war einer dieser in Stein gehauenen Kalenderblattsprüche, die sonst wohl nur noch der Dalai Lama mit einer ähnlichen Glaubwürdigkeit und Leichtigkeit produzieren konnte. Sir Ed hatte das, was die Polynesier *mana* nannten, eine spirituelle Macht, die er sich durch seine Taten, Fähigkeiten und seine moralischen Ansprüche erworben hatte. Sir Ed war demnach ein Mana-Gigant, ich dagegen ein Mana-Zwerg. Wenn Sir Ed eine Religion hätte gründen wollen, wäre es ganz sicher eine erfolgreiche Religion geworden. Aber Gott sei Dank hat er seine Fähigkeiten und seine Berühmtheit für sinnvollere Dinge genutzt. So beispielsweise für die Gründung von Schulen und Krankenhäusern in Nepal, wo er als »burra sahib«, als Mann mit einem großen Herzen, verehrt wurde. »Die Arbeit mit unserer Stiftung hat mir insgesamt viel mehr gegeben als die ganze Bergsteigerei«, sagte Sir Ed. Dann lächelte er, wie nur einer lächelt, der schon einmal weit über den Dingen gestanden hatte und voller Ehrfurcht wieder auf den Boden zurückgekehrt war – bescheiden, demütig und doch lebendig. Erst als ich aber fragte, was er denn von dem heutigen Massentourismus auf dem Everest halte, verdüsterte sich sein Gesicht. Seine Gesichtszüge, die eben noch weich wie Schnee schienen, wurden nun hart und scharf. Aus Sir Ed wurde der staatsmännisch murrende Edmund Hillary. »Das ist ja mittlerweile wie eine Rennbahn da oben. All der Müll, den diese Menschen auf dem Berg hinterlassen – das ist eine Schande. Und im Basislager gibt es Restaurants und Kneipen und andere Annehmlichkeiten, die den jungen Leuten von heute zusagen. Nur im Basislager zu hocken und ein Bier nach dem anderen zu trinken, kann man meiner Ansicht nach nicht als Bergsteigen bezeichnen. Das ist nicht mehr meine Zeit. Ganz bestimmt nicht.« Dann aber entspannten sich seine Gesichtszüge wieder. Sir Ed war zurückgekehrt. Draußen schien nun die Sonne. Der Blumengarten auf seiner Veranda blühte blau, rot und gelb.

»Da unten in der wunderschönen Bucht soll mal meine Asche verstreut werden«, sagte er ganz ohne Wehmut. Sir Ed war dem Tod schon fast unverschämt häufig von der Schippe gesprungen. Er war in Gletscherspalten gestürzt und hatte an der Höhenkrankheit gelitten. Aber über den Tod mache er sich, meinte er und schob sich ein Plätzchen in den Mund, nicht viele Gedanken. Das Leben sei zu gut zu ihm gewesen. Außerdem gebe es noch viel zu tun. »So viele Menschen arbeiten für unsere Stiftung, dass ich nicht einfach abtreten kann. Für die trage ich ja Verantwortung.« Sir Ed sagte dies mit einer solchen Bestimmtheit, dass ich in diesem Moment keinen Zweifel hatte, dass Gott darauf Rücksicht nehmen und ihn noch für ein paar Jahre in der Warteschleife stehen lassen würde, bevor er ihn endgültig zu sich holte.

Wir starrten nun beide auf das silbern schimmernde Wasser des Hauraki Golf. In Sir Eds Präsenz verlor die Welt ihre Hektik und Aufgeregtheit, als würde allein seine imposante Gegenwart den Weltenlauf zur Entschleunigung zwingen. Auch ich fühlte mich neben ihm unglaublich ruhig, aber lebendig, klar umrissen, dazu frisch, angekommen, aufgehoben, stark. Selbst wenn nun ein Tsunami auf die Veranda springen würde, da war ich mir sicher, würde ich ihm standhalten können. Allein mit der Kraft meines Willens.

Auf der Veranda machte Lady June noch ein Foto von uns beiden – zur Erinnerung. Darauf wirke ich, wenn ich es mir heute anschaue, viel größer, als ich eigentlich bin. Wahrscheinlich war ich durch das Treffen ein Stück gewachsen. Wir hatten eine Stunde für das Gespräch vereinbart, und die war nun fast vorbei. »Eine Frage noch … Wie sind Sie eigentlich zum Bergsteigen gekommen? Was hat die Sehnsucht bei Ihnen entfacht? Können Sie sich daran erinnern?« »Das kann ich«, hob Sir Ed seine Erzählerstimme an. »Ich hatte als Junge all diese Groschenhefte gelesen – von den Abenteurern und Expeditionen. Aber so richtig ausschlaggebend war ein Erlebnis, das ich als Schüler hatte. Mit der Klasse sind wir damals mal in die Berge gefahren. Und dort lag Schnee, viel Schnee. Es war überhaupt das erste Mal, dass ich Schnee sah. In Auckland schneite es ja nie. Das war bis dahin das schönste Erlebnis gewesen, das ich gehabt hatte. Der Schnee hat diese Sehnsucht bei mir ausgelöst. Von ihm wollte ich noch mehr. Vom Schnee habe ich immer geträumt.« Er schwieg nun für einen Augenblick, in dem er sich auf eine imaginäre Reise begeben zu haben schien. Ich sah das an seinen Augen, die seltsam leer, aber voller Glanz waren, als sie gen Hauraki Golf blickten. Sein graues, aber immer noch volles Haar wehte im

Wind. Mir gefiel der Gedanke, dass der große Sir Ed sich nun als Junge im Schnee sah, herumtollend und fröhlich – die Nässe, die Kälte in seinem Gesicht, an seinen Händen spürend. »Wir hatten eine gute Zeit«, sagte er, und mir fiel erst jetzt auf, dass er überwiegend von »wir« und »uns« gesprochen hatte, als er von den Expeditionen und seiner Stiftung, auch von seinem Leben erzählt hatte. Sir Ed, da war ich mir nun ganz sicher, war wirklich nicht von dieser Welt.

Das Wunder von Matamata

»Warum das Auenland verlassen
und in Mordor filmen?«

Peter Jackson zu der Frage, warum er den »Herrn der Ringe«
nicht in Hollywood verfilmt habe

Es gibt Wunder, und es gibt große Wunder – so eines ereignete sich etwa gegen Ende des letzten Jahrtausends in dem kleinen Ort Matamata, im weiß-europäischen Kiwi-Akzent auch Mäddamädda genannt. Man stelle sich ein einstöckiges Farmhaus mit spitzem Dach vor, vielleicht den Ruf eines Käuzchens und eine Maus, die gerade an der Eingangstür vorbeihuscht, weiterhin, dass es stürmt, in der Ferne ein Schaf blökt, dass es kalt ist und im Fernsehen die All Blacks um ihr Leben spielen. Dann klopft es an der Tür. Tok. Tok. Tok.

Niemand, niemand darf einen Neuseeländer stören, wenn er im Fernsehen eine Schlacht der heiligen All Blacks verfolgt. Niemand – nicht die Ehefrau, nicht der Weihnachtsmann und auch nicht Hollywood, selbst wenn es in Person von Peter Jackson plötzlich vor der Tür steht und fragt, ob er, äh, hier auf der Farm vielleicht den »Herrn der Ringe« drehen könnte. Wer ist schon Hollywood? Wer ist Peter Jackson? Was zum Teufel ist »Der Herr der Ringe«? Tolkien? Elben? Hobbits? Steh ich im Wald? Diese Fragen hat sich Ian Alexander ganz sicher gestellt, als vor ihm, dem Herrn der 10000 Schafe, eines Abends Ende der Neunziger der leibhaftige Herr Jackson auftauchte. Von Matamata bis nach Mittelerde war es sehr weit, und nach Hollywood war es noch viel weiter. Matamata lag im grasgrünen Waikato, das nicht nur der Euter Neuseelands war, sondern auch die musikalische Wiege des Landes beherbergte. Nämlich die kleine Gemeinde Te

Awamutu, aus der die beiden Songschreiber-Legenden Neusee-lands, die Finn-Brüder Neil und Tim, stammten. Berühmtheit, Filmträume und -phantasie zählten hier wenig. Hier zählte das, was aus der Erde kommt und was auf der Erde steht: Gras, Rin-der, Schafe und Vollblutpferde, für deren Zucht die Gegend be-kannt war. Und so hat Alexander seinen Landsmann damals wie-der nach Hause geschickt – mit der Bitte, doch zu einem pas-senderen Moment vorbeizuschauen. Dann könnte man ja über alles reden. »Von mir aus auch über Elben und Hobbits.«

»Und er *ist* wiedergekommen, wie wir alle wissen«, jubelte Wara, unser Tourführer, mit strahlenden Augen, während sich sein feister Schnauzbart auf und ab bewegte. Ich drehte mich um, hatte ich doch das seltsame Gefühl, dass Peter Jackson, von dem Wara sprach, gleich hinter uns wie ein Gespenst aus dem Gras wachsen würde. Schließlich war ich nach Matamata gekom-men, um als einer der Ersten ein Heiligtum zu besichtigen, das in Zukunft die Welt der Tolkien-Jünger in die schafbrave Gemeinde locken würde. Aber hinter mir stand im Moment nur eine Japa-nerin, die mich mit kleinen Augen anlächelte. »Und gebaut hat unser Pete das!«, rief Wara nun ekstatisch. Dann drehte er sich schwungvoll um, während er mit ausgestrecktem Arm langsam zur Seite trat und uns die Sicht hinunter von dem Hügel in die Senke ermöglichte, so wie ein Conférencier, der die nächste Büh-nennummer ankündigte. Ich starrte auf ein paar Bäume, einen kleinen See und einen grünen Hügel – ein Ensemble, das land-schaftlich nicht unattraktiv aussah. Aber um die Landschaft und ihre Attraktivität ging es nur an zweiter Stelle. Es ging um die runden Löcher, die den Hügel wie einen großen reifen Käse aus-sehen ließen. Löcher, die mit Holzbauten ausstaffiert waren. Sie waren das Heiligtum von Matamata. Sie waren der Grund, war-um ich zwei Stunden durch die farmgrüne Hügelwüste gekurvt war. Vorbei an den Hügeln von Bombay im Süden von Auck-land, die das Tor zum »echten Neuseeland« waren, wie man sagte.

Und vorbei an dem Städtchen Tirau, das als Heimat des Well-bleches im ganzen Land bekannt war, was man durch übergroße Wellblechstatuen wie die eines Hundes mit Schlappohren betonte. Nun seufzte ich innerlich. Die Japanerin klatschte freudig. Ich nahm die Löcher ins Visier und fühlte nichts, aber auch rein gar nichts bei dem freudlosen Anblick. Im Film hatte das Auen-land immerhin giftgrün geleuchtet. Nun lag eine graue Alltäg-lichkeit über dem grünen Hügel. Mit viel, mit sehr viel Phantasie konnte man erahnen, dass es sich bei den Löchern tatsächlich um die Reste der Häuser des Hobbit-Kaffs Hobbingen handel-te, das Jacksons Crew innerhalb von sechs Monaten Ende der Neunziger auf die Alexander-Farm gebastelt hatte.

»Siebzehn von 37 Löchern sind noch vorhanden«, verkündete Wara stolz. »Ohhhh«, seufzte eine ältere Italienerin. »It is ama-zing.« »Wow!«, jubelte ein junger Deutscher, der einen wehenden roten Rollenspielumhang trug. »Da sieht man ja noch richtig was.« »Na ja …«, dämpfte ich seine in Anbetracht der ernüch-ternden Realität völlig unangemessene Euphorie. Denn tatsäch-lich konnte man nicht viel erkennen, auch objektiv gesehen. Um hier wirklich klar zu sehen, musste man sich wohl am Tolkien-Trank der biederen Teatime-Phantastik berauscht haben. Ich da-gegen hatte mich auf der Hinfahrt mit polynesischem Gangsta-Rap des Süd-Aucklander Labels »Dawn Raid« und dann mit dem Punkrock von Aucklands Nordufer-Band »The D4« berauscht.

»Wo sind denn die süßen, kleinen Hobbits und die niedlichen Gemüse- und Blumengärten, die man im Film vor den Hobbit-Häusern sehen konnte?«, beschwerte sich die Japanerin. »Auch wenn man nichts sieht«, meinte Gisela, eine Deutsche aus Han-nover in den Dreißigern, »man spürt doch ganz deutlich die Energie, die hier von der großen ›Herr der Ringe‹-Familie umge-setzt wurde, um dieses wunderbare Hobbingen zu bauen.«

In der Ferne blökten ein paar Schafe. Von irgendwoher muh-ten die Kühe. Ich schaute mich um, blickte auf das grüne Gras, das der Wind sanft streichelte, aber die Energie, von der Gisela da so bewegt sprach, konnte ich beim besten Willen nicht entdecken. Dabei gab ich mir sehr viel Mühe. Schließlich hatte ich umgerechnet etwa 25 Euro bezahlt, um einen Blick auf die abgehalfterten Hobbit-Löcher im Hügel werfen zu können. Schon im Touristenzentrum hatte mich ein Gefühl beschlichen, dass in Matamata nicht alles mit rechten Dingen zuzugehen schien. An der freundlichen Angestellten im Informationszentrum, die mir das Ticket verkauft hatte, waren mir ihre besonders spitzen Ohren aufgefallen. »Elben-Ohren«, hatte ich laut gedacht, und sie hatte erschrocken gesagt: »Was haben Sie gesagt?« Daraufhin war ich kopfschüttelnd in Richtung Bus getrottet, der uns auf die Alexander-Farm bringen sollte.

Das Einzige, was ich nun spürte, war der kühle Wind, der sich in mein Gesicht fraß und meine Laune zusehends verschlechterte. Vielleicht lag es daran, dass ich den »Herrn der Ringe« nicht ganz gelesen hatte. Bis zur Hälfte hatte ich es geschafft, aber nach all dem sterbenslangweiligen Stammbaumgedresche, den hölzern-pathetisch verunglückten Dialogen und den salbadernden Versen war mir die Kraft ausgegangen. »Treulos ist, wer Lebewohl sagt, wenn die Straße dunkel wird«, war eine von diesen Work-Life-Balance-Phrasen. Halleluja! Der alte Tolkien war ein Bordstein-Weiser, und er hatte einen Schreibstil, der selbst Zombies zum Sterben bringen konnte. Was wollte man von einem Sprachwissenschaftler auch anderes erwarten?

Um der Phantasie ein wenig auf die Sprünge zu helfen, hatte unser äußerst engagierter Tour-Guide Wara ein paar Filmfotos mitgebracht, auf denen er uns die Gärten, die lachenden Hobbits, die Wohnungen zeigte. Dazu fütterte er uns mit Anekdoten wie der vom Besuch des Messias Jackson beim Farmer Alexander, eine Geschichte, die mittlerweile ganz Neuseeland kannte – war sie doch einer der Initiationsmythen, der davon erzählte, wie sehr der »Herr der Ringe« Neuseeland geprägt und verändert

hatte. Die Filmcrew habe sogar Jäger angestellt, die die Gemüse-
und Blumengärten der Hobbits vor den Possums und Kaninchen beschützten, erzählte Wara voller Begeisterung, und unsere
Gruppe hing ihm wie gierige Fruchtfliegen an der Lippe. Für die
Dreharbeiten war von der neuseeländischen Regierung sogar ein
Minister eingesetzt worden, der allein für den »Herrn der Ringe«
zuständig war. »Das wäre in keinem anderen Land möglich gewesen.« »Das glaube ich allerdings auch …«, bekräftigte ich Waras
Aussage. »Außerdem hat unsere Armee am Film mitgearbeitet«,
fuhr er fort. »Die haben hier die Straßen für die schweren Trucks
gebaut.« »Das ist erstaunlich«, kommentierte der Deutsche. Das
war es in der Tat, und ich fand es noch erstaunlicher, dass Neuseeland überhaupt eine Armee hatte, die dazu abkommandiert
wurde, Jackson die Wege für seinen epischen Hobbit-Tanz zu
ebnen, ohne sich darüber zu beschweren, dass man sie respekt-
los zweckentfremdete. Der »Herr der Ringe« war also ein nationales Projekt für Neuseeland gewesen, bei dem offensichtlich
alle vier Millionen Einwohner mitgewirkt hatten – zumindest als
Statisten. In Wellington, der neben Reykjavik wohl ruhigsten
Hauptstadt der Welt, sollte ich später mal einen Taxifahrer treffen, der mir erzählte, dass er bei einem sonntäglichen Kricket-
spiel zusammen mit Tausenden von Zuschauern auf Anweisung
von Jackson wie ein aufgebrachter, testosteronspeiender Ork
schreien und grunzen musste. Jackson war mit seiner Toncrew
in das Stadion gestapft, um das Gebrüll für die Schlacht von
Helm's Deep aufzunehmen. »War doch Ehrensache«, hatte der
Fahrer gesagt. »Da haben wir alles gegeben. Und als ich den Film
nachher gesehen habe, habe ich ganz genau hingehört. Und ich
finde, wir haben einen guten Job gemacht. Peter kann stolz auf
uns sein. Wir haben unseren Landsmann nicht im Stich gelassen.
Dafür hat er unser Land in der ganzen Welt bekannt gemacht.«
Und dann hatte er einen Satz gesagt, der mir die Tränen in die
Augen trieb. »Seit dem ›Herrn der Ringe‹ gehört auch Neusee-

land zu dieser Welt.« Das bedeutete mit anderen Worten: Neuseeland musste sich erst in Mittelerde verwandeln, um vom Rest unserer Welt als Neuseeland wahrgenommen zu werden. War das komisch?

Während die Neuseeländer bei all dem Wahnsinn doch noch eine relative Erdigkeit behielten, hatte die Hobbit-Manie vor allem die Touristen wie die Pocken erwischt. Durch ganz Neuseeland liefen geistig Verwirrte auf der Suche nach den heiligen Drehorten des Fantasy-Epos. Sie berührten Bäume, tappten durch Flüsse und saßen in Cafés, wo die Filmcrew Brownies gegessen und grünen Tee getrunken hatte – und das, obwohl häufig nichts, aber auch gar nichts mehr zu sehen war. Vielleicht ein zurückgebliebener Kratzer an einem Baum, vielleicht ein geknickter Ast – ansonsten hatte Jackson keine Spuren hinterlassen. Nur hier in Matamata zwischen den saftig grünen Hügeln der Alexander-Farm. Die baufälligen Loch-Behausungen, das ahnte ich, würden schon bald zur Mekka-Varanasi-Lourdes-gleichen Pilgerstätte für die Ringe-Jünger aus der ganzen Welt werden. Noch kamen kleine Gruppen, verstreute Touristen. Aber jetzt schon waren die Touren ausverkauft. Bald aber würden Busladungen kommen, um die heiligen Löcher im Hügel zu sehen. Bald schon würde Matamata nur noch als Hobbingen Furore machen. Niemand würde dann mehr von den schönen Vollblutpferden aus Matamata sprechen, sondern nur noch von den Hobbits. Da war ich mir sicher.

»Du darfst da nicht so rational sein«, belehrte mich Gisela mit der Stimme einer Predigerin. »Jackson ist ein Magier mit übernatürlichen Kräften. Wie er die Menschen zusammengehalten hat – wie eine große Familie. Das kann man hier spüren.« Dann hüpfte sie wie ein Flummi über die Wiesen, sprang von einem Hobbit-Loch zum nächsten, hielt immer wieder inne und schaute dabei in den Himmel. Jackson war ohne Zweifel ein Magier. Während der Dreharbeiten hatte er es geschafft, zeitweise an drei Orten gleichzeitig zu sein. Außerdem hatte Gisela wegen ihm ihren gutdotierten Job als Grafikdesignerin aufgegeben, um ein halbes Jahr durch Neuseeland zu reisen und an allen Drehorten der Trilogie »die Energie nachzuspüren, die *er* hinterlassen hat«. Sie habe sich allein den ersten Film fünfmal im Kino angesehen, nun freue sie sich auf den zweiten Teil, der in ein paar Wochen in die Kinos kommen würde, und selbstverständlich habe sie *das Buch* unzählige Male gelesen. »Wie oft?«, wollte ich wissen. »Vielleicht dreißig Mal. Ich weiß nicht mehr.« »Liest du denn noch andere Sachen?« »Ja, ›Der kleine Hobbit‹ und ›Harry Potter‹.« »Hast du einen Freund?« »Von dem habe ich mich vor langer Zeit getrennt. Der mochte *das Buch* nicht. Und auch sonst hat er mir wenig Verständnis für meine Interessen entgegengebracht.« Wundert mich nicht, dachte ich und sagte: »Dann bist du ja ganz allein.« »Nein, nein. Wie kommst du denn darauf?« Sie schüttelte heftig ihren kleinen Kopf. »Ich habe eine Katze. Die ist jetzt bei einer Freundin. Außerdem ist in der Tolkien-Welt niemand allein.« So langsam überkam mich in Giselas Anwesenheit ein Anflug von Thomas Bernhardscher Boshaftigkeit. Am liebsten hätte ich ihr mal ganz unverblümt die Meinung gesagt. Aber was hätte das schon für Folgen gehabt? Wahrscheinlich wären all meine Bemerkungen an ihrem Tolkien-Schutzschild abgeprallt. Sie sah eigentlich recht normal aus. Jeans, Outdoorjacke, Turnschuhe. Aber versteckte sich nicht hinter der Normalität der Abgrund? Nur ihr seltsam glühender Blick machte mir explizit Angst. Hinter ihm schienen sich düstere Szenerien abzuspielen.

Während uns Wara hinunter in die Senke zu den Resten des Hobbit-Party-Baumes führte, der im Film das Dorfzentrum zierte, lief die Japanerin voran und stürzte auf eine der runden Behausungen zu. »Die will doch nicht da rein«, rief Wara und stürmte ihr hinterher. »Nicht da reinsteigen! Einsturzgefahr!« Die Japanerin blieb wie eine schockgefrorene Karotte stehen. Dann verwandelte sich ihr Gesicht in eine Landschaft der Traurigkeit. »Aber ich wollte doch ein Foto machen.« »Nur vor den Löchern«, belehrte Wara. »Sonst bleibst du für immer in Hobbingen.« Das hätte ihr höchstwahrscheinlich sogar gefallen, dachte ich. »Wir hatten sogar schon Anfragen für Trauungen und Geburtstagspartys hier in Hobbingen«, erzählte Wara dann. Ich musste derweil das erstaunliche Fachwissen des deutschen Studenten über mich ergehen lassen, der sich in seinem kurzen Leben vor allem mit einem Thema auskannte: dem »Herrn der Ringe«, den Pflanzen im »Herrn der Ringe«, den Sprachen, den Waffen, der Architektur. »Als ich den Film gesehen habe«, schwärmte er, »hat es mich wirklich umgeblasen. Ich musste einfach hierher. Hierher nach Mittelerde.« Er sagte Mittelerde, nicht Neuseeland.

Gisela stand vor einer der Loch-Behausungen und strich mit ihrer linken Hand über die Innenseite des Eingangs. »Ah«, seufzte sie. »Ah, das fühlt sich gut an. So habe ich mir das vorgestellt. Ich kann geradezu vor mir sehen, wie Bilbo hier ein und aus gegangen ist. Er war hier.« »Tut mir leid, Lady«, meldete sich Wara zu Wort. »Bilbos Wohnung war das Loch dahinten. Äh, glaube ich. Oder war es das Loch da drüben? Egal.« Gisela ließ sich nicht aus der Ruhe bringen. »Danke, Wara. Danke. Wie herrlich.« Dann rannte sie weiter über die Wiese. Mich beeindruckte vor allem, mit welcher Ruhe und Gelassenheit, mit welcher Ernsthaftigkeit Wara die offensichtlichen Macken seiner Gäste ertrug. »Mich wundert gar nichts mehr«, meinte er. »Letztens hatten wir eine Gruppe Yankees, die alle als Elben verkleidet waren, und vorgestern war ein Spanier da, der mir erzählen konnte, wie viele Blätter Jacksons Truppe für den Party-Baum der Hobbits gebastelt hatte.« Ob er sich selbst für den »Herrn der Ringe« interessiere? »Mir machen die Touren Spaß. Ist mal was anderes. Sonst geht es hier ja vor allem um Schafe, Kühe, Pferde und Rugby. Außerdem erzähle ich gern. Das liegt mir. Aber persönlich bin ich nicht so ein Fantasy-Fan. Schau dir doch die Freunde hier an. Die Realität ist doch viel interessanter, Mate.« »Und wie steht's mit dir?«, wollte Wara von mir wissen.

Da ich nicht Gefahr laufen wollte, den neuseeländischen Stolz und den neuseeländischen Nationalheiligen Peter Jackson zu beleidigen, zog ich mich auf eine diplomatische Insel zurück und lobte Jacksons Ringe-Filme als logistische Meisterleistung. Außerdem mochte ich die Einstellung des Regisseurs. So hatte ich mal gelesen, dass Jackson bereits nach seinem obskuren Splatter-Film »Bad Taste« die ersten lukrativen Offerten aus Hollywood bekommen, sie aber abgelehnt haben soll – mit dem Satz: »Ich arbeite erst für Hollywood, wenn Hollywood nach Neuseeland kommt.« Damals mögen die Filmbosse über so viel Hochmut eines kleinen, dicken Schrats noch gelacht haben – aber heute? Heute lachte Jackson und mit ihm ganz Neuseeland. Ich mochte vor allem Jacksons frühe Horrorfilme wie »Braindead« und seinen verschwenderischen Umgang mit Gedärmen und Blut, den ich in seiner Monstrosität als eine Überreaktion auf das langweilige Leben in Neuseelands Achtzigern verstand. Dazu als künstlerische Attacke auf das enge Gefühlskorsett, das die neuseeländische Gesellschaft damals noch mehr als heute schnürte. »Gefühle«, hatte mir mal ein Freund erklärt, »darfst du hier nur beim Rugby zeigen. Was meinst du, warum unsere Selbstmordrate unter männlichen Jugendlichen so hoch ist?« Während andere sich umbrachten oder alle Drogen der Welt ausprobierten, reagierten sich Jackson und sein Freund Richard Taylor in exzessiven Blut- und Gewaltorgien ab – gewürzt mit dem entsprechenden lakonischen Humor. »Wenn du meinst«, kommentierte Wara meine Betrachtungen. »Die Filme sind mir zu glitschig.« »Okay, Kinder«, rief er dann. »Zeit, nach Hause zu fahren!« »Oh, jetzt schon?«, beschwerte sich Gisela enttäuscht. »Ich wollte doch noch die Bäume anfassen.« »Bäume gibt es überall«, lachte Wara. »Ja, aber nicht die von Hobbingen«, klärte Gisela auf. »Zum Trost kaufe ich euch noch ein Eis«, schlug Wara vor.

»Als Nächstes fahre ich nach Wellington«, schwärmte Gisela im Bus. »Da gibt es eine ganze Reihe von Drehorten, und ich will auch zu den Weta-Studios von Peter. Die lassen mich vielleicht rein.« »Sicher«, raunte ich. »Vielleicht darfst du ja mitspielen. Die drehen jetzt noch ein paar Extra-Szenen, wie ich gehört habe. Du würdest sicher einen tollen Ork abgeben.« »Oh, danke«, freute sich Gisela.

Die Japanerin saß einfach nur da, blickte wehmütig den grünen Hügeln entgegen. »Bye-bye, liebe Hobbits«, flüsterte sie in die Scheibe. Die Wehmut darüber, dass es nun wieder zurückging in die fade Wirklichkeit, schwebte wie ein dichter Nebel im Bus. Da hatte ich eine Idee. Neuseeland war ja gerade für die Touristen ein phantastisches Märchenland, in dem Mensch, Tier und Natur in wundersamer Harmonie miteinander zu leben schienen. Ein Land, in dem alles mit Rücksicht auf die Natur und Umwelt zu geschehen schien. Ein Land, das den Menschen zu einem besseren Menschen machen konnte. Warum Neuseeland also nicht gleich per Regierungsdekret in einen Freizeitpark mit Namen »Tolkiens Mittelerde« verwandeln? Der deutsche Student lächelte glückselig, als ich ihm den Vorschlag unterbreitete. »Das ist eine verdammt gute Idee. Da könnte ich als Elben-Schmied hier leben. Wow.« Seine Augen leuchteten wie Glühwürmchen. »Ich bin mir sicher, dass auch andere so leben wollten. Das wäre phantastisch.« Dann berichtete er euphorisiert, dass er sich den ersten Film auf jeden Fall noch mal genauer ansehen werde. »Dann kann ich meinen Freunden zeigen, dass ich wirklich in Hobbingen war.« »Vor allem kannst du ihnen erzählen, dass du in Mäddamädda warst«, entgegnete ich ihm trocken. Er schaute mich mit großen Augen an und fragte: »Wo soll das denn sein?«

Russen in Rotorua

»So little happens in New Zealand.«
Graham Chapman

Als ich ein paar Tage später in Rotorua ankam, hatte ich die beeindruckenden Hobbit-Löcher aus Matamata längst in die Abstellkammer meines Gehirns verbannt. Hartnäckiger war die esoterische Tolkien-Freundin Gisela, die ich als hilfsbereiter Mensch in meinem Auto bis zum Tauposee mitgenommen hatte. Sie ließ sich nicht so leicht wegstecken. »Willst du nicht mit mir mitkommen, die Drehorte zu besuchen?«, hatte sie mir während der Fahrt plötzlich vorgeschlagen. »Was, äh … ich? Wohin? Ringe?«, stammelte ich. Die Frage hatte mich so sehr überrascht, dass ich vergaß, den Fuß vom Gaspedal zu nehmen und das Tachometer zu kontrollieren. Ich nahm gerade noch den Polizeiwagen wahr, der uns auf der gegenüberliegenden Spur entgegenkam, und eine böse Ahnung, die plötzlich in mir aufstieg. Ich blickte auf das Tacho. War ich zu schnell gewesen? Die Antwort erhielt ich umgehend, als ich in den Rückspiegel blickte. Denn dort sah ich, wie der Polizeiwagen wendete, sein Rotlicht aufleuchtete und er zu mir aufschloss. »Scheiße«, knurrte ich Gisela an. »Du mit deinem Ringe-Fimmel. Jetzt wird's teuer.« »Warte doch erst mal ab«, gab sich Gisela optimistisch. »Ich kann ihm ja erzählen, dass wir wegen Peter und dem ›Herrn der Ringe‹ hier sind. Dann lässt er es vielleicht bei einer Verwarnung.« »Ganz sicher«, knurrte ich.

»Ah, ja«, brummte der Beamte mit dem Schnurrbart desinteressiert, nachdem Gisela ihm von ihrer Ringe-Mission erzählt hatte und ihn nun mit ihren unschuldigen Mäuschenaugen durch das Seitenfenster anblickte. Dann reichte er den Strafzettel. »150 Dollar. Und nicht vergessen. Neuseeland ist keine deutsche Autobahn.« So kam es, dass ich meinen ersten Strafzettel in Neuseeland dank einer österreichischen Tolkien-Fanatikerin bekam. Danach hatte ich noch stundenlang in die Windschutzscheibe geschmollt, während Gisela ihre Nase in ihr abgewetztes »Herr der Ringe«-Buch steckte. Für den Abschied hatte sich Gisela schließlich noch einen besonderen Satz aus ihrem Sprachzentrum geschnitzt. Sie sagte: »Vergiss nicht, Ingo: Mittelerde hat eine besondere Energie. Die spürt man in Neuseeland ganz deutlich. Du musst es nur zulassen.«

In Rotorua war ich vor den Giselas dieser Welt sicher. So hoffte ich zumindest. Die Nordinsel-Stadt war eine der einprägsamsten Städte Neuseelands. Sie hinterließ immer einen bleibenden Eindruck – ganz egal, zu welcher Jahreszeit, bei welchem Wetter oder bei welcher Mondphase man kam. Das lag weder an den langen geraden Straßen, die mit Motels, Billigrestaurants, Blumenbeeten, Holiday-Parks und den üblichen Holzbungalows, die für mich immer noch wie Urlaubshäuschen aussahen, zugepflastert waren und die in ihrer Ästhetik an eine Mischung aus Gewerbegebiet, US-Hinterlandloch und Altherren-Kurort erinnerten. Es lag auch nicht an den Seen oder Wäldern. Die gab es überall in Neuseeland. Nein. Rotorua bestach mit einer Attraktion, die so einzigartig und prägnant war, dass man sie für einen kreativen Ausfluss aus dem Thinktank des örtlichen Fremdenverkehrsbüros halten musste. Wenn Gestank Ausdruck einer bestechenden Charismatik sein konnte, dann war Rotorua eine besonders charismatische Stadt, eine Charakterstadt sozusagen. Denn hier stank es wie in einer Lagerhalle voller verfaulter Eier. Man konnte dem erbärmlichen, manchmal beißenden Gestank, der von den Schwefelausdünstungen aus dem Erdreich herrührte, nur schwerlich entkommen. Je nachdem, woher der Wind blies, war er mal stärker, mal schwächer. Aber er war immer da.

Er kroch einem in jede Ritze seines Körpers, sogar in die Erinnerung, wo er eine Gehirnzelle ganz allein für sich besetzte. Der Gestank war Rotoruas Wahrzeichen. Und so musste man auch einfach in die Stadt der zwei Seen fahren. Ich war schon ein paarmal dort gewesen. Den Geruch der Eier immer in der Nase.

»Wie kann man nur mit so einem Gestank leben?«, hatte ich bei einem früheren Besuch einen Einheimischen in einer Kneipe gefragt. »Du gewöhnst dich dran, und irgendwann merkst du es gar nicht mehr. Ich bin hier aufgewachsen und vermisse den Geruch sogar manchmal.« »Vermissen?« Das konnte ich nun wirklich nicht glauben. »Das riecht doch schlimm. So kann man doch nicht leben.« Ich hätte wohl etwas vorsichtiger mit meinem negativen Kompliment sein sollen, denn plötzlich schlug die Stimmung meines Thekennachbarn bedrohlich um. »Woher willst du wissen, ob man so leben kann? Du lebst ja nicht hier. Also halt dich zurück mit solchen Äußerungen.« Der Typ sah aus wie einer der Kerle in der TV-Werbung für große Werkzeuge. Ich hatte schon ein paar Bier getrunken. Ohne die ich den nächsten Satz sicher nie gesagt hätte. »Man kann nicht leben, wenn man ständig das Gefühl hat, sich übergeben zu müssen.« Offensichtlich hatte ich da den Finger in eine Wunde gelegt, denn der Thekennachbar sagte: »Hier muss sich niemand ständig übergeben. Wie willst du das überhaupt wissen? Musst du dich jetzt etwa übergeben, Mate?« Der Kerl hatte sich vor mir aufgebaut und seine schwere Faust auf der Theke plaziert. Ich betrachtete die stattliche Anhäufung aus Sehnen, Haut und Knochen und kam zu der Feststellung, dass unsere Unterhaltung eine unkalkulierbare Wendung nahm. Schade. Denn eigentlich war ich tatsächlich daran interessiert gewesen, wie man ... Den Satz konnte ich nicht mehr zu Ende denken, denn nun stand der Thekenmann so nah vor mir, dass ich seinen Schweiß riechen und sein kantiges, schlecht rasiertes Frankenstein-Kinn in Großaufnahme begutachten konnte. »Also, pass auf. Am besten verpisst du dich ganz schnell dorthin, wo du hergekommen bist.« »Ist wohl keine schlechte Idee«, sagte ich kleinlaut und fügte mit Büßerstimme an: »Vielleicht riecht es tatsächlich gar nicht so schlimm. Muss wohl an meiner Nase liegen. Bin nicht so viel gewohnt, weißt du.« Dann hatte ich den Rückzug angetreten. Die Menschen waren offensichtlich nicht ganz so gelassen in Rotorua. Offenbar war Schwefel in zu hohen Dosierungen ein effektiver Gelassenheitskiller.

In den Straßen dampfte es an allen Ecken und Enden, aus allen Ritzen und Löchern kroch die Erinnerung an die Endlichkeit. Manchmal fuhr man durch eine Straße, und plötzlich tauchte der stinkende Dampf als nahender Nebel auf, wie in dem Film »The Fog – Der Nebel des Grauens«. Mir war es ein Rätsel, warum die Neuseeländer ihre Städte an den unmöglichsten Orten bauten. Okay, es gab hier einen malerischen See mit schöner Aussicht. Dazu schwarze Schwäne, auch gut. Aber immerhin stand die Stadt in einer Region, deren Erdoberfläche dünn wie Pergamentpapier war. Brodelnde Schlammpools, warme Seen, Flüsse, Geysire und unzählige Vulkane waren der eindeutige Beweis dafür, dass Mutter Erde hier nicht zu trauen war. Trotz der Schwefel- und Thermalbäder, in denen man seinen geplagten Körper erquicken konnte, um die Bösartigkeiten dieser Welt zu vergessen, schien mir die Idee, gerade hier eine Stadt zu bauen, doch sehr, sagen wir, unvernünftig. Man musste schon einen Hang zum überirdischen Optimismus haben, um zu glauben, dass die Natur auf Erdbeben und Vulkanausbrüche aus Wohlgefallen zum Menschen verzichten würde. Erst 1886 war schließlich der Mount Tarawera, ein Vulkan nicht weit von Rotorua, explodiert und hatte das Dörfchen Te Wairoa unter Asche und Schutt begraben. Aber auch für diesen irrationalen Optimismus bewunderte ich die Neuseeländer. Die Vorboten des drohenden Unheils ließen sich hier nicht ignorieren, und dazu gehörte auch der omnipräsente Schwefelgestank. Aber deswegen hatte ich ein

Herz für diese stinkende, am Rande des Untergangs gebaute Stadt, deren Existenz man wohl treffend als praktizierte Nahtoderfahrung beschreiben konnte. Hier lag das Schicksal in der Luft. Anders als in dem hochgezüchteten Touristenmekka Queenstown, das eine kalte, seelenlose Shopping-Mall- und Hotel-Qualle war. »It's a bit darkish there«, »Es ist ein bisschen düster dort«, hatte mir mal ein Neuseeländer im typischen Ton des kiwianischen Total-Understatements gesagt, als wir über das dunkle Potenzial Rotoruas schwadroniert hatten und uns einig waren, dass die Stadt ein guter Schauplatz für Film-Familiendramen war, in denen Eltern, Kinder, Meerschweinchen und Hunde sich im Schlamm des Seelenabgrunds wälzten, bevor sie sich schließlich in einem kollektiven Selbstmord das Leben nahmen. Finis.

Tatsächlich gab es düstere Episoden in der Geschichte der Region, die einer der Hauptschauplätze der Neuseelandkriege in den 1860er Jahren waren. Zudem kam eine der düstersten Gestalten der neuseeländischen Literatur aus Rotorua: Alan Duff. Er hatte sein Land 1990 in Aufregung versetzt, mit seinem ausgesprochen harten und kraftvollen Debütroman *Once Were Warriors*, einer rüden, brutalen, äußerst schmerzhaften Geschichte einer Maori-Frau und ihrer Familie, in der geprügelt, gemordet und geweint wurde, dass einem der Atem beim Lesen stockte. Weltweit wurde die explosive Verfilmung bekannt, in der der Schauspieler Temuera Morrison, der ebenfalls aus Rotorua stammte, den tätowierten Brutalo-Jack verkörperte, dessen rauher Satz »Cook the men some fuckin' eggs«, »Brat den Männern ein paar verfickte Eier«, zum geflügelten Satz für peinliches Machotum wurde. Tatsächlich hatte Duff an einem Phänomen gekratzt, das Neuseeland schließlich gehörig durchrütteln sollte. Er porträtierte eine Maori-Familie, deren erbärmliches, hoffnungsloses Leben in einer trostlosen Vorstadt er als Folge der Urbanisierung der Maori nach dem Zweiten Weltkrieg begriff. Er zeigte

Maori, die ihre Identität verloren hatten, den Bezug zu ihrem Land, zu ihren Geschichten, zu der für ihre Kultur so bedeutenden Genealogie, dem *whakapapa*, und die sich nun in Gangs wie Black Power oder dem Mongrel Mob zusammenrotteten und saufend und marodierend durch die Suburbs zogen – selbstredend ohne Ziel und Sinn. Duff hatte dabei wohl auch auf autobiographische Erlebnisse zurückgegriffen, die er in seiner Kindheit und Jugendzeit gesammelt hatte. So versetzte er seiner Heimat einen ordentlichen Schock. Denn Neuseeland hatte damals noch ein durchaus naives Selbstbild von sich. Das war zwar durch die Maori-Proteste seit den Sechzigern und Siebzigern und der Renaissance der Maori-Kultur in den Achtzigern schon aus seiner Starre gerissen worden, aber viele konnten trotzdem nicht glauben, dass es tatsächlich Menschen gab, die in ihrem »netten, freundlichen und friedlichen« Land so lebten, wie Duff es darstellte. Schade eigentlich, dass die neuseeländischen Literaten ihr Land nicht stärker als Versuchslabor für den täglichen Weltuntergang und die alltäglichen Apokalypsen ausbeuteten. Damit hätten sie gute Chancen, auch in Europa wahrgenommen zu werden. Wie die Österreicher beispielsweise.

Meinen Urlaub vom geschichts- und damit bedeutungsträchtigen Europa, wo jeder herumliegende Stein potenziell eine archäologische Sensation war, genoss ich durchaus. Je länger ich allerdings in Neuseeland war, desto mehr vermisste ich dieses Gefühl der eigenen Bedeutungsschwere, die einem durch über 3000 Jahre Zivilisation bei Schritt und Tritt begleitete. Als Europäer konnte man ein Land, das mit gerade mal rund 150 Jahren Geschichte aufwarten konnte, natürlich nur schwerlich ernst nehmen. Und so erfüllte es einen, pardon, liebe Kiwis, mit einem gewissen Amüsement, wenn man sah, wie der Besucher am Straßenrand mit Hilfe von schokobraunen Schildern auf jedes Fitzelchen Geschichte hingewiesen wurde – so als ob es um das

Kollosseum oder die Notre-Dame ginge. Tatsächlich aber bekam man dann eine Scheune oder eine kleine Kirche zu sehen. Das hatte doch eine gewisse Drolligkeit. Geschichte und Erinnerung waren ansonsten nicht sonderlich hoch im Kurs. Auch nicht als Stoff für die raunende Diskursunterhaltung. Schwergewichtige Großschriftsteller- und Großhirn-Debatten suchte man in Neuseelands Zeitungen vergeblich. Geschichte und Erinnerung, so schien es mir, interessierten die weißen Neuseeländer vor allem, wenn es um die All Blacks, die Queen, Weltkriegs-Gedenktage und Oldtimer ging oder um eine nostalgische Sehnsucht nach den *good, old times*, in denen man offensichtlich bergeweise Hokey-Pokey gegessen hatte und in denen die Gewerkschaften und die protektionistische Wirtschaft, die am Tropf des britischen Marktes hing, das Leben reguliert hatten. Geschichte war den fröhlichen Kiwis nicht ganz geheuer, vor allem, weil sie einen daran erinnern konnte, dass man mit Chinesen oder den Maori dann doch nicht so freundlich umgesprungen war, wie man sich das heute einredete. Geschichte konnte Ärger, Kopfschmerzen und Sorgen verursachen. Und in einer *No worries*-Gesellschaft wie der neuseeländischen führte dies gleich in eine ausgewachsene Sinn- und Identitätskrise. Die Geschichtslosigkeit, mit der der weiße Neuseeländer, der in der zweiten Hälfte des 19. Jahrhunderts in großen Wellen aus Großbritannien, Dalmatien oder auch Deutschland eingewandert war, durch sein Leben schwebte, fand ich einerseits bewundernswert, weil ich in dieser Haltung den Grund für eine stets leichtlebige Zukunftsorientierung und für ein selbstbewusstes und ungezwungenes Sich-Ausprobieren sah. Sei es im Leben, beim Schreiben, beim Arbeiten. Andererseits befremdete sie mich. Hier fühlte man sich ohne die tonnenschwere Geschichtslast und -lust so leicht, dass man Angst hatte, beim ersten Windstoß weggetragen zu werden. Ich jedenfalls trug für diesen Fall immer ein Thomas-Mann-Buch bei mir. Das verschaffte mir ordentlich Ballast und Standschwere. Vor allem, wenn die Leichtigkeit in einem zu stürmen begann. Wenn sie denn zu stürmen begann.

In Rotorua galt es also wachsam gegenüber den Naturgewalten zu sein. Ich achtete ganz besonders auf seltsame Geräusche, die aus der Erde zu einem zu sprechen schienen. Vor allem, weil ich ja gerade vom Tauposee kam, der mal in einem höllischen Vulkanausbruch entstanden war, bei dem auch zufällig ein paar Steine bis nach Südamerika geflogen waren. Auf meiner Fahrt hatte ich für ein Interview einen sehr begeisterungsfähigen Vulkanologen getroffen, der enthusiastisch davon erzählte, dass der Tauposee so groß war, dass man darin ganz Singapur versenken könnte. Vern, so hieß der Wissenschaftler, war 1996 selbst mal in den Ascheregen nach dem Ausbruch des Ruapehu geraten. Für ihn als naturfühligen Neuseeländer war dies natürlich ein Wink des Schicksals gewesen. Denn von da an war ihm klar, dass er im Tongariro, so hieß die Vulkangegend, arbeiten müsse. Man konnte auch sagen: Er hatte sich verliebt. »Der See ist entstanden«, so erzählte er, »als hier vor 1800 Jahren ein Vulkan mit einer Wucht explodierte, die von zehn Atombomben hätte herrühren können.« Ich hatte in seinem Auto gesessen. Das Seewasser glitzerte in der Sonne, die Wellen rauschten, die Berge strahlten farbenprächtig. »Kann man sich gar nicht vorstellen«, meinte er dann vielsagend. »Ist alles so friedlich hier, oder?«

Unter diesen Vorzeichen war ich also in Rotorua gelandet. Es lag etwas in der Luft. Das war nicht von der Hand zu weisen. Und tatsächlich, als erster Beweis für ein aufziehendes Unheil galt mir die Tatsache, dass ich schlecht geschlafen hatte im Sechs-Bett-Zimmer dieser seltsamen Jugendherberge, in der es sogar eine Kletterwand für hyperaktive Touristen gab. Der Grund war kein Erdbeben oder ein Vulkanausbruch gewesen, sondern eine dicke US-Amerikanerin, genauer: Texas-Neumexiko-US-Amerikanerin, die das Zimmer die halbe Nacht mit ihrem dumpf hallenden Schnarchen erschüttert hatte. Als ich zum dritten Mal aufgewacht war und dann im Buddha-Sitz auf dem Doppelbett thronte, hatte ich beschlossen, gegen dieses penetrante Schnarchen etwas unternehmen zu müssen. Da lag sie auf ihrem Bett: wie ein dicker Biber und dröhnte, sägte und röchelte. Ich griff nach meinem Kissen und warf es mit einem kräftigen Stoß hinüber. Erwischt! Direkt am Kopf. Der Biber erhob sich, wendete seinen großen, unter langen lockigen Haaren versteckten Kopf zu mir, ein offenes Auge konnte ich sehen, und ich raunte den Satz, den ich mir für die anstehende Verteidigung zurechtgelegt hatte. »Du bist noch zu jung zum Schnarchen. Lass dich operieren.« Der Biber sackte in sich zusammen und gab keinen Ton mehr von sich. Stille. Das alte Europa hatte gesiegt. Ich reckte eine Boris-Becker-Faust in das Halbdunkel des Zimmers und zischte: »Yes!«

Das war nicht nett von mir gewesen, ich weiß. Aber das sollte es auch nicht sein. Extreme Situationen forderten extreme Maßnahmen. So konnte ich wenigstens den Rest der Nacht schlafen. Ich vergrub mein Gesicht halb in der Matratze, spinste im Augenwinkel das letzte Mal durch das Fenster, sah den bereits morgendlich hell glimmenden Himmel und verdrehte ein letztes Mal die Augen. Dann war es dunkel.

Nun fühlte ich mich wie ein alter Mehlsack, ich saß mit schwerem Kopf und schlechter Laune beim Kaffee in der Gemeinschaftsküche, die so etwas wie die Unterstellhäuschen am neuseeländischen Pilgerweg waren. Hier traf man sich und tauschte seine einzigartigen Naturerlebnisse bei Müsli und Obstsalat aus. Den dicken Schnarch-Biber hatte ich noch nicht gesehen. Aber mir gegenüber saß nun Bernadette, eine leicht psychopathische Kanadierin mit Topfhaarschnitt und rosa T-Shirt, die dazu nach diesen Achtziger-Jahre-Emily-Erdbeer-Puppen roch und die sich, ohne meine Erlaubnis einzuholen, dreisterweise an meinen Tisch gesetzt hatte und nun mit einer Mischung aus

LSD- und Teddybären-Blick von ihren tollen Neuseeland-Erlebnissen berichtete. »Oh, diese Geysire waren wirklich toll. Und die Schlammpools. Hast du die auch gesehen? Musst du dir anschauen. Und warst du schon auf der Südinsel? In Kaikoura? Dunedin? Am Mount Cook? Hast du den Tongariro Crossing gemacht? Du solltest nach Wellington fahren. Oder in die Bay of Islands. Das ist wirklich schön. Ganz blaues Wasser. Die Natur ist so erhaben, so groß, gewaltig. Da fühlt man sich so klein und sterblich als Mensch. So unbedeutend. Wenn das alle fühlen würden, dann gäbe es viel mehr Frieden auf der Welt.« »Hm-hm«, machte ich ein paarmal, um ihr diplomatisch klarzumachen, dass mir gerade nicht nach einer verbalen Postkartenbetrachtung zumute war. Bernadette interessierte meine Unlust nicht. Sie war wie im Rausch. »Und natürlich Karekare, diese schwarzen Strände. Ein Traum. Wunderschön. So dunkel und doch so romantisch. Wie in dem Film ›Piano‹. Da hab ich mir auch ein wenig Sand mitgenommen. Hier.« Dann zog sie ein kleines Fläschchen, das sie wie ein Amulett an einer Kette um den Hals trug, unter ihrem T-Shirt hervor und hielt es mir entgegen. »Hier, schau. Da ist schwarzer Sand von Karekare drin.« »Alles klar. Sieht aus wie Sand«, brummte ich und schickte eine nächste Frage hinterher, damit sie nicht auf die Idee kam, den Sand von Karekare, den ich in ihren Augen gerade wohl verunglimpft hatte, zu verteidigen. »Hat dir irgendwas *nicht* gefallen?« Sie stutzte und schaute mich fragend mit ihren Amélie-Augen an. »Hmm. *Nicht* gefallen? Ach ja. Nur Hoki… Hokatiki.« »Hokitika«, berichtigte ich klugscheißerisch. »Ja, Hokitika hat mir nicht so gut gefallen. Was für ein Loch. Da wollte ich sonntagmorgens frühstücken, und da hatte überhaupt kein Café offen. Nur eins, und da fand ein Begräbnis statt. Stell dir vor.« »Aha«, grummelte ich und biss in meinen Toast, der mit köstlichem Manukau-Honig-Räucherschinken belegt war. Sie schaute auf meinen Toast, so als würde ich mir gerade eine Packung Tapetenkleister einführen. »Du isst ja Fleisch«, bemerkte sie empört. »Ja, ich esse Fleisch. Und stell dir vor: Es ist sogar ziemlich lecker. Willst du auch mal?« Ich hielt ihr den Toast entgegen. Mit strahlendem Blick erwiderte sie: »Nein, danke. Ich bleibe lieber bei meiner leckeren Gemüsepaste.« Dann biss sie mit einem Blick der Genugtuung herzhaft in ihren Toast, der penetrant nach Suppenwürfel roch. Ein seltsamer Kontrapunkt zum Emily-Erdbeer-Geruch ihres Parfüms. Und erst recht zum Faulen-Eier-Geruch von Rotorua.

Die olfaktorische Reizüberflutung war eine zu große Herausforderung für meine gequälten Sinne. Ich beschloss, mich noch mal hinzulegen. Das Wetter war schlecht. Ich musste erst am Mittag des nächsten Tages zurück in Auckland sein, um die nächsten Segelartikel vorzubereiten. Denn auch in Deutschland interessierte man sich nun für den America's Cup. Zum Biertrinken war es zu früh. »Vielleicht können wir heute Abend einen Tee zusammen trinken«, schlug Bernadette keck vor, als ich mich vom Tisch erhob. »Ja, vielleicht …«

Als ich wieder aufwachte, dämmerte es bereits. 17.45 Uhr zeigte mein Handy. Ich hatte den halben Tag verschlafen. Früher hätte ich mich in solch einem Fall schwarzgeärgert, über einen verlorenen Tag, eine verpasste Chance, über die ungenutzte Zeit. Heute war mir das egal. Neuseeland hatte bereits von mir Besitz ergriffen. Aber das half mir in meiner Abendplanung nicht weiter. Was tun? Mein Gehirn begann zu rattern, nahm an Fahrt auf. Da ich die Teezeremonie mit Emily Erdbeer als Abendunterhaltung von minderer Unterhaltungsqualität einschätzte, betrachtete ich einen Besuch in den bekannten polynesischen Spa-Pools als die bessere Alternative. Wellness-Orgien, Deluxe-Massagen und Kollektiv-Wohlfühlen hielt ich zwar grundsätzlich für Zivilisationskrankheiten, aber die Aussicht, ein bisschen im warmen Wasser zu treiben und nichts tun zu müssen, gefiel mir dann doch wieder. Ich schnappte meine Klamotten und spazierte los.

Der Eiergeruch von Rotorua war heute besonders unappetitlich. Ein paarmal hielt ich mir die Nase zu, was nichts half. Dann versuchte ich an duftende Rosen, Grillwürstchen oder Feta-Käse zu denken. Auch das half nichts. Da musste ich wohl durch. Auch ohne Gasmaske.

Dann stand ich in meiner alten schwarzen, vollkommen styleresistenten Turnhose, bereit für die Wellnesskur, auf den kühlen Kacheln der Wohlfühlanlage. Vor einem großen rechteckigen Schwimmbecken, draußen unter dem freien Nachthimmel, sah ich ein paar kleinere, runde Becken mit unterschiedlichen Wassertemperaturen, umrandet von Steinen und Bambuszäunen. Dampf schwebte wie ein seidenes Kleid über dem Wasser. Dazwischen standen ein paar Palmen, die selbst hier in Rotorua sehr exotisch wirkten. Es waren nicht viele Besucher da, aber einer fiel mir sofort auf. Ein Mann, groß und stämmig wie ein Baum, mit einem beträchtlichen Bauch, käseweißer Haut, die im weißen Neonlicht aschgrau schimmerte. Trotz seines Gewichts wies sein Gesicht markante Züge auf, die ein hartes Leben und ein rauhes Klima geformt zu haben schienen. Seine grausträhnigen Haare waren schulterlang, sein Bart zottelig und urwüchsig, und er trug eine grün-braun-orange gestreifte Liebestöter-Badehose. An seinem wurstigen rechten Ringfinger erkannte ich einen klobigen goldenen Ring. Mit einem herrschaftlich-würdevollen Ausdruck, die Augen leicht gen Decke gerichtet wie bei einer Krönungszeremonie, schritt er über die Treppe ins Wasser, das sofort kleine Wellen formte, die sich in einer seichten Dünung von seinem massigen Bauch wegbewegten. Dann ließ er sich ins Wasser gleiten und schwamm los wie ein graziles Nilpferd. Mit meinem geübten anthropologischen Blick erkannte ich sofort, dass ich es hier nicht mit einem Neuseeländer zu tun hatte, sondern höchstwahrscheinlich mit einem Mann der Steppe oder der Taiga. Ich witterte Europa, östliches Europa, ein bisschen Asien. Augenblicklich dachte ich an meine Studienzeit in Wolgograd, an die Wodka-Abende, an Wisotzki, an die russische Seele. So viele Klischees. Mir wurde dennoch ganz warm ums Herz.

Ich legte mein Handtuch ab, stieg ins Wasser, schwamm ein paar Runden und beobachtete den Ost-Mann, der nun am Beckenrand lehnte und von einer jungen Frau mit kurzen blonden Haaren umgarnt wurde, die deutlich jünger war und eine Model-Figur hatte. Mit ihren zarten Fingern streichelte sie dem Mann über seine massige, behaarte Brust. Eine alte Frau beobachtete das ungleiche Pärchen mit einem peinlich berührten Blick, so als hätten die beiden gerade wildesten Sex. Den Mann hatte mir der Himmel geschickt. Ich sehnte mich nach einem ostigen Abend. Ich mochte die Neuseeländer zwar, aber mir fiel es nicht immer leicht, ihre geheimnisvolle Mentalität zu verstehen, die sich irgendwo zwischen Unverbindlichkeit, Freundlichkeit und Gleichgültigkeit bewegte. Dieser Mann aber verströmte etwas, das mir sehr vertraut war. Ich hatte ja schon seit meiner Ankunft in der Stadt das Gefühl gehabt, dass mir hier irgendetwas Besonderes widerfahren würde. Und so beschloss ich die Kontaktaufnahme mit meinem Schicksal. Mit langsamen Zügen steuerte ich auf das Pärchen zu. Und tatsächlich, ich zog nun wenige Meter vor ihnen meine Bahnen, und schnappte, immer wenn ich den beiden am nächsten war, ein paar russische Wörter auf. »Geld.« »Sonne.« »Schweiß.« Das war Musik in meinen Ohren. Es soll ja Menschen geben, die dafür bezahlen würden, damit sie im Urlaub keinen Russen begegnen. Das konnte ich nun wirklich nicht verstehen, denn niemand in der Weltgemeinschaft, so behaupte ich kühn, hat das herzliche, warmherzige Gruppen-Trinken so sehr ritualisiert und mit einem philosophischen Überbau versehen wie die Russen. Man konnte durchaus von einem religiös anmutenden Zeremoniell sprechen.

Als ich das nächste Mal auf der Höhe der beiden war, rief ich auf Russisch: »Guten Abend. Woher kommt ihr?«, wobei das

»kommt ihr« buchstäblich ins Wasser platschte, weil ich mich zu sehr auf eine perfekte Aussprache konzentriert und mich dabei verschluckt hatte. Ich röchelte, suchte mit meinen Füßen den Boden, stabilisierte mich, hustete, schluckte ein paarmal und sagte: »Äh, tschuldigung. Woher kommt ihr?« Dann rollte mir ein tiefer russischer Bass entgegen. »Da spricht einer Russisch. Nicht schlecht. Wir kommen aus Moskau, aber eigentlich aus Omsk. In Moskau wohnen wir. Komm her, dann machen wir uns bekannt.«

»Ah, Ingo«, sagte die Mischung aus Alexander Herzen und Väterchen Frost und legte dabei die Betonung auf die zweite Silbe, mit einem tiefen, offenen O. Allein, dass er meinen Namen ohne Probleme aussprechen konnte, versetzte mir wieder ein paar heimatliche Gefühle. Die Neuseeländer hatten so ihre Problemchen mit der ng-Verbindung, so dass ich bei ihnen häufig »Ingl« hieß oder »Igor«. »Bist du Russe?«, fragten die verunsicherten Kiwis dann, was ich aus lauter Ärger manchmal einfach bejahte.

»Ich bin Boris«, sagte der Mann aus Omsk, der mich gut und gern um zwei Köpfe überragte. »Angenehm.« Dann reichte er mir seine fleischige Hand. »Und das ist Tanja.« Tanja lächelte scheu. »Angenehm«, sagte sie mit einer piepsigen Stimme. Nachdem wir die üblichen Wieso-weshalb-warum-Fragen, die man bei einem ersten Treffen klärte, abgehakt hatten, schlug Boris vor, sich in einen Privatpool zurückzuziehen, um dort Du-weißt-schon-was auf unsere Bekanntschaft zu trinken. Ich wusste, was er meinte, war aber etwas irritiert. »Ich dachte, das mit dem Wodka ist ein Klischee. Ihr trinkt doch viel mehr Bier mittlerweile.« »Das stimmt. Aber für dich mache ich eine Ausnahme. Außerdem bin ich ein Mensch der Rituale und Traditionen. Die mag ich. Ohne sie würde ich mich auf meinen Reisen noch viel fremder fühlen. Sie geben mir einen gewissen Halt.« Das leuchtete mir ein. Ich sagte freudig zu, denn einem philosophisch unterfütterten Trinkgelage hatte ich schon lange nicht mehr beigewohnt. Allerdings hatte ich auch ein etwas mulmiges Gefühl, weil das Trinken in einer Wellnesseinrichtung hier sicherlich für unflätig gehalten wurde und man bestimmt kein Verständnis für die uralten, durchaus zur Ausschweifung neigenden Trinkrituale Russlands hatte. Boris hatte meine Bedenken wohl an meinem besorgten Gesichtsausdruck erkannt. Denn er sagte: »Wir trinken nur ein bisschen. Hab auch nur eine Flasche dabei. Die ist aber schön kalt. Hab für so was eine spezielle Kühltasche, die ich mir hier im Warehouse, oder wie dieses Kaufhaus heißt, besorgt habe. Perfekt.« Warum er allerdings überhaupt eine Flasche Wodka dabeihatte, war mir ein Rätsel. Auch diese Frage hatte Boris wohl an meinem Gesichtsausdruck abgelesen (gerade den Menschen aus Sibirien sagte man ja seherische und schamanenhafte Fähigkeiten nach). Denn ungefragt erklärte er: »Ich hab da so eine seltsame Krankheit. Wenn ich Bier, Wein oder andere Sachen trinke, die viel Kohlensäure enthalten, bekomme ich innere Blutungen.« »Innere Blutungen?«, fragte ich erschrocken. »Ja, wirklich. Ist mir schon einmal passiert. Da wäre ich fast in den Himmel aufgefahren.« »Ist das nicht heilbar?«, fragte ich und setzte einen besonders mitfühlenden Gesichtsausdruck auf. »Da streitet die Wissenschaft. Die einen sagen ja. Die anderen nein.« »Und gibt es keine Medizin dagegen?« »Doch«, rief Boris aus und strahlte. »Mein Arzt hat mit eine Medizin empfohlen. Ahnst du was?« Ich wusste sofort, von welcher Medizin er sprach. »Wodka«, sagte ich und betonte das O dabei besonders schön. »Wodka. Genau. Natürlich darf ich nicht zu viel trinken. Aber was soll ich tun? Ich muss Wodka trinken. Wie wunderbar.« Wie wunderbar, dachte auch ich. »Aber darüber hinaus«, fuhr Boris fort, »aber darüber hinaus musst du bei einer Reise auf alles vorbereitet sein. Wenn du mal jemanden triffst, mit dem du ein Schlückchen trinken kannst. Du verstehst. Außerdem: Was gibt es Schöneres, als einen kühlen Wodka zu trinken, wenn man schwitzt und sich entspannt? Das gibt einem neue Kraft. Da singt die Seele.« Tatsächlich glaubten die Russen, dass man im Dampfbad zu einer Reinigung der Seele und dadurch zu einer Art Wiedergeburt gelangte. Gegen eine seelische Wiedergeburt hatte ich ganz und gar nichts einzuwenden.

Tanja zog es vor, unserem schicksalsträchtigen Treffen nicht beizuwohnen, und verabschiedete sich, um noch ein paar der anderen Pools auszuprobieren. Wir zogen uns in das Pool-Séparée zurück, das Boris sich kurzerhand gemietet hatte – ein freudloser Raum, der an ein Chemielabor erinnerte. Das Wasser war so heiß, dass sich mir bereits nach wenigen Sekunden die Sinne vernebelten. Boris kramte den Wodka aus seiner Kühlbox. Dazu ein paar Tomaten, Speck und ein paar eingelegte Knoblauchzehen, die er bereits mundgerecht präpariert hatte. Schnell tranken wir ein, zwei, drei, vier, fünf – dann hatte ich aufgehört zu zählen – Wodka. Wir tranken auf die Liebe, das Essen, die Eltern, die Frauen und die Kiwis, die Boris, wie er gestand, offensichtlich nicht ganz geheuer waren. »Schwer einzuschätzen, die Genossen. Die lachen so selten.« Wie Russen, die zum fröhlichen Wahnsinn, und Neuseeländer, die zur emotionalen Zurückhaltung neigten, zu Seelenverwandten werden sollten, konnte auch ich mir beim besten Willen nicht vorstellen. Ich erfuhr, dass Boris und Tanja auf Hochzeitsreise waren, dass er sich gerade eine Wohnung und einen Labrador in Moskau gekauft hatte, als ich ihn schließlich nach seinem Beruf fragte. Nach seinem Aussehen zu urteilen, hätte ich mir eine Beschäftigung als Mafiaboss, Metzgereigroßhändler oder Filmstatist für ihn vorstellen können. Aber damit lag ich kilometerweit daneben.

»Was ich beruflich mache? Kann ich dir sagen: Ich verkaufe Autos. Aber eigentlich bin ich Opernsänger.« »Was? Opernsänger? Ach, komm«, entgegnete ich ungläubig. »Es stimmt aber«, insistierte er mit Nachdruck. »Hab schon an vielen Bühnen in Russland gesungen, kleineren Bühnen.« »Das glaub ich nicht«, erwiderte ich selbstbewusst und bemerkte justament, dass ich dem Lallen schon sehr, sehr nahe war. Mein Sprachzentrum machte sich bereits selbständig. »Stimmt aber«, beharrte Boris. »Willst du mal hören, Genosse?« Ich wollte noch »Lass mal gut sein, Genosse« rufen, da war Boris schon aus dem Wasser gestiegen und hatte sich in unserer kleinen Kammer in stolzer Sängerpose aufgestellt. Er räusperte sich ein paarmal. Wasser tropfte von seinem Bart auf seine Brust, von wo es in langen, dünnen Fäden an seinem Körper hinunterfloss. Und dann erhob sich aus seiner geschwellten nackten Brust ein gewaltiger Steppen-Bass und entfaltete einen dunklen, aber samtweichen Gesang. Natürlich ging es, soweit ich das verstehen konnte, um die Sehnsucht, die Liebe, den Schmerz und die Leidenschaft. Ich saß da in einer Poolecke, das Wasser sprudelte, mein Mund stand offen, mein Blick war trübe von der Hitze und dem Wodka, und lauschte dem eindringlichen choralhaften Folkloregesang, der jeden knochenharten Cowboy zum Weinen gebracht hätte. Ich stellte mir vor, wie just in diesem Augenblick, als Boris zu singen begonnen hatte, das Leben draußen in den Pools, auf den Straßen, in der Stadt in eine Starre verfiel, wie die Menschen einfach dasaßen oder dastanden, regungslos, mit erstarrtem Blick. Als ob Boris sie mit seinem für diese Breiten ungewohnten Gesang hypnotisiert hätte – beim Bier im Pub, vor dem Fernseher, auf den Laufbändern in den Gyms, am Steuer ihrer Autos. Durch Rotorua rollte Boris' dunkler, melancholischer Gesang und erfüllte die Straßen wie der Chor einer Kirche. Ich sah die Sterne am Himmel, den glitzernden See. Boris und ich spazierten am Seeufer entlang, er singend, ich strahlend. Wir beide halbnackt. Die Menschen kamen aus ihren Häusern, applaudierten, klatschten frenetisch und warfen uns Grillwürstchen zu. Es begann zu schneien. Aber Boris sang und sang und sang. Ich spürte den Schweiß, den Dampf, den Wodka. Gleich wird meine Seele meinen Körper verlassen, dachte ich noch, bevor es schwarz um mich wurde und ich nur noch ein lautes Türklopfen und eine schrille, weibliche Stimme hörte. »Was ist denn hier los?« Dann war es still wie auf einem Friedhof.

Ich öffnete die Augen. Zu meiner großen Überraschung lag ich in meinem Bett in der Jugendherberge, allerdings hatte ich noch Jeans und Schuhe an. Sollte ich das alles nur geträumt haben? Aber dann bemerkte ich den prägnanten Weizengeschmack in meinem trockenen, leicht tauben Mund, der nur von einem ausgewachsenen Wodkarausch stammen konnte. Zugleich dröhnte mein Kopf, als ob ein Heinzelmännchen meine Schädelplatte gerade mit einem Meißel bearbeitete. Sägendes Schnarchen hallte durch das Zimmer. Ich nahm mein Kissen, warf es dem dicken Biber an den Kopf. Der röchelte ein paarmal, als würde er gleich in die ewigen Biber-Jagdgründe eingehen. Dann war er ruhig. Ich sank zurück in meine Matratze, lächelte glückselig in die Dunkelheit und schlief ein – Rotoruas wunderbaren Gestank in der Nase.

Unter Maoris

Ka mate! ka mate! ka ora! ka ora!
Tēnei te tangata pūhuruhuru
Nāna nei i tiki mai whakawhiti te rā
Á, upane! ka upane!
Á, upane, ka upane, whiti te ra!

Das ist Tod, das ist Tod. Das ist Leben, das ist Leben.
Dies ist der haarige Mann ...
der die Sonne brachte und sie scheinen ließ!
Ein Schritt nach oben, und noch einer!
Ein Schritt nach oben, und noch einer! Die Sonne scheint!
Der haka nach Te Rauparaha

»Com-e-dy, com-e-dy, siss, boom,
brek-e-kex, aouei, whee!«
Eine phonetische Kurz-Umschrift des haka
von einem amerikanischen Journalisten zum
besseren Verständnis für seine Leser

Rotorua war längst wieder in den Sümpfen der Erinnerung verschwunden, als ich vor dem riesigen Maori stand, der eben noch diese feurige Rede gehalten hatte, von der ich kein Wort verstanden hatte. Meine interkulturelle Sensitivität hatte mir aber zu verstehen gegeben, dass die Freude über den sonnigen Tag eine untergeordnete Rolle gespielt haben musste. Wie ein Dramaturg hatte er die Lautstärke und die Betonung im Laufe seiner Rede von Wort zu Wort, von Satz zu Satz verschärft, bis die Silben wie ein Steinschlag am Fuße des Nebelhorns auf uns einprasselten. Angezogen von den ungewohnten, aber ausdrucksvollen, kraftstrotzenden Lauten, hatte ich wie hypnotisiert auf das Gesicht des Redners geschaut, das von tintenschwarzen Ornamenten durchzogen war, spitzen und rundlichen, die sich in ihren vielen labyrinthähnlichen Bahnen auf seine Nase und Stirn zuzuspitzen schienen, was ihm einen dämonischen Anblick verlieh. Ab und zu nahm er uns, die wir vor der Stammesgemeinschaft standen wie Delinquenten vor der Urteilsverkündigung, mit einem angriffslustigen Blick ins Visier. Die Alten, die links von dem Redner standen, hatten dem jungen Rebellen mit stoischem Blick zugehört und ab und zu zustimmend genickt. Mein Blick war alles andere als stoisch. Eher kam ich mir vor wie ein verängstigtes Eichhörnchen.

Nun stand ich vor ihm und war mir sicher, dass Bären von einer ähnlichen Statur sein mussten. Der Maori hatte einen gewaltigen Kopf mit teerschwarzen langen Haaren, die zu einem Zopf zusammengebunden waren. Seine Hände waren so groß wie Pizzateller. Ich blickte auf seine wulstigen Finger, in denen, da war ich mir sicher, so viel Kraft steckte, dass sie eigentlich waffenscheinpflichtig hätten sein müssen. Seine massige, geschwollene Brust ragte vor mir auf wie ein Mittelgebirge. Sein warmer Atem streifte meine Stirn, die heiß wie eine Herdplatte war. Meine Wangen brannten vor Aufregung. Ich hatte nicht wenig Lust, ohnmächtig zu werden, befürchtete aber, mir dann als Weichei einen Namen zu machen, der in den Erzählungen des Stammes für die nächsten fünfzig Generationen überdauern würde.

Die Gruppe, mit der ich unterwegs war, hatte mich zum Gruppenführer erkoren. Wahrscheinlich weil ich erzählt hatte, dass ich als Russlandreisender Erfahrung mit interessanten Völkern hatte. Also war ich es, der nach dem Ende des Begrüßungszeremoniells zu dem Redner losgestiefelt war, der als Erster in einer langen Reihe von Männern und Frauen entlang der Wände in dem offenen Raum stand, um … ja, um was eigentlich zu tun?

Hallo zu sagen? Den Jungs auf die Schulter zu klopfen? Ein bisschen Small Talk zu halten? Oder ein paar Hände zu schütteln? Die vor Spannung aufgeladene Stille ließ mich spüren, dass ich etwas Bestimmtes zu tun hatte, etwas Besonderes. Aber was? Ich fühlte die erwartungsvollen Blicke in meinem Nacken, die von rund 40 Maori-Männern und -Frauen, die von unserer Gruppe und die der Ahnen, deren gruselige Holzfratzen die Wände des *marae*, des Versammlungshauses, schmückten. Stechende Augen, breit aufgerissene Münder, aus denen die Zungen wie Schlangen herausschossen, und Genitalien, die nicht wie Befruchtungswerkzeuge aussahen, sondern wie gefährliche Waffen. Am liebsten hätte ich die Szene wie einen Tagtraum abgebrochen – zack –, wäre in eine Kneipe gegangen und hätte ein kühles Blondes und Bratkartoffeln bestellt. Das hier war aber das richtige Leben, und ich hatte keine Ahnung, wie es weitergehen sollte. Niemand hatte mich auf diese schwierige interkulturelle Begegnung vorbereitet. Ich hatte zwar bereits Crashkurse belegt, um die Welten der Kalmücken, Apachen und Litauer besser zu verstehen, aber den Maori-Kurs musste ich irgendwie verpasst haben.

Dabei hatte der Tag so unkompliziert und leichtfüßig begonnen. Mit einem dieser organisierten exklusiven Touri-Trips war ich in den Norden der Nordinsel gefahren, in einen Bezirk mit dem epischen Namen »Far North«, der weite Norden. Zunächst hatten wir dem einstigen Höllenloch des Südpazifiks einen Besuch abgestattet. Kororareka war zu Beginn des 19. Jahrhunderts erste Anlaufstelle in Neuseeland für Walfänger und weitgereiste Schiffe gewesen, ein düsteres Paradies am Ende der Welt, vollgepackt mit spannenden Geschichten, dunklen Kneipen und Bordellen, mit Fischern, Abenteurern, Huren, Kaufleuten oder Gefangenen, die aus dem Straflager Australien entkommen waren, düsteren Gestalten und Schattenwesen. Nun, das war einmal. Wie auch die Achtziger einmal waren, von denen ein deutscher Freund, der bereits seit einem Vierteljahrhundert in

Auckland lebte, mir erzählt hatte. Mit gewaltigen Bildern und einprägsamen Szenen hatte er von den wilden Partys der Künstlerszene in Kororareka berichtet, von Frauen, die nackt auf Pferden ritten, und Tagen, die »frei und ungezwungen waren«. »Das ist alles vorbei«, hatte er geseufzt, und ich hatte einen seltsam zarten Hauch von Sentimentalität in seiner sonst baumstammfesten Stimme bemerkt.

Als ich durch die mit Cafés und Souvenirshops gepflasterten Straßen des kleinen Nestes spazierte, stellte ich enttäuscht fest, dass von dem verruchten Charme und der dunklen Lebenslust wenig geblieben war. Es roch weder nach Tang, Rum oder Whisky noch nach ungewaschenen Leibern. Und nackte Frauen auf Pferden sah ich auch keine. Dafür sah ich überdurchschnittlich viele Rentner in kurzen Hosen und Turnschuhen und kam mir gleich viel älter vor. Das einstige Höllenloch hatte heute einen neuen Namen, der, wie ich fand, gut zu dem leblosen Nest passte – weil er nach eingeschlafenen Füßen und kleinen dummen Biedermeier-Hunden klang: Russell. Ich beschloss, der Hölle mit der Kraft der Imagination auf die Sprünge zu helfen, trank ein Frühstücksbier am sonnengefluteten Uferweg und kam mir vor wie ein Pirat, der nach einem erfolgreichen Beutezug zufrieden in die Wolken lächelte. Am Nebentisch saß ein dürrer alter Mann mit einem Bart und einer dunklen Motorrad-Sonnenbrille. Er prostete mir mit seinem Tumbler zu und sagte in einem leicht verblassten amerikanischen Akzent: »Wartest du auch auf Godot, Fremder?« Guter Einstieg in ein Gespräch, dachte ich mir und antwortete schlagfertig: »Godot ist doch längst tot.« Der Alte lachte wie ein in die Jahre gekommener Wecker. »Das gefällt mir. Hast Humor, was?« »Weiß nicht«, murmelte ich. Thomas war, wie er erzählte, mit einer Sieben-Meter-Jolle von Fidschi über den Südpazifik nach Russell gesegelt. Das Segeln hatte er sich unterwegs beigebracht, was ich ziemlich mutig fand. Mit Wasser und Wind in großen Mengen ist ja nicht zu spaßen. »Ach ja«, wiegelte er ab, »ist schon nicht ungefährlich. Aber dann merkst du wenigstens, dass du lebst. Zwölf Tage nur Wasser und Himmel. Da werden deine Grenzen echt getestet. Ich wollte mal sehen, wie das Ende der Welt aussieht, hier in Neuseeland.« »Und?«, hakte ich nach. »Is ganz okay. Ein bisschen zu ruhig. Ich mag's gern rauh. Mach mich morgen wieder auf den Weg. Nach Tonga. Das ist noch richtig Südsee. Dann geht es irgendwann nach Palau. Vanuatu oder Rarotonga wären auch nicht schlecht.« Wenn man glaubt, man kenne die Welt, dann sollte man mal in den Südpazifik fahren. Ein Universum an Mikro-Staaten erwartet einen da – genug Wissensstoff, um den Status der Unbesiegbarkeit in »Stadt – Land – Fluss« zu erreichen. »Was macht man denn hier so den ganzen Tag?«, wollte ich wissen. »Warten und in die schöne Bucht schauen«, sagte Thomas und grinste. »Und das macht glücklich?« »Mich schon. Früher war ich Manager bei einer Marmeladenfabrik in den Staaten. Viel Geld, wenig Zeit. Du verstehst? Irgendwann war die Frau weg, mit den Kindern und unserem Hund. Ein deutscher Schäferhund namens Robert. Ein Prachttier. Dann fragst du dich schon, ob du alles richtig gemacht hast. Ich begann die Sauferei, und ruck, zuck hing ich an der Flasche …« Thomas stoppte kurz, ließ seinen Blick über seinen Tumbler gleiten und setzte fort: »An der hänge ich ja immer noch. Na ja, alles lässt sich nicht gleich verändern. Außerdem trinke ich gern. Ich brauche ja ein wenig Unterhaltung bei meiner Suche nach dem Glück. Sonst ist es ein bisschen langweilig.« Thomas lachte wie ein rostiges Maschinengewehr. Haha. »Allein auf dem Wasser musst du erfinderisch sein, damit du nicht durchdrehst. Ich rede ab und zu mit meinen Flaschen und spiele Theater. Das hält das Gehirn in Übung, und du wirst nicht wahnsinnig.« Offensichtlich hatte er schon einen hohen Grad an Kreativität entwickelt, seine Zeit an Bord zu nutzen.

Alkohol schien hoch im Kurs bei Inselbewohnern und Glücksuchenden zu stehen. Das hatte ich schon häufiger festgestellt.

Auch bei mir hatte ich eine rapide Zunahme der Trinkfreudigkeit bemerkt. Sah ich eine schöne Bucht, suchte ich mir gleich ein nettes Plätzchen, um mit einem Gläschen Wein oder einem Bier meine Melancholie über den schmerzenden Anblick der Vollkommenheit zu betäuben. Für mich ein untrüglicher Beweis dafür, dass der Mensch die Natur nur in homöopathischen Dosierungen verträgt. Der Alkohol hat dabei eine wichtige Funktion. Er hilft dem Menschen darüber hinweg, die seelenfressende Schönheit der Natur und den Gedanken, dass er lediglich ein schiefgegangenes Experiment in dieser göttlichen Schönheit ist, halbwegs zu ertragen. Andere basteln sich, um diesen Weltschmerz zu verarbeiten, einen Glauben oder sammeln Elefanten.

»Glaub ja nicht, dass ich ungern trinke«, rief Thomas plötzlich, nachdem wir in seiner Lebensgeschichte dort angekommen waren, wo seine Frau ihm in ihrer Wut eine Dose Budweiser an den Kopf geworfen und danach das gemeinsame Haus für immer verlassen hatte (die Narbe, die die Wurf-Dose auf seiner Stirn hinterlassen hatte, hatte mir Thomas mit einem Fingerdeut gezeigt). »Ich trinke gern. Sehr gern. In den USA würden sie mich wahrscheinlich in eine Gruppentherapie stecken und mir empfehlen, das Trinken sein zu lassen, weil ich damit mein ganzes Leben zerstöre, meine Lebenslust, meine Fröhlichkeit. Ich solle doch vernünftig sein, auf mein Inneres hören. Ich aber sage: Ich war noch nie so voller Lebenslust und Freude. Hier auf meinem Boot, da geht's mir gut. Ich kann nichts kaputt machen, und ich kann mich zugrunde richten, so wie ich will. Das ist meine Freude und meine Freiheit. Was ich hier lebe, ist also nichts anderes als die ultimative Vernunft. Und die heißt: Wenn ich weg bin, bin ich weg.« Wir stießen ein letztes Mal an – auf die Vernunft, denn die Zeit war wider Erwarten doch nicht stehen geblieben.

Thomas' schwere Sätze rollten noch wie Stahlmurmeln durch

meinen Kopf, als ich zur Ablegestelle der Fähre trottete. Das Reisen war wie eine Buchstabensuppe, ratterte es in meinen Gehirnwindungen. Nie wusste man, was man als Nächstes bekam. Aber immer hoffte man, dass die Buchstaben zusammen ein schönes Wort, einen Sinn ergaben. Tatsächlich stand am Ende dann aber oft nur »xembimbrum« oder »krkstut«. Der glückliche Reisende war derjenige, der auf seinen Reisen keinen Sinn suchen musste.

Bewegt von der geriatrischen Lebenslust des kleinen Ortes, setzten meine Touri-Gruppe und ich nach Paihia über, der aktuellen Backpacker-Hölle im Norden. Ein Ort, den man so ziemlich vergessen kann, wenn man keine Lust auf Touristen-Schwadrone, miefige Gemeinschaftsküchen und junge, kluge Menschen hatte, die sich alle für »irgendwie links« halten. Paihia soll so viel wie »gut« heißen, was nur ein Missverständnis sein konnte. Denn bis auf die nette Bucht, für die der Ort so berühmt ist, ist hier nicht viel gut. Immerhin gab sich das Wetter richtig Mühe. Die Sonne ließ die Bucht, in der Dutzende von kleinen grünen Inseln wie Pilze aus dem Wasser ragten, wie ein Paillettenkleid im Scheinwerferlicht glitzern. Der Himmel war blau, die Spiegeleier, die ich mir bestellt hatte, perfekt. Mit einem österreichischen Journalisten saß ich in einem Café gegenüber der trägen Ozeanmasse. Wir redeten über das, was man so redet, wenn man sich gerade kennengelernt hat: Sartre, Kafka, Schlafstörungen. Michael zog an seiner Zigarette und blies den Rauch in einer schweren Wolke über den Tisch. Durch meine Sonnenbrille sah ich, wie die Touristenbataillone vorüberzogen, auf der Suche nach der Schönheit von Paihia. Ich nahm einen Schluck, der Rum brannte leicht und gab dann seinen süßlichen Geschmack preis. Wir kamen uns vor wie Hemingway.

»Entschuldigen Sie bitte«, weckte mich plötzlich eine Frauenstimme aus meinem Dandy-Traum. »Könnten Sie vielleicht die Zigarette ausmachen? Hier ist Rauchen verboten. Danke.«

Michael nuschelte ein Okay, benetzte Daumen und Finger mit Spucke und löschte die Glut mit einem gekonnten Griff. Schwere Zeiten für Hemingway. Danach fuhren wir aufs Wasser. Pflichtprogramm in Paihia. Es galt, einen weltberühmten Felsen mit einem Loch zu besichtigen, durch den man mit dem Boot fahren konnte. Der Seewind blies, die Möwen kreischten, der Geruch von Diesel und Salz stand in meiner Nase.

»Ist das nicht phantastisch? Schau mal, die grünen Inseln und das blaue Wasser!«, schrie eine Frau, die weiße Tennissocken trug, in einem hysterischen Englisch. Das Boot platschte durch die Wellen. Mein Kopf schlug hin und her wie in einer Achterbahn bei einem Looping. Ich musste mich an die Reling klammern, um nicht von der einen zur anderen Seite des Bootes geschleudert zu werden. Richtig genießen konnte ich die Aussicht nicht. Vor allem, weil drei Japaner beschlossen hatten, sich vor meinen Füßen ihres Mittagessens zu entledigen. Der ganze romantische Hokuspokus um See und Meer war mir schon immer ein ziemliches Rätsel gewesen, stellte ich nüchtern fest. Hatten wir nicht vor Millionen von Jahren extra das Wasser verlassen, um endlich an Land sein zu können? War dafür nicht eine höchst komplizierte evolutionäre Kettenreaktion nötig gewesen? Und was machten die Menschen? Sie schätzten diese ungeheure Leistung nicht, sondern taten alles dafür, den nostalgischen Traum von »Das Meer und ich« am Leben zu halten, sangen schmierige Lieder über die See, schrieben blumige Gedichte, bauten Boote, erfanden Tauchanzüge und das Prosecco-Trinken in Leinenhosen auf weißen Yachten. Hatte das Meer nicht alles getan, um uns die Rückkehr so schwer wie möglich zu machen? Hatte das Meer deswegen nicht Haie, Wellen und Stürme erfunden? Und sogar die Seekrankheit? Warum sollte man also jetzt dorthin zurückkehren, wo man eigentlich nicht mehr sein dürfte? Nur damit der Mensch dem Meer zeigen konnte, was er für ein toller Hecht ist? Das schien mir alles sehr egozentrisch und höchst unlogisch.

Am Abend sollten wir ein *marae* des örtlichen Maori-Stammes bei einem *hui*, einer Versammlung, besuchen. Das wäre das erste Mal, dass die Ngati Kahu Besucher in das Versammlungshaus hineinließen, hatte man uns gesagt. Wir sollten für das *mihi mihi*, wie die Begrüßungsrede genannt wurde, einen Sprecher für unsere Gruppe auswählen und uns überlegen, welches Lied wir singen wollten. »Ein Lied?«, fragte ich unsere Reisebegleiterin entgeistert. »Ja, ein Lied. Das macht man so, wenn man als neue Gruppe in das *marae* eingeladen wird. Ihr werdet ja wohl ein Lied haben, das alle von euch kennen.« Ich sah verzweifelte und fragende Gesichter. Wir waren drei Deutsche, zwei Österreicher und zwei Schweizer, was die Auswahl nicht einfach machte. Ich wusste zwar nicht, wie es um die Gesangsqualitäten der anderen bestellt war, aber mein Talent muss beim Herstellen der nötigen Synapsenverbindungen irgendwie übergangen worden sein. Wenn wir im Kindergarten bei Geburtstagen eines der Kinder im Chor ein Ständchen sangen und ich mal wieder auf Kriegsfuß mit der Melodik stand, nahm mich meine Kindergärtnerin beiseite und sagte freundlich: »Du musst nicht singen, wenn du nicht willst.« Seitdem wusste ich, dass eine Karriere als Sänger wohl nicht für mich in Frage kam.

Wir grübelten, gingen in uns. »Wie wäre es mit Falco, ›Rock me Amadeus‹?«, meinte der Österreicher. »Oder ›Hoch auf dem gelben Wagen‹«, schlug der deutsche Fotograf vor. Schüttelnde Köpfe verrieten, dass der gemeinsame Nenner nicht einfach auszumachen war. Schließlich meinte ich: »›Oh Tannenbaum‹. Das könnt ihr doch alle, oder?« Ich weiß nicht mehr, welcher Teufel mich da geritten hatte. Wir würden im *marae* stehen, unsere Nachtigallenstimmen erklingen lassen, die Augen der Maori auf uns gerichtet, und »Oh Tannenbaum« singen, während die Schwüle der Nacht uns zum Schwitzen brachte. Das nennt man wohl Kulturschock. Die Absurdität dieser bevorstehenden Situation hatte ich nicht bedacht. Aber nun war es zu spät. Ich hatte die Kugel ins Rollen gebracht und konnte sie nicht mehr aufhalten. Tatsächlich kannten alle den Text. Auf der Hinfahrt übten wir das Lied, laut und hemmungslos. Und so rollte unser Bus durch das abendliche Paihia, während wir »Oh Tannenbaum« zu einem orangeroten Sonnenuntergang in die warme Luft schmetterten. Von einer komplizierten, mehrstimmigen Performance sahen wir aufgrund offensichtlichen Talentmangels allerdings ab.

Es war schon fast dunkel, als wir am *marae* ankamen. Die Umrisse des spitzen Daches konnte ich in der Ferne erkennen. Mein Gesicht brannte wie eine heiße Kartoffel. Der tolle Bootsausflug hatte sichtlich seine Spuren hinterlassen. Als dem Sprecher unserer Gruppe oblag es mir nun, wie ich von unserer Begleiterin lernte, die Begrüßungszeremonie erleben zu dürfen. »Dürfen« betonte sie besonders. Ich hatte schon gelernt, dass Neuseeländer darauf trainiert waren, einem ein gutes Gefühl zu geben, selbst wenn gerade ein Meteorit Kurs auf die Erde nahm und die Menschheit vor der Auslöschung stand. Die Zeremonie wäre nötig, damit man uns auf das Gelände lassen würde. »Sei ganz ruhig und beweg dich bloß nicht«, sagte sie und schob mich in den Toreingang. »Es wird nichts passieren. Aber beweg dich nicht. Ganz egal, was passiert.« Das sagte mir immerhin, dass etwas passieren würde, sollte ich mich bewegen.

Ich stand also im Toreingang zum *marae*, versteinert und voller Erwartung. Schweiß rann von meinem Gesicht, tropfte von meiner Nase auf mein weißes Hemd. Die Gruppe schwieg. Stille. Nur die Mücken konnte ich hören, wie sie in Schwärmen neben meinen Ohren summten und sich wohl über meine ungewöhnliche Bewegungslosigkeit freuten. Frohlockend setzten sie sich auf meinen Arm und genossen ihr Abendessen. Sofort begannen die Einstiche zu jucken. Da, am Ende des Weges, das ich in der Dunkelheit kaum erkennen konnte, bewegte sich plötzlich etwas. Eine große Gestalt sprang gebückt zur Seite, tat ein paar kleine Schritte und lief dann ein Stück, sprang wieder wie ein aufgeschrecktes Kaninchen zur Seite, wartete ab, lief mit leisen Schritten, so als schliche sie sich an. Aus dem fahlen Schein der Straßenlaterne, die ein Stück des Weges beleuchtete, schälte sich ein athletisch gebauter Maori mit Muskeln an Armen und Beinen, wie ich sie sonst nur aus dem Fernsehen kannte. Er trug einen Rock aus Flachs und einen Speer, den er ab und zu in einer kraftvollen Bewegung von sich stieß. Ganz wohl war mir in meiner Haut nicht. Stand die Gruppe noch hinter mir? Oder hatte sie sich aus dem Staub gemacht? Die Nervosität kochte in mir und stieg langsam in meinen Kopf. Die Mücken hatten sich wohl mittlerweile satt gegessen. Zumindest hörte ich kein Sirren mehr. Der Mann kam langsam näher. Er hatte mich bereits ins Visier genommen. Immer wieder stoppte er, drehte seinen Kopf, schaute sich mit großen Augen um und stieß einen dumpfen Schrei aus. Den Speer einsatzbereit. Ich versuchte, so zu blicken, als ob mir das Schauspiel gleichgültig wäre. Ob mir das überzeugend gelang, bezweifle ich heute noch. Dann stand der Krieger vor mir, in gebückter Haltung, bereit zum Angriff. Ich stand da, angewurzelt, starr, als wäre mir die goldene Ananas erschienen. Er stieß ein paar dumpfe Laute aus, riss die Augen weit auf und streckte mir seine Zunge ein paarmal entgegen. Zum Glück wusste ich zu diesem Zeitpunkt noch nicht, dass die Maori damit ihrem Gegner signalisierten, dass sie ihn fressen wollten. Plötzlich entspannte sich der Blick des Kriegers, er nahm eine Feder aus seinem Haar und streckte sie mir vorsichtig in gebückter Haltung entgegen. Offensichtlich war ich als harmloser Gast befunden worden und war nun willkommen, das *marae*-Gelände zu betreten. Ich nahm die Feder und nickte. Meine Anspannung löste sich, mein Herz schlug ruhiger. Ich hörte die Mücken wieder. Der Krieger sprang von dannen.

»Und? Hat's dir gefallen?« Unsere Tourbegleiterin hatte ihre Hand auf meine Schultern gelegt. »Tolles Schauspiel, oder? Ihr könnt nun in das Versammlungshaus gehen.« »Ach, noch was,

Ingo …«, setzte sie unvermittelt wieder an, »du musst, bevor ihr das Lied singt, übrigens eine kleine Rede halten, in der du erklärst, wo du herkommst, wo ihr herkommt. Erzähl dabei auch von Flüssen oder Bergen, die in deiner Region sind und die dir was bedeuten. Das ist hier so üblich. Du machst das schon.« Sie klopfte mir ermunternd auf die Schulter. Michael, der österreichische Journalist, grinste. Die Nervosität kehrte zurück. Ich war alles andere als ein Fan von Naturbeschreibungen, und ich ging in meiner Freizeit auch nicht in den Wald, um Bäume zu umarmen. Aber gut, dachte ich, wenn es der Sache dient.

In dem hohen Raum stellten wir uns auf die eine Seite der beiden Holzsäulen, die das Dach zu tragen schienen. Die *kaumatua*, also die Stammesbosse, und andere Stammesvertreter standen auf der anderen Seite. Es folgten ungestüme Reden und besänftigende Lieder. Dann war ich an der Reihe. Reden hatte ich immer schon gehasst. Die Angst, mich zu verhaspeln, schien die Wörter aus meinem Kopf zu saugen. Ich fühlte mich dann leer wie eine ausgequetschte Tube. Stotternd und mit weichen Knien begann ich. Nacheinander stellte ich uns vor, woher wir kamen und was unsere Berufe waren. Dann erzählte ich vom Rhein, »von dem wir bei uns glauben, dass er eine Seele hat«. Auf das Singen von Karnevalsliedern, die den Rhein zum Thema haben, verzichtete ich. Ich berichtete von dem Hügel, der in der Nähe meines Elternhauses stand. Und ich erzählte von den Wäldern, durch die wir mit unserem Vater als Kinder spaziert waren. Mittlerweile hatte ich Gefallen gefunden an meiner blumigen Rede. Ich erzählte von anderen Bergen und anderen Flüssen. Die Maori lächelten und hielten mich wohl für einen ziemlichen Sonderling. Im Augenwinkel konnte ich sehen, wie Michael sein Gesicht zu einem Fragezeichen verzog. »Was um Himmels willen erzählst du denn da?«, sollte das wohl heißen. Ich setzte einen Punkt und kündigte das Lied an, »das man bei uns zu Weihnachten singt, wenn Schnee liegt und die Kinder mit großen Augen die Geschenke erwarten«. »Oh Tannenbaum, oh Tannenbaum, wie grün sind deine Blätter …«, röhrte es durch den hohen Raum. Es gab Beifall, Männer und Frauen klatschten, und wir verbeugten uns. Dass »Oh Tannenbaum« solch gewaltige Brücken zwischen Deutschen, Schweizern, Österreichern und Maori bauen kann, hätte ich nie für möglich gehalten. Die zweite Hürde war genommen. Ich hatte es also schon ziemlich weit gebracht, als ich vor der dritten Hürde, dem riesigen Maori, stand und nicht mehr weiterwusste. Mächtig wie ein Baum stand er an der Seitenwand des Raumes – rechts neben ihm nach Rang geordnet alle versammelten Stammesmitglieder. Ich fühlte mich gefangen in einer Dauerzeitlupe. Die großen Augen des Maori hatten mich fixiert und warteten gespannt. Plötzlich erinnerte ich mich, dass ich schon mal gesehen hatte, dass die Maori irgendwas mit ihren Nasen machten, wenn sie sich begrüßten. Das musste es sein. Ich beschloss, mutig zu handeln, ohne Rücksicht auf die Folgen, stellte mich auf meine Zehenspitzen und reckte meinen Körper so weit, dass ich die Nase meines Gegenübers erreichen konnte. Mit einer blitzschnellen Kopfbewegung wippte ich nach vorne und landete einen flüchtigen Kuss auf der Nase des Maori. Bamm. Hoffentlich war das auch wirklich die richtige Begrüßungsformel, dachte ich. Denn der Hüne stand bewegungslos vor mir, mit einem leeren, fragenden Blick, als wäre er zur Salzsäule erstarrt. Er wirkte gar ein wenig hilflos wie ein kleiner Hund, dem man den Ball weggenommen hat. Aber es gab kein Zurück mehr. Entschlossen schritt ich die Reihe mit den gewaltigen, stolzen Männern ab, streckte mich und gab ihnen sanfte Küsschen auf ihre Nasen. Ein bisschen komisch kam ich mir schon vor. Aber eigentlich wollte ich die Prozedur nur schnell hinter mich bringen. Schließlich muss das für die meisten doch recht komisch ausgesehen haben, wie ich auf Zehenspitzen vor den großen Männern stand und sie mit Küsschen beschenkte. Umschauen, um zu sehen, wie die Reaktion der Beküssten war, wollte ich mich allerdings nicht. Ich schritt weiter und verteilte Küsschen. Nur schnell das Ganze zu einem Ende bringen, dachte ich. Der Gedanke, dass ich mit meiner Methode auf dem Holzweg sein könnte, kam mir nicht. Zu sehr war ich mit dieser allzu fremden Situation beschäftigt. Ich wollte mir gerade die erste Frau vornehmen, da nahm mich deren Nachbarin, eine Alte mit gütigen Augen, zur Seite. Mir war sofort klar: Ich *war* auf dem Holzweg gewesen. Mein Kopf wurde heiß, sehr heiß, meine Hände kalt. Meine Knie gerannen zu Wachs. Die Welt, das Universum versank vor meinen Augen in den dunklen Fluten der Scham. In meinem Kopf herrschte Chaos. Am liebsten wäre ich nun auf den Mond oder in den Marianengraben geflüchtet. Die Alte schaute mich an, griff nach meinem Hinterkopf und führte meine Stirn so an die ihre, dass sich gleichzeitig unsere Nasen berührten. »Das ist der *hongi*«, sagte sie leise. »So begrüßen wir uns.« In diesem Augenblick wusste ich, welches Wort die Buchstabensuppe an diesem Tag ergeben würde: Geschichte.

Nördlich von nördlich

»Ich glaube, wir sind alle froh, Neuseeland zu verlassen.
Es ist kein freundlicher Ort. Den Einheimischen
fehlt diese charmante Einfachheit,
und der größte Teil der Engländer
ist gesellschaftlicher Unrat.«
Charles Darwin, 1860

D ie Nasen-Geschichte hatte mich ziemlich mitgenommen, so dass ich beschloss, ein paar Tage in der Backpacker-Hölle von Paihia zu bleiben und das zu tun, was die Nordländer auch taten: nichts und den Himmel mit törichten Gedanken plagen. Der weite Norden war ein guter Ort, um irrational vor sich hinzugammeln. Nicht nur weil die Region für ihre schönen Landschaften und riesigen Hanffelder bekannt war. Im Angesicht der totalen Natur war alles total egal. Vor allem der Mensch. Allerdings bestand die Gefahr, dass sich in dieser Ödnis auch die menschliche Bedeutungssucht Bahn zu schlagen versuchte. Der Mensch konnte es wohl kaum auf sich sitzen lassen, dass er in dieser Umgebung hinter der Natur und den Tierchen nur die dritte Geige spielen sollte. Ich war mir daher der Gefahr meines Unternehmens bewusst. Schließlich sollte schon der ein oder andere hier oben, wo man zwischen dem Meer der Möglichkeiten und dem Himmel der Unendlichkeiten aufrecht zu stehen versuchte, auf die Idee gekommen sein, sein Leben auf den Kopf zu stellen und Künstler zu werden.

Ich nahm das Risiko in Kauf und mietete mich – Paihia war in diesen Tagen so voll wie der bulgarische Goldstrand – in eine der Backpacker-Absteigen ein, die mir wegen ihres Namens aufgefallen war: »The Pickled Parrot«. Das bedeutete übersetzt nicht etwa der in einer Salzlake eingelegte Papagei, sondern der besoffene Papagei. Diesen besoffenen Papagei, den das Hostel als sein Maskottchen anpries, gab es tatsächlich. Er watschelte wie ein altersschwacher Pirat krächzend und schimpfend über die Holzveranda. Was das kurze, neurotische Federpaket zu monieren hatte, verstand ich allerdings nicht. Er lebte in seiner eigenen Welt.

Wie auch der Rest der jungen Reisenden, deren Erkundungsdrang schlaff wie ein feuchtes Brötchen schien. Kaum einer interessierte sich für die Sehenswürdigkeiten dieser historisch so bewegten Gegend: etwa für das älteste Steingebäude in Kerikeri, für die Oihi Bay, wo 1815 immerhin das erste Kind europäischer Herkunft geboren sein sollte, oder für Waitangi, wo die Britische Krone 500 Maori-Häuptlinge mit der Unterzeichnung des Vertrages von Waitangi aufs Kreuz gelegt und sich damit die zweifelhafte Souveränität über Neuseeland gesichert hatte.

Als Bildungsbürger war ich natürlich schockiert über so wenig Entdeckerenthusiasmus. Manche, so musste ich entsetzt feststellen, interessierten sich noch nicht mal für das strahlende Meer. Offensichtlich brauchte auch das Reisen manchmal eine Pause. Es machte müde, satt und Löcher im Kopf. Die wenigsten verließen daher das dezidiert *understated* eingerichtete Hostel, frönten auf dem Hof der Gelassenheit, unterhielten sich über die Globalisierung und ihre Folgen – oder bliesen Seifenblasen in die warme Luft. Wie Anne, ein Berufs-Mädchen, das silbern glitzernde Feenflügel auf dem Rücken trug. Ein seltsames Accessoire, das ich schon häufiger in Neuseeland gesehen hatte, vornehmlich bei Mädchen und jungen Frauen, die so wohl ihre Attitüde der ungezwungenen Lebensleichtigkeit zur Schau stellten. Anne, die Reproduktionsbiologin werden wollte, saß im Schneidersitz neben mir auf der Veranda, tunkte den Blasring in das Röhrchen, rundete ihre vollen Lippen, so als wollte sie jemanden küssen, und blies langsam, aber stetig ihre Atemluft durch den Ring, aus dem sich dann die dünne Seifenhaut erhob, erst zögerlich, dann immer weiter und weiter, bis sie sich aus der Halterung löste, als würde die Blase wie ein Küken aus dem Ring schlüpfen. Da flogen sie dann dahin, die Seifenblasen. »Oh, ist das schön«, sagte Anne mit einer dunklen, erotischen Godzilla-Stimme. »So schön. Guck mal, wie die fliegen.« Ich schaute. »Ja, wirklich schön«, wiederholte ich ihren Satz genervt. »Und schau mal, die Farben. Wie die strahlen. Traumhaft. Wie das ganze Land. Hier strahlen die Farben überall so schön. Traumhaft.«

Wenn ich noch einmal »traumhaft« in Verbindung mit Neuseeland höre, dachte ich, dann passiert hier gleich was. Manchmal konnte man in Neuseeland sadistische Züge entwickeln. Traumhaft sadistische Züge. Also streckte ich meinen Arm aus und schnappte mit der Hand nach den Seifenblasen, die bei der ersten Berührung in kleine Tropfen zerbarsten, auf den warmen Beton rieselten und dort als kleine feuchte Flecken endeten, bevor sie verdunsteten und ins Atom-Nirwana entschwanden. »Wie schön«, sagte ich. »Schau mal.« »Das ist nicht schön«, zischte Anne mit bösem Ich-mach-dir-jetzt-ein-schlechtes-Gewissen-Blick. »Woher willst du das wissen? Ich mag es halt, wenn sie zerplatzen. Das hat auch eine gewisse Ästhetik. Schau, wie die Blasen in Millionen von Tropfen zerfallen und dann wie ein Seifenlaugeregen zu Boden rieseln. Im Schein der Sonne sieht das doch wirklich poetisch aus.« »Pah, poetisch«, fauchte Anne. »Blödsinn. Das ist destruktiv.« »Kann sein. Aber auch destruktiv kann schön sein.« So entwickelte sich ein Wettbewerb zwischen uns, in dem um nichts Geringeres als um zwei Weltanschauungen gefochten wurde. Wieder und wieder tunkte Anne den Blasring in das Röhrchen, blies und blies, schneller und schneller, so dass bald Dutzende Armeen von großen und kleinen Seifenblasen über den Hof schwebten. Ich war aufgestanden, sprang wie ein Wüterich umher und benutzte meinen Finger wie eine Nadel, die ich in die Seifenblasen stieß. Mit der Geschwindigkeit von Annes

Seifenblasenproduktion kam meine Zerstörungswut nicht hinterher, so dass ich schließlich kapitulierte und mit hängenden Armen und Augen dastand in einer Wolke von Seifenblasen. Mittlerweile hatte auch der besoffene Papagei seinen rastlosen Jammer-Gang gestoppt. Das bunte Federpaket stand da, hatte seinen Kopf schräg zur Seite gelegt und beobachtete mich. »Siehst du«, rief Anne mit einem triumphierenden Lächeln und reckte ihre dünnen Arme in die Höhe. »Die Schönheit hat gesiegt.« Ich stapfte schmollend zum Kühlschrank, um meine Schmach mit einem kühlen Bier zu ertränken.

Als ich wieder zurück auf den Hof kam, hatte sich ein Hippie-ähnliches Sit-in gebildet. Die Lautstärke war nun deutlich größer. Es wurde gelacht, geredet. Selbst den krächzenden Papageien hörte man nicht mehr. Im Mittelpunkt der lebenslustigen Zusammenrottung: zwei Maoris, die aus den westlichen Rucksack-Individualisten ruck, zuck einen Hostel-Stamm gebastelt hatten. Ein drahtiger mit krauseligen Haaren und ein muskulöser, kahlrasiert mit schweren Gewichtheberfingern.

»Hey, Bruder. Ich bin Pete.« Der Kahlköpfige reichte mir seine Hand, als ich wie ein Denkmal vor ihm stand. »Das da ist mein Bruder Moe.« Moe grinste und hob die Hand zum Gruß. Ich ahnte, dass mir mein nächstes Abenteuer bevorstand. »Komm, setz dich zu uns. Wer will ein Bier?« Fünf von fünf wollten ein Bier. Da ließ sich der Backpacker nicht zweimal bitten. Unter Backpackern war man schließlich Freund und Bruder. Im geeinten Kampf für eine Gesellschaft der Nettigkeiten und harmlosen Träume. Pete griff in eine abgewetzte Sporttasche und zog fünf Flaschen heraus, die er verteilte. »Und wer will einen rauchen?« Wieder meldeten sich fünf von fünf. Moe hatte offensichtlich nicht so viel zu sagen wie sein Bruder. Er grinste und sagte nichts. Pete begann zu dozieren. »Brüder, ihr wisst nicht, wo ihr seid, was?« Alle schüttelten die Köpfe, obwohl jeder zumindest geographisch wissen musste, wo er sich befand. Das hoffte ich zumindest. »Also«, hob Pete an und hatte dabei seine Stimme um zwei Oktaven nach unten geschaltet. »Also, ihr seid hier im Nordland, dem nördlichsten Gebiet der Nordinsel, und hier, meine Brüder, gibt es …«, er griff in seine Sporttasche und zog eine Plastiktüte hervor, »… und hier gibt es das beste Gras der Welt. Das ist der Grund, warum man Neuseeland *godzone* nennt. Lasst euch nichts anderes erzählen. Das ist der wahre Grund. Schaut euch das an, Brüder. Grün, naturbelassen, aromatisch. Hier.« Pete streckte der Brüderrunde, unter der sich genau genommen mit Anne auch eine Schwester befand, ein riesiges Büschel getrocknetes Gras entgegen. Die Sit-in-Truppe streckte ihre Nasen aus, und dann ging ein raunendes Ahhh der Bestätigung durch die Gruppe. »Das ist nicht schlecht. Riecht sehr gut, wirklich sehr gut«, meinte ein hagerer Langer, der seinem Akzent nach zu urteilen aus der Schweiz kam. »Wow, man riecht das fett. Geil. Da ist der Tag gelaufen. Stark«, jubilierte ein Kleiner mit lockigen, schulterlangen Haaren, der sich mit Lippenstift »Nirwana« auf seinen Unterarm geschrieben hatte. Tatsächlich duftete das Gras so intensiv süßlich, dass mir etwas mulmig wurde, obwohl ich den gebotenen Sicherheitsabstand eingehalten hatte. Am Kiffen hatte ich nie Gefallen gefunden. Das Schweben, wenn auch nur im Kopf, das war nicht meine Sache. Ich stand lieber auf der Erde, wenn auch torkelnd. Wie sich die Welt in Playmobil- und Lego-Menschen teilte, so teilte sie sich auch in Alkohol- und Gras-Menschen. Ich war ein Alkohol-Mensch. »Brüder!« Pete hatte seine Predigt wieder aufgenommen. »Brüder, das ist richtige Qualität. Moe und ich haben Urlaub. Der erste seit einem Jahr. Wir werden die ganze Tüte mit euch teilen. Vier Tage lang. Unser Gras ist auch euer Gras, Brüder. Außerdem haben wir ordentlich viel Bier dabei.« Pete rüttelte an der Tasche. Die Flaschen klimperten. »Möge die Party beginnen, Brüder.« Beifall brandete auf. Moe grinste. Ich dachte: Das kann ja heiter werden.

Die Sonne war heute besonders unerbittlich. Schweiß tropfte

im Stakkato von meiner Stirn. Zur Kühlung hielt ich mir meine Bierflasche an den Kopf. Pete war derweil schon dabei, seine Ankündigung wahr zu machen. Kunstvoll klebte er fünf, sechs, sieben – dann hatte ich aufgehört zu zählen – Zigarettenblättchen zu einem beachtlichen Papier aneinander, dessen Größe mir bereits verriet, dass Pete der Zauberer unter den Jointbauern sein musste. Die Runde begutachtete beeindruckt sein handwerkliches Geschick. Moe grinste und nahm einen Schluck Bier. Anne saß immer noch auf der Veranda und blies Seifenblasen in den Hof, die in großen Schwärmen auf uns niederrieselten. Von außen betrachtet, ergab sich so ein impressionistisch-surreales Gemälde, das man »Der Großmeister Pete beim Bau eines unglaublich großen Joints und seine in freudiger Erwartung erstarrten Jünger« hätte nennen können.

»Ja, Brüder. Da schaut ihr, was? Dafür habe ich lange geübt, was, Moe?« Und siehe da, Moe konnte nicht nur grinsen, sondern auch sprechen. Er sagte, wenn auch grinsend: »Ja, das kann er, Brüder. Pete baut wirklich schöne Joints.« Und schon grinste er wieder. Es war ein Grinsen der debilen Glückseligkeit, was verriet, dass Moe ganz genau wusste, was er über Petes Können sagte.

Pete ergriff einen ordentlichen Haufen Gras, legte ihn auf das Riesen-Patchwork-Blättchen, presste ihn an, so dass es knirschte, dann nahm er das ganze Paket und leckte die Falzseite des Blättchens mit einer genüsslichen Zungenfahrt ab. Dann rollte er den Riesen-Monster-Joint mit ein paar gekonnten Bewegungen zusammen. Fertig. Er hielt die Tüte, die mindestens so lang und breit wie eine ausgewachsene Banane war, in die Luft. Seifenblasen regneten auf ihn nieder. Die Gruppe starrte mit großen Augen in das gleißende Sonnenlicht auf den Joint. »So, und den werden wir nun zusammen rauchen, Brüder. Wie eine Friedenspfeife.« Pete lächelte. Moe grinste. »Wow«, raunte der Nirvana-Rebell mit gierigen Augen. »So einen Riesenjoint habe ich noch nie gesehen. Ich muss im Schlaraffenland gelandet sein.« Der Hostel-Papagei stand wieder auf der Veranda und beobachtete uns sprachlos, aber mit schrägem Blick.

»So ist es«, bestätigte Pete. Dann kramte er ein Benzinfeuerzeug aus seiner Hosentasche, zündete den Joint an, während er immer wieder an ihm zog. »Ahhh«, seufzte er. »Das schmeckt. Hier, Moe. Unser Urlaub hat begonnen.« Pete lächelte nun hemmungslos, ließ seinen Blick wie einen Luftballon zum Himmel aufsteigen, dann auf die Veranda plumpsen, um ihn zuletzt gegen Moe zu richten. »Yeah, Bruder«, heulte der wie ein aufgeschreckter Reggae-Mann. »Mann, das ist gut. Wirklich gut. Ah, ich liebe dieses Land.« Moe wippte hin und her und ließ seinen Kopf wie ein Karussell kreisen. »Du hast recht«, entgegnete Pete. »Was für ein Land.« Und dann sagte er in sehr holprigem Deutsch: »Hier bin ich Mensch, hier darf ich's sein.« Ich zuckte, vom Bildungsbürger-Blitz getroffen, zusammen. »Das ist ein Tick von ihm«, meinte Moe. »Das sagt der andauernd.« »Hab ich mal von einer Cousine gelernt«, sagte Pete. »Und die hat den Spruch wohl von einer Tante. Seitdem liegt der Satz in meinem Kopf, und ich bekomme ihn nicht mehr raus. Von wem ist der denn?« »Goethe«, sagte ich. »Wer ist Goethe?« »Großer deutscher Dichter.« »Ah, ja. Na denn, auf Goethe.« Pete hatte sich den Joint wieder geschnappt und nahm einen kräftigen Zug, bei dem er seine Pupillen in den Augenhöhlen verschwinden ließ. Mit dem grellen Weiß starrte er uns nun an. Wie ein Zombie.

Die nächsten Tage waren Tage jenseits von Zivilisation und Aktienkursen. Wäre jemand auf die Idee gekommen, uns in dieser Zeit in ein Terrarium zu packen, wir hätten das erst bemerkt, wenn das Bier ausgegangen wäre. Aber der Biervorrat schien ewig zu reichen. Petes Tasche war ein Füllhorn, wie ich es mir für meine Wohnung wünschte. Das Leben spielte sich vor allem auf dem Hof des Hostels ab. Im Zentrum des Geschehens: Pete und Moe, ihre Riesenjoints und der Alkohol. Anne blies immer noch ihre Seifenblasen, die sich über uns mit dem aufsteigenden Kifferqualm zur heiligen Allianz der Träume vereinigten. Paihia interessierte nun wirklich niemanden mehr. Pete und Moe waren äußerst lebendige und höfliche Zeitgenossen, was Moe auf seine britischen Vorfahren zurückführte – während wir die erschöpften Statisten für Petes und Moes daseinsberauschte Show gaben, die den Geschichten und Anekdoten der fröhlichen Urlauber schlafwandelnd folgten. Beide lebten offensichtlich nicht an den »schwarzen Teichen, aus denen heraus die Unke ihr Lied mit süßem Tiefsinne singt«, wie Friedrich Nietzsche einmal über den europäischen Sinnesdrang festgestellt hatte. Sie freuten sich des Lebens und wie Kinder über ihren Urlaub, der sie immerhin eine dreistündige Autofahrt von ihrem Wohnort weggeführt hatte. Sie kamen vom Stamm der *Te Aupouri*. Pete hatte sich den Namen auf seinen beeindruckenden rechten Oberarm tätowiert. »Da bin ich mächtig stolz drauf«, erzählte er. »Wir haben vor langer Zeit sogar den *Ngati Ngapuhi* – das ist der größte Stamm Neuseelands – am Ninety Mile Beach mal ordentlich den Hintern verdroschen. Heute tragen wir die Fehde immer noch bei Rugby-Spielen aus. Und da geht es richtig zur Sache, Bruder.« Die *Te Aupouri* hatten ihre Heimat am nördlichsten Punkt der Nordinsel: Cape Reinga. Dort endete die neuseeländische Welt abrupt als steile Klippe in den Fluten der Tasmanischen See. Reinga war Maori und bedeutete so viel wie »Absprungplatz«. Von dort, so glaubten die Maori, verließen die Geister der Toten im Angesicht von Meer und Himmel das Land, um auf der Geisterautobahn *Te Ara Wairua* über das Meer zu ihrer mythischen Urheimat zurückzukehren – nicht nach Australien, wie man vermuten könnte, sondern nach Hawaiiki. Auch meine Geister waren kurz davor, den Absprung zu machen. In mir reifte der Wunsch, Töpfer zu werden oder Gärtner. Es war Zeit, aufzubrechen.

Und als ob Pete meine Gedanken gelesen hätte, kam er mit

einer Steilvorlage. »Ich arbeite dort«, sagte er. »Dort oben, am Ende der Welt. Und weißt du, was ich da mache?« Mir schwirrten Berufe wie Leuchtturmwärter, Schafzüchter oder Strandwächter durch den Kopf. Aber ich schüttelte den Kopf. Pete schaute mir wie ein Hypnotiseur tief in die Augen. »Ich bin Barmann in der letzten Bar des neuseeländischen Nordens. Schon seit Jahren. Ich liebe es. Mein Traum ist es, mal in London Cocktails zu mixen. Bis dahin muss ich aber noch viel üben. Komm vorbei, dann mache ich dir den besten Whiskey Sour von Cape Reinga.« Ich war mir nicht sicher, ob das ein aussagekräftiges Qualitätsmerkmal war. Soweit ich wusste, war Cape Reinga keine dichte Ansammlung der schicksten und ehrgeizigsten Bars Neuseelands, die um die Herstellung der besten Cocktails wetteiferten – eher eine dichte Ansammlung von Schafen, Kühen und Leere. Aber in Neuseeland war alles möglich. Moe grinste sein zahnloses Gelassenheitsgrinsen. »Yeah, das kann mein Bruder. Ist wirklich ein Talent, kannste mir glauben. Hab da schon den ein oder anderen getrunken.« Das wiederum glaubte ich Moe. Barmann! Das hatte tatsächlich meine kühnsten Vorstellungen übertroffen. Vor meinem geistigen Auge erschien eine designverliebte Bar mit weißen Porno-Ledersofas, auf denen sich in dünnen Stoff gehüllte Jung-Menschen zu geschmeidiger House-Musik unter pinkem Neonlicht räkelten. Hinter der blau erleuchteten Theke stand Pete und jonglierte souverän mit Flaschen und Sprüchen. Dort musste ich hin.

Dann, am Morgen des vierten Tages, waren Pete und Moe verschwunden – so, wie sie gekommen waren, spurlos, leise. Die Gemeinschaft löste sich wieder in Individuen auf, die sich argwöhnisch beäugten. Ich verabschiedete mich mit einem Cowboygriff an meine Kappe vom besoffenen Papagei, der mich anschaute, als wollte er sagen: »Ingo, fahr lieber nicht. Der Norden ist nichts für dich.« Ich beschaffte mir ein Auto und machte mich auf den Weg ins Cheese-Steak-Pie-Country. Je länger ich fuhr, desto schwärzer wurden die Wolken, die wie schwere, dicke Schafe über dem ewigen Grün der schmalen in den Pazifik hineinragenden Landzunge hingen, und desto monotoner wurde die Landschaft. In solchen Momenten wurde man in Neuseeland ja schnell nervös und zog es gleich in Erwägung, die Regierung zu verklagen, da man einmal eine halbe Stunde durch die wenig abwechslungsreiche Ödnis gefahren war und keine landschaftliche Attraktion von niederkniender Grandezza geboten bekam. Die Straße, die längst nicht mehr asphaltiert war, schien unendlich lang. Bereits vor geraumer Zeit hatte ich ein Schild erblickt, das mich mit drastischen Worten warnte, dass ich nun die Zivilisation hinter mir ließe. »Hier gibt es das letzte Bier.« Das klang nach dem *point of no return*, nach dem Ende der Welt. Ob Pete gelogen hatte? Vielleicht gab es gar keine Bar am Cape Reinga? Vielleicht gab es dort auch keinen Pete? Vielleicht nicht mal ein Bier? Was das Schlimmste gewesen wäre. Ich schluckte und stoppte den Wagen, überlegte kurz und beschloss dann im Sinne John Waynes, dem Schicksal freien Lauf zu lassen. Ich bretterte los. Staubwolken zeichneten meine Spur. Das Krachen und Knallen der gegen den Unterboden auffliegenden Kiesel vermischte sich unter den knirschenden Reifen mit der »Arie der Königin der Nacht«, die ich in den rauschenden Schnipseln erkannte, die aus dem Radio krächzten. Ab und zu, wenn die Musik durch das Krachen nur noch zu erahnen war, glaubte ich flüsternde Stimmen weit entfernt im Geräuschenebel erkennen zu können. Wahrscheinlich hatte ich die Frequenz der Geisterautobahn gekreuzt. Ansonsten verstummte hier oben sogar das Radio, vor allem das populäre Talk-Back-Radio, in dem Moderatoren mit einem gruseligen Hinterwäldler-Sprech für demagogische Stimmung im Land sorgten.

Die Landschaft wurde nun deutlich karger. Knöcherne, vom Wind gezeichnete Pohutakawa-Bäume, braune Sträucher und graue Büsche säumten den Weg. Die Hitze der vergangenen Tage hatte sich wohl nach Australien verzogen. An einer Stelle war ich von der Straße abgebogen, um einen Blick auf den Neunzig-Meilen-Strand zu werfen, von dem Pete gesprochen hatte. Der war tatsächlich lang, endlos lang, dazu endlos weiß, endlos öde.

Einen ordentlichen Kaffee, geschweige denn einen Menschen hatte ich seit Stunden nicht mehr gesehen. Der letzte war ein alter Mann in – wie war es anders zu erwarten – Shorts und Gummistiefeln gewesen, der mit seinem struppigen Minihund auf dem Parkplatz des »Gumdiggers Park« gestanden hatte, wo man etwas über das knochenharte Schürfen von fossilem Kauriharz erfahren konnte – was hier oben in den alten Tagen mal eine von armen Teufeln betriebene Industrie gewesen war. »Kennst du eine Bar am Cape Reinga?«, hatte ich den zahnlosen Alten gefragt, der ein Nachfahre der vor allem aus Dalmatien stammenden Harzbuddler hätte sein können und nach billigem Plonk-Wein und Schweiß roch. »Da muss ein gewisser Pete arbeiten.« »Pete? Bar?«, hatte der Alte gehustet. »Da bist du auf dem falschen Weg. Wenn du eine Bar willst, musst du nach Auckland fahren. Gen Norden ist eine Sackgasse. Sei froh, wenn du dort einen Menschen aus Fleisch und Blut findest.« Dann hatte der Alte gelächelt. Ich hatte längst mein Herz für die wild-knorzigen Außenseiter entdeckt, die auch ohne Staat, Zivilisation und Croissants zurechtkamen und die sich mit Sturheit und Haltung gegen den Lifestyle-Strudel stemmten, der selbst das bis Ende der Achtziger so modernisierungsresistente Neuseeland erfasst hatte. Aber Pete hatte doch ausdrücklich von einer Bar gesprochen – nicht von einer Kneipe, einer Absteige oder einem Imbiss. Ich schmiss eine der Achtziger-Jahre-Kassetten ein, die ich im Auto gefunden hatte, und brachte mich mit »When the Going Gets Tough, the Tough Get Going« für den Kampf gegen die bösen Geister in Stimmung. »Yeah, ooooh, du da do da … Woooh.« Dann ein Zeichen der Hoffnung – ein Schild: Waitiki Landing, 8 Kilometer. Das musste es sein. Dafür betete ich zumindest. Denn für eine Rückkehr war es nun zu spät. Die Dämmerung griff bereits nach dem Tag.

Nach ein paar Minuten Fahrt schälte sich das, was offenbar Petes angepriesene Arbeitsstelle sein sollte, aus dem dunkelblau leuchtenden Abendlicht. Ich erblickte: eine Tankstelle mit angeschlossenem Imbissrestaurant. Dazu ein Campingplatz beziehungsweise eine kleine abgehalfterte Wiese, auf der ein Baum und ein rostiger Pick-up standen. Am Ende des Zeltplatzes erkannte ich schemenhaft einen Kleinbus, vor dem drei Typen um einen Bunsenbrenner hockten. Alles in allem eine Szenerie, die mich in ihrer grandiosen Trostlosigkeit an den Osten Weißrusslands erinnerte. Nur das Benzin war teurer – wesentlich teurer. Mit Touristen, die ihren Benzinvorrat falsch einschätzten, hatte man hier wenig Mitleid. In einem Reiseführer hatte ich über dieses landschaftliche Ensemble der totalen Tristesse das Attribut »ins Auge springend« gelesen. Was soll ich sagen? Der Reiseführer hatte recht. Ich stöhnte, und das Radio antwortete mit einem lauten Krächzen. Ein letztes Aufbäumen, bevor das Rauschen, das mich bis hierhin begleitet hatte, vollends versiegte.

Ich parkte den Wagen neben dem Kleinbus, was ich sofort bereute. Die drei langhaarigen jungen Männer, deren Blicke einen tiefen Weltschmerz verrieten, hörten die Beatles und sangen dazu – in einem grauseligen französischen Akzent. »Obladi oblada life goes on, bra. Lala how the life goes on.« Dazu dampfte Tütensuppe in dem Topf über dem Bunsenbrenner. Waren Franzosen nicht für ihre ausgesprochen verfeinerte Esskultur bekannt? Offensichtlich zwang Neuseeland selbst die Franzosen zur Verwilderung.

»Und, wie lange seid ihr schon hier?«, unterbrach ich die sentimentale Gesangsrunde. »Vier Tage«, antwortete einer mit Piratenhemd und Schlafzimmerblick. »Und, was gibt's hier zu tun?« »Nicht viel. Schön ruhig.« »Nicht langweilig?« »Nö«, meinte Jerôme. »Hier gibt's kaum Touristen. Brauchten mal ein bisschen

Ruhe.« »Verstehe. Ein bisschen Ruhe von Neuseeland. Und da setzt ihr euch hier auf diesen öden Zeltplatz?« »Ja, warum nicht? Der Strand ist schön.« »Kann man da schwimmen?« »Nein, die Strömung ist zu stark. Außerdem soll es Haie geben. Aber man kann den ganzen Tag auf das Wasser gucken. Das strahlt so blau, hab ich vorher noch nie gesehen.« »Auch nicht bei euch am Atlantik?« »Nee, was glaubst du? Da war ich noch nicht. Ich komme aus den Alpen.« »Klingt einleuchtend«, raunte ich. Und wahrscheinlich, dachte ich, strahlte das Blau noch blauer, wenn man sich dazu einen quarzte. »Ich bin auf der Suche nach Pete. Schon mal von ihm gehört? Er soll der bekannteste Barmann von Cape Reinga sein.« »Pete? So ein kleiner Aborigine?« »Maori«, sagte ich. Immer wieder musste man den ein oder anderen darüber aufklären, wo er sich hier eigentlich befand. In Auckland war ich schon häufiger von Touristen gefragt worden, wo man denn die Kängurus und süßen Koalabären sehen könnte. Gar nicht auszudenken, wie viele Touristen eigentlich nach Australien wollten und dann aus Versehen in Neuseeland landeten. »Du meinst den Typen, der im Imbiss die Getränke ausschenkt?« »Keine Ahnung. Ich weiß nur, dass er Pete heißt und mir hier den besten Whiskey Sour meines Lebens mixen will.« Die drei Franzosen schauten sich fragend an. Ich schaute fragend zurück, ließ die degenerierten französischen Seelen dann im Dampf ihrer Tütensuppe sitzen und machte mich auf die Suche nach Pete, dem bekanntesten Barmann von Cape Reinga.

Ich musste mich nicht lange durchfragen, sie kannten ihn alle – alle vier, die an der Theke standen und im Chor antworteten. »Kommt gleich, Mate. Pete ist Nachschub holen.« Ich nickte und ließ meinen designgeschulten Blick durch das Interieur schweifen, das ich als einfach und praktisch einstufte. Stühle, Tische, ein Billardtisch in wilder, zusammenhangsloser Verbundenheit. An den Wänden ein paar vergilbte Fotos, auf denen Männer ihre Fischtrophäen präsentierten. Es roch nach moderndem Teppich und altem Frittenfett (im Eingangsbereich gab es einen Imbiss, der mit den besten Strauß-Burgern des Landes warb). Aus einer Jukebox, die mit Vinyl operierte, dröhnte der schmachtende Elvis »In the Ghetto«. Es lag eine sozialistische Blässe über den in Neonlicht getauchten Metallstühlen und rustikalen Holztischen, die mich an einen Besuch im Restaurant »Freundschaft« während eines Schüleraustauschs 1990 in Gotha erinnerte. Pete hatte in seiner Euphorie wohl etwas übertrieben. Eine High-End-Bar war das hier natürlich nicht.

»Hey, du hier, Bruder!« Da stand er plötzlich vor mir: Pete. Er trug ein Traumschiff-weißes Hemd und eine schwarze Hose, die im matten Licht wie Schmirgelpapier glänzte. Er roch nach gutem Aftershave und sah aus wie der Cocktailgott aus Miami Beach, wo er langbeinigen, leichtbekleideten Latino-Schönheiten grüne oder blaue Cocktails mixen würde. Aber hier in Waitiki Landing servierte er vor allem Lion Red, ein kohlensäurearmes Bier, ab und zu einen Bourbon oder einen Gin, und zwar vor allem den paar Einheimischen und den Schafscherern, die saisonal in der Gegend arbeiteten und die vom wüsten Klima der Umgebung geformt schienen. Da war John, zwei Meter groß, ein Bauch wie ein Wal, ein Bart wie der Weihnachtsmann, Haare wie Jimi Hendrix, Füße wie Sonnenschirmständer. Maria war seine Frau und sah ebenso aus – nur kleiner und ohne Bart. Dann Simon, eine dünne Gestalt im Holzfällerhemd mit Südstaatenaufnäher, schwarzen Fingernägeln und langen, dünnen Haaren. Seine Wangen waren eingefallen und seine Zähne nicht vorhanden. Und dann der alte Kevin, der mich an Methusalix erinnerte. Er saß nur da auf einem Stuhl, schwieg und starrte auf die Kühlschränke, die hinter dem Tresen wie Flugzeugturbinen heulten. Sie alle waren barfuß, hatten rauhe, faltige, aber vom Schafescheren gestählte Hände.

»Hey, Mate. Wie geht's?«, sagte das wüste Quartett lächelnd, nachdem Pete mich als »der Deutsche« vorgestellt hatte. Dann mixte mir Pete, wie versprochen, einen Whiskey Sour, der – da war ich mir sicher – der beste Whiskey Sour von ganz Cape Reinga war. Pete nahm seinen Job offensichtlich sehr ernst. Er reagierte mit höflichen Worten auf die Bestellungen, er war freundlich, aber distanziert. Wenn er einmal keine Bestellung zu bearbeiten hatte, füllte er den Kühlschrank auf, wischte den Tresen oder leerte die Aschenbecher. »Du, wer weiß«, sagte er in einer kleinen Pause. »Vielleicht entdeckt mich hier mal jemand. Und da muss ich in Topform sein. Deswegen gebe ich immer alles, verstehst du?« Ich nickte. Mir gefiel Petes Ehrgeiz, von dem ich nicht wusste, ob ich ihn hier in dieser ans Eingemachte gehenden Einöde in derselben Ernsthaftigkeit hätte aufbringen können. Wahrscheinlich wäre ich in Petes Funktion nach ein paar Tagen auf die andere Seite des Tresens gewechselt. Aber Pete trank nicht. »Nicht während der Arbeit«, sagte er mit ernstem Blick. »Ist ein guter Junge«, sagte John. »Komm, Ingo. Feier so lange mit uns.«

Dann gab ein Lion Red das andere. Mit dem Alkohol stieg die Absurdität der Gesprächsthemen. »Die Welt ist lächerlich«, meinte Simon lallend. »Lächerlich. Ich meine … ich meine, was hat die Menschheit schon zustande gebracht? Hä, John. Weißt du, was?« John überlegte, während Maria ihre breiten Hüften hin und her wiegte. »Ach, so ein, zwei Sachen in den vergangenen 2000 Jahren waren doch gar nicht schlecht. Deep Purple zum Beispiel oder die Erfindung des Biers.« John lachte. »Das ist wahr, das ist wahr«, krächzte Kevin. »Aber, aber, John. Hier mein Beispiel: die Pandas. Die haben keine Lust auf Sex. In allen Zoos der Welt denkt man sich die abenteuerlichsten Sachen aus, um diese Viecher zu ihrer verdammten evolutionären Pflicht zu bewegen. Aber was ist? Die wollen … die wollen sich einfach nicht fortpflanzen. Diese Scheiß-Fellviecher. Die haben es gar nicht verdient, weiterhin auf diesem Planeten zu sein. Dann sollen sie halt aussterben.« Simon schüttelte seinen Kopf. »Versteh das mal einer. Ich dachte, die Evolution trifft nur intelligente Entscheidungen.« »Tja, Simon. Das dachtest du.« John hielt sich seinen Bauch und lachte. »Ihr habt's gut«, schaltete ich mich schon ziemlich angeschlagen in die Commedia dell'arte ein. »Ihr seid doch so weit weg von allem. Keine Kriege, gar nichts.« »Yeah«, raunte John. »Yeah. Da sind wir auch glücklich drüber. Ihr mit euren Krankheiten, mit euren Verbrechern, mit dem Stress. Da will ich überhaupt nicht mit euch tauschen.« »Und weißt du, Ingo«, übernahm Simon wieder. »Weißt du, warum das hier *godzone*, warum Neuseeland das Paradies ist?« »Nee, Simon, weiß ich nicht.« »Weil wir hier auf'm Land betrunken mit dem Auto nach Hause fahren können. Hier gibt's weit und breit keine Polizei.« Das leuchtete mir ein.

John versuchte nun wieder etwas mehr Ernsthaftigkeit in die Runde zu bringen. »Ingo, weißt du, was wir heute für einen Tag haben?« Ich dachte nach. Weihnachten? Der Tag des Wassers? Der Tag der Brieftaube? Dann winkte ich ab. »Nee, John. Keine Ahnung.« »Also. Wir hatten heute unseren letzten Tag. 230 Schafe hab ich heute geschert. Weißt du, früher habe ich wesentlich mehr geschafft. Da war ich richtig flink und hab bei Wettbewerben und Meisterschaften mitgemacht.« »Yeah, Mate«, rief Simon und knallte sein Bier auf den Tresen, so dass es aus dem Glas auf das dunkle Thekenholz klatschte. Pete war sofort mit einem Lappen zur Stelle. »Stimmt. John war ein Guter, richtig gut. Wie der mit der Schere über die Schafe gesaust ist. Elegant, flink. Fast wie Godfrey Bowen.« Ich spürte, dass ich diesen Namen kennen sollte. Aber ich kannte ihn nicht. Also fragte ich zögerlich. »Äh, wer?« »Wie, wer? Du kennst unseren Godfrey Bowen nicht?« Simon starrte mich an. Ich zuckte mit meinen Schultern. »Hey, Jungs und Mädels«, rief er dann. »Der kennt Bowen nicht. Unseren Schafscherer-Gott.« »Äh«, stotterte ich. »Da, wo ich herkomme, spricht man so von Schriftstellern und Komponisten.« »Und hier«, krächzte Kevin, »und hier tut man das, wenn man von Schafscherern spricht.« »Yeah, Mate«, stimmten die anderen zu. »Genau.« Simon brachte sich in eine Dozentenstellung. »Bowen ist ein neuseeländischer Held. Wie Sir Ed oder Clarke. Er ist unser aller Vater. Sein Stil, seine Schule hat Generationen von Schafscherern geprägt. Er hat Bücher geschrieben und Vorträge in der ganzen Welt gehalten. Er wurde in die Sowjetunion eingeladen, und er hat sogar vor der Queen mal ein Schaf geschoren.« »Das stimmt«, bestätigte John und legte seinen schweren Arm auf meine Schultern. »Er selbst war zwar nicht der Allerschnellste. Ich glaube, so um die 460 Schafe hat er an einem Tag geschafft. Die Golden Shears zum Beispiel hat er nie gewonnen. Aber er war klug und clever und ein Künstler, so wie er mit der Schere umgehen konnte. Er hatte seinen eigenen Stil. Ein Jahrhunderttalent.« Dann griff John in seine Hosentasche und holte aus seinem Portemonnaie einen Fetzen Papier hervor. »Hier. Das habe ich mir mal aufgeschrieben, Mate. Ist ein Zitat aus 'ner Zeitung.« John räusperte sich und erhob seine Stimme mit einem dunklen Timbre, so als wäre er Sänger und suche einen guten Einstieg in seine Arie. »Godfrey Bowens Arme flogen umher mit der Eleganz eines Nurejew, der sich zu einer Arabeske aufstellte, oder eines Barbirollis, der die Cellos zum Weinen brachte. Ihn Schafe scheren zu sehen, ist zweifellos ein beeindruckendes und bewegendes Erlebnis, das man nicht vergisst.« John starrte schweigend auf das Papier. Pete und die anderen drei starrten schweigend auf John. Am Ende der Welt hatte man noch einen Sinn für die wirklich wichtigen Dinge im Leben.

Unter Delphinen

»You Never Sink 'cos You Swim
And When Your Ship Can't Handle
The Heavy Seas
Your Spirits Will Get You Through«
Dave Dobbyn, Whalin'

Auch wenn ich nun bereits einige Zeit in Neuseeland war, wunderte ich mich mehr und mehr über das kiwianische Leben – darüber beispielsweise, dass es in der Fußballliga, in der ich mitspielte, einige eigenwillige Regeln gab. Nachdem ich versucht hatte, die Mannschaft unter strategischen Gesichtspunkten umzustellen, bleuten mir meine Teamkollegen ein, dass man zum Spaß spiele und nicht, um zu gewinnen. Dabei galten gerade die Kiwis doch als bissige Ehrgeizmonster, wenn es um Sport ging. Was wiederum meine These bestätigte, dass Fußball für sie kein Sport war. Dann wunderte ich mich über die hundert verschiedenen Milchsorten, die mich im Supermarkt immer wieder zur Verzweiflung brachten. Dünne Milch, ultradünne Milch, Kalzium-Milch, ultradünne Kalzium-Vollmilch, Vollmilch, fettfreie Milch und so weiter und so weiter. Manchmal hätte mir auch nur Milch gereicht. Auch die Menge an großen, protzigen Allrad-Jeeps und aufgemotzten Holdens mit Spoilern und Unterbodenbeleuchtung, die durch Auckland jagten, versetzte mich immer wieder in Erstaunen. Die durchschnittliche Größe des Autos schien in jedem Land proportional zum Quotienten aus der Landfläche und der Zahl der Einwohner zu wachsen. Anders gesagt: je leerer das Land, desto größer offenbar die Autos. Ein großes Auto in einem einsamen Land gab seinem Besitzer ein Gefühl der Bedeutung. Im Angesicht der überwältigenden Na-

tur, die den Menschen zum pupsunwichtigen Staubkorn verdammte, war das lebenswichtig. All das musste natürlich jeden
enttäuschen, der an Neuseelands Image eines sauberen und grünen Landes glaubte – ein Image, an dem die Neuseeländer mit
einem geradezu religiösen Eifer werkelten. So schien es von außen zumindest. Wie jeder Besucher Neuseelands hatte ich natürlich vor meiner Ankunft erwartet, hier lauter öko-futuristische
Fortbewegungsmittel wie Fahrräder oder Eselkarren anzutreffen
und ein Land, das unsere hinterwäldlerische Technikbesessen-
heit längst hinter sich gelassen hatte und in dem die Menschen
vor lauter Öko-Gedanken und Bio-Ideen bereits grüne Haare
bekommen hatten.

Das Schlimmste aber an all den wunderlichen Dingen war
dieser imaginäre Gruppenzwang, der sich in meinem Gewissen
Platz gemacht hatte, mich mit Paukenschlägen antrieb und an-
schrie, ich müsse doch an der kollektiven, kompletten und totalen Neuseeland-Erfahrung teilhaben, ich solle sie gefälligst
aufsaugen und inhalieren. Wenn ich auch nur eine der wunderschönen Sehenswürdigkeiten und eines der Naturspektakel
ausließ, lud mir dieser empfundene Gruppenzwang die schlimmsten Judasgefühle auf die Schulter. Besonders auf der Südinsel,
wo die Landschaft an jeder Ecke mit einer neuen Traumhaf-
tigkeit und Grandiosität aufwartete. Hier war ich seit einigen
Wochen unterwegs. Ich hatte mich in dem Örtchen Hanmer
Springs an einem Gummiseil in die Tiefe einer Schlucht gestürzt,
war mit einem Jetboat über einen Gebirgsbach geschossen, hatte
aber festgestellt, dass diese populären Kirmesunternehmungen
für Touristen sehr unpassende Mittel waren, um die neuseeländische Natur kennenzulernen und zu genießen. Zudem hatte ich
bei meiner Reiserei bemerkt, dass Neuseeland und seine zwei
Inseln gar nicht so klein waren, wie man sich das ausmalte, wenn
man in Europa vor einer Weltkarte saß und mit einem Anflug
von Mitleid auf den kleinen, breiten und den langen Flecken

starrte, die wie ein Stück Treibholz aus der Karte zu driften drohten.

Man machte sich ja keine Vorstellungen, was für Gewissensbisse an einem zerrten, wenn man in der Vorbeifahrt mal wieder den ein oder anderen Naturpark links liegengelassen und auch nicht gleich bei jedem schönen Strauch am Straßenrand angehalten hatte, um der Natur mit sichtbarer Überwältigung zu huldigen. Tatsächlich änderte sich die Landschaft auf der Südinsel in atemberaubender Geschwindigkeit, so dass ich mich häufig fragen musste, ob ich mich nicht verirrt hatte. Aber die innere Lonely-Planet-Stimme war unerbittlich. »I wanna be your tour instructor«, röhrte sie wie ein testosteronbetriebener Feldmarschall. »Das musst du aber gesehen haben«, befahl sie, »und das erst. Und das natürlich auch. Los, los, keine Müdigkeit vorschützen. Ausruhen kannst du später. Da musst du noch hinfahren. Und dahin und dahin und dahin. Oder willst du dir nachsagen lassen, dass du hier schon schlappgemacht hast, pah, auf halber Strecke, dass du noch nicht am Lake Nelson, nicht auf der Totara-Farm, der Kinderwiege der neuseeländischen Gefrierfleischindustrie, nicht in Christchurch gewesen bist?« Christchurch? Hatte ich Christchurch gehört? Christchurch, also ich muss doch sehr bitten, liebe innere Stimme, wehrte ich mich. Dorthin fahre ich auf keinen Fall. In diese anglikanisch verhunzte Stadt, in dieses bigotte Denkmal der Langeweile. Auch wenn dies einmal der Arbeitsplatz des »Zauberers von Neuseeland« war, dieses exzentrischen Redners, der am Cathedral Square darüber sprach, dass unsere Weltsicht die falsche sei, dass man die Erde auf den Kopf stellen müsste, dass Weltkarten im oberen Teil nicht Europa und Asien zeigen sollten, sondern die Antarktis und natürlich Neuseeland. Aber selbst der war mittlerweile in Rente gegangen. Also, bitte nicht nach Christchurch. »Du widersprichst, du Wicht?«, schrie die Stimme. »Du widersprichst mir – deiner weisen, allwissenden inneren Stimme. Dann fahr wenigstens nach

Waiau. Nach Waiau! Da musst du hin. Jawohl!« Was sollte es bitte, fragte ich zurück, in einem Ort geben, der nach einer Mischung aus Auweia und Aua klang? »Bienen!«, brüllte die Stimme. »Wilde Bienen!«

Ich aber wollte etwas anderes. Ich wollte Delphine. Zumindest glaubte ich, dass ich Delphine wollte. Würde man nicht Delphine wollen, wenn man fix und fertig und die Welt Käse war, wenn man sich beweisen wollte, dass man als Mensch doch auch Teil der Natur war, wenn man was Schönes brauchte, um neue Lebensenergie zu sammeln? Delphine also. Auch wenn ich kein Eso-Hippie war, wollte ich nun Delphine, wollte sie streicheln, sie umarmen und knuddeln, mit ihnen lachen und flippern, mit ihnen schwerelos durch das Wasser gleiten. Einmal im Leben wollte auch ich Delphine mögen dürfen. Ja, das wollte ich. Bisher kannte ich die Tümmler ja nur aus dem Fernsehen oder aus der Konservendose. Vielleicht würden sie mir helfen, dieses Land besser zu verstehen und in ihm anzukommen. Delphine sollten ja über übernatürliche Fähigkeiten verfügen, sollten Krankheiten heilen können und dazu im Kantschen Sinne auch noch äußerst vernunftbegabte Tiere sein. Im Gegensatz zu uns Menschen. Über meinen Wunsch wunderte ich mich insofern, als dass ich nicht zu den Menschen gehörte, die alles streicheln und süß finden mussten, was sich auf vier Beinen durch die Welt bewegte oder durch die Ozeane schwamm. Wahrscheinlich befand sich meine Persönlichkeit in der kiwianischen Verpuppungsphase. Zu hoch dosierte Naturerfahrungen sollten einen ja ganz schön verändern. Vielleicht sollte ich solche Wünsche nicht zu ernst nehmen und sie als impulsive Fehlleistungen meines Gehirns interpretieren. Wer in abseitigen Ländern lebte, entwickelte eben abseitige Wünsche. Erst vor ein paar Tagen hatte ich, der immer Schwarz trug, mir das erste bunte T-Shirt seit meiner Einschulung gekauft, nun wollte ich mit Delphinen schwimmen.

Der morgendliche Seewind blies mir ins Gesicht. Unser weißes Boot knatterte über die glücklicherweise seichte Dünung, als mein Handy vibrierte. Das alte Europa meldete sich per SMS. »Hier ist die Mama. Du meldest dich gar nicht. Was machst du denn?« Meine Mutter hatte das unglaubliche Talent, sich in den unpassendsten Momenten bei mir in Erinnerung zu rufen. Ich tippte: »Ich gehe mit Haien schwimmen.« Es dauerte nur eine Nanosekunde, dann war die Antwort da. »Du veräppelst mich!« Ich tippte: »Nein!« Zwei Nanosekunden später. »Wirklich? Da mache ich mir Sorgen. Was machst du nur für Sachen, Sohn?« Ich tippte: »Hättest du dich nicht gemeldet, hättest du gar nichts davon mitbekommen. Aber keine Sorge. Ich schwimme nur mit Delphinen.« Vier Nanosekunden später. »Mit Delphinen? Weißt du noch, als Kind waren wir mit euch im Delphinarium. Das war toll, oder? Hier schneit es. Ist ja bald Weihnachten. Viel Spaß.« Weihnachten! Das hatte ich vollkommen verdrängt. Wenngleich auch Neuseeland sich auf das Fest vorbereitete – mit Santa-Paraden und Sonnenschutzmilch –, sehnte ich mich plötzlich nach Schnee, nach weißem, kaltem Schnee, der die Landschaft unter seinem Kleid verbergen konnte.

»Ihr habt Glück. Es gibt ja keine Delphin-Garantie bei uns. Aber da hinten schwimmt ein Schwarm. Sind bestimmt zweihundert«, rief der junge Tourleiter, der sich zum Schutz gegen die unerbittliche Sonne der südlichen Hemisphäre Nase und Wangen mit weißer Zinksalbe eingecremt hatte und nun so aussah wie ein Clown auf Kriegspfad. Ruck, zuck war ich aus meinem verschneiten Tagtraum erwacht und schaute über das Wasser, das so frühmorgens sicher kalt wie das Polarmeer war, und sah nicht weit vom Heck unseres Bootes entfernt, wie sich die See auf der Fläche eines XXL-Planschbeckens kräuselte und kleine Wellen trieb. Ab und zu konnte man den Rücken eines Schwarzdelphins sehen oder ein paar spitze Flossen. Dann wieder sprang einer von ihnen gutgelaunt aus den Fluten und gab dabei einen kichernden Laut von sich, bevor er mit seiner lustigen langen Nase in den Ozean stieß. Ob es unter Schwarzdelphinen, die als besonders agil, verspielt und neugierig gelten, auch Morgenmuffel gab? Ich blickte misstrauisch auf das Wasser, das an der Oberfläche geistergrün leuchtete, aber kurz unter der Oberfläche schwarz war wie der Rachen eines hungrigen Riesenmonsters. »Gibt es hier auch Haie?«, fragte ich den Fachmann in Neopren. »Was denkst du denn, Mate? Das ist der Ozean. Dazu der beste Supermarkt in diesen Breiten. Für Wale und für Haie. Tolles Nährstoffangebot.« Haha, lachte er. Haha, lachte ich zurück. Der Schrecken, den ich meiner Mutter via SMS eingejagt hatte, hatte sich umgehend gerächt. Ich schaute zur Beruhigung den schneebedeckten Gipfeln der Kaikoura-Bergkette entgegen, die nicht weit von der Küste entfernt am morgendlichen Himmel kratzten.

Kaikoura, dieses kleine Nest an der von Seelöwen belagerten Ostküste der Südinsel war eine Mischung aus Alpendorf, Fischerörtchen und sozialistischem Open-Air-Sanatorium, wirklich wunderschön gelegen. Hier auf der Kaikoura-Halbinsel hatte der Legende nach der Maori-Gott Maui gesessen und an einem Tag, als er nichts Besseres zu tun gehabt hatte, die Nordinsel an einer Angel aus dem Pazifik gezogen und damit Neuseelands Zwitter-Identität kreiert. Den Norden, der aus dem Süden geboren war – diese Legende bot Stoff für jede Menge Komplexe und Neurosen. Das 3000-Seelen-Nest, aus dem nicht nur Wale, Delphine und Langusten stammten, sondern auch die leichtfüßigste Band des Landes mit dem unappetitlichen Namen Salmonella Dub, war mein Lieblingsort – nicht weil es einen antimodernen Motel- und Touristen-Shop-Charme verströmte, sondern weil es eine Hommage an die Gelassenheit in schönster Umgebung war. Wenn man von Norden auf der kurvigen Küstenstraße hinunter nach Kaikoura bretterte, verließen einen alle Sehnsüchte nach der Zivilisation, man bekam nicht nur den

Romantikfimmel und Kurvenschwindel, sondern auch Hunger. Rechts und links an der Straße warben Mini-Imbisse und Fish-and-Chips-Buden im südkaukasischen Bushaltestellenstil auf den Wellblechdächern mit der Spezialität der Gegend – Langusten. Diese Riesenmodelle erinnerten mich an die Pappmaché-Spinnen, die ich als Kind auf der Stadtkirmes mit großen Augen bewundert hatte. Oder auch an die amateurhaften Monster in den großartigen Filmen des Horror-Regisseurs Jack Arnold – wie »Tarantula« oder »Der Schrecken vom Amazonas«. Früher hatte ich deshalb den Traum gehegt, Modellbauer für Horrorfilme zu werden. Aber das war lange vergessen. In Neuseeland jedoch hatten diese Riesenfiguren eine andere Funktion. Auf diese Eigenart, die regionale Spezialität als überdimensioniertes Plastikmodell aufzustellen und damit den Besucher auf die identitätsstiftende Bedeutung von Karotten (Ohakune), Äpfeln (Cromwell) oder Limonadenflaschen (Paeroa) hinzuweisen, traf man überall. Hier verbanden die Menschen ihr kreatives Talent, ihre Bastelleidenschaft, ihr handwerkliches Geschick mit der Sehnsucht nach Wahrzeichen, an denen man seine Identität aufhängen konnte. Was New York die Freiheitsstatue war, war der Westküste der Südinsel beispielsweise ein gigantisches Modell der kleinen, gemeinen Sandfliege oder eben der Kaikoura, der sehr schmackhaften Languste.

Erst gestern hatte mich Ray, der Besitzer der Hütte, in der ich übernachtete, zur Langustenernte mit aufs Wasser genommen und mich ziemlich alt aussehen lassen, als ich die schweren Fangkörbe an einem schnöden Seil vom Grund des Ozeans hinaufziehen sollte – nur mit meiner Muskelkraft. Ich hatte bereits nach ein paar Taumetern schlappgemacht, Ray hatte mit einem breiten Grinsen übernommen und die Körbe dann so schnell an die Oberfläche gezogen, dass ich mich für meine Schwächlichkeit bitter schämte. Danach hatte er eine Languste gekocht, und wir hatten ihr feines, weiches Fleisch bei einem Morgenbier genossen, während uns der Seewind die Barthaare kraulte. So stellte ich mir meine Beziehung zum Meer und seinen Bewohnern vor. Daran dachte ich mit großer Genugtuung, blinzelte in die Sonne und sah durch die Augenschlitze ein paar Möwen vorüberfliegen.

»Wir fahren noch näher ran, dann könnt ihr ins Wasser«, rief der gutgelaunte Tourführer. Der Dieselmotor knatterte. Der Horizont schaukelte. Mein Magen schaukelte. Der Ozean blickte mich mit seinen leeren dunklen Augen an. Hatte ich der bevorstehenden Zusammenführung mit den Bewohnern des Meeres eben noch freudig entgegengefiebert, stiegen langsam Zweifel in mir auf. War das wirklich ich selbst gewesen, der sich das Delphinschwimmen so sehr gewünscht hatte? Oder war dieser Wunsch lediglich aus einer fehlgeleiteten Laune heraus entstanden? Ich dachte an den tiefen, nassen Ozean, an die vielen Fische. Dann schaute ich an mir herunter. In meinem schwarzen Neoprenanzug sah ich aus wie ein dicker, unförmiger Frosch. Wenn die Delphine nur halb so intelligent waren, wie man von ihnen behauptete, würde ich mich zum Gespött machen. Vielleicht war das aber auch der Sinn der Sache? Nicht die Delphine waren unser Show-Programm, sondern wir waren das Show-Programm für die Delphine, die sich kringelig lachen würden, sobald wir wieder auf dem Weg zum Ufer waren. »Hehe, hast du den dicken Frosch gesehen, wie der im Wasser getrieben ist? Wie Treibholz«, würden sie sich amüsieren. »Hehe. Ich kann mir beim besten Willen nicht vorstellen, dass diese Menschen wirklich intelligenter sind als wir.« Wir alle an Bord sahen aus wie Frösche, manche, zugegebenermaßen, wie ausgehungerte Frösche. Die meisten Gesichter waren jetzt schon von einer Überdosis Glücksgefühle gezeichnet. In was für von Glückshormonen verzerrte Fratzen ich wohl blicken würde, wenn wir nach dem Schwimmgang aus dem Wasser steigen würden? Das mochte ich mir nicht vorstellen. So langsam wurde mir klar, dass ich mich hier nicht auf *meiner* Reise befand, sondern auf der eines anderen Menschen, der mir aus den Tiefen meines Unterbewusstseins heraus die Schnapsidee, mit Delphinen zu schwimmen, untergejubelt hatte. Nun hoffte ich nur, dass es einen ordentlichen Whisky an Bord gab.

»Das würde mir auch gefallen«, krächzte ein alter Mann mit grauem Rauschebart und lederner rotbrauner Haut, nachdem er gehört hatte, wie ich meinen Wunsch nach einem Whisky in den Wind geflüstert hatte. Er trug keine Neopren-Delphinschwimm-Uniform, sondern Zivil – kurze Hose, Wollsocken, schwere Arbeiterstiefel. »Nee«, sagte er. »Mit Delphinen schwimmen will ich nicht. Wollte nur mal hier rausfahren, Mate. Ich lebe seit zwanzig Jahren an der Westküste, war aber das letzte Mal als Kind hier an der Ostküste. Ist eigentlich nicht so mein Ding hier, die Ostküste. Ist mir zu ruhig. Ich liebe unsere Wildheit da drüben. Das laute Meer und den Wind. Das ist wie Musik. Hier ist es ja auch ganz nett, aber ein bisschen *zu* nett. Wenn du verstehst, Mate.« Ich nickte. »Musst du mal nach Hokitika kommen. Da haben wir einmal im Jahr ein Festival, auf dem du all das zu essen bekommst, was wirklich eklig ist, was bei uns West-Leuten aber zur Hauptnahrung gehört.« Der Alte lachte. »Wie Maden, Possum-Pastete oder Aal. Das ist lecker, sage ich dir.«

Obwohl ich mich mittlerweile einigermaßen an die unterschiedlichsten Dialekte Neuseelands gewöhnt hatte, musste ich ganz genau hinhören, um die einzelnen Worte aus dem Motorknattern und dem Windpfeifen zu filtern. Dazu sprach David, so hieß der Alte, so schnell, dass sich die Wörter zu einem langen wilden Fluss zusammenfügten, der sich aus seinem Mund rauschend, krachend und ächzend seinen Weg in mein Ohr bahnte. David hatte sein ganzes Leben auf dem Bau gearbeitet, besaß aber auch eine Goldmine, wo er wegen der Umweltschutzbestimmungen aber nicht schürfen durfte. »Ich bemühe mich schon seit Jahren um eine Genehmigung. Vielleicht klappt's irgendwann ja. Hoffentlich noch, bevor ich meine Familie im Himmel besuche.« Dann nahm er einen kräftigen Zug Meeresluft. »Ist schon hübsch hier«, krächzte er. »Ich mag die Südinsel. Wenn es nach mir ginge, bräuchten wir die Spaßvögel im Norden gar nicht. Die mit ihrem Geld und ihren seltsamen, neumodischen Sitten. Es gibt einige hier, die hätten nichts dagegen, sich vom Norden zu trennen. Wir haben alles, was wir brauchen.« »Gibt es tatsächlich solche Bestrebungen?«, fragte ich David. Separatistische Bewegungen konnte ich mir in Neuseeland beim besten Willen nicht vorstellen, auch wenn ich natürlich schon davon gehört hatte, dass die Südländer sich für die besseren Neuseeländer hielten. Hier im Nichts des Pazifiks musste man doch zusammenhalten, oder etwa nicht? »Aber sicher, Mate. Wenn ich mich so unter meinen Freunden umhöre. Die hätten alle nichts dagegen, auf die ganzen Aucklander zu verzichten. Dann rückte David näher an mich heran, starrte mich mit seinen stechenden Krähenaugen an und flüsterte: »Du glaubst gar nicht, wie viele Waffen es hier auf der Südinsel gibt.« Ich schaute ihn erschrocken an, als die Guerilla-Atmosphäre plötzlich von einem schrillen, weiblichen Ausruf zerstört wurde.

»Ich bin ja so gespannt! Das war der größte Traum meines Lebens, einmal mit Delphinen zu schwimmen«, ließ eine vielleicht 25-jährige New Yorkerin unsere Gruppe wissen, ohne dass sie gefragt worden war. »Wie die sich wohl anfühlen?«, fragte sie und beantwortete sich die Frage gleich selbst: »Sicher ganz zart und geschmeidig.« David schüttelte den Kopf und murmelte irgendwas von »Städtern«. Die Frau war mir vorher schon aufgefallen, als sie jeden Luftsprung der Delphine mit einem robbenartigen Klatschen und einem euphorisierten »Guckt mal! Guckt mal!« kommentiert hatte.

»Ach, die sind doch ziemlich klein, die Delphine da«, meinte eine ältere Australierin lässig zu mir und gab sich als erfahrene Delphinschwimmerin zu erkennen. »Ich bin schon mit den großen Delphinen geschwommen. Wie heißen die noch?« Sie zog ihre Stirnfalten zusammen. »Keine Ahnung. Egal. Das haut mich hier nicht mehr um. Kann mir nicht vorstellen, dass das so toll sein soll mit den kleinen da. Außerdem bin ich schon mit Haien geschwommen. Blauhaie waren das. Da war ich in so einem Käfig.« »Und, Angst gehabt?« Nee, schüttelte sie ihren Kopf. »Ein paar Schmetterlinge im Bauch. Weißt schon. So ein Gefühl, als sei man verliebt.« »Ah, ja. Interessant«, kommentierte ich.

»Ooooh«, seufzte die Gruppe im Chor, als zwei Delphine aus dem Wasser geschossen kamen. »Das sind tolle Akrobaten, so lebensfroh«, rief ein junger Mann mit Dreadlocks. »Ja, da wäre man wirklich gern ein Delphin. Wie die springen können«, stimmte das Mädchen neben ihm zu. Auch sie trug Dreads.

Machte sich denn wirklich niemand außer mir Sorgen um die unwägbaren Gefahren des Ozeans? Im Anblick von Delphinen sah man die Natur als einen Hort des Friedens und der Harmonie. »Ach, mach dir nicht in die Hose«, raunte ein blonder Surfertyp aus Sydney. »Wenn ein Hai kommt, dann gibst du ihm eins auf die Nase. So.« Dann schlug er mit seiner rechten, honigmelonengroßen Faust in die Luft, die leise zischte. »Schon mal bei einem echten Hai ausprobiert?«, wollte ich von dem Haikiller wissen. »Nee, Mate. Aber ein Freund von mir. Bei ihm hat's geholfen. Er hat nur ein Stück Oberschenkel verloren.« Ich spürte, wie meine Knie weich wie Mürbeteig wurden. »Äh, dann surft er sicher nicht mehr, oder?« »Natürlich surft er noch. Wenn du ein leidenschaftlicher Surfer bist, wenn das Surfen dein ganzes Leben ist, dann darfst du dich von so was nicht beeindrucken und dir keine Angst machen lassen. Sonst wirst du ja paranoid, wenn du draußen auf die Wellen wartest und unter dir die ganze Zeit in das tiefe Nichts blickst. Außerdem war das keine allzu große Fleischwunde. So groß wie ein ordentliches Steak vielleicht.« Mit seinen Fingern umriss er die Größe der Fleischwunde. »Ziemlich großes Steak«, meinte ich anerkennend. »Findest du? Sind die Steaks bei euch kleiner? Okay, ist wohl ein australisches Steak.«

Der Kapitän drosselte den Motor. Nun war der Delphinschwarm recht nah. Ich konnte sehen, wie die Tiere mit ihren kurzen Körpern pfeilschnell wenige Meter unterhalb der Oberfläche durch das Wasser schossen. »Okay, Jungs und Mädchen«, rief der Tourführer. »Der Augenblick der Wahrheit ist gekommen. Verhaltet euch nett und freundlich zu den Tieren, sonst lasse ich euch als Haifutter hier. Haha. Lasst die Delphine nahe rankommen. Macht ihnen keine Angst durch ruckartige Bewegungen, okay? Wir bleiben in der Nähe, oder, Käpten?« »Mal sehen«, meinte der Kapitän mit einem verschmitzten Kiwi-Lächeln. Ich schluckte und griff an die Reling, während sich meine Abenteuerkollegen freudig ihre Schwimmflossen und Taucherbrillen schnappten und am Heck formierten. Plötzlich hätte ich große Lust gehabt, mir eine Zeitung zu kaufen und mich gemütlich in ein Café mit Meerblick zu setzen und mich über die Neuigkeiten in der Region zu informieren. So wie gestern, als ich mit großem Amüsement gelesen hatte, dass eine Schule in der Region Marlborough ernsthaft diskutierte, eine Gruppe von 17-jährigen Jungs der Schule zu verweisen, weil sie zum Spaß in Unterhosen zur Mädchen-Highschool gelaufen war, weswegen nun eine Welle der Empörung durch die Gemeinde fegte. Der Direktor der Jungenschule solle gefälligst zurücktreten, wenn er seine Schüler nicht mehr unter Kontrolle hätte, forderten aufgebrachte Eltern. In der neuseeländischen Provinz war das Leben offenbar ein großer Spaß.

Mit einem mulmigen Gefühl stieg ich vom Heck des Bootes über eine kleine Leiter in den tiefen, dunklen Ozean und ließ mich erst einmal treiben. »Oh, ist das großartig!«, schrie die New Yorkerin, die wahrscheinlich noch nie ein lebendiges Tier gesehen und sich wohl auch beim Anblick einer Kuh so gefreut hätte. »Die kommen ja ganz nah, ganz nah. Ich bin so aufgeregt! Guckt nur, guckt nur! Der hat mich fast berührt!« Sie drehte sich im Wasser aufgeregt um ihre eigene Achse, den Blick in die Tiefe gerichtet. Ich dagegen kam mir wie eine tote Qualle vor, die von den Wellen willenlos hin und her gespült wurde. Auf und ab, auf und ab. Noch hatte ich mein ohnehin schwächlich ausgebildetes Körpergefühl nicht an die Wellenbewegungen gewöhnt. Immerhin war das Wasser nicht zu kalt. Ab und zu erschrak ich allerdings, als ich mal wieder einen dieser fliehenden Schatten unter mir sah. Tatsächlich hatte mein Blick nur wenige Meter freie Bahn durch das grünlich leuchtende Wasser. Dann folgte der schwarze Abgrund. Der schwarze Abgrund!

Plötzlich schob sich die steakgroße Fleischwunde des Surfers in meine Phantasie. Schnell hob ich meinen Kopf gen Himmel. Wolken, Blau. Das beruhigte. Meine Mitschwimmer hatten offensichtlich ihren Spaß. Sie kicherten, schrien ihre Begeisterung über die Wellen und planschten fröhlich durch das Wasser. Ich war nicht weit von der Gruppe entfernt, aber noch hatte sich kein Delphin in meine Richtung getraut. Wahrscheinlich spürten die schwimmenden Intelligenzbestien, dass es mir nicht leichtfallen würde, eine Beziehung zu ihnen aufzubauen. Allerdings verspürte ich nun auch keinen sonderlich ausgeprägten Ehrgeiz mehr, den glitschigen Tümmlern hallo zu sagen und mit ihnen auf Tuchfühlung zu gehen. Anders als ich in meinem wahnhaften Anflug von Tümmler-Euphorie gedacht hatte, brauchte ich die delphinische Nähe anscheinend nicht. Wenn die Natur keine Lust hatte, zu einem zu kommen, dann sollte man sie in Ruhe lassen. Offensichtlich hatte ich mit meiner Ahnung, dass mein Delphinwunsch nichts als ein fehlgeleiteter Energieimpuls war, doch recht gehabt. Ich ließ mich auf dem Rücken treiben, versuchte, mir nicht zu lächerlich vorzukommen, und genoss die himmlische Aussicht, als in meinem rechten Augenwinkel eine Flosse auftauchte. Kein Grund zur Sorge. Das war eine Flipper-Flosse, erkannte ich sofort mit meinem Zoologenblick. Offen-

Ortsschild des real existierenden Hobbingen, das in der grauen und öden Vor-Peter-Jackson-Ära Matamata hieß

Kunst und Kreativität gehen den Neuseeländern über alles. Hier ein gigantischer Hund im schönen Wellblechstädtchen Tirau.

Die größte Flasche Neuseelands in der Limonadenstadt Paeroa, Heimat des weltberühmten Softdrinks »L&P«

Vitamine bis zum Umfallen:
Das überzeugende Ergebnis von jahrelanger neuseeländischer Genforschung in Cromwell

Das Böse hat einen Namen: Gemeine Sandfliege – auch bekannt als die unsympathis te Kreatur Neuseelands. Hie das größte jemals gefangene Exemplar an der Westküste Südinsel.

Ich – nachdem ich auf Tokelau als
Retter begrüßt und mit der National-
tracht beschenkt worden war

Oben blau, unten blau – der alltägliche Romantik-Wahnsinn auf dem Südpazifik

Ein quasi-sozialistisches Monument für die wahren Helden Neuseelands in Gore auf der Südinsel

Ich bei meiner allerersten Baumberührung in den Ure
weras, die mich aller Mythen
zum Trotz nicht wesentlich
glücklicher machte

Das Paradies in der Sackgasse. Philosophisches Straßenschild an einer einsamen Schotterstraße am Ende Neuseelands. In diesem Fall hinter Glenorchy, Südinsel.

Wieder ein Fall von Kunst am neuseeländischen Straßenrand? Oder eine sehr eindeutige Drohung an die ungeliebte Possum-Population von Neuseeland?

Eine morbid-bizarre Hommage am Ende der Südinsel an das Tier, ohne das Neuseeland niemals zu dem geworden wäre, was es heute ist: das Gemeine Schaf (lat. Ovis)

Fahrbares Heim eines typischen neuseeländischen Nomaden im idyllischen Westland-Kaff Okarito, Wohnort der Schriftstellerin Keri Hulme

Schilderwald Neuseeland – gutge-
meinter Hinweis für potenzielle
Selbstmörder

Schild in Oamaru, das vor einer exotischen neuseeländischen Lebensform
warnt, die wenig auf solch weltliche
Dinge wie Straßen und Autos gibt

Sehr auffälliges Werbeplakat für die maulfaulen, Bier trinkenden und rauhen
Männer des Südens im Cowboy-Land Otago

Apokalyptische Installation zum Thema »Kuscheltiere und Schusswaffen« in den verwegenen Ureweras auf der Nordinsel sichtlich ein Außenseiter, der die Regeln des Rudels durchbrochen und sich aufgemacht hatte, die nähere Umgebung auszukundschaften. Ich beobachtete die Flosse aus meiner Luftmatratzenstellung, wie sie ein paarmal an mir vorüberschoss, dabei ab- und wieder auftauchte. Dann sah ich die Flosse nicht mehr. Ich schaute nach links, nach rechts. Nichts. Wahrscheinlich hatte der Delphin seine Lust an dem langweiligen, aufgequollenen Stück Neoprenanzug verloren, das offensichtlich nicht mit ihm spielen wollte. Die Stimmung im Kreise meiner Mitschwimmer schien dagegen langsam, aber sicher ihren Siedepunkt zu erreichen. Euphorisierte Rufe flogen über das Wasser an mein Ohr. »Aahh!« »Wowww!« »Echt geil!« »Ich bin so begeistert!«

So ein Delphinschwimmen blieb ja nicht ohne Folgen für die menschliche Psyche, begann ich zu grübeln, als ich rücklings über die Wellen trieb, ganz sicher konnte so eine Erfahrung ganze Leben verändern. Menschen fingen plötzlich an, Delphine zu sammeln – in Schneekugeln, auf Tassen, T-Shirts, als bergkristallene Nippesfigur und babyblaues Kuscheltier. Dann kaufte man sich eine CD mit Delphingesängen, die man zu Hause in Bottrop oder Murmansk abspielte und sich in Träumen bei seinen glitschigen, aber verständnisvollen Flipper-Freunden wähnte, von denen man glaubte, dass sie einen akzeptierten – obwohl man selbst vielleicht dick, hässlich und dumm war und Mundgeruch hatte. Dann wollte man auch so ein verständnisvoller, in sich ruhender Delphin sein und ging zum Arzt, um zu erfahren, ob da was zu machen sei. Der aber würde sagen, dass eine Umwandlung technisch noch nicht machbar wäre und man leider noch hundert Jahre warten müsse, bevor man eventuell als Delphin durch die Weltmeere springen könne. Aber man könne, so würde der Arzt raten, sich ja einfrieren lassen, und dann in hundert Jahren würde man schauen, wie weit man in der Sache gekommen sei. Mittlerweile hätten sich dann aber schon längst mafiöse Strukturen in der visionären Delphinumwandlungs-Ärzteschaft gebildet, die die frommen und braven Wünsche ihrer Kunden ausnutzen und sie an die usbekische Fischverarbeitungs-Mafia verkaufen würde. Die wiederum würde die schockgefrorenen, gutgläubigen Flipper-Fans schreddern und das Fleisch als Thunfischfilets in runden flachen Konserven verkaufen. Und so schloss sich dann der Kreis – zwar nicht so, wie man sich das als Delphinfreund vorgestellt hatte, aber der Kreis schloss sich. Das war das Wichtigste.

Mir wurde langweilig, mein Gesicht kalt. Die Delphine interessierten sich nicht für mich, also interessierte ich mich auch nicht für sie. »Hey, Hey«, rief unser Tourführer vom Boot aus. »Es gibt warmen Kaffee. Wer Lust hat, für den steht hier ein Tässchen. Lasst die Delphine aber im Wasser. Haha.« Das ließ ich mir nicht zweimal sagen. Mit ein paar uneleganten Kraulzügen schwamm ich zum Boot und kletterte an der Leiter auf das Hinterdeck. Wasser lief an mir herunter. Meine Lippen schmeckten salzig. Patsch, patsch, patsch tappte ich zu David, der das Tollhaustreiben der anderen in dem Delphinschwarm beobachtete. »Touristen«, grummelte er. Dann wandte er sich mir zu.

»Hey, Ingo. Psst. Schau mal, was ich habe.« David hatte einen silbernen Flachmann aus seinem Rucksack gekramt. »Hab ich immer dabei. Kommt aus Saint Bathans in Otago. Nennt sich Miners Whisky. Ein höllisches Zeug, aber wärmt ungemein. Komm, gib mir deinen Becher. Ich kipp dir was ein.« Ich reichte David meinen Becher, und er ließ einen bernsteinfarbenen Schluck Whisky in den schwarzen Kaffee laufen. Dann lehnten wir an der Reling, wärmten unsere Gesichter in der Sonne und unsere Bäuche mit dem Whisky-Kaffee. Wir schwiegen, wir schwiegen lange. Fast wäre ich eingeschlafen, wenn die Lautstärke auf dem Boot nicht plötzlich drastisch zugenommen hätte. Die Delphinschwimmer waren zurück. Da stand sie, die euphorisierte Neoprentruppe, und bis auf die alte Australierin, die ihr Erlebnis mit einem lakonischen »War ganz schön« kommentierte, versuchten sich die anderen in ihrer Begeisterung zu überbieten. »Da war einer, der ist immer wieder gekommen!«, jubelte die New Yorkerin. »Der hat mich sogar angeschaut und ein paarmal berührt. Was für ein schöööönes Erlebnis! Der schööönste Tag meines Lebens! Aaahh!« »Dass die einen so akzeptieren, ist wirklich phantastisch«, jubilierte das Mädchen mit den Dreads. Und ihr Freund: »Ich bin so glücklich, fühl mich so gut. Was für ein Tag! Wirklich stark!« Die Augen leuchteten. Die Mundwinkel zeigten nach oben. Es folgten noch viele Worte des Glücks, der Huldigung, der Lobpreisung an diesen wunderbaren Tag, an die neugierigen, verspielten und liebevollen Delphine, Worte des Glücks, so lieblich und leicht, dass sie langsam aufstiegen wie Luftballons und die Neoprenmännchen mit sich zogen – hinauf zum Himmel über Kaikoura, wo sie der Wind dann in alle Richtungen zerstreute. Ich aber saß immer noch da wie ein dicker, nasser Frosch, meinen warmen Kaffee in der Hand, den Whisky auf den Lippen und lächelte lässig in die Sonne. Ich lauschte in mich hinein, aber dort war es still wie auf einem Friedhof. Nichts, da war nichts zu hören. Meine innere Stimme war fürs Erste verstummt. Ich wusste, dass meine Reise mich zurück nach Deutschland führen würde. Irgendwann.

Paradies ohne Wiederkehr

»Je öfter du fragst, wie weit du zu gehen hast,
desto länger erscheint dir die Reise.«
Maori-Weisheit

W issen Sie vielleicht, wie viel Uhr es ist?« Der hagere Mann
mit dem schmalen aschfahlen Gesicht, dem Stoppelbart
und der Wollmütze, der gerade noch irgendwie traumverloren an
einem kleinen Zahnrad geschraubt hatte, drehte sich um, blickte
den alten Mann mit Cowboyhut, der im Türrahmen stand, fragend an und sagte dann mit ruhiger Stimme: »Entschuldigen Sie.
Aber ich habe den Sinn für Raum und Zeit verloren.« Der Alte
zuckte mit den Schultern, als sei dies die normalste Antwort der
Welt in diesen Breiten. »Da kann man nichts machen, Mate«, erwiderte er lakonisch in einem tiefen Südland-Akzent, dem man
das Trampeln von Rinderherden in den Weiten Otagos anzuhö-
ren glaubte. Dann verließ er diesen seltsamen Wohnwagen am
Rande des Universums, mit festem Tritt und geradem Blick.
Durch ein Fenster beobachtete ich, wie der breitschultrige und
hochgewachsene Neuseeland-Cowboy zu dem Schafskelett marschierte, das als Blickfang neben der Straße auf einem Fahrrad
saß, das wiederum auf einem Stahlrohr montiert war. Der Mann
ergriff das Pedal und begann es langsam zu drehen. Das Schaf
fuhr Rad, und dabei schien das tote Vieh hinter seiner Sonnenbrille zu grinsen. Und das auch noch hämisch. Der Mann blickte
hinauf zu dem Schafschädel, als sein feister grauer Schnauzbart
ein linkisches Lächeln formte und seine Augen glänzten wie die
eines Zehnjährigen, dem Supermann gerade höchstpersönlich
eine Gutenachtgeschichte vorgelesen hatte.

Ich stand wie angewurzelt in diesem alten umgebauten Wohnmobil, das aus *Alice im Wunderland* oder einem Tim-Burton-Film hätte stammen können, die Szenerie draußen an der Straße fest im Visier. Lange hatte die Fahrt hieraus in die Catlins gedauert, diesem wilden braungrünen Landstrich mit seinen typischen Podocarp-Wäldern, in denen, wie die Maoris glaubten, der Maeroero, ein haariges Riesenmonster, eine Art Werwolf, sein Unwesen trieb. Hieraus, wo man bereits die ungezähmte Rauhheit der Antarktis spürte. Bäume wuchsen hier so, wie der ständig kräftig wehende Wind sie wachsen ließ – ihre knochigen Gruselfilmkronen schienen manchmal wie Vordächer über dem Boden zu schweben und erinnerten so daran, dass der Mensch hier nur leben konnte, wenn er die Herrschaft der Natur als Glück verstand. Auf dem Weg hatte sich die märchenhafte Abgerücktheit der Region bereits angedeutet. Nach meiner seltsamen Begegnung mit den Delphinen von Kaikoura war ich über die State Highway 1 ins schottisch geprägte Städtchen Dunedin gefahren. Von dort aus durch ländliche Gemeinden, wo es nach Dung und Mist und Fish and Chips roch und wo es dicke, freundliche Metzgerinnen mit rosa Wangen gab, die hinter neonkühlen Auslagetheken große saftige Steaks anboten. An manche Zäune hatten Farmer wohl aus einer bizarren Sammelwut heraus Hunderte von alten Schuhen gehängt, und in Milton gab es sogar eine landesweit bekannte Sehenswürdigkeit zu bewundern: einen Knick in einer Straße.

Je tiefer man in den Süden kam, desto größer schienen die Landmaschinen und Muffins zu werden, desto rarer und kleiner wurden die Gemeinden, bis sie sich schließlich als einzelne Farmhäuser zwischen den grünen Hügeln der Catlins verloren, und desto unbedeutender wurden alle Kategorien der kultivierten Hipness. Der Neuseeländer liebte sein leeres Land nicht nur wegen der Einsamkeit, sondern vor allem deswegen, weil man sich hier, wo der Wind wehte und das Schaf blökte, um Fragen der Kleidung, des Essens, der Frisur, der Architektur oder der Kultur keine allzu großen Gedanken machen musste. Außerdem kam die menschenleere Weite der Maulfaulheit des männlichen Neuseeländers durchaus entgegen. Beides fand der Hinterwäldler in mir zugegebenermaßen sehr sympathisch. Als ich dann nach anstrengender Ruckelfahrt über eine Schotterstraße durch den 30-Seelen-Ort Papatowai kam, hatte ich bis auf Menschen in Gummistiefeln und ein typisches Dairy eigentlich nichts erwartet. Sicher keine »Lost Gypsy Gallery«. Aber wenn ich es mir richtig überlegte, war dieser winzige öde Fleck ein großartiger Ort für einen verlorenen Eremiten und seine magischen Ideen.

In dem kleinen, langgezogenen Raum, der sich hinter der abgetakelten Fahrerkabine erstreckte und den man über eine kleine Treppe an der Rückseite des blau-grünen Hippie-Mobils betrat, standen Hunderte von alten Spielzeugen, kleinen Apparaten, Maschinen und Maschinchen, denen man ihre eigentliche Funktion geklaut und die man so umgebaut hatte, dass sie nun etwas märchenhaft Menschliches offenbarten. Jemand hatte ihnen eine Seele gegeben. Wie auf einem Jahrmarkt der übernatürlichen Wunder ging ein Ooooh und Aaaaah durch den hohen Raum. »Hast du das gesehen? Schau dir das nur an! Ist das schön«, raunten die Kinder, die Männer, die Frauen voller Bewunderung, wenn sie all die blinkenden Lämpchen, die surrenden, tickenden, schnaufenden, ratternden, knatternden und krächzenden Spielzeuge betrachteten, in freudiger, fast weihnachtlicher Erwartung Knöpfe und Tasten drückten und sich so eine um die andere neue Welt auftat. So manche skurril, sinnlos, absurd, dadaistisch gar, aber manche auch in sich stimmig wie ein böses Gedicht. So viel expressive Emotion wie in dieser skurrilen Ausstellung sah man bei Neuseeländern sonst nur bei der Vorbereitung der Hochzeitsparty oder den religiös anmutenden Sportveranstaltungen. Ansonsten neigte man eher zur autistischen Leidenschaftsunterdrückung. Aber Spielzeuge waren diese seltsamen

Maschinen eigentlich nicht. Denn Spielzeuge hatten kein Eigenleben. Zumindest nicht dort, wo ich herkam.

Da gab es eine Postkarte, die diese fahrende Villa Kunterbunt zeigte und die man über einen Hebel bewegen konnte, so dass dann über der Szenerie eine lachende Sonne auftauchte. Den Innenraum des Busses umrundete eine Modelleisenbahn. Auf ihr die Aufschrift: »Die Gedanken«. In einer Ecke standen unzählige Wecker, kleine, große, runde, eckige, blaue, grüne; und sie alle zeigten unterschiedliche Zeiten an. Darunter ein Satz: »Die Weltzeit. Irgendwo, irgendwann.« Es gab klatschende Puppen, fliegende Pinguine, einen Teebeutelkran und einen hölzernen Kassettenrekorder, der die monotonen Worte »The Sound of Summer. The Sound of Summer« ausspuckte, wenn man dessen Handkurbel betätigte. Ein Schild wies darauf hin, dass Eltern auf ihre Kinder achten sollten – und Kinder auf ihre Eltern. Draußen vor dem Eingang, wo der Wind die Mobiles zum Klingen brachte, stand ein anderes kleines Schild mit einem Knopf und diesem Satz darauf: »There are many temptations in life and this button is one of them.« Natürlich konnte auch ich der hier offerierten Versuchung nicht widerstehen. Versuchung kommt schließlich von Versuchen! Also drückte ich den Knopf, und prompt traf eine dünne Wassersalve mein Gesicht. Ich war noch nicht mal peinlich berührt, als ich dann mit nassem Gesicht die Wunderwerkstatt betrat. Ich freute mich über meine eigene Dummheit. Das hatte ich das letzte Mal als Kind getan. Ohne allerdings zu wissen, was Dummheit genau war.

Der Herr der Wunderwerkstatt saß wie ein verschrobenes Heinzelmännchen in einem kleinen Zimmer neben dem Ausstellungsraum. Ein Zimmer, das von der Fußleiste bis zur Decke vollgestopft war mit Platinen, Zahnrädchen, Schrauben, Kabeln, Schaltern, bunten Steinen, Blechdosen, Puppenbeinen, Muscheln, Krimskrams, Technikschrott und jeder Menge Ideen. Er habe schon als Kind mit allen möglichen Dingen herumgespielt, sie auseinandergenommen, umgebaut, zusammengefügt, sagte der Mann mit dem Namen Blair, der erstaunlich gesprächig war für jemanden, der seine seltsamen Automaten für sich sprechen ließ. Im Alter von 13 Jahren hatte er bereits eine funkgesteuerte Amphibie bauen wollen. »Mit meiner Spielerei habe ich viele Sachen kaputt gemacht«, erzählte Blair mit einem gütigen Erlöserlächeln, das mir zugegebenermaßen ein wenig suspekt war. Sollte es Menschen geben, die in dieser Einöde glücklich waren? Menschen, für die das Morgen nur ein unscharf leuchtender Stern am Firmament der Zukunft war? Menschen, denen es nicht reichte, auf einer Insel am anderen Ende der Welt zu leben, und die sich deshalb ihre eigene Insel auf der Insel erschafften? Ich dachte an diesen Mann, den einer meiner Freunde einmal fotografiert hatte. Er lebte auf einer viel zu abgelegenen Insel in den Marlborough Sounds, bis er seine Insel verkaufte, um sich mit dem Geld für den Rest seines Lebens auf einem Kreuzfahrtschiff einzuquartieren. Auf einem Kreuzfahrtschiff! Ein Alptraum.

Draußen waren mittlerweile dunkle Wolken am Himmel aufgezogen. »Das Wetter ändert sich schnell in dieser Gegend«, sagte Blair wie einer dieser blinden Hellseher in einem staubigen Roadmovie und knüpfte dann wieder an unsere flüchtige Unterhaltung an. Ideen habe er viele, sehr viele, sagte er. So viele, dass die Zeit nicht reiche, sie zu verwirklichen. Damit sie ihm nicht verlorengehen, wenn sie wie Sternschnuppen durch seinen Kopf huschten, notiere er sie in einem seiner zahllosen Notizbücher. Mit Skizzen und kurzen Beschreibungen. »Die Ideen kommen aus dem Nichts. Einfach so. Oder wenn ich mit Sachen herumspiele. Dann fügt sich das eine in das andere. Und manchmal wird sogar etwas daraus.« Seine eigenwilligen Kreationen bezeichnete er als »rustikale Automaten« – ein schöner Begriff, in dem ein bisschen Nostalgie, Sehnsucht und die Erinnerung an eine Zeit mitschwang, in der man sein Spielzeug aus dem bastelte, was einem gerade zur Verfügung stand.

Auch die Luft schien den Geruch der Nostalgie aufgenommen zu haben und leider nicht den Duft der Frische, die Blairs Ideen verströmten. Es roch muffig und modrig, nach rostigem Metall und kaltem Schweiß. Ich rümpfte meine Nase und beobachtete im Augenwinkel, wie eine Frau ihren Zeigefinger in eine dieser mit Wasser gefüllten, in öligen Regenbogenfarben leuchtenden Paua-Muscheln steckte, was ein Lämpchen aufleuchten ließ. Die Frau lächelte und freute sich über das kleine Wunder. Ich starrte in Blairs treue Hundeaugen. »Ich liebe Dinge, die sich bewegen. Bewegung kennt keine Grenzen«, sagte er, wieder mit dieser ruhigen, nicht gehetzten Stimme, die aus der Stille des Universums zu mir zu sprechen schien. Dass Blair ursprünglich aus Auckland stammte, konnte ich kaum glauben. Andererseits: Vielleicht war er gerade, weil er aus dem lauten Zentrum der Selbstüberschätzung kam, geflohen? Allerdings hatte er schon als Kind viel Zeit in den Catlins verbracht, während der Sommerurlaube mit seinen Eltern. Sein früheres Leben, in dem er auch mal Architekt werden wollte, habe er mit 19 Jahren beendet, erzählte er. Danach sei er viel unterwegs gewesen. Nicht in der Welt. In Neuseeland. Vor allem auf der Südinsel. Das sei seine Welt. Später habe er sich dann diesen Bus, in dem sich heute seine Galerie befindet, gekauft und sei mit ihm umhergefahren und habe auf Märkten seine Automaten verkauft. Dann sei er irgendwann hier gelandet. Und so schnell wolle er von hier nicht mehr weg. Wohin auch? Der Bus jedenfalls schien längst nicht mehr zu fahren.

Blair trug den verheißungsvollen Nachnamen Somerville, was ich als einen schönen Hippie-Kontrast zu der wildromantischen Kargheit der Catlins verstand. Er lebte von den Dingen, die er an Besucher und Touristen verkaufte. »Das Leben hier ist nicht teuer«, sagte er. »Was brauche ich schon?« Immerhin hatte er sich mit seinen Einnahmen das Grundstück leisten können, auf dem sein Bus stand. Mit seinem Hund lebte er in einer Hütte hinter dem Bus. Irgendwann wolle er ein größeres Museum für seine Automaten eröffnen. »Aber ich habe so viele Projekte. Die Liste ist lang.« Blair gefiel mir. Er war vielleicht ein sorgloser Sonderling, ein Träumer, aber kein durchgeknallter Spinner. Im Gegensatz zu vielen, die davon träumten, auf einer einsamen Insel zu leben, schien Blair zu wissen, was er tat. Vor allem gefiel er mir aber, weil er offenbar kein Missionar war, der einen von der Zen-Überlegenheit seiner Lebensweise überzeugen wollte. Er wusste um die Schwäche und die Fehler des Menschen. Davon zeugte seine einsichtige Arbeit. Er verstand, dass sich Freiheit nur leben ließe, wenn man sie ertragen konnte, ohne in ihr mit einer Flasche Rum in der einen Hand und einem Hemingway in der anderen Hand zu versinken. Er wusste auch um die Härte des Lebens hier draußen in den Catlins. Und um die schlimmen Entbehrungen, die er im Gegenzug für ein frei gewähltes Leben opfern musste. »Ja, eine Frau würde mir schon gefallen. Aber die meisten halten es nicht länger als zwei Wochen hier aus«, meinte er mit einem traurigen Blick. Und hier in Papatowai gebe es weit und breit keine junge Frau. »Der einzige Single in der Gegend ist eine 90 Jahre alte Lady.«

In einem Land, dessen Alltag manchmal so spannend war wie die Betrachtung einer Sprinkleranlage, freute ich mich über solch skurrilen Papageien wie Blair, von denen es gar nicht so wenige gab in Neuseeland. Man traf sie seltener in den Städten als vielmehr in der rauhen Einsamkeit. Dort, wo mich meine Seele zerreißen würde, wenn ich länger bliebe, wo Träume aber noch zu den Sternen auffliegen und Dichter das Blau des Himmels berühren konnten. Diese wunderlichen Typen verkörperten die neuseeländische Philosophie vom Drang in das Unbekannte, dem Verlangen, immer wieder das Neue auszukundschaften und sich selbst neu zu erfinden. Ohne Scham, ohne Skepsis, ohne Angst. Mit Vertrauen in das Schicksal und der Hoffnung auf ein

Happy End. Darin widerspiegelte sich auch der Geist der Menschen, die Mitte des 19. Jahrhunderts ihre alten europäischen Leben aufgegeben und sich auf ein Schiff gesetzt hatten, das sie in einer mehrmonatigen, kräftezehrenden Reise ans andere Ende der Welt brachte – mit dem Vertrauen, dass Neuseeland hoffentlich das Milch-und-Honig-Land war, von dem ihnen berichtet worden war. Tja, und wenn sich Neuseeland als schöner, aber öder und harter Ort entpuppte, der dem Leben Schweiß, Kampf und Hunger abverlangte, was wollte man dann machen? Nach Hause fahren? Zurück an einen Ort, der keine Perspektive versprach? Dazu ohne Geld. Sicher nicht. Man hatte das Ticket ins Paradies gelöst. Ein Ticket ohne Rückfahrschein. Also blieb man und behielt seinen Optimismus. So hatte der neuseeländische Optimismus für mich auch immer eine dunkle, fatalistische Seite. Wie meine Gedanken durch meinen Kopf, so ratterte der Zug nun wieder durch den Ausstellungsraum.

Neuseeland brauchte diesen freigeistigen, an einer sympathischen Selbstüberschätzung leidenden Nonkonformismus wie das klebrige Marmite zum Frühstück, um als kleines Land so viele Ideen und Visionen, so viel Kreativität und Potenzial zu entwickeln, das es nicht nur ideell, sondern auch wirtschaftlich überleben konnte. Auch ein Regisseur wie Peter Jackson war ein Produkt dieses Pioniergeistes. Oder William Atack, der Mann, der 1884 als Erster weltweit die Idee hatte, eine Trillerpfeife zu benutzen, um einen Sportwettkampf zu leiten. Oder auch Bill Munro, der im Alter von 68 Jahren mit einem umgebauten Motorrad, einer Indian aus den zwanziger Jahren, in Utah einen Geschwindigkeitsrekord aufstellte. »Einmal im Leben wollte ich etwas Größeres schaffen als all die anderen Witzvögel«, soll Munro über seine Motivation gesagt haben. Solche Menschen waren Neuseeland so wichtig, dass ich manchmal den Eindruck hatte, dass sie nicht nur unter einem staatlich verordneten Denkmalschutz standen, sondern auch ihre Lebensweise ausdrücklich gefördert wurde – in einem inoffiziellen Programm zur Erhaltung komischer Vögel. In Deutschland dagegen landete man mit so viel persönlichkeitsbildender Exzentrik in einer psychiatrischen Krabbelgruppe oder in Berlin.

»Es ist tatsächlich ein Glück, dass ich in Neuseeland geboren wurde«, räumte Blair ein, als es aus dem Ausstellungsraum wieder einmal schrillte und klirrte wie in der Werkstatt des Weihnachtsmannes. »Hier hat man noch eher die Freiheit, so zu leben, wie man sich das vorstellt.« Allerdings hatte auch Neuseeland, das durchaus ein sehr konservatives Land ist, zuweilen seine Problemchen mit allzu exzentrischen Charakteren. Wie mit dem österreichischen Künstler Friedensreich Hundertwasser, der Neuseeland schon in den Siebzigern als seine spirituelle Heimat entdeckt hatte. Seine bunte Bauklötzchen-Architektur war den Neuseeländern dann doch eine zu große Herausforderung des europäischen Freigeistes. Hundertwasser hatte viele Pläne für seine neue Heimat, die sich der Genialität des spirituellen Kunst-Missionars jedoch immer wieder versperrte und ihm erst 1999 zugestand, sich architektonisch im Nordinsel-Nest Kawakawa zu verewigen – mit einer Toilette.

Ich drehte eine letzte Runde durch den Wunderladen. Schließlich wollte ich vor Sonnenuntergang in Curio Bay sein. Und am Horizont glühte der Abendhimmel schon so rot, als hätte das Christkind gerade seinen Backofen angeheizt. Ich wollte mich gerade von Blair verabschieden, da sah ich, wie ein alter Mann mit mitleidvollem Blick etwas Geld in den Spendenkorb legte und dann kopfschüttelnd raunte: »So ein Verrückter. Der sollte mal erwachsen werden und in der Welt ankommen.« Dann verließ er, seine Frau im Schlepptau, den Bus. Ich blickte dem Pärchen verdutzt hinterher. Mir schien eher, dass Blair sehr wohl in der Welt angekommen war. Er wusste entlarvend genau, wie unsere Welt funktionierte.

Ich konnte gar nicht anders. Als kulturbeflissener Mensch aus dem alten Europa musste ich Blair noch eine letzte, aber bedeutende Frage stellen. »Sag mal, ist das für dich Kunst, was du da machst?« Blair antwortete ohne Umschweife. »Ich stehe mit meinen Automaten wohl irgendwo zwischen Physik, Mechanik und Kunst«, sagte er und schaute dabei wieder so gutmütig wie ein Pfahl-Yogi. »Ich mag Bewegung. Wenn man etwas bewegt, ist das für mich Kunst. Manchmal denke ich aber auch, dass Motorräder Kunst sind.« Dann blickten wir uns wie zwei parkende Kamele an. »Aha«, raunte ich. »Mmmmh«, raunte er.

Der Don von Täränäki

»Only the mountains know
where they have come from
and where they are going
and what will happen when we are gone.«
Brian Turner

Auf einmal stand da dieser kleine Mann mit den krummen, kurzen Beinen, einem struppigen grauen Goldgräberbart und einem schelmischen Blick wie ein Kaktus in der Cowboylandschaft von Otago, streckte mir seine kräftige Hand entgegen und sagte: »Angenehm, Mate. Angenehm. Barney mein Name.« Seine gutturalen Prärie-Rs betonte Barney wie ein Kojote, dem ein Kotelett im Hals stecken geblieben war. Seine As verzog er zu krächzenden Krähen-Äs. »Ich bin aus Täränäki. Täränäki, Mate.« Barney war, wie ich bald erfahren sollte, ein typischer Neuseeländer, den das Leben mit einer Axt geformt hatte – eigenwillig, unverwüstlich und den Herausforderungen des Lebens zugewandt. Wegen solcher Menschen wie Barney imponierte mir dieses Land. Wer Menschen wie ihm nicht begegnete, hatte Neuseeland nicht gesehen. Es war schon komisch, dass ich ihn ausgerechnet in Otago traf, einer Gegend, die man auch die Seele Neuseelands nannte. Deswegen war ich in diese rauhe Region gefahren – und um zu begreifen, wie Neuseeland im 19. Jahrhundert entstanden war. Auch Barney wollte hier seiner eigenen Geschichte begegnen. Mit dem Rad fuhr er deswegen entlang der alten Eisenbahnstrecke durch die Goldgräberlandschaft von Central Otago. Für die nächsten Tage waren wir somit Reisegefährten. Denn auch ich hatte mir diese sagenumwobene Strecke ausgesucht, nachdem ich in der Curio Bucht in den Catlins die seltenen Gelbaugenpinguine beim abendlichen Badegang beobachtet hatte – zusammen mit rund zwei Dutzend Touristen, die wie Affen auf den versteinerten Resten eines 160 Millionen Jahre alten Waldes gehockt und sofort ihre modernen Kameras gezückt hatten, als sich einer dieser Minipinguine nach langem Warten aus seinem Versteck bequemte und behäbig zum Wasser torkelte. »Pssst, da ist er«, flüsterte man sich untereinander zu, um sich gegenseitig bei der Ortung des kleinen unscheinbaren Pinguins zu assistieren. So flogen die geflüsterten Phrasen der Tierbeobachter wie Seifenblasen über die Felsen. »Hast du gesehen?« »Da ist er. Zwischen den Felsen.« »Schau mal, wie süß!« »Ich hab einen gesehen! Ich hab einen gesehen! Toll! Toll!« Toll, hatte ich auch gedacht und beschlossen, künftig mal ein Buch über Menschen beim Tierebeobachten zu schreiben. Das konnte ja durchaus erhellend sein, wenn der Mensch sein Menschsein durch das Tier reflektierte. Zunächst einmal blieb ich aber dabei, mein Menschsein durch den Menschen zu beschreiben, und da kam mir Barney als ein besonders schönes Exemplar wie gerufen.

Ohne Frage war Barney stolz darauf, aus Täränäki, der Farmer- und Surferregion an der südwestlichen Küste der Nordinsel mit ihrem prägnanten Vulkan, dem Mount Taranaki, zu stammen, und offensichtlich war ihm nicht daran gelegen, die Maori-Ortsnamen politisch korrekt auszusprechen. So wie die weißen Nachrichtensprecher im Fernsehen, die mit ihren ehrenwerten Bemühungen allerdings spätestens an dem schönen Ort Whakatane scheiterten. Das aber immerhin komisch. Denn *wh* sprach man in Maori wie ein *f* aus, wohingegen die meisten Neuseeländer einfach ein offen betontes *w* wie in Wauwau daraus machten. Politisch korrekt hieß Whakatane also *Fuckatani* – was aber sehr politisch unkorrekt klang.

Barney versuchte offenbar nicht, sich als jemanden auszugeben, der er gar nicht war. Das war mir, der sich gerade keuchend wie ein Walross in den Stuhl auf der Veranda des Farmhauses, wo ich meine erste Nacht in Central Otago verbringen sollte, fallen gelassen hatte, sofort sympathisch. Barney war Barney. »Ich bin der Don aus Täränäki. So nennt man mich in New Plymouth, weil ich jeden kenne und viele mich kennen«, flüsterte er mit heiserer Mafiosistimme. »Oder sie meinen, dass sie mich kennen. Zumindest haben sie schon mal von mir gehört.« Dann lachte er wie ein rostiger Wecker. Hehehe. Sein Kopf leuchtete wie das Innere einer Blutorange. Ich hob mein Bier, das ich mir aus dem gut gefüllten Kühlschrank unserer formidablen Unterkunft geholt hatte, zum Prost, blickte über die Schafweiden, hinter denen die Dunstan-Berge wie eine Wand aufragten, und gab mich als einer, der sich mit den Floskeln des Landes auskannte. »Good on ya, Mate!« – »Freut mich für dich!« Hehe, lachte Barney. »Bist wohl ein halber Kiwi, was?« »Nee, ein ganzer Deutscher«, antwortete ich lässig wie Frischkäse. »Hey, ich mag Deutschland. Ich bin Verputzer, und ich bewundere die Qualität, die eure Handwerker leisten. Ich habe schon mit vielen Deutschen zusammengearbeitet. Hab 'ne kleine Firma bei uns oben in Täränäki, eine Gang von sechs, sieben Männern. Ich liebe das Verputzen, glaub mir.« Das glaubte ich Barney, der wohl Mitte sechzig war, sofort. Augenblicklich musste ich mir einen kleinen Vortrag über Verputzungstechniken anhören, die er besonders schätzte; zudem zeugten nicht nur seine kräftigen Finger von der harten Arbeit an der Wand, sondern auch die Putzreste, die sich in die Poren seiner Hände gefressen zu haben schienen. Sie waren das Stigma seiner Liebe.

Nein! Es konnte einfach kein Zufall sein, dass ich Barney in dieser geschichtsträchtigen Gegend traf – hier oberhalb des einst vielbeschäftigten Viehumladebahnhofes von Omakau. Das war einer der vielen Miniorte in Otago – mit einigen alten Holzhäusern, einem Hotel und ein paar alten Geschäften, den die Zeit vor über hundert Jahren hier in die Mondlandschaft hingestellt und dann links liegenlassen hatte. Wie viele Orte in Central Otago, der größten Region Neuseelands, die im Südosten der Südinsel lag und deren rauhe Landschaft mit ihren Bergen und weiten Tälern sich wie ein alter, borstiger Seelenteppich vor uns entrollte. Wenn ich mich je auf die Suche nach dem mystischen Örtchen Waikikamukau machen würde, das in neuseeländischen Redensarten als typisches Provinznest existierte, dann würde ich wohl in Otago beginnen. Denn wenn man jemandem in diesen Breiten sein Hinterwäldlerdasein bescheinigen wollte, dann sagte man: »Er kommt aus Waikikamukau, das liegt irgendwo in den Wop-Wops.« Die Wop-Wops waren das Nirgendwo. Und Waikikamukau war eine Kiwi-Verballhornung der Maori-Ortsbezeichnungen und klang auf Englisch in etwa wie »Why kick a moocow?«, »Warum eine Muh-Kuh treten?«.

Mich beschäftigten aber ganz andere Fragen. Ich wollte wissen, warum Menschen, die im 19. Jahrhundert ans Ende der Welt auswanderten, um ein neues, vermeintlich leichteres, besseres Leben aufzubauen, ausgerechnet in diese unberechenbare Weite gezogen waren. Denn hier in Central Otago hagelte es im Winter, es schneite, der kalte antarktische Wind schnitt einem ins Gesicht. Der Sommer verbrannte einem die Haut und die Weiden. Sein Vieh musste man nicht durch die weiten Ebenen, sondern auch über die felsigen Hochplateaus treiben, wo man in jeder Minute an seiner Endlichkeit kratzte. Kurzum, das Leben in Otago war kein Zuckerschlecken. Es erwies sich als derart hart, dass man auch gleich zu Hause in seinem Kellerloch in England, Irland, China oder dem Deutschen Reich hätte bleiben können. Otago klang vielleicht nach Freiheit. Aber nach einem Paradies klang Otago nicht. Man konnte den Menschen auf alten Fotos ansehen, dass das Leben im 19. Jahrhundert hier kein Spaß gewesen war und dass sie vielleicht ein wenig enttäuscht gewesen waren von ihrer neuen Heimat. Ich hatte selten in so ausgemergelte, verhärtete Gesichter geblickt, aus denen nur eines sprach: Hoffnungslosigkeit und Armut. Aber die Antwort auf meine ursprünglichen Fragen war recht simpel. »Gold«, sagte Barney und blickte mich dabei durch seine Augenschlitze an wie eine lauernde Schlange. »Seit 1860 hat man hier Gold gefunden. Da kamen sie aus aller Welt. Hier muss die Hölle los gewesen sein. Die Bäche waren vollkommen gelb. Überall war Gold. Manchmal kommt es sogar heute noch vor, dass einer aus einem Touristenbus aussteigt und findet vor seinen Füßen einen Klumpen Gold.« Barneys weit aufgerissene Augen glänzten im Schein der Abendsonne, und ich hatte irgendwie das komische Gefühl, dass Otagos Goldrausch noch nicht vorbei war.

Ich war allerdings nicht nach Otago gefahren, um Gold zu suchen – was mitunter eine sehr ermüdende und öde Beschäftigung sein konnte. Stundenlang im Wasser stehen und Steinchen sieben. Der Mensch war, das wusste ich, zu Größerem geboren. Ich wollte neben der Geschichte der Region auch die legendären Southern Men, die Männer des Südens, finden. Die Männer, die, so hatte man mir vielerorts versichert, dieses Land mit ihren bloßen Händen aus dem Stein Otagos gehauen hatten und die deswegen mehr neuseeländische Geschichte repräsentierten als jeder andere in Neuseeland. Otago nannte man wie die Bay of Islands im Norden der Nordinsel nicht umsonst die Wiege Neuseelands. Deswegen war diese legendäre Spezies von Männern im ganzen Land bekannt und berüchtigt. Sie waren die Urzelle, aus der der neuseeländische Mann entsprungen war. Jeder wusste, dass die Cowboys des Südens Waden wie Gewichtheber und lederne Haut hatten. Es waren Männer, die keine Gefahren fürchteten, Wind und Wetter trotzten. Männer, die Bäume mit einem Fauststoß fällten und Stämme mit ihren Zähnen zersägten. Männer, die in Städten mit grausamen Namen wie Gore (»Blut«) wohnten, die Dung zum Frühstück, rohes Fleisch zum Mittag aßen und nichts als braunes Bier tranken, das wie das trockene Sommergras Otagos schmeckte. Männer, die im Winter Curling auf den zugefrorenen Seen spielten, die nur ihre Pferde, Hunde und Allradwagen liebten und die Nordinsel so sehr hassten, dass sie sich am liebsten zum unabhängigen Southern-Men-Country erklären würden. Es gab sogar einen hymnenhaften Song, der von der legendären The Pioneer Pog ‚n' Scroggin Bush Band stammte und in dem ein Mann des Südens die Vorzüge seiner Heimat besang:

> *Some of the boys,*
> *Have got it into their heads,*
> *About moving up North,*
> *To follow the bread,*
> *But that ain't for me,*
> *That kind of thing just don't rate,*
> *This is one Southern boy,*
> *Who ain't crossin' the Strait*
> ...
> *I'm a Southern Man*
> *Well I'm Southern bred*
> *I got the South in my blood*
> *And I'll be here till I'm damn well dead.*

»Einige Jungs haben es ja in ihrem Kopf, in den Norden zu ziehen. Dem Brot zu folgen. Aber das ist nichts für mich. Das zählt für mich einfach nicht. Das hier ist ein Junge des Südens, der nicht die Cook Strait überqueren wird. Ich bin ein Mann des Südens. Well, ich bin von der südlichen Brut. Ich habe den Süden in meinem Blut. Und ich werde hier bleiben, bis ich verdammt noch mal tot bin.«

So lange wollte ich nicht in Central Otago bleiben. Mir reichten ein paar Tage. Damit mir aber keiner der Männer des Südens durch die Lappen ging, hatte ich beschlossen, mit dem Rad den

Otago Rail Trail entlangzufahren – diesen Radwanderweg, der 150 Kilometer der alten Eisenbahnlinie zwischen den beiden Nestern Clyde und Middlemarch folgte. Letzteres hatte sich im Kampf gegen die drohende demographische Katastrophe etwas besonders Kreatives einfallen lassen. Denn die hing wie ein Damoklesschwert über der Zukunft Otagos, weil der Mann in dieser Gegend zwar ohne Problem zum Schafe kam, aber eben nicht zum Weibe. Der Frauenmangel war eklatant. Nicht viele Frauen hatten ein Herz für die ungehobelte Rauhheit, die den Mann hier geformt hatte. In Middlemarch fand deswegen alle paar Jahre der »Ball der Herzen« statt, zu dem paarungswillige Frauen mit einem Hang zur Rustikalität via mit Luftballons geschmücktem Zug, dem sogenannten »Zug der Herzen«, gekarrt wurden, um dort auf heiratswillige Männer des Südens zu treffen. Die Bahn war seit ihrem Bau zwischen 1891 und 1907 die Lebensader des abgelegenen Otago gewesen. Nachdem sie durch das verstärkte Aufkommen von Trucks und Autos seit den Siebzigern an Bedeutung verloren hatte, war sie 1993 komplett stillgelegt worden. Nun existierte nur noch ein letztes Stück dieser historischen Eisenbahn zwischen der Provinzhauptstadt Otagos Dunedin und eben Middlemarch, das der Endpunkt meiner Radreise sein sollte.

Ich selber war mir bereits wie ein Mann des Südens vorgekommen, als ich mich den Tiger Hill hinaufgequält hatte, einer eigentlich kläglichen vertikalen Erhebung von vielleicht 300 Metern vor Omakau, die mir vom Radverleiher als »wahrlich kein Mount Everest« beschrieben worden war. Er selbst sei da gemütlich hinübergeradelt. Das war natürlich wieder ein Beweis dafür gewesen, dass Neuseeländer Fitnessgranaten waren und ich eine Fitnessnulpe. Bei meinem keuchenden, schweißtreibenden Kampf gegen den heißen Wind und die müden Muskeln hatten mich die unter schattigen Bäumen rastenden und wiederkäuenden Schafe mitleidig beobachtet, so als wollten sie sagen: »Was für eine erbärmliche Gestalt! Bestimmt ein Städter!« An der Spitze angekommen, hatten meine Waden wie Espenlaub gezittert. Immerhin lag ein Quiz bereit, das sich irgendwer zur Unterhaltung der Radfahrer ausgedacht und in einem der alten Bahnhäuschen plaziert hatte, damit »das Gehirn vom schmerzenden Hintern ablenken« solle, wie es darin hieß. In dem Quiz wurden signifikante Fragen nach der Verbindung von James Joyce zu den All Blacks gestellt. Fragen, die mir einmal mehr das Gefühl gaben, dass dies eine fremde Welt war, in der ich mich bewegte. Allerdings war dies eines der Mysterien, die ich an Neuseeland mochte. Selbst in der absoluten Abgelegenheit schien immer irgendwer besorgt zu sein, dass man auch wirklich seinen Spaß hatte und gut unterhalten war. Auch wenn Otago nicht an der üblichen Pilgerroute lag, an der sich Touristen gegenseitig ihr quasi-religiöses Beeindrucktsein von Neuseeland versicherten.

Seit der Wirtschaftskrise der 1980er hatte die Agrarregion, in der vor allem Obst angebaut und Schafe gezüchtet wurden, an ständiger Landflucht gelitten, so dass die ohnehin kleinen Gemeinden auszusterben drohten. Alte Postkästen, verlassene Bahnstationen und verrottende, klapprige Scheunen, die daran erinnerten, wie der Mensch seit Mitte des 19. Jahrhunderts versuchte, in dieser kargen Gegend Fuß zu fassen, sahen Barney und ich überall in Otago – Menschen dagegen kaum. Die meiste Zeit kamen wir uns auf unseren Rädern wie die letzten Menschen vor. Der Maler Grahame Sydney hatte diese verwaisten Überbleibsel menschlicher Geschichte zu Bildern der Einsamkeit stilisiert. Viele sagten, er hätte dem Landstrich so eine Identität gegeben. Als ich ihn später in seinem Haus in der Nähe des alten Goldgräberortes Saint Bathans traf, erklärte er, dass dies nie seine Absicht gewesen sei. »Ich sah überall diese alten Scheunen, die das Leben längst verlassen hatte. In dieser Umgebung, mit dem gewaltigen, leuchtenden Himmel, den Weiten und den Bergen wirkte das sehr armselig, erbärmlich, aber auch herzergreifend.« Außerdem, sagte er, werfe man ihm häufig vor, dass in seinen Bildern keine Menschen zu sehen seien. »Aber schauen Sie sich doch hier um. Im Otago kann man viele Tage verbringen, ohne nur einen Menschen zu treffen.«

Offensichtlich war dieses Otago nicht für den sensiblen Croissant-Fetischisten unter den Menschen erdacht worden, sondern für den Cowboy. Otago war der Zufluchtsort der Cowboys, die keinen Ort mehr in der Welt hatten. Allerdings war Barney kein Cowboy, kein ganzer zumindest. Aber er wirkte in dieser epischen Landschaft zu mancher Zeit wie die traurigen Scheunen in den Bildern von Grahame Sydney – ein Mensch, der nicht wirklich in diese Szenerie passen wollte. Barney war zwar ein Verputzer-Cowboy – einer derjenigen, die ihre Arbeit und Freiheit liebten, weil sie sie ertragen konnten, einer derjenigen, die ihre an der Wildheit der Natur gestählten Macher-Gene des Pioniers und ihre Das-Leben-ist-hart-aber-es-ist-noch-härter-wenn-du-es-nicht-lebst-Einstellung in den städtischen Lebensraum getragen hatten.

»Kann ganz schön öde sein, die Landschaft«, beschwerte sich Barney, der als Reiseuniform einen labbrigen schwarzen Wollpullover trug, dessen Brust rot-weiße Maori-Ornamente schmückten, dazu eine kurze Hose und graue Wollsocken. Über die öde Landschaft beschwerte sich Barney häufiger im Laufe der drei Tage, an denen wir uns immer wieder in Hotels oder Cafés über den Weg liefen. Barney vermisste seine Sechs-Tage-Arbeitswoche, seine Milchkaffees und seine tägliche Zeitung so sehr, dass er selbst in den einsamsten Kaffs nach ihnen suchte, um seine »Sucht zu stillen«, wie er sagte. Ansonsten aber sprudelte er vor Lebendigkeit und Tatkraft, beim Erzählen rannte er von Anekdote zu Anekdote, von Geschichte zu Geschichte, stolperte, überschlug sich, richtete sich wieder auf und rannte weiter. Das, so lernte ich im Laufe der Radreise, traf auch auf sein Leben zu. Barney war ein Stehaufmännchen, er war Anfang der

Neunziger schon mal bankrottgegangen, hatte sein geliebtes Täränäki verlassen und war dann nach Auckland gezogen, um »wie ein Berserker zu schuften«.

»Anfangs habe ich geputzt. Ich hätte alles gemacht, damit ich Geld verdiene. Ich meine, du darfst keine Angst haben. Du musst das Leben so nehmen, wie es kommt. Dann erschlägt es dich auch nicht. Du darfst niemals aufgeben. Niemals!« Einmal war er, so erzählte Barney, sogar auf der Titelseite einer bekannten neuseeländischen Rugby-Zeitschrift gelandet. Und zwar weil ihm sein erster *Versuch* gelungen war – und das nach 25 Jahren! In die Fußballsprache übersetzt, bedeutete dies: Barney war ein Tor gelungen – und das nach 25 torlosen Jahren. Das Erstaunliche aber war nicht unbedingt, dass Barney nach so langer Zeit des Wartens wieder mal erfolgreich war und er wohl nie daran gezweifelt hatte, dass dies irgendwann passieren würde. Das Erstaunliche war vielmehr, dass Barney in diesem Erlebnis neben dem offensichtlichen Glück überhaupt keine Spur von Tragik sehen konnte. Das Leben auf der anderen Seite der Welt funktionierte definitiv nach anderen Regeln. Erstaunlich war für mich aber auch, dass Barney niemals jammerte, nicht über sich, nicht über die Regierung, nicht über die Welt im Allgemeinen. Außerdem erwähnte er mit keinem Wort den »Staat als Versorger«. Vom Staat erwartete sich der Neuseeländer offensichtlich nichts – vom Leben aber alles. Nach einem harten Tag auf dem Rad saßen wir schließlich in dem holzverkleideten Wedderburn Pub, wo alte Männer mit tiefen Falten schweigend in ihre Biere und Hirsch-Trophäen von den Wänden blickten und wir große Fleischstücke aßen. Aus einem Radio in der Küche drang der alte Kenny-Logan-Hit »Footloose«. Dann meinte ich Barney berichten zu müssen, dass man bis vor nicht allzu langer Zeit in Deutschland häufig sein ganzes Arbeitsleben bei einem Arbeitgeber unter Vertrag war. »Wie, bei nur *einem* Arbeitgeber? Die ganze Zeit?« Barney schaute mich fragend an. »Dann haben die ja alle keine

Erfahrung.« Ich stutzte. »Wie meinst du das?« »Wenn du immer demselben Trott nachgehst, beim selben Arbeitgeber, dann rostest du doch ein in deinem Leben. Dann wird es immer schwieriger, Veränderungen zu ertragen.«

Für Barney bedeutete jeder Neuanfang eine Chance. Neuanfang, den ständigen dazu, das musste man natürlich können und mögen. Diesen ewigen Kampf, mit sich und mit dem Leben. Für diese neuseeländische Lebensweise hätte Barney durchaus den verschrobenen Lehrer geben können. Er hatte die Standfestigkeit und den richtigen Humor. So hatte er einmal einem alten Mann, dessen Haus er verputzt hatte, einen wichtigen Ratschlag gegeben, damit der seine Einsamkeit überwinden konnte, über die er sich bei Barney ausgeheult hatte. »Ich hab dem Kerl Folgendes gesagt«, berichtete er und hielt seine Gabel wie einen erhobenen Zeigefinger. »Du brauchst einen verdammten Hund. Dann gehst du raus, und die Leute quatschen dich an. Und schon hast du dein Leben verändert. Du bist nicht mehr allein.« Mir gefiel Barneys pragmatische Art, Probleme anzupacken. Außerdem platzte er vor Ideen und Träumen, was mir als Deutschem richtig unheimlich war. Während der gesamten Radtour dachte er beispielsweise darüber nach, wie er eine ähnliche Tour um den Mount Taranaki organisieren könnte. »Das müsste doch gehen. Das müsste die Touristen doch interessieren«, murmelte er, als er im Schneckentempo durch die Schluchten gen Ida Valley strampelte. Außerdem träumte er davon, irgendwann einmal eine Comedy-Serie für das Fernsehen zu produzieren. Davon erzählte er mir ganz selbstbewusst und so selbstverständlich, dass man hätte glauben können, er habe langjährige Erfahrung als Comedy-Schreiber.

»In Deutschland würde ich mich kaum trauen zu sagen: Hey, ich schreibe eine Comedy-Serie oder ich schreibe einen Roman«, erklärte ich. »Erstens, weil man gleich als Aufschneider gilt, und zweitens, weil man, wenn man es denn ernst meint, mindestens in den Qualitätskategorien eines Goethe schreiben muss.«

»Ach, wirklich?« Barney schüttelte seinen Kopf. »Dann habt ihr einen schlimmen Komplex. Außerdem ist das ganze Leben ein Klischee.« Ich fühlte mich ertappt. »Meinst du?«, fragte ich ihn zögernd. »Klar«, sagte er, blickte hinüber zur Theke in dem Pub von Wedderburn und wedelte mit einem aufgespießten Stück soft geschmortem Schweinefleisch, umhüllt von einer delikaten hellbraunen Soße. »Ihr müsst mehr an euch glauben. Euren Ideen vertrauen. Euren Träumen freien Lauf lassen. Euren Fähigkeiten vertrauen. Wenn man keine Träume mehr hat, dann geht man ein wie ein Gemüse.«

Barney stellte sich eine Comedy-Serie über eine typische neuseeländische Mittelklassefamilie vor, deren Macken er satirisch überspitzen wollte. »Das Problem ist«, begann er zu dozieren. »Wir können noch nicht wirklich über uns lachen. Dazu ist unsere Nation noch zu jung. Wir brauchen noch mehr Selbstbewusstsein. Wir haben zu lange unter den Briten gelebt, die uns doch sowieso nur als verdammte Hinterwäldler belächelt haben. Aber das wird kommen. Und dann bin ich da.« Hehe! Der rostige Wecker ratterte. Natürlich kannte ich solche Aufschneidertypen, die sich einem als vermeintliche Drehbuchschreiber, Dichter, Schriftsteller oder künftige Nobelpreisträger vorstellten. So erinnerte ich mich beispielsweise an einen Russen, den ich in Berlin kennengelernt hatte. »Ich schreibe gerade an einem Buch«, hatte ich ihm auf seine Allerweltsfrage, was ich denn gerade so treiben würde, mit nervöser Stimme gebeichtet. Ich hatte meinen Satz noch gar nicht zu Ende geführt, da war er mir schon mit einer Auflistung von Büchern, die er angeblich bereits geschrieben hatte, ins Wort gefallen, um nach Romanen, Kurzgeschichten, Drehbüchern schließlich bei einer Autobiographie zu landen, die er begonnen hatte. Der Mann war nicht älter als 30 Jahre gewesen.

So hatte ich anfangs meine Zweifel, ob Barney seine sehr sympathische Can-do-Einstellung nicht ein wenig überstrapazierte und dabei seine Fähigkeiten überschätzte. Doch wie sich herausstellte, war Barney alles andere als ein Schwätzer. Tatsächlich arbeitete er schon seit 2000 an seiner Serie. Als ich ihn später besuchte, zeigte er mir einen Stapel Skripts, die er wohl auch schon den bekanntesten Film- und Fernsehproduzenten des Landes zur Ansicht geschickt hatte – und von jedem hatte er tatsächlich eine Antwort erhalten. Viele zeigten sich tatsächlich begeistert von Barneys Idee. Man attestierte ihm Talent, ein Händchen für authentische, pointierte Dialoge, für das Geschichtenerzählen. Er müsse lediglich, so die Hauptkritik, weiterhin an der Ausformung seiner Charaktere arbeiten. »Irgendwann wird die Serie produziert. Daran habe ich keinen Zweifel«, krächzte Barney-Tausendsassa.

»Wenn wir eine Philosophie haben«, hatte mal der neuseeländische Premierminister Robert Muldoon gesagt, »dann die, dass jeder durchschnittliche Kerl ein König sein kann.« Barney war ein Kind dieses Traumes einer klassenlosen Gesellschaft, auf dem Neuseeland erbaut worden war und der sich erst in den vergangenen zehn Jahren aufzulösen begonnen hatte. Mit den Millionären, Neureichen und Selbstdarstellern, die sich in ihrer Lebensweise von anderen zu distinguieren begannen. Mit hohen Mauern, Architekturverbrechen, tollen Autos, Etiketten- und Lifestyle-Geschwätz und verunglückten Hunderassen. Es war wohl die Verkehrung des neuseeländischen Traumes in einen Alptraum, für den Auckland als das verhasste Symbol stand. Ein Symbol auch dafür, wie sehr sich Neuseeland seit dem Freischlag durch die radikalen Reformen der Achtziger der westlichen Welt angenähert hatte. Barney dagegen sah man gar nicht an, dass er nicht arm war. Stilbewusstsein spielte für ihn keine Rolle. In London oder New York hätte man ihn wahrscheinlich für einen mittellosen, etwas verlotterten Bauarbeiter gehalten. In Neuseeland konnte so jemand grundsätzlich alles sein.

Vor der Kneipe von Wedderburn, einem Mininest, das die zweite Station entlang des Radweges war, trafen wir einen Vertreter dieser neuen Generation von Otago-Farmern. Stuart, ein Mann so groß und kräftig wie ein Braunbär, mit riesigen Händen und einer durch Wind, Sonne und Kälte gegerbten Haut, der wahrscheinlich in kurzen Hosen und mit Arbeiterschuhen an seinen gewaltigen Füßen zur Welt gekommen war. Er konnte auf den Fingern pfeifen und so seine Hunde auf der Weide dirigieren. Er konnte Schafe scheren. »Im Schlaf«, wie er meinte, was mich schwer beeindruckte. Er fuhr einen schweren Pick-up, und er hatte über elftausend Schafe. Elftausend! Die Farm, die seine Familie in der achten Generation führte, bewirtschaftete er mit einer Handvoll Leuten. Er hatte auch mal in einem Werbespot für Otagos Speight's-Bier sich selbst, also einen Mann des Südens, gespielt. Mit dieser Anekdote verschaffte er sich bei mir noch mehr Street Credibility. Ich sah an ihm hoch und war mir sicher: Er war der Urtyp eines Otago-Cowboys. Er war der erste richtige Cowboy, den ich traf. Mit großen Kinderaugen schaute ich Stuart an, als wir auf einer Bank saßen und vor uns in das Maniototo-Tal blickten, das in der Abenddämmerung wie ein rosa-orangefarbener See leuchtete. »Ja. Ja«, sagte Stuart. »Wir sind sexistisch, rassistisch und Fleischfresser. Deswegen liebt man uns.« Ein tiefes Lachen rollte in das weite Tal. Barney, der neben dem Hünen wie ein runzeliger, aber aufgekratzter Zwerg wirkte, stimmte in das Lachen ein. »'nen guten Humor habt ihr hier«, entgegnete der Verputzer-Cowboy dem Otago-Cowboy. »Und ob. Musst du haben hier. Ist ja sonst ein bisschen öde. Was, Mate?« »Hey«, begann Barney eine Frage. »Ich hab gesehen, dass du dir einen Golfplatz gebaut hast. Entschuldige, aber wer spielt hier in der Einsamkeit Golf? Hier wohnen im Umkreis von zig Kilometern doch kaum Menschen.« »Yeah!«, grunzte Stuart, der alles andere als ein maulfaules Landei war. »Weißt du, ich hab mal in England gearbeitet. Da hat jeder Lord so 'nen Golfplatz. Hab ich mir gesagt: Kann ich auch – Lord sein.« »Haha«, lachte er. »Hehe«, lachte Barney.

Der Golfplatz, so berichtete Stuart voller Begeisterung, gehöre zu einem Entwicklungsprogramm für sein Tourismusunternehmen. Er habe ja schon einige Hütten für die Radwandertouristen gebaut. Außerdem wolle er Farmtouren anbieten. Den Leuten zeigen, wie man Schafe hütet und schert. »Früher wusste das mal jeder in Neuseeland. Aber heute muss man das vielen wieder zeigen. Aber das interessiert die Menschen. Schließlich sind das unsere Wurzeln. Da kommen wir her. Von der Farm.« Barney nickte. »Yeah. Das gefällt mir. Du hast viele Ideen.« »Klar, Mate. Musst du hier haben. Ohne Visionen kannst du alles vergessen. Da bewegst du dich nicht. Du musst immer etwas cleverer und schneller sein als andere.« »Genau. So muss man es machen«, meinte Barney zustimmend. »Ja. Du musst immer kreativ sein und darfst keine Angst haben, dass man dich auslacht.« »Hey, Mate«, rief Barney, »dazu hab ich auch eine Geschichte.« Einmal, so begann Barney seine Erzählung, hatte er seine Knieschoner bei einem Rugby-Spiel vergessen, und der Schiedsrichter wollte ihn deshalb nicht auf das Spielfeld lassen. »Da habe ich mir einfach die Damenbinden meiner Frau in die langen Socken gestopft«, krächzte er. »Und was glaubst du? Schon durfte ich aufs Spielfeld.« Stuart lachte laut los. »Ich fall um. Das hast du getan? Mit Damenbinden beim Rugby? Das ist gut, Mate. Das ist richtig gut. *Good on ya.*« Barney setzte seine Geschichte fort. Während des Spiels brach er sich die Nase, verletzte sich an den Ohren und an den Knien. Um das Blut zu stoppen, steckte er sich Grasbüschel in Nase und Ohren und hinterließ so als Rugby-Monster aus Täränäki offensichtlich einen bleibenden Eindruck. »Hey, daran erinnern sich die Leute heute noch«, rief er fröhlich. »Erst letztens hat mich jemand darauf angesprochen, ob ich der Typ bin, der mit Damenbinden und Grasbüscheln über das Spielfeld gerannt sei. Und ich sagte voller Stolz: Ja, der bin ich.«

Barney und Stuart saßen auf der Bank, die Abendsonne färbte ihre Gesichter braunorange, und sie lächelten sich mit zusammengekniffenen Augen an. Wie zwei Brüder im Geiste. Wäre dann nicht der Pub-Besitzer gekommen, um uns mit einem freundlichen »Bekommt endlich eure verdammten Ärsche hoch, und bewegt euch in meinen Laden zum Abendessen« aufzufordern, in sein Restaurant zu kommen, das er wahrscheinlich extra für uns geöffnet hatte, dann wären sich Stuart und Barney am Ende zur Verbrüderung sicher noch in die Arme gefallen. Aber bevor wir losstapften, hatte ich noch eine Frage an Stuart. »Entschuldige, aber wie hält man das nur aus hier in dieser Menschenleere?« »Ach, ich weiß das auch nicht so ganz genau. Aber das hat wohl was mit meinem Freiheitsdrang zu tun. Begriffen habe ich das, als ich das erste Mal in Tokio war. Da gibt es so eine Kreuzung. Das ist der Wahnsinn. Nur Menschen sind da. Überall. Im zweiten Stock eines Hochhauses gibt es ein Café, von dem man diese Kreuzung beobachten kann, wie Hunderte von Menschen bei Grün aufeinander zulaufen und sich ineinander verkeilen. Als ich das beobachtete, wusste ich, warum es mir in Otago so gutgeht. Ich hörte den Wind, die Schafe, die Hunde, sah die Berge und fühlte mich wie ein Kind.«

Nach Tokelau
Eine Seefahrt in sieben Stationen

>»Die Sehnsucht nach dem Paradies ist
das Verlangen des Menschen, nicht Mensch zu sein.«
Milan Kundera

I.

Ich gehörte nicht zu den Menschen, die als Kind Stevensons *Schatzinsel* oder *Robinson Crusoe* gelesen hatten und seitdem davon träumten, auf einer einsamen Insel zu leben. Was konnte man dort schon machen? Vögel beobachten? Bäume zählen? Fischen beim Schwimmen zuschauen? Warum sollte man auf eine Insel gehen, wenn man dabei nicht umhinkam, sich selbst mitzunehmen? Auf einer Insel lernte man schnell, was für ein unerträgliches Wesen der Mensch im Allgemeinen und man selbst im Speziellen war, wenn die Einsamkeit die dämonischen Seiten des Homo erectus hervorpresste, wenn man nur um sich selbst kreiste. Menschen waren nicht für Inseln geschaffen, sondern für Affenfelsen. Auf denen waren sie weitgehend abgelenkt von ihrem eigenen, viel zu komplexen Ich, das für die meisten nichts als eine schwere Bürde auf ihren schmalen Schultern war, die sie gegen ein paar Bananen eintauschen würden – wenn sie denn könnten. Kurz und gut: Ich war davon überzeugt, dass Inseln aus einem Menschen nicht unbedingt einen besseren Menschen machten.

Aber dann kam es, wie es kommen musste: Die Insel rief. Und zwar eine richtige, eine, auf der man von überall das Wasser und das Ende sehen sollte. Eine Insel, auf der es keinen Flughafen, keine Kneipe und keinen Plattenladen geben sollte. Eine Insel, deren Breite man mit einem Steinwurf würde bemessen können: Tokelau. Amtssprachen: Englisch und Tokelauisch, eine Sprache, die – das soll an dieser Stelle nicht unerwähnt bleiben – mit dem Samoanischen und Tuvaluischen verwandt ist.

»Tokelau?« In Ians Gesicht stand die Ratlosigkeit, die auch mein Gesicht gezeichnet hatte, als ich zum ersten Mal von Tokelau – 8° südlicher Längengrad, 173° östlicher Breitengrad – gehört hatte. Ian war einer meiner Nachbarn, ein 94-jähriger liebenswerter Neuseeländer, der früher mal als Elektriker, Lehrer und LKW-Fahrer gearbeitet hatte. Und obwohl er erst zweimal Neuseeland verlassen hatte (einmal war er auf den Chatham Inseln gewesen, einmal in Australien), hatte er, wie er mir erzählte, nie das Gefühl, die Welt nicht gesehen zu haben. »Es kommt immer darauf an, welche Beziehung man zur Welt haben will. Und ich will eine ausgeglichene haben.« Er stand in Gummistiefeln und kurzen Hosen an seinem Gartenzaun und schnitt in seiner Rosenkolonie mit einer großen roten Schere herum. »Tokelau liegt irgendwo am Äquator. Im Südpazifik«, antwortete ich lakonisch und schickte provokant hinterher: »Neuseeland liegt doch auch im Südpazifik.« »Yeah! So kann man das natürlich sehen«, murmelte er.

Tatsächlich hielten einige Neuseeländer, die ich getroffen hatte, ihr Land für ein nur zeitweise im Südpazifik geparktes Raumschiff, das irgendwann wieder nach Europa zurückkehren würde. Tahiti und Fidschi, die lagen im Südpazifik. Aber doch nicht Neuseeland!

»Tokelau ist eure letzte Kolonie«, versuchte ich Ian aus der Reserve zu locken. Eine Tatsache, die ich schon recht komisch fand. Neuseeland, das selbst mal eine Kolonie gewesen war, hatte eine Kolonie. Dazu so eine Minikolonie mit nur 1500 Einwohnern. Dazu war es natürlich nur gekommen, weil die Briten vor über 80 Jahren keine Lust mehr gehabt hatten, sich um die zwölf

Quadratkilometer große Ansammlung von Kokospalmen und Muschelkies zu kümmern und sie schließlich Neuseeland überließen. »Fair enough«, brummte Ian lakonisch, widmete sich wieder seinen Rosen, die er als »meine Herzstücke« bezeichnete, und ließ mich so in der Mittagssonne stehen. »Was für ein phantastischer Tag«, sagte er noch, bevor er mit der Schere in seinem Rosenstrauch verschwand. Ich blieb zurück wie ein Fragezeichen in der Wüste. Ian wollte einfach nur Rosen schneiden. Ich deutete seine unbedarfte Haltung natürlich nicht als Ignoranz, sondern als hilfreiches Mittel gegen die schlimmen Kopfschmerzen, die die Welt verursachen konnte, und damit als eine großartige kulturelle Leistung, die das Leben am anderen Ende der Welt hervorgebracht hatte.

»Viel Spaß auf Tukitiki … äh, auf …«, rief er zum Abschied fröhlich aus dem Rosenstrauß. Er überlegte, griff sich an den Kopf. »Mann! Wie heißt das noch mal?« »Tokelau«, sagte ich mit einem Grinsen. »Yeah, Mate! Tokelau!«

Tokelau wollte unabhängig werden, und ich sollte als Journalist bei diesem historischen Moment von sternschnuppenhafter Bedeutung dabei sein. Ein Land, das nichts weiter produzierte als Sehnsüchte und Briefmarken, konnte gar nicht unabhängig werden, hätte man meinen sollen. Aber das war Tokelau scheinbar egal. Zum zweiten Mal würde auf dem Inselstaat ein Referendum durchgeführt werden, in dem die Tokelauer über ihre Unabhängigkeit abstimmen würden. Das erste Referendum war vor anderthalb Jahren gescheitert. Nun machte sich die internationale Delegation aus Vertretern der neuseeländischen Regierung, der UNO und einigen Journalisten wieder auf den weiten Weg nach Tokelau, um die Wahlen auf den drei Atollen zu beobachten und darüber zu berichten.

Auch wenn der Wunsch Tokelaus, unabhängig zu werden, auf den ersten Blick absurd wirkte, hatte ich durchaus Verständnis dafür. Der Wille zur Unabhängigkeit und Selbständigkeit waren schließlich ureigene menschliche Bedürfnisse, die ihren Kindern im Teenageralter wieder auszutreiben Eltern und Lehrer große Mühen und Anstrengungen kosteten. Damit sie dann ins Leben passen, einen Job finden, im Büro vergammeln und schließlich ihre Rente in Kuchen und Rollatoren investieren würden. Selbstredend ging es hier auch nicht um eine Unabhängigkeit, die Tokelau einen völkerrechtlichen Status verschaffen würde, wie ihn Deutschland, die USA oder China besitzen, sondern um eine gestützte Unabhängigkeit, wie sie etwa auch die Cook-Inseln oder Niue innehaben. Im Jargon der Experten hieß der angestrebte Status »Selbstregierung in freier Assoziation mit Neuseeland«, was bedeutete, dass man weiterhin die Hilfezahlungen aus Neuseeland bekommen würde, dass Neuseeland in Fragen der Außen- und Sicherheitspolitik beratend zur Seite stünde, dass man aber über die meisten administrativen Belange selbst bestimmen würde und bei der Suche nach finanzieller und materieller Unterstützung eventuell bessere Möglichkeiten hätte.

Für mich sollte die Reise nach Tokelau nicht nur meine erste Reise auf eine richtige Insel werden, sondern auch meine erste große Südseetour. Ich würde in den Südpazifik fahren, in dieses unbekannte Universum von Inseln und Kleinststaaten, das zwischen Neuseeland und Hawaii eine dreimal so große Fläche wie die Europas umfasste, ein Universum, an dem der Begriff der Exotik und des Paradieses seit Jahrhunderten wie Patex haftete – wie wohl an kaum einer anderen Region der Erde. Ich, für den der Südpazifik ein Wackelpudding aus Klischees und Vorurteilen war, sollte erstmals den großen Wassermassen begegnen, den lächelnden Menschen, den mystisch schönen Blumenmädchen, den wunderschönen Korallenriffen, aber auch dem frittierten Essen, den Bananenrepubliken und der großen Inselgelassenheit – die eine andere war als die in Neuseeland, wie mich mein Freund Ulli aufklärte, der mir mit seinem selbstgebrauten

Bier ein heimeliger Zufluchtsort in der Fremde war. Ulli lebte schon lange in Neuseeland, und er war schon einmal auf Tokelau gewesen. Er kannte die Südsee wie seine Westentasche. Zuweilen referierte er gern engagiert über die letzten Coups auf Fidschi oder die politischen Vorgänge auf Tonga. Er hatte sogar den tonganischen König Taufa'ahau Tupou IV getroffen, den einstmals dicksten König der Welt, der mit einem anderen dicken König sehr gut befreundet gewesen war – mit Franz Josef Strauß. »Da in der Südsee, das ist die richtige Gelassenheit. Das wirst du sehen. Das ist wie eine Religion da.« Er beglückwünschte mich: »Du bist wirklich ein Glückspilz, Ingo. Es ist schwerer, nach Tokelau zu kommen als in die Antarktis. Als ich damals dorthin bin, war vorher ein Zyklon durch die Südsee gezogen. Da hat der Ozean unser Boot so richtig durchgeschüttelt. Und wir haben gekotzt wie die Reiher. Ein Erlebnis, das man nicht mehr vergisst.« Klasse, dachte ich. Immerhin sollten meine ersten einschneidenden Erlebnisse mit Wellen und Wasser beim America's Cup also nicht umsonst gewesen sein.

»Was nimmst du auf eine Insel mit?«, fragte Ulli und gab mir die Antwort gleich selbst – ganz einfach, weil er es als alter Südseehase besser wusste. »Am besten eine ordentliche Flasche Rum, wenn dir mal langweilig wird. An Bord kannst du sicher nichts kaufen. Und vergiss die Tabletten gegen Seekrankheit nicht.« Das klang vernünftig. Seine Frau Marianne ergänzte die Liste mit ein paar Ratschlägen zur südpazifischen Kleiderordnung. »Schwarz kannst du da kaum tragen. Das macht keiner. Alle tragen Bunt. In Schwarz wirst du dir vorkommen wie ein exotischer Papagei. Außerdem wirst du glühen vor Hitze. Du musst dich passend einkleiden. Kurze Hosen, Schlappen – du weißt schon. Und in schönen Farben, bitte schön.« Marianne hatte einen strengen Blick aufgesetzt. Ich wusste, dass sie meinen Existenzialismus-Look missbilligte. Mir wurde heiß und kalt. Bermudas! Schlappen! Eine grauenerregende Vorstellung. Ich hasste Bermudas, diese Uniform der

Ahnungslosen und der Touristenschwärme. In ihnen kam ich mir nackt vor – wahrscheinlich weil sie mich daran erinnerten, wie entspannt das Leben sein könnte, wenn da nicht die hässliche Kröte Arbeit wäre, die auf unserem Leben saß. Und Schlappen! Flipflops! Auch die hasste ich. Denn so war man gezwungen, all die schrumpeligen, krummen, kleinen, breiten oder langen Mäuse- oder Krähen-Füße zu betrachten. Dabei weiß doch jeder, dass gerade die Füße die Körperteile waren, die dem Schöpfer nicht sonderlich gut gelungen waren. In Neuseeland gab es sogar einen Schlappen-Tag, an dem die Großartigkeit des Flipflop-Tragens gefeiert wurde. Allein das Geräusch, das das Schlappengehen machte, zeugte doch davon, was für eine läppische Einstellung der Schlappen-Träger zum Leben hatte – schlapp, platsch, schlapp, platsch. (Während ich die Zeilen schreibe, schaue ich mit einem Gefühl der Widerwärtigkeit hinaus ins sommerliche Deutschland, und überall sehe ich Flipflops an den hässlichen Füßen der ahnungslosen Massen. Überall. Es ist, als wäre Deutschland vom Südpazifik kolonialisert worden. Aus Protest trage ich nun feste Stiefel – immer, gerade im Sommer.)

Ich kaufte also eine große Flasche Rum, zwei Röhrchen Seetabletten, eine schwarze Bermuda, eine weitere schwarze Bermuda und schwarze Schlappen. »Mussten die Sachen denn unbedingt schwarz sein?«, fragte Marianne kopfschüttelnd, als sie meinen Einkauf fachmännisch begutachtete. »Ja, das mussten sie«, sagte ich mit der Überzeugung eines Trotzkisten. »Ein Mensch verändert sich nicht von heute auf morgen. Allein die Tatsache, dass ich nun meine weißen, behaarten Beine und meine breiten Hobbit-Füße der nicht vorbereiteten Öffentlichkeit zur Schau stellte, erklärte ich ihr, sei eine große Herausforderung für meine unflexible Persönlichkeit und eine Veränderung, die in ihrem psychologischen Ausmaß nur mit einem Erdrutsch zu vergleichen sei. Sie solle froh sein, wenn ich dadurch keinen Psycho-Knacks erleiden und Amok laufen würde. Das sah Marianne ein.

Es war alles andere als leicht, nach Tokelau zu gelangen. Es war sogar sehr kompliziert, schwierig und langwierig. Tokelaus drei Atolle liegen klein wie Murmeln im gewaltigen Blau des Südpazifiks, so gut versteckt auf halbem Weg zwischen Neuseeland und Hawaii, dass man hätte meinen können, sie existierten gar nicht. Selbst im Internet, in dem sich mittlerweile fast jeder Fleck bequem vom heimischen Wohnzimmer aus entdecken ließ, war Tokelau noch nicht mal ein Pixel. Nur der Schriftzug Tokelau, umgeben vom blauen Ozean, wies auf die Existenz der Inseln hin. Im 18. und Anfang des 19. Jahrhunderts waren die drei Atolle mehrmals von verschiedenen Seefahrern gesichtet und immer wieder falsch verortet worden – so dass man als ernstzunehmender Seemann den Eindruck gewinnen musste, dass Tokelau entweder tatsächlich nicht existierte oder nicht entdeckt werden wollte.

Meine erste Station sollte Apia sein, die Hauptstadt von Samoa. Sie lag auf Upolu, einer der beiden Hauptinseln des südpazifischen Inselstaates, in den sich der schottische Romancier Robert Louis Stevenson so sehr verliebt hatte, dass er 1894 beschlossen hatte, dort zu sterben. Von Apia aus sollte meine Reise mit einer Fähre, die den verdächtigen Namen Lady Naomi trug, weitergehen. Samoa lag etwa 500 Kilometer südwestlich von Tokelau entfernt, was nach schifffahrtstechnischen Maßstäben ein Katzensprung war, für mich aber nach einer ausgedehnten Weltreise auf einem sehr unsicheren Untergrund klang. Die Aussicht, 36 Stunden lang – so lange sollte die Passage von Apia zum ersten Atoll dauern – nur Wasser und Himmel anschauen zu müssen, bereitete mir ernsthafte Sorgen.

Schon am Flughafen in Auckland, wo ich auf meinen Flug nach Samoa wartete, kamen mir deswegen ernsthafte Zweifel, ob eine Flasche Rum wirklich genug war, um mich drei Tage lang allein zu unterhalten. Ich marschierte los und besorgte eine zweite Flasche Rum. Wieder zurück vor dem Gate, ließ ich den Blick

über meine exotischen Mitflieger schweifen. Die mythische süd-
pazifische Lebensfreude widerspiegelte sich, wie Marianne ange-
kündigt und ich befürchtet hatte, schon in der bunten Klamot-
tenauswahl der Menschen, die vor dem Gate auf den Abflug
warteten. Ein See, was sage ich, ein Meer an gelben, blauen und
grünen Hemden lag vor mir – bedruckt mit Palmen, Ornamenten, Blumen, Mustern oder Bananen. Kurze Hosen, Bermudas,
Lava-Lavas, der traditionellen polynesischen Beinbekleidung –
ebenfalls in den grellsten, lebensbejahendsten Farben. Tatsächlich kam ich mir vor wie in einem psychedelischen Rockvideo.
Toll! Eine vergleichbare Menschenmenge in ihrer vornehmlich
grau-anthrazit-schwarzen Kluft an einem osteuropäischen Flughafen oder im Londoner Bankenviertel musste jeden Südsee-
menschen ja in den depressiven Wahnsinn treiben und zu der
Annahme verleiten, dass er es in Europa mit Menschen zu tun
hatte, deren Seelenleben und Lebenslust ein Problem für den
Fortbestand der Menschheit waren.

Aber glücklicherweise gab es ja das großartige irische Volk,
das zwar im Großen und Ganzen keinen Musikgeschmack hatte,
aber dessen Vertreter immer dann urplötzlich aus dem Nebel des
Weltgeschehens auftauchten, wenn man sie so dringend brauchte. Wenn einen einsame Gedanken plagten und man Lust hatte,
diese mit ein paar Drinks zu vertreiben, und zwar ohne dass man
sich über gesellschaftlich relevante Themen unterhalten musste.
Jedes Volk hatte, davon war ich überzeugt, einen übergeordneten
Sendungsauftrag. Der der Iren war es, Menschen beim Trinken
Gesellschaft zu leisten. Ich hatte bereits mit den meisten Völkern
Europas getrunken, zudem mit Amerikanern, Kanadiern, Austra-
liern, Neuseeländern und Japanern. Dabei hatte ich herausgefun-
den: Die Iren waren mir neben den Weißrussen die liebsten
Trinkbrüder. Sie waren fröhlich, unprätentiös und ausgeglichen,
und sie erschienen immer dann, wenn man sie brauchte – wie
von Gott gesandt.

Und so saß plötzlich Carl neben mir in dem fröhlichen Flugzeug, in dem der samoanische Steward die Gäste mit einem traditionellen »Hallo, Jungs und Mädchen« begrüßte. Carl – rote Wangen, blau-grünes Hawaiihemd, 40 Jahre, Typ: Handelsvertreter mit Herz – kam aus Cork und hatte ein Problem. Er war, wie er mir erzählte, während er nach einer Flugzeit von 45 Minuten gerade seine dritte Bierdose öffnete, »vor meiner Frau, den Anwälten und all der Scheiße geflohen, die mir das Leben vor die Füße geworfen hatte«. »Hab 'ne Menge Schulden, weißt du. Meine Partyorganisierfirma ist pleite, meine Frau hat mich mit so 'nem Anwaltsheini betrogen. Die wollten mir zusammen ans Leder. Und so weiter und so weiter. Hatte einfach kein Glück mehr.« Sein irischer Akzent waberte in meinen Ohren wie das Geräusch einer Küchenmaschine, die Teig knetete. Carl redete und redete, ohne Pause, ohne Komma. Ich staunte über so viel Kommunikationswillen. Das Leben in irischen Großfamilien musste ein ständiger Kampf um Aufmerksamkeit sein. »Hey, aber glaub ja nicht, dass es mir nun nicht gutgeht. Ganz im Gegenteil.« Danach hatte ich gar nicht gefragt, aber offensichtlich war es Carl wichtig, zu betonen, dass er das Leben im Griff hatte und ich ihn nicht für einen Hauptdarsteller aus einem dieser sympathischen irischen Loser-Filme hielt – was ich natürlich tat. Carl nahm, als wolle er sich auf das nächste Kapitel seiner Geschichte vorbereiten, einen großen Schluck samoanisches Bier, sagte »Ein bisschen süß, die Vailima-Suppe, aber okay« und war wieder in seiner Lebensnovelle gelandet. »Wenn das Leben dir sagt, dass du im Moment keine Chance hast, auf der Glücksseite zu landen, dann musst du 'nen Abgang machen. Einfach verschwinden für 'ne Zeit. Neuseeland ist dafür der perfekte Ort. Hast du ein Problem, geh nach Neuseeland. Dann hast du kein Problem mehr. Dort findet dich niemand.« Er schaute melancholisch auf seine Bierdose. Anscheinend öffneten sich ihm tatsächlich die Pforten einer anderen Dimension. Denn plötzlich zog sich ein Lächeln über sein rundes Gesicht. »Wollte immer mal die Welt sehen. War ja noch nie irgendwo außerhalb Irlands.«

Carl war seit einem Jahr unterwegs. Zunächst war er nach Dubai gereist (»viel zu heiß, viel zu teuer«), von dort weiter nach Australien (»tolles Bier, tolle Tiere«), und schließlich war er in Neuseeland gelandet. »Zufällig«, wie er sagte. Allerdings fragte ich mich, wie man zufällig in Neuseeland landen konnte. Carl stellte ich diese Frage nicht. Was er denn auf Samoa zu machen gedenke, wollte ich stattdessen wissen. »Am liebsten gar nichts. Rumliegen, ein paar Bier trinken, aufs Meer schauen. In Sachen Urlaubsgestaltung bin ich nicht sonderlich ehrgeizig. Mal sehen, was kommt. Außerdem bin ich nur zwei Tage dort.« »Nur zwei Tage?«, entgegnete ich erstaunt. »Da lohnt sich ja kaum der Flug.« »Klar lohnt sich der! Ich muss halt mal was anderes sehen. Mein neuer Job macht mich sonst zu fertig.« »Und du?«, fragte Carl. »Auch Urlaub?« »Nee, ich fahre nach Tokelau.« »Tokelau?« Ich stellte mich schon darauf ein, einen längeren Informationsvortrag halten zu müssen, aber dann sagte Carl: »Wow, Tokelau! Das sind doch diese Atolle am Äquator. Ich habe mal einen Tokelauer in Dublin getroffen. Der hat da in einer Brauerei gearbeitet und wollte sein Wissen nutzen, um auf Tokelau sein eigenes Bier zu brauen.« »Du verarschst mich jetzt«, ranzte ich ihn an. »Nee, mein Freund. Ich weiß sogar, dass einer der Atoll-Chefs Kuresa Nasau heißt.« Tatsächlich, so hieß er, ich war baff. Offensichtlich waren Inselbewohner durch eine geheimnisvolle Kraft untereinander verbunden. Ein wenig unheimlich kam mir Carls Fachwissen allerdings schon vor. Wahrscheinlich war er vom tokelauischen Geheimdienst geschickt worden, um mich zu beobachten. Ich beschloss, meine aufsteigende Paranoia im Keim zu ersticken, und lenkte das Gespräch auf Carls jetziges Leben.

Er arbeitete in Auckland als Sachbearbeiter für Plakatlogistik. »Den ganzen Tag am Computer sitzen, unauffällig sein. Niemand fragt nach deiner Geschichte. Das geht bei den Kiwis. Und am

Wochenende besorgst du dir ein paar Bräute. Mit meinem exotischen irischen Akzent habe ich da gute Chancen.« Das konnte ich allerdings nur schwerlich glauben. Aber als wir uns später noch einmal in einer Aucklander Kneipe trafen, dauerte es keine Stunde, und Carl war mit einer kleinen Blonden auf den Knutschbänken in der Dunkelecke verschwunden. »Hab ich dir doch gesagt, Ingo«, erklärte Carl nach seiner Eroberung. »Der irische Akzent ist ein todsicheres Aphrodisiakum, funktioniert wie bei den Argentiniern die behaarte Brust oder wie bei euch … äh …« Carl stutzte. Es kam die Frage, die kommen musste: »Was habt ihr denn für eine Waffe im Nahkampf?« Ich grübelte und sagte einige Nanosekunden später: »Einfühlungsvermögen«, hatte aber schon beim Gedanken an ein Wort, das ähnlich sexy wie »Verordnung über das Kuratorium für das landwirtschaftliche und gartenbauliche Beratungswesen« klang, ernsthafte Zweifel, ob es Carl überzeugen würde. Carl gab ein stoisches »Aha« von sich und nahm einen weiteren Schluck Bier. Man musste nicht alles ausdiskutieren. Auch das mochte ich an den Iren. Denn die Ernsthaftigkeit war zu 85,61 Prozent die falsche Einstellung zum Leben.

»Riecht ja wie in Vietnam«, rief Carl erfreut, als wir das Flugzeug, hinaus in den samoanischen Abend, verließen. »Warst du schon mal in Vietnam?«, fragte ich. »Nee, hab aber ›Platoon‹ gesehen.« »Aber im Kino riechst du doch nichts«, insistierte ich besserwisserisch. »Stimmt. Aber jeder weiß doch, wie der Dschungel riecht«, gab sich Carl selbstsicher. Hier aber war der Geruch des Regenwaldes unausweichlich. Die Düfte des Paradieses waren unverkennbar, als kämen sie aus einem riesigen Raumbestäuber. Es roch nach Siechtum und Aufbruch. Es war heiß und feucht. Behäbig suchten wir unseren Weg über die Rollbahn in das einstöckige Empfangsgebäude des Flughafens. Samoa, die »Insel der großen und kleinen Freuden«, wie eine Internetseite mir verraten hatte, begrüßte uns dazu als abendliche Open-Air-Sauna.

Unter dem Eindruck der klimatischen Bedingungen stellte ich sofort mein Denken ein und reduzierte meine Körperfunktionen auf ihr für Urlaubsreisen ausreichendes primitives Triebleben. Bier, Bett, Dusche, ging es mir durch den Kopf. Bei Carl schien sich dieselbe Reaktion vollzogen zu haben. »Wollen wir erst mal das apianische Nachtleben anschauen, was, mein Freund?« Dann begann er leise und mit wenig Gefühl für Ton und Melodik zu singen: »When I'm dead and laid out on the counter. A voice you will hear from below. Saying. Singing some plain whiskey and water. To drink with old Rosin the Beau. To drink with old Rosin the Beau. To drink with old Rosin the Beau …« So stand er, mit der typisch irischen obrigkeitstrotzenden Attitüde vor dem Grenzbeamten, einem gewichtigen Mann mit pechschwarzem Schnauzbart und einem ernsten Pflichterfüllungsblick. Ich befürchtete, dass der Grenzer Carl mit einer Rüge und dem Hinweis auf seinen fehlenden Respekt gegenüber der samoanischen Nation zurechtweisen würde, aber stattdessen passierte das Unglaubliche. Der Grenzer lächelte verständnisvoll und stimmte dann leise in Carls Gesang ein. »I've travelled all over this world. And now to another I go. And I know that good quarters are waiting. To welcome old Rosin the Beau. To welcome old Rosin the Beau.« Der Gesang verstummte. Stille eroberte die Szenerie. Der Grenzer und Carl schauten sich gegenseitig an, als hätten sich gerade zwei Brüder nach fünfzig Jahren wiedergesehen. Und Carl zeigte plötzlich eine Eigenschaft, die ich nicht von ihm erwartet hätte – er war sprachlos. Aber nur für eine Sekunde. »Hey, Mann, du kennst das!«, entfuhr es ihm freudig. »Ja, habe fünf Jahre in Irland gearbeitet«, sagte der Grenzer nicht ohne Stolz. Und schon krachte der Stempel in Carls Pass. »Talofa.« »Yeah. Talofa.« Carl lächelte unter seinem neuseeländischen Cowboyhut wie ein siegreicher römischer Feldherr und betrat die Insel, während er mit seinem Pass wedelte. »Ich liebe Samoa!«, rief er.

Es war wirklich schwierig, die Welt in ihren Zusammenhängen beim Reisen verstehen zu wollen. Mit dem komischen Gefühl, gerade ein paar Außerirdische gesehen zu haben, dem Gedanken aufgrund seiner Unwahrscheinlichkeit aber nicht zu viel Bedeutung beimessen zu wollen, blickte ich an meinen Hosenbeinen hinunter. Die Jeans, die ich für die Reise trug, entpuppte sich mittlerweile als unvorteilhafte Bekleidung. Ich kam mir vor wie ein nasser Taucher an Land, jeder Schritt durch den feuchtwarmen Luftpudding dauerte eine kleine Ewigkeit.

Aber dann erlebte ich den entspanntesten Flughafen meines Lebens – neben dem in Wolgograd. Hektik, Aufregung, Empörung gab es hier nicht, so als seien die Tugenden des Teufels per Staatsdekret verboten worden. Die Menschen standen oder saßen in der neonlichtgefluteten Eingangshalle herum, bewegten sich mit ihren massigen Körpern in Super-Slow-Motion über den mit grauen Steinplatten ausgelegten Boden. Die hageren Weißen wirkten zwischen den gewaltigen samoanischen Körpern mit ihrem breiten gutmütigen Lächeln wie Denkmäler verbissener Unlust. Ich schaute auf mein Handy und stellte das Datum um einen Tag zurück. Wir waren im Heute gestartet und im Gestern gelandet. Rational: das Phänomen der Datumsgrenze. Irrational: ein tolles Gefühl. Ich stapfte hinaus auf die Straße, warf einen freudigen Blick auf die rot, lila und grün angestrahlten Fontänen und schaute dann, endlich, in den sagenumwobenen Sternenhimmel des Südpazifiks. Mir war, als könnte ich nun sogar die Sterne riechen.

II.

Als ich an meinem ersten samoanischen Tag aufwachte, hatte die Zimmertemperatur den Erträglichkeitsfaktor bereits deutlich überschritten. Selbst der laut schwirrende Ventilator war gegen die umwerfende Hitze machtlos. In meinem *Ocean View Room* für

34 Euro erwachte ich mit dem Gefühl, wie ein Hühnchen in einem Dampfgarer zu liegen. Schweiß rann in kleinen Fäden von meiner Stirn, und auf meiner nackten bleichen Brust, auf der die kläglichen Reste des bunten Blumenkranzes lagen, den man mir am Flughafen zur Begrüßung umgelegt hatte, hatten sich schon kleine Seen gebildet. Mein Kopf pochte vor Schmerzen und schien als Miniatur-Heißluftballon irgendwo über mir zu fliegen. Es war sechs Uhr morgens. Aber meinen agilen Nachbarn hielt das nicht davon ab, die Hecke neben dem Fenster meines Hotelzimmers mit einem elektrischen Heckenschneider zu bearbeiten. Der Heckenschneider röhrte und stöhnte wie ein ausrangierter Düsenjet aus den Beständen der Roten Armee. Offensichtlich war das die Uhrzeit, zu der das Inselleben üblicherweise begann. Als ich meinen dröhnenden Kopf leicht anhob und über meinen Körper und meine Beine durch das Panoramafenster schaute, sah ich nicht nur eine Wäscheleine und einen Busch, sondern in der Ferne auch die Symbole des kultivierten Inselgefühls: Palmen, Himmel und Meer. Beruhigt, zu wissen, wo ich mich befand, ließ ich meinen Kopf ins weiche Kopfkissen sinken, auf dem ich über Nacht Begrüßungsblumenblüten gepresst hatte. Es gibt genau zwei Momente, in denen man schon zu Lebzeiten merkt, dass der eigene Tod unvermeidlich näher rückte. Erstens dann, wenn man Fernsehen schaut und die Gäste in den Talkshows nicht mehr erkennt. Zweitens, wenn man zu viel getrunken hat und sich in einem Land befindet, dessen Luftfeuchtigkeit den Zellen keine Chance zur Regenerierung bietet.

»Was ist hier los, was ist passiert?«, meldete sich der Grönemeyer in meinem angeschlagenen Kopf. Ich versuchte, die Puzzlestücke des in Trümmern liegenden Abends zu einem sinnvollen Erinnerungsbild zusammenzusetzen. Carl und ich hatten gemeinsam ein Taxi genommen, da wir zufälligerweise im selben Hotel gebucht hatten – dem Princess Tui Inn, einem günstigen Hotel am Rande Apias. Dann waren wir durch die samoanische

Nacht gedüst – falsch: gekrochen. Es war dunkel gewesen wie in einem Fahrstuhlschacht. Straßenlaternen gab es kaum. Nur die nach allen Seiten offenen Häuser, die traditionellen *fales*, erhellten die schwüle Nacht mit ihren Neonlichtern oder den vielerorts laufenden Fernsehern. Unzählige Kirchen und kleine Supermärkte säumten den Weg. Massen von Menschen pilgerten entlang den Straßen, die im grellen Schein der Schweinwerfer mit ihren weiß reflektierenden Pupillen wie Untote wirkten. Immer wieder kreuzten Schweine und Hunde unseren Weg. »Dass du mir hier keinen anfährst. Ist ja so dunkel wie im Keller meiner Oma«, meinte Carl. »Das haben wir im Blut«, brummte unser Fahrer, dessen gewaltiger Rücken den Autositz an beiden Seiten überragte. Überhaupt wunderte ich mich, wie dieser Koloss eines Menschen in seinen Wagen hineinkam und wieder hinaus. Wahrscheinlich verließ er sein Fahrzeug gar nicht mehr, sondern fristete sein Leben in ihm. Ich mochte die dicken Marshmallow-Menschen Samoas – ihre massigen Körper und ihre weichen Gesichter symbolisierten eine anziehende, zuckersüße Gemütlichkeit, von der ich mich gerne umarmen lassen wollte. Sie wirkten wie Beschwerer, die ihre Umgebung zur Verlangsamung zwangen wie in einer der Kampfszenen aus den Matrix-Filmen. Das Leben, der Gedankenstrom wurde ruhiger, die Bilder schärfer, so fühlte ich mich geborgen, nicht gehetzt, nicht getrieben – wie in der Welt der dünnen hageren Meute.

In Apia an der Hafenstraße angekommen, bat Carl den Fahrer anzuhalten. Er wandte sich zu mir. »Lass uns ein bisschen Spaß haben und das Nachtleben auskundschaften. Hier ist doch bestimmt was los an einem Freitagabend. Schau! Da ist ein Club.« Er warf dem verdutzten Fahrer ein paar *talas* in den Schoß, griff seine Tasche und sprang aus dem ockergelben Toyota. Carl hatte, wie ich wusste, nicht viel Zeit, um Land und Menschen kennenzulernen. Er musste jede Sekunde auf Samoa nutzen. Ich packte meinen Rucksack und stapfte hinterher. Schnitt.

Auf unserem Tisch hatte sich bereits eine stattliche Armee von Bierflaschen und leeren Whiskeytumblern angesammelt. Da ich nie ein Mensch der Tanzvergnügung gewesen war, hatte ich mich in dem Aluminiumstuhl zurückgelehnt und kam mir vor wie Elvis auf Hawaii. Diese elende Schwitzerei wollte einfach nicht aufhören. Jede Fingerkrümmung, jeder Schwenk mit dem Kopf, und waren es nur Millimeter, endete in einem Feuchtigkeitsfiasko. Ich stöhnte. Wie sollte man sich da entspannen? Wie sollte man sich da erholen? Elvis hatte sicher nie geschwitzt. Genauso wenig wie die Piraten und Abenteurer. Die konnten doch gar nicht schwitzen, oder? Ich war urplötzlich erbost darüber, dass solch wichtige Dinge niemals in Büchern erwähnt wurden. Wenn ich Piratenbücher schreiben würde, dann würden alle schwitzen müssen. Alle! Bis sich ihre Haut pellte wie die einer gekochten Tomate. Ich würde meine Helden vor Schweiß stöhnen und ächzen lassen, bis sie nicht mehr wüssten, dass sie Helden waren. Ein südpazifisches Abenteuer ohne Schweiß, ohne dass man sich ständig über die Stirn rieb, ohne dass die Haut glänzte wie Frischhaltefolie, nein, das durfte es nicht geben. Das Schwitzen musste rein in die Geschichten, von ihm hing doch alles ab. Zufrieden mit diesem Gedanken, schaute ich gen Tanzfläche, wo sich riesige Körper, die mit ebenso riesigen Hemden bekleidet waren, zu stampfenden Beats oder seichtem Soul bewegten – so rhythmisch und geschmeidig mit der Musik verwoben, dass man den Eindruck gewinnen konnte, Samoaner könnten fliegen. Zwischen zwei Frauen mit Hüften wie Michelin-Männchen und runden glücklichen Gesichtern erkannte ich Carl, der mit zur Decke ausgestreckten Armen und gekrümmtem Gang wie ein Knallfrosch über die Kacheln hüpfte. Rhythmusgefühl besaß Carl offenbar nicht. Die beiden Frauen beobachteten ihn mit einer Mischung aus Mitleid und Heiterkeit.

Plötzlich verließ Carl sein Brunftrevier, kletterte auf die Bühne, sprach mit dem DJ, der durch ein Nicken zu verstehen gab, dass er mit dem einverstanden war, was Carl ihm offensichtlich vorgeschlagen hatte. Er schnappte sich das Mikro, und es passierte das, was ich hatte kommen sehen: die große Carl-Karaoke-Show. Carl hatte sein Gesicht gen Clubdecke gerichtet, die Arme hinter dem Mikro verschränkt, die Augen geschlossen und erwartete den Moment der emotionalen Explosion. Offensichtlich wusste er genau, was er tat. Dann setzte das Schlagzeug ein, eine durch Sumpf und Morast marschierende symbiotische Götter-Mischung aus John Bonham und Bill Ward. Dann dieses prägnante, rotzige Riff, das man als Schüler gern jedem Lehrer vor die Ohren geballert hätte, wenn man mal wieder keine Lust auf Hausaufgaben gehabt hatte. Ich erkannte sofort, welchen Song sich Carl ausgesucht hatte: »Live Forever« von Oasis. Carl sang den Song offenbar nicht zum ersten Mal. Ich sah, wie seine Augen und sein Mund mit dem Text, den Silben, den Prä- und auch den Suffixen verschmolzen, wie sich seine Arme und Beine in den Rhythmus verstiegen, hörte, wie Carls krächzende Stimme in die patzige Melodie fuhr. Carl reckte sich, schrie, schlug sich auf die Brust, spielte Luftgitarre, rutschte auf den Knien, ließ sich fallen, wälzte sich auf dem Boden und gab dem letzten Ton schließlich einen sehr verliebten und doch wehmütigen Blick mit auf seinem finalen Weg in die Hitze der Nacht. So als wäre er eins geworden mit sich, mit dem Oasis-Sänger Liam Gallagher, mit dem Universum, mit der Ewigkeit. Das Publikum johlte, jubilierte und applaudierte, und Carl hielt seinen neuen Fans ein Peace-Zeichen entgegen. Und obwohl über dieser Szene das große Glück zu fliegen schien, wirkte Carl in seinem Freudentaumel wie ein trauriger Don Quichotte, der gegen die Mühlen der Einsamkeit kämpfte.

»Ich dachte, ihr hasst die Engländer.« Ich hatte Carl mein Wohlwollen für die gelungene Darbietung ausgesprochen und reichte ihm zur Belohnung ein frisches Bier. »Klar, aber Oasis sind ja fast Iren. Wenn du ganz genau hinhörst, kannst du es spüren.« Wir tranken noch diverse Whiskeys und Biere, dann war die Party vorbei. 24 Uhr – Sperrstunde auf Samoa. Wir schnappten unser Gepäck und liefen an der Hafenpromenade entlang, bogen aber kurz vor unserem Hotel gen Meer ab, ließen uns auf der Ufermauer nieder und schauten bedröhnt in den sternhellen Himmel. »Ich sag dir jetzt mal einen Satz, über den du vor dem Schlafengehen nachdenken kannst«, meinte Carl. »Wer einmal seine Insel erreicht hat, der geht auch mit ihr unter. Gute Nacht.«

Über Carls tiefsinnigen Satz konnte ich nicht mehr nachdenken. Denn kaum hatte ich mich ins Bett fallen lassen, beförderte mich mein Rausch ruck, zuck in den Schlaf. Eine eiskalte Dusche am nächsten Morgen weckte meine Lebensgeister. Voller Tatendrang hüpfte ich in meine neue Inselkluft: T-Shirt, Bermuda und Schlappen, die mir nun hoffentlich das Leben retten würde, und stapfte los. Schließlich musste ich noch meine Fährtickets bei der tokelauischen Regierung besorgen, die ihr Büro in Apia hatte, weil Tokelau selbst einfach zu weit vom Rest der Welt entfernt war, um von dort das Land zu regieren und zu verwalten. Das Büro wiederum lag auf der anderen Seite der Stadt – eine Distanz, die auf der Karte überschaubar wirkte und die ich deshalb in alteuropäischer Manier zu Fuß zurücklegen wollte. Während eines Fußmarsches würde ich außerdem Gelegenheit haben, die Hauptstadt Samoas zu sehen und in ihr Leben einzutauchen. Außerdem brauchte ich Proviant für meine Schiffsreise. Es war Samstag, und schon um 14 Uhr würden Supermärkte und Geschäfte schließen. Dann würde Samoa stillstehen wie die alte Bundesrepublik an einem Samstag, damit sich die Menschen in aller Ruhe auf das sonntägliche Beten und Essen vorbereiten könnten.

Ich trat hinaus in die Sauna und ging los. Nach den ersten Schritten wunderte ich mich nicht mehr, warum ich weit und breit der Einzige war, der sich zu Fuß durch die feuchtwarme

Mittagssuppe quälte. Jeder Schritt war ein Kampf, jeder Gedanke eine Qual. Schon nach wenigen Metern spürte ich, wie meine Badelatschen auf dem Asphalt zu glühen begannen. Ich ging schneller, weil ich hoffte, dass die Sohlen so nicht schmelzen würden und mir der Gehwind Kühlung verschaffen würde. Falsch gehofft. Die leichte Brise blies mir wie ein Fön ins Gesicht, die Sonne brannte in meinem Nacken. Erste Blasen machten sich zwischen meinen Zehen bemerkbar. Flipflops waren offensichtlich nicht zum Wandern gedacht, wie ich in meiner Latschen-Unerfahrenheit feststellte. Meine Fußsohlen schmerzten schon nach wenigen Metern. Mein Spaziergang wurde zum Kreuzweg. Wie konnte man in dieser Hitze nur existieren? Wie konnte man unter diesen Bedingungen nur leben? Wie konnte man nur denken, wenn sich jeder Gedanke ruck, zuck in warmen Gelee verwandelte? In diesem Augenblick hätte ich gern geschimpft, auf die Hitze, auf Samoa, auf den tropischen Wahnsinn, auf den Sand, auf die Palmen, auf meine Latschen, auf den fettigen Fritteusengeruch, der aus den kleinen Cafés in meine Nase kroch. Aber als gut erzogener Bildungsbürger wusste ich natürlich, dass man in Samoa nicht über Samoa schimpfte. In Samoa gab es nur eine Institution, die sich mit lauter Stimme erheben durfte – und das war die Polizei. Außerdem hatte ich schon in Neuseeland gelernt: Inseln beschimpfte man nicht, über Inseln machte man sich nicht lustig. Inseln galt es zu feiern, zu verehren, als wunderschön und herrlich, jede Insel für sich ein kleines Wunder, jede Insel für sich ein Paradies, jede Insel für sich ein Gott. Also riss ich mich zusammen, blieb freundlich und lächelte zur Übung einen Labradormischling an, der mit heraushängender Zunge, alle viere von sich gestreckt, neben der Straße lag. Es funktionierte. Kaum hatte die hellbraune Töle mein gequält lächelndes Gesicht erblickt, begann sie mit dem Schwanz zu wedeln. Nichts wie weiter, einen Begleiter konnte ich nicht gebrauchen. Das Wasser reichte gerade mal für mich.

Offensichtlich war ja auch nicht das Klima an meiner Misere schuld, sondern ich selber. Ich hatte eine wichtige samoanische Regel missachtet. Die Mittagszeit wurde hier nicht zum gemütlichen Spazierengehen an der Hafenpromenade genutzt, sondern zum Herumliegen und Herumsitzen. Eine Regel, die auch von Hunden, Fliegen, Kakerlaken und Mücken mit einer erstaunlichen Konsequenz befolgt wurde. Das richtige Leben begann erst, nachdem die Sonne in einem theatralischen Abgang allabendlich im Ozean verschwunden war. Selbst die Taxifahrer glaubte ich hämisch lächeln zu sehen, als sie in ihren weißen motorisierten Kühlanlagen an mir, der Figur des Leidens, vorüberkrochen, wohl in der Hoffnung, dass ich meinen Marsch erschöpft aufgeben und erleichtert zu ihnen ins rettende Taxi springen würde. Ich widerstand und grinste verbissen zurück. Immerhin stieg ein heimatliches Gefühl in mir auf. Den Rechtsverkehr, ein Relikt aus Samoas deutscher Kolonialzeit, hatte ich nach Monaten im Linksverkehr-Leben Neuseelands schmerzlich vermisst.

Ich passierte das Aggie Grey's, ein legendäres Hotel, in dem im Zweiten Weltkrieg amerikanische GIs abgestiegen waren und später auch Gary Cooper und Marlon Brando übernachtet haben sollen. Dann erblickte ich eine tote Ratte, die so platt war, dass sich ihr zerfetzter, kleiner Leib mit den Strukturen der Teerdecke verwoben hatte. Ich setzte meinen Marsch des Leidens fort. Dunkle, schwere Wolken lagen in der Ferne wie ein Teppich über den niedrigen Häusern. Wahrscheinlich würde es bald Regen geben, einen gewaltigen Regen. Man konnte ihn schon riechen. Sorgen machte ich mir deswegen nicht. Nass war ich ohnehin schon.

Ich erreichte Apia Downtown, was weltmännischer klingt, als es war – Apia war auf den ersten Blick eine überschaubare Ansammlung aus pragmatischen Bankbauten, weißen Kirchen, einer kurzen Fußgängerzone, kastenartigen Gebrauchsgebäuden,

Märklin-Häuschen mit spitzen Dächern in Himmelblau oder Cremegelb und ein paar alten Holzhäusern aus der Kolonialzeit. Auf den Straßen fuhren buntbemalte Schulbusse. In den nicht übermäßig designüberladenen Cafés und Plastikstuhl-Kneipen saßen ein paar abgehalfterte Weiße in Hawaiihemden und kurzen Hosen, ihre faltigen, bärtigen Gesichter gezeichnet vom Leben und wohl auch vom Alkohol. Lebenslustige, junge Samoaner flanierten durch die Fußgängerzone. Hunde gähnten in die Hitze. Ein Wort wie »Zukunftsangst«, das mir gerade jetzt durch den Kopf schoss, zerplatzte hier wie eine Kaugummiblase. Insgesamt erweckte die Hauptstadt keinen überaus ambitiösen Eindruck, der sich etwa in wirren Bauprojekten oder neuen Mülleimern manifestierte. Apia war selbstredend kein New York, aber Apia war auch kein Offenbach. Apia machte den Eindruck eines mit sich selbst zufriedenen Städtchens. Es war nicht sonderlich laut, nicht hektisch, niemand bewegte sich so, als müsse er noch dies oder das erledigen, bevor der Samstag seine Türen schloss. Apia lag am Rande des Universums und genoss diese Lage.

Ich irrte auf der Suche nach dem Sitz der tokelauischen Verwaltung durch die Straßen. Viermal hatte ich nun nach dem Weg gefragt, aber immer nur ratlose Gesichter als Antwort erhalten. Über eine Stunde war ich mittlerweile gelaufen, meine Füße waren ein einziger Schmerzteppich. Schweiß schoss aus allen Poren meines Körpers. Bald würde ich mich auflösen wie eine Brausetablette. Ich beschloss, der elenden Sucherei und meinem Latschenspaziergang ein Ende zu bereiten. Ich stellte mich an den Straßenrand und winkte ein Taxi heran. »Tokelau«, sagte ich, als ich einstieg, in der Hoffnung, dass mich der Fahrer verstehen würde. Er schaute mich irritiert an, drückte dann aber auf das Gaspedal, riss das Lenkrad herum und zog den Wagen kunstvoll wie Steve McQueen auf die entgegengesetzte Fahrbahn. Offensichtlich wusste er, wo mein Tokelau in Apia zu finden war. Ich hatte mich gerade zurückgelehnt, da stoppte der Wagen auch schon wieder.

»Wie, schon da?« Schließlich waren wir nicht einmal fünf Sekunden gefahren. Durch das Fenster sah ich eine kleine Baracke, auf der ich das Wort »Tokelau« im Schriftzug erkennen konnte. Die Verwaltung von Tokelau legte offensichtlich wenig Wert auf Pomp und Prunk, was mir gefiel. »I am so stupid«, sagte ich zum Fahrer, schlug mir an die Stirn und fing lauthals an zu lachen. Fünf Sekunden, zehn Sekunden. Ich konnte einfach nicht aufhören. Dem Fahrer wurde meine Fröhlichkeit wohl unheimlich, denn plötzlich sagte er: »Money, money.« »Ja, ja, schon gut«, entgegnete ich immer noch lachend, reichte ihm vier *talas* und stieg aus.

Ich betrat das graue Gelände. Schon kam mir eine junge Frau in einem blauen Kleid entgegengestürzt. Sie wedelte mit ihren kräftigen Armen und begrüßte mich schließlich mit solch strahlenden Augen, dass ich sogar meinen erbärmlichen Zustand vergaß. »Wir haben Sie schon erwartet, Ingo Petz«, sagte Susan, die als Sekretärin und Koordinatorin bei der tokelauischen Regierung arbeitete, und ich schaute gedankenverloren auf ihre schönen vollen Lippen. »Gott, Sie sehen aber verschwitzt aus. Was haben Sie nur gemacht?« »Ich wollte mir die Stadt anschauen und bin hierhingelaufen«, antwortete ich verschämt. »Sie sind ein Abenteurer, nicht?« Susan lächelte, was ihre Lippen noch voller erscheinen ließ. Übel nahm ich ihr die Spitze nicht. Schließlich hatte ich ja ein Abenteuer vor, oder? »Kommen Sie, Ingo Petz. Ich stelle Ihnen den Ulu von Tokelau vor.«

Und da saß er, der oberste politische Repräsentant des Minilandes, der unsere Delegation auf der Reise zum Referendum auf Tokelau begleiten würde. Kuresa Nasau war ein alter Mann mit einem athletischen Körper, aber tiefen Sorgenfalten auf der Stirn und dunklen Ringen um die nachdenklichen Augen. Als er mich sah, blickte er zunächst mitleidsvoll auf meine Füße. Dann reichte er mir seine kräftige Hand und sagte: »Herzlich willkommen. Dass Sie sich entschieden haben, mit uns nach Tokelau zu fahren – das war der größte Fehler Ihres Lebens.«

III.

Der harsche Satz des Ulus steckte noch einen halben Tag wie ein Stachel in meiner Erinnerung. Ich hatte ihn natürlich so verstanden: Wer meinte, den Südpazifik herausfordern zu müssen, der musste mit dem Schlimmsten rechnen. Was der Ulu aber wirklich gemeint hatte, ahnte ich da noch nicht. Das würde mir erst am Ende dieser Reise klarwerden. Noch hatte ich mit anderen Problemen zu kämpfen. Nachdem unsere Delegation aus Regierungsvertretern, Beobachtern und Journalisten in der Nacht abgelegt hatte, hatte ich mich sofort in die Koje verkrochen und die Nacht auch ohne Störungen überstanden. Nun aber lag ich mit flauem Magen und matten Gedanken bereits zehn Stunden in der Kajüte und spürte die gewaltige Kraft des Ozeans unter mir. Zusammen mit dem Schiff schwappte ich wie ein Stück Treibholz vom Wellengipfel ins Wellental. Abwärts, aufwärts, abwärts, aufwärts – willenlos, kraftlos, in der Gewalt der Wellen. In mir erlosch jeder Gedanke an ein selbstbestimmtes Leben. Da lockte einen das Meer mit seinem Blau und seinen Sehnsüchten, aber kaum war man dann einmal unterwegs, wollte man gleich wieder zurück ans rettende Land. Joseph Conrad hatte recht gehabt, als er sich fragte, ob es nicht ein größerer und menschlicherer Triumph sei, »ein Spielzeug der Wellen zu sein und dennoch zu überleben …«.

Ich hörte das Stampfen des Dieselmotors, das Platschen der Wellen und neben meinem linken Ohr eine Kakerlake, die über das Kopfkissen krabbelte. Ich hatte ja meine Zweifel gehabt, ob diese tattrige japanische Hafenfähre mit dem zweifelhaft eleganten Namen Lady Naomi das richtige Gefährt für solch eine Reise war. Eine Lady war unsere Fähre nicht, eher eine große, alte Stahlschachtel, etwa 15 Meter hoch und 80 Meter lang, mit einem weißen Teint, aber rostigen Narben. Sie war gemacht, um Küstengewässer zu befahren, und nicht, um dem offenen, mächtigen Ozean und seinen Wellenbergen zu widerstehen. Auf ihren zwei Rümpfen schlitterte sie wie ein ungelenker Skiläufer beim Slalom von Wellenberg zu Wellenberg. Die Kajüte, die ich mit etwa 18 Männern und Frauen teilte, war ein mit Doppelbetten zugebauter enger Raum, durch den sich schmale Gänge zogen. Es gab zwar eine Klimaanlage, aber die hatte beträchtliche Mühe, die muffige Luft von unzähligen Seefahrten aufzufrischen. Aus den verschiedenen Ecken des Raumes hörte ich ein tiefes, brummiges Schnarchen und ein helles Pfeifen.

Auf der gegenüberliegenden Koje saß Selwyn, ein neuseeländischer Journalist mit einem ungewöhnlich melancholischen Blick, der auch zur Delegation gehörte, und bastelte an seiner Videokamera. »Brauchst du Tabletten?« Selwyn hatte seinen Kopf gehoben und sah mich mit wissendem Blick an. »Hab schon ein paar genommen«, ächzte ich wie eine alte Töle. »Du siehst echt nicht gut aus. Wenn ich nichts mehr merke von den Wellen, dann kannst du meine Armbänder haben. Die drücken auf den Puls und sollen deinen Gleichgewichtssinn in Balance halten. Ich glaube, bei mir funktioniert es.« Selwyn streckte mir seine Wunderarmbänder entgegen. Antworten konnte ich nicht. Die Lady Naomi fuhr wieder Achterbahn, und mein Magen folgte ihr. Ich schloss meine Augen und dachte an einen weißen Strand, an die türkis schimmernde See, an ein kühles Bier und kakaobraune Mädchen, die mir Mega-Joints drehten und meine Füße massierten. Das Schicksal war nicht gnädig mit mir und meinen Träumereien. Denn urplötzlich legte eine laute, polternde Kiwi-Stimme mein Kopfparadies in Schutt und Asche.

»Hey, Kollegen. Wie schaut's aus?« Paul, die lebende Legende unter den Südpazifikexperten, hatte sich in unserem Kojengang postiert und stützte sich mit seinen Ellenbogen auf die oberen Pritschen. »Was seid ihr denn für Pflanzen? Ganz schön erschlagen, was? Noch nie auf See gewesen, oder? Seid froh, dass die See diesmal so ruhig ist und keinen Ärger macht. Beim letzten Mal, als wir nach Tokelau gefahren sind, wackelte das ganze Schiff, und da ging es auch *mir* schlecht. Ich erspare euch lieber die Einzelheiten. Aber gleich gibt es Frühstück. Ein neuer Tag. Die Sonne scheint. Es ist herrlich. Aaah.«

Aaah, machte auch mein Magen. Denn nach einem fetten Schiffsfrühstück war mir gerade nicht. Durch seine runde Brille betrachtete Paul mich mit seinen wachen, unruhigen Augen. Er war einer der Menschen, in deren Präsenz man sich wie eine Sumpfanemone fühlte – klein und unbedeutend. Paul war ein erfahrener Seebär mit einem großen breiten Schatten. Er hatte, so meinte man, schon Zyklonen, wütenden Häuptlingen, Inseldiktatoren und Monsterwellen getrotzt. Selbstredend hatte er einen Magen aus Eisen. Selwyn und ich dagegen waren die unerfahrenen Frischlinge und damit eine leichte Beute für Paul, der zur Betonung seines Erfahrungsschatzes eine beige Jenseits-von-Afrika-Stoffhose und eine cremefarbene Safariweste mit vielen kleinen Taschen trug. Seine Haare waren kurz und grau. Paul wusste erstaunlich viel über den Südpazifik, und er geizte nicht mit seinem Wissen. So verging in der Folge kein Abend, an dem Paul keine Anekdote aus seinem Reich zu berichten wusste. Ob es die korrupten Verwandtschaftsbeziehungen auf Samoa waren oder die letzten Neuigkeiten aus der tonganischen Oppositionsbewegung, Paul war bestens informiert über die Inselgeschehnisse, die – wie mir schien – alles andere als von Friede und Freude geprägt waren, sondern von politischen Putschen, Intrigen und Grabenkämpfen. Der Südpazifik mochte ein Paradies für das Auge sein, aber ein politisches Paradies war er nicht.

Selwyn schien in vielerlei Hinsicht das Gegenstück zu Paul. Er war bedächtig, still und unauffällig. Er konnte mit tiefgehenden Analysen zur neuseeländischen und südpazifischen Politik glänzen, er konnte aber auch schweigen und zuhören. Selwyn und

Paul gehörten zu der Gruppe illustrer Persönlichkeiten, die sich an den drei kommenden Tagen als meine Unterhaltungsgang herauskristallisierte. Darüber hinaus waren neben vielen anderen Passagieren und der Crew noch der Ulu und die beiden Chefs der Tokelau-Atolle Fakaofo und Nukunonu an Bord sowie David, der für Tokelau zuständige Administrator der neuseeländischen Regierung, Zak, der Transportminister Tokelaus und vierfacher Medaillengewinner im Lawnbowling bei den südpazifischen Spielen, und der Chef der Kirche von Tokelau. Letzterer war ein sehr alter, knöchriger Herr mit einer tiefen eindringlichen Stimme und einem großen silbernen Kreuz um seinen Hals. Er erinnerte mich entfernt an den unheimlichen Prediger aus dem Film »Poltergeist II«.

Am Anfang war sich unsere Gruppe noch fremd. Man beschnüffelte und beäugte sich, wie man das so macht in Menschenansammlungen, die das Schicksal zusammengebracht hatte. Wir alle waren hoffnungslose Individualisten und bissige Einzelkämpfer. Außer den Naturgewalten fürchtete ich ganz besonders den Lagerkoller, der selbst dem ruhigsten und ausgewogensten Menschen seine inneren rasenden Klabautermänner entlocken konnte. Immerhin war die Lady Naomi aber so groß, dass man sich auch für ein paar Stunden aus dem Weg gehen konnte.

Ich beschloss, die schaukelnde Herausforderung anzunehmen, richtete mich auf und begab mich schleichenden Schritts raus auf den Gang zum Oberdeck, wo mir eine Brise schwerer Dieselluft, versetzt mit einem herzhaften Salz- und Urinaroma, in die Nase stieg. Die Toiletten hatte ich schon inspiziert, nachdem wir abgelegt hatten, und dabei festgestellt, dass sie noch nicht einmal einer Beurteilung durch eine Jury für abgetakelte Kreuzfahrtschiffe standhalten würden. Genau genommen erinnerten sie mich an die berüchtigten öffentlichen Toiletten im postsowjetischen Raum nach dem Zusammenbruch des Kommunismus. Ich hielt mir die Nase zu und horchte in mich hinein, aber mein Körper schien sich endlich auf die ungewohnten Lebensbedingungen eingestellt zu haben. Die Tabletten taten ihre Wirkung. 1 : 0 für die Pharmaindustrie!

Paul hatte recht, es war ein grandioser Tag auf dem Südpazifik. Die Sonne brannte, der Himmel war blau, der Ozean dunkelblau bis schwarz und glatt wie ein Spiegel. Ich spazierte zur Steuerbordseite, dann zum Backbord und reckte meine Nase in den warmen Seewind. Weit und breit war nichts zu sehen, an dem man sich mit seinem Blick hätte festhalten können: keine Wolken, keine Möwen, keine Schiffe, kein Land. Nur ab und zu schossen fliegende Fische aus dem Wasser. Ansonsten waren wir allein. Zumindest über der Wasseroberfläche. Auf dem hinteren Deck befand sich die »offene« Klasse und damit die billigen Plätze des Schiffes. Dort lagen Tokelauer auf dünnen Matratzen unter einem schattigen Sonnendach, umstellt von Sitzbänken, Taschen und Schuhen, schliefen, dösten, schauten hypnotisiert auf das Wasser, die Frauen spielten mit ihren Kindern oder kämmten sich ihre dicken schwarzen Haare. Viele kehrten von Familienbesuchen in Australien, Samoa oder Neuseeland zurück, wo viermal so viele Tokelauer lebten wie auf Tokelau selbst. Auf den Schalensitzen entlang der Reling saßen Vertreter der Delegation, der Regierung von Tokelau, weitere Passagiere in bunten Hemden oder speckigen Muscle-Shirts, sonnten sich, spielten Karten, plauschten in einer Sprache, die ich nicht verstand, und ein großer schwerer Mann mit Bart malte seltsame Bilder mit seinen wurstigen Fingern in die Luft. Zwei junge Samoaner, einer mit Glubschaugen, der andere mit krausen, wilden Haaren, filmten zwei Möwen beim virtuosen Pirouettendrehen. Waren das schon die ersten Anzeichen des Wahnsinns, den der Pazifik befördern konnte? Zeit, meine Mitreisenden näher kennenzulernen.

Ich hatte einen großen, dicken Polynesier mit einem lustigen Sonnenhut und heiteren Gesichtszügen entdeckt, der an der Reling stand und gen Horizont blickte – mein erstes Small-Talk-Opfer. Paul, so sein Name, war Maori aus Auckland, arbeitete als DJ, mit Spezialität polynesischer Hip-Hop und war auf einer schweren Mission. »Meine Freundin kommt von Fakaofo. Das ist das erste Atoll, wo wir morgen früh ankommen«, erzählte Paul und hatte dabei den typischen rhythmischen Maori-Groove in seinem Englisch. »Dort lebt ihre ganze Familie, und ich fahre da zum ersten Mal hin. Zum Antrittsbesuch, du verstehst, Bro.« »Du willst um die Hand deiner Freundin anhalten?« »Genau.« Paul lächelte glückselig. »Sprechen die denn Englisch?«, wollte ich wissen. Pauls Mundwinkel fielen herab. »Nein, das ist ja das Problem. Leider spricht keiner Englisch. Und meine Freundin ist nicht mitgekommen. Sie hat gesagt, dass ich das alleine hinbekommen müsse. Ich solle mir keine Sorgen machen.« »Das hört sich ja sehr hoffnungsvoll an. Wie lange bleibst du denn?« »Zwei Wochen – bis die nächste Fähre nach Apia vorbeikommt.« »Tokelauisch wirst du in der Zeit nicht lernen können«, meinte ich lapidar. Paul schüttelte seinen schweren Kopf. »Nein. Bestimmt nicht. Aber es wird sicher andere geben, die Englisch sprechen. Ist ja eine neuseeländische Kolonie.« »Aber zwei Wochen auf Fakaofo«, insistierte ich, »das wird bestimmt todlangweilig. Das Atoll soll ja nicht sonderlich groß sein. So groß, dass selbst die Schweine das Schwimmen gelernt haben, weil man sie aus Platzmangel auf den Korallenfelsen am Rande Fakaofos angesiedelt hat.« »Ich freue mich aber drauf. Ich bewege mich auch sonst nicht sonderlich viel«, erwiderte Paul und fasste sich an seinen gewaltigen Bauch. »Einige Tanten meiner Freundin sollen tolle Köchinnen sein. Da kann ich mal die lokalen Köstlichkeiten austesten. Außerdem kann ich mit den Männern vielleicht mal fischen gehen. Und ansonsten entspanne ich halt mal zwei Wochen.« »Ja, dafür wirst du sicher genug Zeit haben«, bestätigte ich. Denn Fakaofo war so groß, dass man das Atoll mit einem Spaziergang von 15 Minuten einmal umqueren konnte. Das hatte ich gelesen. Auch mir würde solch ein übersichtlicher Lebensraum gefallen – aber nur aus einem Grund: Eine Welt wie Fakaofo bot keinen Platz für Jogger.

Wie Paul schien jeder auf der Lady Naomi seine eigene, ganz persönliche Mission zu haben. Harry war ein anderer Passagier, den ich kennenlernte. Der große Mann mit dem Dreitagebart und den kleinen Augen war der einzige echte Tourist an Bord. Er kam aus Ohio in den USA und hatte vor 20 Jahren mal einen Tokelauer auf einem der Containerschiffe, auf dem er gearbeitet hatte, kennengelernt. »Der hat mich damals eingeladen, ihn zu besuchen. Nun war ich gerade zufällig auf Samoa und hörte von der Fähre hier, die nach Tokelau fährt. Da ist mir der Kerl wieder eingefallen, und ich hatte gleich die Idee, ihn zu besuchen.« »Wie, einfach so?« So viel Spontaneität bei einer derart abenteuerlichen Reise überraschte mich. »Ja, klar«, raunte Harry. »Ich hatte ja nicht viel Zeit, zu überlegen. Ich hab mir meine Tasche geschnappt und bin los.« »Und die 36 Stunden Fahrt schrecken dich gar nicht ab?« »Nee, mein Freund«, wiegelte Harry ab. »36 Stunden sind ein Klacks, wenn man sein halbes Leben auf dem Meer verbracht hat.« Sein tokelauischer Bekannter wusste allerdings nichts von Harrys Besuch. »Schließlich hatten wir seit damals keinen Kontakt mehr.« Aber Harry war sich sicher, dass er ihn finden würde, wenn er denn noch auf Tokelau leben sollte. »Die kennen sich doch alle untereinander.« Etwas Geheimnisvolles umwehte diesen Mann, den ich auf Mitte fünfzig schätzte. Und der Grund war nicht sein intensiver Körpergeruch. Die Überfahrt verbrachte er meistens schlafend und schnarchend. Er suchte nie das Gespräch mit anderen und hielt sich meistens am Rande des Geschehens auf. Wer zur See fuhr, so erklärte ich mir sein Einzelgängertum, musste sich wohl selbst genügen können.

Die schwerste Mission aber hatte der Ulu, der oberste Repräsentant von Tokelau – ein Amt, das jährlich unter den Inselchefs rotierte. Seine politische Hausmacht hatte der Ulu auf Atafu, dem Atoll, dem er als Inselchef, als Faipule, vorstand und das die letzte Station unserer Reise war und auf dem das Ergebnis des Referendums verkündet werden sollte, bevor wir wieder nach Apia zurückkehrten. Ich verbrachte viel Zeit, den Ulu zu beobachten, und ich sah ihn kein einziges Mal lächeln. Sein markantes Gesicht war eine einzige Sorgenfalte. Unter seinen Augen hingen schwere Tränensäcke. In dem kargen, kühlen Büro im Haus der tokelauischen Verwaltung in Apia hatte er die Bedeutung dieser Reise beschworen. »Ich weiß, wie wichtig dieses Referendum für unser Land ist, wie wichtig es ist, dass wir künftig unsere Geschicke selber in die Hand nehmen können«, hatte er mit eindringlicher Stimme gesagt, »aber es ist auch eine schwere Reise für unser Volk. Eine Reise, die viele Herausforderungen mit sich bringt und deren Ausgang ungewiss ist. Ich hoffe, dass wir – ganz egal, wie unsere Menschen entscheiden werden – gestärkt aus dieser Reise hervorgehen werden.« Das waren bleischwere Sätze. Der Ulu sollte sie noch viele, viele Male auf der Reise wiederholen – so als ob er die Dämonen des Schicksals zu bändigen versuchte, so als ob er den Ausgang der Abstimmung fürchtete.

Ein Gegenstück zu der Strenge, die der Ulu verkörperte, war sein Kollege Pio Tuia, der Chef von Nukunonu, dem größten Atoll Tokelaus. Er war ein leichtfüßiger, lustiger Zeitgenosse. Ständig lächelte er durch seine dicken Brillengläser und ließ Wörter und Sätze leicht wie Seifenblasen in die Luft aufsteigen. »Alles wird gut. Kein Problem«, sagte er, und seine feisten Wangen glänzten wie ein gewachster Braeburn-Apfel. Dann lachte er. Hahaha! Hahaha! Pio Tuia lachte gern und häufig. Auch wenn man nicht immer verstand, worüber er eigentlich lachte. Wahrscheinlich galt sein Heimatatoll als die Spaßbude Tokelaus und seine Bewohner als die leichtlebigen und lebenslustigen Italiener des Landes, während Atafu die Denkzentrale und seine Bewohner die pessimistischen Grübler waren. Ich muss sicher nicht betonen, wem ich mich näher fühlte.

In vielen, vielen Reden wurde an diesem ersten Tag auf See die Bedeutung des Referendums für die Tokelauer beschworen – wie in einem Gottesdienst, bei dem der alte Prediger Gott mit mantraartiger Betonung aufforderte, seine schützende Hand über die Tokelauer zu halten. Stundenlang beobachtete ich den Himmel und das Wasser an diesem Tag. Aber es regte sich nichts, keine Anzeichen eines Sturmes. Der Ozean blieb uns gnädig. Hier im Griff der Naturgewalten war der Glauben wohl die stärkste Hoffnung.

IV.

Der Schiffsmotor brummte nicht mehr, als ich aufwachte. Nur mein Schädel. Wir hatten auf unsere Weise versucht, die Dämonen der See zu bändigen – mit Bier, Rum und Gesang. Die meisten Kojen waren schon leer. Wir mussten wohl schon in der Nacht das erste Atoll erreicht haben. Viele hatten, wie ich später erfuhr, den Sonnenaufgang genutzt, um ein paar romantische Fotos von Fakaofo zu schießen. Fotos der Sorte: Rosablauer Himmel über grün leuchtenden Palmen. So weit hatte mich der Pazifik noch nicht mit seinen schönen Augen becircen können, dass auch ich dieser Versuchung erlegen wäre. Der Journalist ist eben ein nüchterner und unbestechlicher Hund – und das in jeder Lebenslage.

Ich stieg in meine Bermudashorts und meine, arghh, Flipflops, schnappte mir meinen Rucksack und kletterte aufs Oberdeck – voller Erwartung und Fragen. Wie sah dieses Miniland wohl aus? Wie lebten die Menschen dort? Ob es Katzen gab? Und Mücken?

Das Schiff war längst erwacht. Die Crew, große, kräftige Polynesier mit dunklen Sonnenbrillen, verwaschenen Tätowierungen und fauligen Gebissen, bereitete schon das Löschen der Ladung vor. Ich nahm einen kräftigen Zug Morgenseeluft, die schon sehr warm war. Schließlich waren wir nicht weit entfernt vom Äquator. Dann richtete ich meinen Blick auf Fakaofo, die Wiege der tokelauischen Kultur. Die Lady Naomi hatte rund 300 Meter vor der Küste den Anker geworfen. Deutlich erkannte ich die kleinen Palmeninselchen des Atolls, die aus der Ferne wie grüne Grasbüschel aussahen, die man in eine riesige Badewanne geworfen hatte. Zwischen den Palmen erblickte ich ein paar Häuser, weiße und blaue mit spitzen oder flachen Dächern. Am Ufer standen Männer wie eine Fußballmannschaft beim Singen der Nationalhymne aufgereiht und winkten. Andere saßen auf einer Mauer. Das Wasser funkelte smaragdgrün, ultramarinblau und türkis. Die Schönheit dieser Insel war ohne Frage umwerfend. Wie zerbrechlich aber war dieses kleine Paradies im Griff der Naturgewalten. Zyklone und Sturmwellen stellten eine immense Bedrohung für die kargen Inselchen dar. Erst 2005 war der Zyklon Percy an Tokelau vorbeigeschrammt und hatte vor allem auf Nukunonu beträchtliche Schäden angerichtet. Eine weitere Bedrohung war der Anstieg des Meeresspiegels, der dem schmalen Land schon einen beträchtlichen Lebensraum gekostet hat. Am unwegsamen Ufer konnte ich Steinwälle erkennen, die wohl vor nicht allzu langer Zeit aufgeschüttet worden waren. Dieses Eiland war ohne Frage ursprünglich nicht für den Menschen gedacht. Der aber, dieser sture Bock, siedelte auf den Atollen bereits seit Hunderten von Jahren. Was hielt ihn hier, wo es nur Kokosnüsse, Fische, noch nicht mal eine Frischwasserquelle und so viel Begrenzung gab? Begrenzung, die das tokelauische Leben bestimmte – durch und durch. In dieser Umgebung, das erkannte man gleich, war man immer auf die Hilfe von außen angewiesen. Zwar hatte Tokelau vor seiner Entdeckung mit dem gelebt, was die karge Natur im Angebot hatte, aber durch seine Anbindung an die Alte Welt musste eine wirkliche Unabhängigkeit für Tokelau ein vager Traum bleiben.

In der aufgewühlten Dünung schwappte die schwere Lady Naomi wie ein Spielzeugschiff hin und her. Um die Fähre, die nicht direkt am Ufer des Atolls anlegen konnte, zu entladen und die Passagiere zum Ufer zu transportieren, hatten die Tokelauer flache, wendige Stahlboote mit einem Außenborder gebaut. Die manövrierten sie kunstvoll über die schäumende Dünung zum Ufer in einen Betonkanal, an dessen Ende sie unbehelligt von den brechenden Wellen anlegen konnten. Die kräftigen jungen Männer mit nackten Oberkörpern und zauseligen Haaren standen während der ruckeligen Überfahrt mühelos auf dem Boot, als wir gen Ufer preschten, während ich mich auf der Bordkante sitzend mit festem Griff zu stabilisieren suchte und dabei hin- und hergeschüttelt wurde.

»Yippie. Jetzt beginnt unser Abenteuer!«, rief Paul, der die Ankunft mit seiner Videokamera filmte. »Dort wartet schon der Boss von Fakaofo. Schaut!«

Am Ufer stand eine kleine Delegation von alten Männern in bunten Hemden, Frauen waren nicht zu sehen. An Land wurde ich sofort vom Faipule, einem freundlichen älteren Herrn mit grauen Kraushaaren und einem kräftigen Händedruck begrüßt, dann vom Bürgermeister, dem Pukenunu des Atolls. Ein fröhlicher Polizist, ganz im Weiß der Unschuldigkeit gekleidet, griff sich die beiden blauen Wahlurnen, die wir mitgebracht hatten, und trug sie fort. Ein Polizist? Aber gab es denn hier überhaupt Verbrechen? Paul wusste wie immer Bescheid. »Früher gab es die kaum. In den vergangenen Jahren aber zunehmend. Je mehr die alte, traditionelle Welt des Inselkollektivs bröckelt und der Individualismus Einzug hält, desto mehr wird die Kriminalität zum Problem. Natürlich kann man die Inseln nicht wie ein Museum absperren, aber all die neuen Einflüsse bringen halt Herausforderungen mit sich, mit denen die Tokelauer umzugehen lernen müssen. Das meiste beschränkt sich im Moment wohl auf kleinere Delikte wie Diebstahl, Nachbarschaftsstreitereien, illegale Müllverkippung, häusliche Gewalt etc. Verhandelt wird das normalerweise vom Ältestenrat des Atolls in einer Kombination aus traditionellem Recht und neuseeländischem Gesetz. Je nach Vergehen.« Die Welt, die ich betreten hatte, wirkte auf den ersten Blick wie eine Raumstation auf einem anderen Planeten, die nur durch die Fähre mit der Welt verbunden war. Aber dieser Eindruck täuschte.

Mit Selwyn machte ich mich auf, Fakaofo auf dem Weg zum Versammlungshaus, wo die Begrüßungszeremonie stattfinden sollte, zu erkunden. »Verlauft euch aber nicht«, rief uns Paul hinterher. Wir spazierten über den weißen, schroffen Muschelkies, der jetzt schon eine bedenklich hohe Temperatur erreicht hatte, zu einer Kreuzung. Dort saßen ein paar Jungs und alte Frauen auf einer Mauer im schattigen Schutz, den das überlappende Dach eines Hauses spendete. Das Dorf wirkte wie ein Märklin-Dorf einer Eisenbahnlandschaft, die Häuser wie Puppenhäuser. Jedes Haus war ein- oder zweistöckig, aus Stein oder Holz, hatte im Gegensatz zu den nach allen Seiten offenen polynesischen Fale-Häusern Wände und große Fenster. Bäume spendeten Schatten vor der sengenden Hitze.

»Malo ni«, riefen wir, weltgewandt, wie wir waren, zur Begrüßung und lächelten ein südpazifisches Lächeln. Die Frauen kicherten, die Jungs zeigten uns mit ihren kleinen Fingern Rapper-Zeichen, die sie wohl in Hip-Hop-Videos gesehen hatten, und riefen fröhlich »Goodbye«. Dabei waren wir doch gerade erst angekommen. Ich kam mir vor wie ein Außerirdischer. Zwei Hühner stolzierten vorüber, der Wind ließ die Bäume rascheln, plötzlich ein Motorengeräusch, knarzender Kies – ein kleiner LKW. Ich zog Selwyn, der seine Videokamera stoisch auf eines der Hühner gerichtet hatte und zum Denkmal versteinert war, von der Straße. Der LKW passierte, die Jungs auf der Mauer kicherten. »Mann, da wäre ich wohl fast von dem einzigen Auto auf Fakaofo überfahren worden«, rief Selwyn und lachte. »Das wäre vielleicht ein Schicksal gewesen.«

Wir brauchten ungefähr zehn weitere Sekunden, um den Dorfplatz zu erreichen, an dem das schlichte, zweistöckige Verwaltungsgebäude und das mit Muschelketten verzierte Versammlungshaus im Stile eines Fales standen. Werbe- oder Verkehrsschilder gab es nicht. Nur ein selbstgemaltes Schild an einer Wand mahnte, den Pazifik und Fakaofo sauber zu halten. Die größten Häuser, das Wohnhaus des alten Predigers und ein überdimensioniertes Kirchengebäude, gehörten offenbar der Kirche – neben den Alten, den Faipules und Pukenukus die mächtigste Klammer der tokelauischen Gesellschaft.

»Etwas zu trinken?«, fragte ein freundliches Mädchen mit einem schüchternen Blick, als sie mich hilflos im Versammlungshaus stehen sah, schwitzend und wie eine ungewässerte Kartoffel, die in diesen widrigen Bedingungen einzugehen drohte. Der Seewind war hier in der Mitte der von Häusern umzäunten Inseln nicht mehr spürbar, nur die erschlagende feuchte Hitze. »Ja, danke«, sagte ich, und sie reichte mir eine Kokosnuss, deren Milch erfrischend kühl war.

Dann begann die Begrüßungszeremonie im Versammlungshaus, bei der viele lange Reden geschwungen wurden, der Glauben, die Hoffnung beschworen wurde – von tokelauischer Seite, von UN-Seite, von neuseeländischer Seite. Man wünschte sich gegenseitig das Beste. Die dürren Männer aus dem Ältestenrat saßen auf der Längsseite des Hauses, mit vor der Brust verschränkten Armen, und nickten oder brummten. Mit ihren dunklen Sonnenbrillen, Goldzähnen und bunten Hemden sahen sie aus wie der Familienrat in einem Mafiafilm.

Um Punkt neun Uhr war das Wahllokal im Versammlungshaus eröffnet. Wir hatten sieben Stunden Zeit, um uns Fakaofo anzusehen. Dann würden die Wahlurnen verschlossen und wieder auf die Lady Naomi gebracht werden zur Weiterfahrt nach Nukunonu. Für meinen ersten Rundgang brauchte ich 15 Minuten. Beim zweiten 20 Minuten. Dabei ließ ich mir viel Zeit, so viel Zeit, dass ich beim Gehen ein paarmal fast eingeschlafen wäre. Die Wege im Dorf waren sauber, die Häuser in den meisten Fällen gut gepflegt. Die Insel war allerdings sehr eng bebaut, freier Platz war so gut wie gar nicht mehr vorhanden. Ein unerwarteter Babyboom würde Fakaofo in eine Katastrophe stürzen. Vielleicht muss ich auch dies einmal ausdrücklich betonen: Es gab hier kein einziges Café, kein Restaurant, kein Kino, kein Kiosk, kein McDonald's – und dennoch befand sich dieses Tokelau auf unserer Erde.

Die Menschen beobachteten meinen Spaziergang durch ihre Gemeinde misstrauisch. Privatsphäre schien es kaum zu geben. Anonymität war unmöglich. Die Haustüren standen überall offen, Vorhänge waren selten. Soweit ich das sehen konnte, bestanden viele Häuser nur aus ein oder zwei Räumen. Manch einer lag dort im Bett oder labte sich auf einer speckigen Matratze. Frauen standen in der Küche. Babys schrien. Hier etwas vor der Gemeinschaft Fakaofos geheim zu halten, war schier unmöglich. Was sicher auch für die geheimsten Träume, Sehnsüchte und Wünsche galt. Wie auch für das Alleinsein, das in solch einer Gesellschaft ganz sicher nicht als Wert geschätzt, sondern als Krankheit verstanden wurde. Jemand, der alleine war, der hatte keine Freunde und war somit nicht lebensfähig. Hier zu leben, das stellte ich mir so vor, als müsste ich mit meinen Verwandten und Nachbarn auf einer kleinen Insel hausen. Ein Gedanke, der mich nicht begeisterte. Katzen und Hunde hatte ich bei meiner Erkundungstour wiederum noch nicht entdeckt. Platzmangel konnte also auch durchaus positive Folgen haben.

Bei meinem dritten Rundgang traf ich Paul, den Maori, der sich erstaunlich schnell an die Langsamkeit gewöhnt zu haben schien. Er saß auf der Erde, an eine Mauer gelehnt und nippte an einer Cola. »Und, alles klar in der Familie?«, fragte ich. »Soweit ich sie verstehen kann – ja.« »Schon die Hochzeit angesprochen?« »Nee, Bro. Da muss ich den geeigneten Zeitpunkt abpassen. Im Moment bin ich noch mit der Entspannung beschäftigt.«

In meinem nächsten Leben, dachte ich, würde ich mir auch ein Entspannungsgen anschaffen und stapfte weiter, beobachtete dann mit einiger Genugtuung die gar nicht behäbigen Schweine, die zwischen den Felsen am Ufer umherschwammen, tauchten, Fische fingen oder unbehelligt von meiner Präsenz wilden Schweinesex hatten.

Dann lief ich Tauaita in die Arme, einem dicken jungen Mann, der nach einem süßlichen Parfüm roch und einen weichen verträumten Blick hatte. Überraschenderweise gab er sich als Journalist zu erkennen, der einzige Journalist auf Fakaofo. Von einem kleinen weiß-hellblauen Zimmer aus, das sich im zweiten Stock des Verwaltungsgebäudes befand, betrieb er das tägliche Radioprogramm der Insel. Er sei ein paarmal zu Familienbesuchen in Neuseeland gewesen, erzählte er, ansonsten habe er aber sein ganzes Leben auf der Insel verbracht. »Weißt du«, sagte er mit einer Baldrian-Stimme. »Ich bin nicht besonders clever. Alle, die clever in der Schule waren, haben ein Stipendium bekommen und sind weggegangen und nicht mehr zurückgekommen. Ich aber will wirklich etwas für mein Land tun.«

Das Radioprogramm bestand aus dem Wetterbericht, Ratespielen für Kinder und den Nachrichten aus dem Ältestenrat und dem Dorf. Wie ich aus dem Gespräch mit ihm erahnte, würde er als Journalist seine Meinung manchmal besser zum Ausdruck bringen können. Aber das sagte er so nicht. Er sagte: »Mit den Ältesten ist es manchmal nicht so einfach in meiner Arbeit. Aber sie haben das Sagen bei uns, weil sie viel Lebenserfahrung haben. Sie und der Faipule kümmern sich um unsere Gemeinschaft. Das ist wichtig, damit wir überleben können. Irgendwann werde ich vielleicht mal in den Rat gewählt. Unser Faipule ist ein guter und gerechter Mann. Deswegen wählen ihn die Menschen.« Mit unseren westlichen Maßstäben war so eine Inselwelt nicht zu verstehen. Dennoch wollte ich wissen, wie lange der Faipule denn schon Faipule war. »Sehr lange. Bestimmt schon zwölf Jahre.« »Das ist aber lang«, kommentierte ich. »Ist das bei euch in Deutschland nicht so?« »Nein«, erwiderte ich. »Derjenige, der die Politik für das Land bestimmt, wird alle vier Jahre neu gewählt. Und in den USA wird auch der Präsident alle vier Jahre gewählt. Und er darf nur einmal wiedergewählt werden.« Ich hatte Tauaitas Neugier geweckt. »Wieso das denn? Und wenn der Präsident ein guter Präsident ist? Wie unser Faipule.« »Bei uns glauben die Menschen, dass es nicht gut ist, wenn ein einzelner Mensch zu lange ein Amt innehat.« »Das verstehe ich nicht.« Tauaita schaute nun ratlos wie ein verlassenes Lamm. So langsam schwante mir, dass ich ihm mit meinen ehrgeizigen Ausführungen vielleicht keinen Gefallen tat. Schließlich wollte ich nicht für eine künftige Revolution auf Fakaofo verantwortlich sein. Deswegen fragte ich: »Träumst du nicht manchmal davon, andere Länder zu sehen oder irgendwo anders zu leben?« Tauaita lächelte. »Das wirst du nicht verstehen. Aber ich kann hier nicht weg. Das sind mein Land, mein Volk und meine Kultur. Ohne die bin ich gar nichts. Wo sollte ich denn hin? Ich wäre nicht glücklich. Glücklich kann ich nur hier sein. Auch wenn es manchmal schwierig ist, hier zu leben.« Ich ahnte, was er mir sagen wollte, aber wirklich verstehen konnte ich es nicht.

Aber ich hatte eine andere Idee. »Komm, ich zeig dir am Computer, wie mein Land aussieht.« Tatsächlich gab es auf Tokelau Internet – und zwar Wireless Lan. Die Vebindung war sogar relativ schnell. Unglaublich, aber wahr. Mit dem Internet wurde die Welt zum Dorf. Die Bedeutung dieses Satzes konnte ich, als ich hier in Fakaofo saß, nun wirklich verstehen. »Was, so groß ist euer Land?« Tauaita zeigte sich erstaunt, als er auf die Karte Deutschlands auf dem Computerbildschirm starrte. »So viele

Städte, so viele Menschen. Das kann ich mir gar nicht vorstellen. Dann kennt ihr euch ja gar nicht alle untereinander.« »Nein«, sagte ich. »Das ist aber schade«, erwiderte Tauaita mit belegter Stimme. Ich aber dachte: »Was für ein Glück!«

Kern der fragilen tokelauischen Kultur war ein urkommunistisches Gemeinschaftssystem: das Inati-System. Dieses war nicht etwa das Produkt einer sozialistischen Arbeiterbewegung, sondern das Ergebnis des Lebens auf begrenztem Raum. Bis dato garantierte es Schutz, Sicherheit und Stabilität vor den wirschen Widrigkeiten des Insellebens und der Isolation. Unter der Führung der Dorfältesten (Faipulenga) sorgte das Inati dafür, dass alle Familien genug zu essen hatten und mit Arbeit versorgt waren. Die Ältesten bestimmten, wann die Männer zum kollektiven Fischen gingen, wann Kricket gespielt oder wann das Dorf gesäubert wurde. Außerdem waren sie die höchste Moralinstanz. Als ich später auf Atafu durch die Nacht nach Hause spazierte und dabei zufällig ein junges Pärchen beobachtete, das sich anschickte, sich in ein Gebüsch zu schlagen, ertönte plötzlich eine laute männliche Stimme, die, wie mir mein Begleiter übersetzte, den Jungen aufforderte, schnell, aber ganz schnell nach Hause zu gehen. »Die Ohren und Augen der Ältesten sind überall«, sagte man auf Tokelau.

Für die gemeinschaftliche Arbeit bekamen die Tokelauer einen Stundenlohn von rund einem Euro. Geld brauchten sie, um Strom- und Telefonrechnungen zu bezahlen oder um in den kleinen Shops, die es auf jeder Insel gab, Seife, fettes Dosenfleisch, Bier oder Zigaretten zu kaufen. So romantisch das kollektivistische Inati-System für potenzielle Aussteiger klang, für mich, so entschied ich, wäre Tokelau keine Alternative und ganz sicher kein Paradies gewesen, sondern der reinste Alptraum. Ich war viel zu gern das Kind einer individualistischen Gesellschaft, die sich auch Träume leisten konnte. Nein, in solch ein Inselleben musste man hineingeboren werden. Einen wie mich hätte man

sehr schnell von der Insel gejagt oder am nächsten Baum aufge-
knüpft – dachte ich.

Noch waren Tradition und Religion die Klammer, die Tokelau
zusammenhielt. Doch die westliche Welt hatte die Mini-Inseln
längst entdeckt und stellte die Gesellschaft vor neue Herausforderungen – das Internet, das Fernsehen, die Besuche bei den
Familien in anderen Ländern – all das vermittelte den Tokelau-
ern neue Einflüsse und Vorstellungen, die mit dem alten Inati-
System nicht immer kompatibel waren. Frauen und Jüngere forderten mittlerweile mehr Mitspracherecht. Deswegen waren die
Vorbehalte gegen das Referendum überall spürbar – vor allem
bei den Älteren, die darauf bedacht waren, den Status quo und
damit ihre Machtposition nicht aufzugeben. In vielen Gesprächen erfuhr ich, dass die Menschen gegen eine Unabhängigkeit
waren, weil sie der Meinung waren, dass Tokelau zu klein sei, um
unabhängig zu sein, dass die Zeit noch nicht reif sei und dass
man Angst habe, mit einer Unabhängigkeit »Einflüsse« auf die
Insel zu holen, die schädlich für ihre Kultur wären. »Wir brauchen kein Geld und keine Geschenke. Damit verkaufen wir unser Land und unsere Kultur«, sagte mir ein alter Fischer. Die
Befürworter hielten dagegen, dass man sich verändern und den
neuen Herausforderungen stellen müsse, man endlich lernen
müsse, halbwegs auf eigenen Beinen zu stehen. Sie hoffen, dass
sich mit der Unabhängigkeit bessere Entwicklungsmöglichkeiten
für ihr Land ergeben würden. »Die Zeit können wir nicht zurückdrehen. Aber wir können unseren eigenen Weg in die Zukunft finden«, sagte mir der Faipule von Fakaofo, der sehr zuversichtlich war, dass das Referendum erfolgreich sein würde. Er
habe auf seiner Insel dafür gesorgt. Der Ulu dagegen war sich
des Wahlausgangs nicht so sicher. Er stand, seine Augen ver-
deckt von einer Pilotensonnenbrille, an einen der Pfähle des Versammlungshauses gelehnt und verfolgte den Wahlgang seiner
Landsleute – angespannt, regungslos.

Nach einem Nickerchen unter einem schattigen Baum, einem üppigen Essen mit fischigen und fleischigen Leckereien und der abschließenden Verabschiedung durch den Männergesangs- und -tanzverein des Atolls kehrten wir mit den Wahlurnen auf die Lady Naomi zurück. Die Menschen machten beim Abschied am Ufer nicht den Eindruck, als würden wir sie hier im Nichts zurücklassen. Eher schien mir, dass sie uns bemitleideten, weil wir wieder hinaus in die Welt mussten.

V.

»Das ist meine Heimat«, rief Dani voller Begeisterung. In der Nacht hatten wir unsere nächste Station erreicht. Wir standen auf dem Vorderdeck. Fotoapparate klickten, zischten und klackten. Vor uns lag nun Nukunonu – wieder funkelte die Welt blau und türkis. Es war mal wieder, man muss es so sagen, wunderschön. Man gewöhnte sich ja schnell an die traumhaften Dinge des Lebens und nahm sie nach einer Weile nur noch mit Schulterzucken zur Kenntnis. Für Dani galt das offenbar nicht. »Ist es nicht schön?«, sagte er mit leiser Stimme. »Das ist unser kleines Paradies, unser Palataiho, wie wir es nennen.« Dani war nach einem mehrmonatigen Aufenthalt bei seinen Verwandten in Neuseeland zurückgekehrt. »Meine Freunde und ich«, berichtete er, »wir nennen uns die Spartaner. Weißt du, warum?« Ich schüttelte den Kopf. »Wegen dieses Hollywood-Films ›300‹, in dem es um den Krieg der Spartaner gegen die Perser geht. Ein toller Film. Hat einer meiner Freunde auf Nukunonu auf DVD.« Wie gesagt, die westliche Welt hatte Tokelau längst eingeholt. Wahrscheinlich war es ratsamer, sich in eine Höhle im Bayerischen Wald zu setzen, wenn man der Welt entfliehen wollte.

»Wird dir hier nicht manchmal langweilig?«, wollte ich wissen. »Nee, gar nicht. Es gibt immer was zu tun. Fische fangen, aufräumen, was weiß ich. Nur sonntags ist es oft recht öde. Da wird nur gebetet und gegessen. Und die Alten nerven manchmal mit ihren komischen Ansichten.« Aber das sei wohl überall so, womit er natürlich recht hatte. Ob er nicht einmal irgendwo anders leben wolle? »Nein, nein«, rief Dani entrüstet. Wie ich denn darauf käme. »Hier gibt es alles, was ich brauche. Ich brauche noch nicht mal Geld. Na ja. Nur für Bier und Zigaretten.« Aber sonst sei alles umsonst.

Die Sonne brannte schon wieder unerbittlich. Mit einem Boot wurden wir zum Ufer gebracht. Nukunonu war das größte Atoll, ein amöbenartiger Flickenteppich aus unzähligen Palmeninseln, von denen allerdings nur eine bewohnt war. Von Europäern war es erstmals 1791 entdeckt worden, als der britische Kapitän Edward Edwards auf der Suche nach den Meuterern von der Bounty hier angelegt hatte. Anders als Fakaofo war es viel weitläufiger, und die Häuser schienen großzügiger angelegt. Das Dorf mit seiner katholischen Kirche im Zentrum und seinen hübschen weißen und blauen Häuschen wirkte recht idyllisch. Hinsichtlich seiner Sauberkeit hätte es Nukunonu sogar mit München aufnehmen können – mit seiner Provinzialität allerdings auch. Punks und Penner waren nirgends zu sehen. Hier war definitiv der Hund begraben, hätte es denn Hunde gegeben.

Vor allem aber schien Nukunonu wohlhabender als sein Pendant Fakaofo. Viele Häuser hatten große Wassertanks, Satellitenantennen und einen gepflegten englischen Rasen. Es gab sogar einen Rugby-Platz, allerdings nur für Menschen mit Betonknien, nämlich aus grobem Muschelkies. Aber auf Nukunonu hatte man deutlich mehr Luft zum Atmen, hier konnte man sich auch in den angrenzenden Wald schlagen oder an einen verlassenen Strand, um allein zu sein. Wahrscheinlich kamen mir die Menschen hier deshalb fröhlicher und freundlicher vor. Hatte ich auf Fakaofo den Eindruck gewonnen, dass wir zwar geduldet, aber nicht wirklich willkommen waren, präsentierte sich dieses Atoll von seiner besten Seite. Es gab Blumenkränze zur Begrüßung, dazu Gesang und leider auch wieder Reden und Predigten. Auch der Faipule war wieder einmal besonders gutgelaunt. »Schön frisch hier mit dem Seewind«, sagte er mit einem breiten Grinsen, als unsere Delegation im Versammlungshaus stand und alle an ihren Kokosnüssen nuckelten. »Das Versammlungshaus haben wir extra so nah ans Ufer gebaut. Wenn es mal hitzige Debatten gibt bei uns, dann haben wir direkt die Abkühlung.« Hahaha! Hahaha! Das Lachen des Faipules war im Rauschen des Meeres und des Windes kaum zu hören. Obwohl wir das Schiff bereits vor mehreren Stunden verlassen hatten, schwankte der Boden unter meinen Füßen noch immer wie auf einem wellentreibenden Laufband. Dieses Gefühl würde ich noch nach Neuseeland mitnehmen. Erst vier Tage nach meiner Rückker würde es vollkommen verschwunden sein, und ich würde wieder festen Boden unter den Füßen spüren. Dieses Gefühl ist wohl das schönste Souvenir, das man sich von Tokelau mitbringt, weil es einen daran erinnert, wie illusorisch doch der feste Boden ist, nach dem man sich für eine bessere Standfestigkeit sehnt.

Auf Nukunonu hatte ich mich auch aus einem anderen Grund gefreut. Unser Südpazifikexperte Paul hatte erzählt, dass es hier das einzige Hotel Tokelaus gebe. Das wurde von einem kauzigen alten Herrn und seiner freundlichen Frau betrieben. Es war der einzige Ort in Tokelau, wo wir ein kühles Bier bekommen würden. Als Paul beim letzten Mal das »Luana Liki«, so der Name des Hotels, besucht hatte, gab es allerdings nur eine einzige Flasche Bier. »Aber wir waren zu fünft«, erzählte Paul. »Also haben wir die Flasche stehen lassen. Für einen einsamen Reisenden, der irgendwann mal kommen mag.«

Während der Wahlgang schon wieder begonnen hatte und die anderen unserer Delegation dabei waren, die kompletten Briefmarkenbestände Nukunonus aufzukaufen, führte mich mein erster Weg also zu diesem berüchtigten Hotel, das in einer wunderschönen Bucht lag – mit Blick auf die Lagune. Das Hotel war ein zweistöckiges Haus mit einem geräumigen Balkon. Links neben dem Gebäude stand ein kleines blaues Holzhäuschen, offensichtlich ein Kiosk für die touristische Zukunft. Im Erdgeschoss befand sich, so hatte ich gehört, die Atoll-Disco, in der auch der Faipule gern sein Tanzbein schwang. Ich wurde von einer kleinen, alten Frau mit lustigen Augen begrüßt – Juliana Perez, der spanische Name stammte noch aus dem 19. Jahrhundert, als peruanische Sklavenhändler hier gelandet waren und vor allem die männliche Bevölkerung verschleppt hatten. »Das freut uns aber. Kommen Sie herein. Mein Mann kommt gleich. Wollen Sie ein Bier?« Diese Frage hatte ich erhofft – ach was: ersehnt. »Ja, sehr, sehr, sehr gern«, säuselte ich. Schon wenige Sekunden später hielt ich die kühle Flasche in den Händen und genoss den wertvollen Inhalt mit größter Genugtuung. Ich stand in einem geräumigen, kühlen Raum mit weißen und blauen Wänden und Steinplatten als Fußboden. In der Mitte befand sich ein großer Tisch. An den Wänden hingen Fotos, eine Micky-Maus-Uhr, Geldscheine aus unterschiedlichen Ländern, ein paar verblichene Bilder – darunter eines von Papst Johannes Paul II. (Nukunonu war nämlich katholisch, während Atafu und Fakaofo zur Congregational Christian Church gehörten). Ich blätterte durch das Gästebuch, dessen erster Eintrag aus dem Jahr 1995 datierte. Seitdem waren lediglich rund ein Dutzend Seiten gefüllt worden. Ich zählte und kam auf durchschnittlich 20 Touristen im Jahr, die sich nach Tokelau verirrten. Was redete ich? Verirrten? Nach Tokelau verirrte man sich nicht, hierhin musste man wollen. Ich las die Einträge. »Das ist das Paradies«, schrieb eine Australierin und ergänzte: »Ich hatte noch nie so viel zu essen.« Ein Holländer meinte: »Ich fühle mich privilegiert, hier sein zu dürfen.« Ein Kanadier beschwor einen Superlativ: »Das beste Hotel im Südpazifik.« Ein Amerikaner bekannte, dass er das Lächeln der Gastgeber und das vorzügliche Brot vermissen werde. Und ein Pole bedankte sich dafür, dass Luciano – so hieß der Hotelbesitzer – ihm beigebracht hatte, wie man Haie fängt, und dass er gelernt habe, was wirkliche Gastfreundschaft bedeute. Ein Name tauchte häufiger unter den Einträgen auf: Udo. Udo aus Duisburg.

Plötzlich erhob sich eine krächzend-nuschelnde Stimme hinter meinem Rücken. »Ja, der war schon ganz oft hier. Fast jedes Jahr. Udo, der ist Funker. Und der war ganz stolz, wenn er sich von hier aus melden konnte. Ein sehr netter Mensch.« Vor mir stand ein kleiner alter Mann mit einer wirren Beethoven-Frisur, Dreitagebart, schwarzen buschigen Augenbrauen und einem Mund, in dem ich nur noch wenige, faule Zähne ausmachen konnte. Hier hatte ich es offensichtlich mit einem lupenreinen Individualisten zu tun. Wir begaben uns auf den Balkon und blickten auf die Lagune. »Du kannst froh sein, dass wir ein bisschen Bier haben«, krächzte Luciano. »Ist in diesen Tagen gar nicht einfach zu bekommen.« Denn tatsächlich war der Biervorrat vom Ältestenrat abhängig, der den Import und Verkauf von Alkohol kontrollierte. Aber zwischen dem Rat und Luciano bestand ein, sagen wir, spezielles Verhältnis. Denn dieser kleine, fröhliche Mann war ein Rebell. Er hatte sich gegen die Regeln der Gemeinschaft aufgelehnt. Einunddreißig Jahre lang war er Direktor der Schule auf Nukunonu gewesen. Als er in Pension ging, beschloss er, dass er genug für die Gemeinschaft gearbeitet hatte. Er wollte seinen Traum verwirklichen und etwas für sein eigenes Leben tun – was er auch tat. Er baute das »Luana Liki« mit fünf Zimmern. »Im Moment bauen wir noch ein paar Zimmer an«, erzählte er. »Denn bald wird hier die große Versammlung aller Tokelauer tagen. Und wer weiß, vielleicht kommen ja irgendwann auch mal mehr Touristen. Ich würde mich über mehr Gäste freuen. Aber darüber, ob wir auch den Tourismus ausbauen wollen, darüber entscheidet die Gemeinschaft und nicht ich alleine. Die Gemeinschaft ist hier alles, der Einzelne zählt nicht viel.« Dann, aus heiterem Himmel, begann Luciano zu lachen –

wie ein wüster, heiserer Pirat. So als pfeife er auf das Schicksal, das ihm gegeben war. Dann verstummte er wieder und schaute mit ruhigem Blick auf die Lagune. Nur der Wind, der ewige Wind war nun noch zu hören. Ich konnte mir gut vorstellen, dass Superreiche ein Vermögen für einen Urlaub an diesem exklusiven Ort ausgeben würden. Ob sich das kleine Land aber für den Tourismus öffnen solle, das war eine der Debatten, die Tokelau in diesen Tagen teilte.

Nach dem Mittagessen traf ich Beha, einen hyperaktiven jungen Mann mit Al-Green-Frisur und schnellen, atemlosen Sätzen, bei dem ich mich fragte, wie man in solch einer Umgebung, in der sich das Leben in Dauerzeitlupe abspielte, nur solch eine überbordende Energie entwickeln konnte. Es war eines der Geheimnisse Tokelaus, die mich zurück nach Europa begleiten sollte. Beha zeigte Selwyn und mir voller Enthusiasmus die Schweinezucht und die Müllkippe, die beide im Wald versteckt waren. Dazu die neue Aluminiumpresse für all die Dosen und Konserven, die mit der Fähre auf Nukunonu landeten. Beha kümmerte sich um die Müllentsorgung. Er war der »Waste Manager« der Insel, ein Job, den er sehr ernst nahm. »Meine Leute müssen noch viel lernen, was die Müllentsorgung und den Umweltschutz angeht. Aber das bringe ich denen schon noch bei. Da bin ich sehr streng. Sehr streng.« Er lächelte und zog an seiner Marlboro wie der Marlboro-Mann – mit einem Prärie-Checker-Blick. Dabei fiel mir auf, dass Beha kaum schwitzte – anders als Selwyn und ich, die wir uns beide langsam aufzulösen drohten. Wahrscheinlich verfügte man als Tokelauer über ein evolutionär gedrilltes Anti-Schwitz-Gen. Bei der Müllentsorgung bestand tatsächlich Nachholbedarf, wie ich feststellte. Der kleine Regenwald, in dem wir standen, war übersät von Plastiktüten, Dosen und sonstigem Müll. Mancherorts sah man Bauruinen und überall Erdlöcher, in denen offenbar der Müll des Atolls vergraben wurde – natürlich ungetrennt, wenn dies überhaupt eine Erwähnung verdienen sollte. Für Menschen, die so ihre Probleme mit dem Grünen Punkt und der Mülltrennung haben, konnte Tokelau also durchaus ein Paradies sein.

Auch zur Tourismusdebatte hatte Beha eine strikte Meinung. »Also, ich sage ganz klar: Ich bin gegen den Tourismus. Ich verstehe zwar, dass wir mehr Einnahmen brauchen und uns verändern müssen, wenn wir eine Zukunft haben wollen. Aber mit den Touristen kommt nicht nur mehr Geld, sondern auch andere Einflüsse, andere Meinungen, vor allem von Menschen, die unser Leben nicht verstehen. All das kann nicht gut sein für unsere fragile Kultur. Das schafft Erwartungen, Ansprüche und Missgunst. Wir müssen zunächst selbst wissen, was wir wollen und wohin es gehen soll, dann erst können wir vielleicht ein paar Touristen einladen.« Beha war nun in voller Fahrt. Er ruderte mit seinen dünnen Armen und hampelte aufgeregt hin und her. Seine Stimme wurde schärfer. Selwyn und ich lauschten wie zwei Proseminarteilnehmer. Irgendwo pfiff ein Vogel. Dann quiekten Schweine. »Das hier ist unsere Kultur, und darüber müssen wir entscheiden. Und unsere Kultur ist das Teilen. Wir teilen alles. Das ist doch gut, oder?« Ich wollte ihm da nicht widersprechen. »Geld brauchen wir doch eigentlich nicht.« Beha zog an seiner Zigarette. »Okay, für Zigaretten vielleicht und für Bier. Aber sonst? Wir brauchen kein Geld. Auch in der Zukunft nicht.« Den letzten Satz hatte Beha wie ein General gesprochen, zackig und bestimmt. Er blickte mir erwartungsvoll in die Augen und wartete meine Reaktion ab. Aber was sollte ich sagen? Hier auf Tokelau mochte man einen Traum vom geldlosen Leben noch träumen können, aber anderswo? »Geld regiert die Welt«, hatte schon mein Opa gesagt. Und ich war mir sicher, dass dies in der Zukunft auch für Tokelau gelten würde – wenn es nicht längst schon der Fall war. Ich sagte also zu Beha: »Ich hoffe, du hast recht.« Dann sprang Beha wie ein Känguru durch die Büsche und zeigte uns, welchen Schaden der Zyklon Percy 2005 angerichtet hatte.

»Seht ihr die Hausfundamente da?«, rief er und zeigte auf einige niedrige Betonmauern, die nun unter Wasser standen. »Das war vor dem Zyklon alles Land. In den letzten zehn Jahren haben wir bestimmt fünf Meter verloren.« Wir standen an der Lagune, und ich blickte hinüber zur Ozeanseite, wo ich die Wellen brechen sehen konnte – eine Distanz, die man mit einem Ballwurf locker hätte überbrücken können. »Irgendwann wird das alles unter Wasser stehen«, meinte Beha, und Selwyn und ich schauten betroffen. »Aber, keine Sorge«, rief Beha dann fröhlich. »So weit ist es noch nicht.« In diesem Moment hatte ich den Unterschied zwischen der südpazifischen und meiner Mentalität wieder ein wenig mehr verstanden.

Am Abend, wir saßen im Gemeinschaftsraum des Oberdecks auf der Lady Naomi und aßen unser deftiges Kartoffelbrei-mit-brauner-Soße-und-Dosenrindfleisch-Abendessen, beschwor der Ulu einmal mehr den Erfolg des Referendums. »80 Prozent«, sagte er mit fester Stimme, »80 Prozent schaffen wir. Es muss einfach klappen.« Der Boss von Nukunonu lächelte. Er wusste wohl, dass sein Atoll kein Problem machen würde. Er galt als mächtiger Faipule und sein Atoll als Stimmenbringer zugunsten eines erfolgreichen Referendums. Im Falle des Ulus ging das Gerücht um, dass er auf seinem Atoll hart kämpfen musste für das Referendum – gegen die Traditionalisten und Skeptiker, die ihm eins auswischen wollten. Vor ein paar Jahren war der Priester von Atafu des sexuellen Missbrauchs an einem minderjährigen Mädchen überführt worden. Der Ulu hatte damals entschieden, dass der Priester dennoch bleiben dürfe. Damit hatte er sich den Zorn vieler Menschen zugezogen und seine eigene Machtbasis als Führer Atafus untergraben.

Selwyn pulte an einem sehnigen Stück Fett, das sich zwischen seinen Zähnen verfangen hatte. Paul stocherte mit seiner Gabel in dem Kartoffelbrei. »Auf den Erfolg und unsere Zukunft«, rief der Ulu. Wir erhoben unsere Bierflaschen und stießen miteinander an. Ein wenig war das Schicksal der Tokelauer auch zu unserem Schicksal geworden. Draußen leuchtete der Himmel orange und stahlblau.

VI.

»Sag doch einfach SIX, Paula«, rief Derek, einer der UN-Beobachter, und hob dabei sein Glas Rum. Es war der letzte Abend an Bord der Lady Naomi vor dem Showdown auf Atafu. Die Intensität der Reise und die Anspannung in Erwartung des Schicksals hatten eine wilde Party auf dem Oberdeck entfacht. »Es ist ganz einfach, Paula«, lächelte Derek und entblößte seine perloxidweißen Zähne. »Ich mach es dir vor. SIX. SIX mit i. Nicht mit ä. Ganz einfach. Es ist ja nur eine Zahl, die schöne Sechs. SIX halt.« Paula schaute den Mann aus New York verschämt an. Sie kam aus Neuseeland und hatte einen sehr starken neuseeländischen Akzent, was gerade das Hauptthema war. Ich konnte sehen, wie Paula sich zu überwinden versuchte, den nächsten Versuch zu wagen. Sie atmete tief durch und sagte: »SEX.« Derek lachte laut los. »Haha, sie hat es schon wieder getan. Ihr Kiwis seid vielleicht komische Vögel. Was sprecht ihr denn für ein Englisch. Könnt ihr kein richtiges i sprechen? SEX. Haha! Haha!« Derek bekam sich nicht mehr ein vor Lachen. Auch Paula lachte nun. »Hey, Derek«, mischte ich mich ein. »Du warst ja schon auf einigen UNO-Missionen, wie ich verstanden habe. Aber warst du schon mal in so einem abseitigen Land wie Tokelau?« »Aber klar. Du glaubst gar nicht, was unsere UNO für ein abseitiges Land sein kann.« Nun lachten wir alle, und unser Lachen vermischte sich mit dem Stampfen des Schiffsmotors.

Neben mir saß der Ulu. Auch er hatte schon ein paar Bier getrunken und zeigte sich entsprechend gesellig und redselig.

Verflogen war all die Sorge, die ihn bis hierher gezeichnet hatte. »Jetzt erzähle ich mal etwas, das dich erstaunen wird«, begann er, nachdem ich ihm berichtet hatte, was ich bis dato in meinem Leben angestellt hatte. »Ich bin nicht auf Tokelau aufgewachsen, sondern auf Hawaii, wo es auch viele Tokelauer gibt. Ich habe lange in der US-Armee gedient und bin eigentlich ein Kind des Westens.« Das überraschte mich wirklich. Denn eigentlich hätte ich es für selbstverständlich erachtet, dass ein politischer Führer Tokelaus ein waschechter Tokelauer sein müsste, weil sich die Gesellschaft vor unberechenbaren Einflüssen von außen eher verschloss oder ihnen zumindest skeptisch begegnete. Der Ulu war 1983 als 41-Jähriger zu einem Familienbesuch nach Atafu gekommen. »Damals war das ja noch richtig beschwerlich. Die Fahrt auf dem Schiff war reinster Horror. Wahrscheinlich hat sie mich davon abgehalten, schnell wieder zurückzukehren.« Er blieb, obwohl das Leben auf Tokelau zu jener Zeit alles andere als leicht war. Es gab kaum Strom, kein fließendes Wasser. Die Menschen lebten noch in ihren Fale-Häusern. Die Fähre kam nur sehr selten vorbei. »Es herrschte Mangel an allem. Was mir besonders auffiel, da ich so viel Wohlstand gewohnt war.« Der Ulu nahm einen ordentlichen Schluck Bier und runzelte seine Sorgenstirn.

»Ich war damals noch jung und impulsiv. Ich wollte alles verändern – von heute auf morgen. Mit dem Kopf durch die Wand. Und die Ältesten haben mich natürlich ausgelacht. Vor allem, weil mein Tokelauisch damals noch nicht so gut war. Dann habe ich Englisch gesprochen, und niemand hat mir zugehört. Das war schlimm, sehr schlimm.« Der Ulu machte eine Pause und schaute in die schwarze Nacht. Dann begannen seine müden Augen zu glühen. »Aber ich habe mich durchgesetzt. Ich habe gekämpft, so lange, bis man mich ernst genommen hat.« 1987 wurde er zum Faipule gewählt, dem jüngsten Inselchef, den Atafu bis dahin gesehen hatte. Er habe viel gelernt seitdem. Sehr viel. »Es macht mich manchmal zwar immer noch wahnsinnig, dass alles so lange dauert, dass es immer so langsam gehen muss bei uns, dass es immer ein Morgen gibt, wenn es wichtige Dinge zu entscheiden gilt. Meine Landsleute leben in der Gegenwart. Die Zukunft ist wie ein Nebel für sie, in den man sich nicht hineinwagt. Das war immer schon so. Deswegen ist es so schwierig, Veränderungen herbeizuführen. Aber ich habe verstanden, dass die Behutsamkeit unsere Stärke ist. Schnelle Veränderungen sind sehr gefährlich für uns. Deswegen habe ich vor zwei Jahren gegen die Unabhängigkeit gestimmt. Weil ich der Meinung war, dass wir noch nicht so weit waren. Seitdem haben wir hart gearbeitet, sehr hart. Deswegen unterstütze ich die Selbstverwaltung nun. Wir müssen unsere Geschicke selbst in die Hand nehmen, nur dann wird die Welt uns wahrnehmen und sehen, dass es uns gibt.«

Für den Ulu war das Referendum mehr als eine Abstimmung. Es war direkt mit seiner Biographie, mit seinem Lebensweg verbunden. Es könnte der Abschluss einer erfolgreichen Heimkehr eines Menschen sein, der sich selbst gefunden hatte. Ich bezweifelte allerdings, dass Tokelau im Falle einer Unabhängigkeit vom Rest der Welt wahrgenommen würde. Das würde wohl erst geschehen, dachte ich, wenn es untergeht. Dass die Tokelauer mehr in der Gegenwart denn in der Zukunft lebten, schien mir ein Wesenszug von Inselmenschen zu sein, die der Natur ausgesetzt waren. Mit dem Denken von uns Europäern, die ihr ganzes Leben damit verbrachten, über die Zukunft nachzudenken, sie zu formen, zu fürchten und sich gegen sie abzusichern, weil sie als Krieg, Pest, Verwüstung oder Armut über einen hereinbrechen konnte, war diese Lebensweise nur schwerlich kompatibel. Aber mich interessierte vor allem, warum der Ulu in Atafu geblieben war – bei all den Widrigkeiten, gegen die er kämpfen musste.

»Warum ich geblieben bin?«, sagte der Ulu und schaute auf seine Bierflasche, die er mit festem Griff umklammerte. »Ehrlich gesagt, das weiß ich manchmal auch nicht so genau. Das Leben auf Tokelau habe ich anfangs gehasst. Es war der reinste Alptraum. Andererseits war es die Kultur, die einen so starken Eindruck auf mich gemacht hat. Sie hatte mich gepackt und nicht mehr losgelassen. Da war irgendetwas in mir, das sagte, dass ich auf Atafu bleiben muss.«

Diese Stimme musste wirklich sehr stark und bestimmend gewesen sein, überlegte ich mir, und nun verstand ich auch, was der Ulu mit seinem Satz gemeint hatte, den er mir bei meiner Ankunft in Apia an den Kopf geworfen hatte. »Das war sehr ehrlich von mir gemeint, glauben Sie mir. Eine Reise nach Tokelau ist der größte Fehler, weil sie dein Leben verändern kann. Wer einmal auf Tokelau war, den lässt die Sehnsucht nach unserer Insel nicht mehr los. So wie es mir passiert ist. Das habe ich bei meiner Begrüßung gemeint. Passen Sie also weiter auf sich auf.« Und nach einer kleinen Pause ergänzte er: »Aber vielleicht ist es ja auch schon zu spät.«

Dieser Ulu hatte etwas Orakelhaftes und Mysteriöses, das mir ein wenig unheimlich war. Tokelau – ein Land, von dem ich vor ein paar Wochen noch nie etwas gehört hatte – war mir mittlerweile nahe-, sehr nahegekommen. Aber das war vielleicht auch nur eine Illusion, die in der kleinen engen Welt dieser Reise entstanden war. Doch es gab in diesem Moment keine Möglichkeit, dieser Illusion zu entfliehen.

Derek reichte mir ein Glas Rum. »Auf Bob Dylan«, rief er so laut, dass die fliegenden Fische aus dem Wasser schossen. »Auf den trinke ich nicht«, rief ich. »Ich trinke nicht auf tote Langweiler.« »Bob ist ja noch gar nicht tot«, rief Derek empört. »Aber ein Langweiler ist er trotzdem«, hielt ich entgegen. »Also gut – dann auf Tokelau.« Der Ulu lächelte. Ich stand neben ihm und betrachtete seine Adern, die seine dünne Kopfhaut wie Flüsse auf einer Landkarte durchfurchten. »Auf Tokelau!« Und wir ließen unsere Gläser zusammenkrachen.

Der nächste Morgen begann einmal mehr sonnig, heiß und mit unzähligen Reden, die leider mal wieder viel zu lange dauerten. Das Tokelauische mit seiner fliehenden Melodie und seiner stampfenden Rhythmik waberte wie ein einziges lautes Mantra-Om in meinem Ohr. Selwyn und ich saßen unter dem Vordach des Shops von Atafu und blickten anteilnahmslos und müde auf den Ulu, der, ganz in Schwarz gekleidet, am Rednerpult neben dem kleinen mit Blumen, Flachs und Flechten geschmückten Versammlungshaus stand und wieder einmal den Erfolg des Referendums beschwor. Unter dem schützenden Dach des Versammlungshauses saßen die Ältesten, die UNO-Delegation, die Vertreter der neuseeländischen Regierung und viele alte Frauen mit reichverzierten Blumenkränzen. Die restlichen Bewohner von Atafu schienen sich für die Veranstaltung nicht sonderlich zu interessieren. Ab und zu kam mal einer vorbei, stand da, schaute und schlappte dann weiter, während der Kies unter seinem schweren Gang krachte.

Die feuchte Hitze hatte meinen Antriebs- und Erkundungswillen fast vollständig zum Erliegen gebracht. Ich fühlte mich wie ein Mehlsack. Wie wollte man unter solchen klimatischen Bedingungen auch klare Entscheidungen fällen? Kein Wunder, dass Entscheidungsfindungsprozesse auf Tokelau so lange dauerten, wenn das Leben zäh wie Kaugummi war. Noch aber konnte ich mir keine Erschöpfung leisten. Erstens, weil am Nachmittag das Abstimmungsergebnis bekanntgegeben werden sollte und am Abend eine Abschlussparty geplant war. Zweitens, weil Selwyn und ich noch den einzigen Maler, sprich Künstler, Tokelaus aufspüren wollten.

Gleich nach dem Ende der Beschwörungszeremonie machten wir uns auf die Suche – die sich schnell als nicht einfach herausstellte. Denn eigentlich, so hätte man meinen müssen, sollte jeder Einwohner doch wissen, wo einer wohnte, der sich durch seine künstlerischen Fähigkeiten hervorhob und das Inselleben durch auf Leinwand gemalte Ästhetik bereicherte. Aber wir ernteten entweder Schulterzucken und Kopfschütteln oder wurden von einem Ende des länglichen Dorfes ans andere geschickt.

»Hallo«, rief Selwyn, als wir nach langen Irrwegen schließlich vor dem Haus standen, von dem wir intuitiv annahmen, dass es das Haus des Künstlers war. Durch die Glastür sah ich einen gewaltigen Schatten, der sich von einem Bett erhob und in Richtung Tür bewegte, die sich dann öffnete. Im Rahmen stand ein Hüne mit lustigen kleinen Augen und Händen, so groß wie Pizzateller. Er erinnerte mich eher an einen Rugby-Spieler als an einen Maler. Gebannt schaute ich nochmals an ihm hoch – er war wirklich ein Riese, aber schließlich verkörperte er die komplette tokelauische Kulturszene.

»Faumanu?«, fragte ich. »Der Maler?« Er taxierte uns mit seinem Blick von oben bis unten und sagte: »Für die meisten hier bin ich der Bäcker. Ihr seid also von außerhalb. Kommt rein.« Faumanu lebte und arbeitete in einem Raum, der Küche, Schlaf-, Wohn- und Arbeitszimmer zugleich war. Er hatte zwar nicht den Gestus eines Künstlers, aber immerhin pflegte er offenbar die Anarchie eines solchen. Aufgeräumt und gepflegt war sein Haus nicht. Auf einer Staffelei stand ein unfertiges Bild. Frauen beim Kochen. Er war bekannt dafür, dass er Gauguin-hafte Alltagsszenen auf Atafu malte. In den kräftigen Farben, die seine Insel prägten. »Da ich der Bäcker von Atafu bin, habe ich nicht allzu viel Zeit zum Malen«, sagte er mit Blick auf das unfertige Bild. »Ich mache meine Arbeit als Bäcker für die Gemeinschaft gern, aber so bleibt die Kunst halt liegen.« Wie viele Bilder er pro Jahr schaffe, fragte Selwyn und hielt seine Videokamera auf ihn. »Eins oder zwei. Mehr nicht. Aber die kann ich immerhin in Übersee verkaufen. Wissen Sie«, hob er an, nachdem er seine misstrauische Überprüfung unserer Person abgeschlossen und dann wohl entschieden hatte, dass er uns trauen konnte. »Wissen Sie. Es ist halt ein Dilemma. Zunächst einmal bin ich für die

Gemeinschaft da. Zu ihr gehöre ich, weil ich hier geboren bin und hier lebe. Deswegen ist es selbstverständlich, dass ich für die Gemeinschaft arbeite und zu ihrem Fortbestand beitrage. Andererseits gibt es dann auch die Malerei. Aber das ist meine persönliche Sache, die von meinen Leuten auch nicht so gern gesehen wird. Individuelle Leistungen werden sehr misstrauisch betrachtet, weil man den anderen dadurch das Gefühl gibt, man sei mehr als sie. Für unsere Gemeinschaft, in der alle eigentlich gleich sein sollen, wirkt so etwas bedrohlich. Aber ich kann deswegen nicht gehen. Ich muss mich damit arrangieren, da ich ja auch Teil dieses Systems bin.« Deswegen habe er für sich entschieden, dass sein Platz unter seinen Landsleuten sei. In der Ferne krähte ein Hahn. Faumanu war ein sanfter Riese. Sein gutmütiger Blick strahlte Liebe aus, sehr viel Liebe. Von dem Wort Allüren hatte er sicher noch nie gehört. Was er denn von dem Referendum halte, fragte Selwyn. Faumanu hatte seine große Faust auf dem Küchentisch plaziert. Er überlegte kurz. Er wolle nicht sagen, wie er abgestimmt habe, aber er sei grundsätzlich dafür, dass die Tokelauer sich veränderten. »Aber es ist meiner Meinung nach noch zu früh. Wir haben nicht genügend Menschen und intellektuelles Potenzial, um alle Posten mit fähigen Leuten zu besetzen. Wir bräuchten etwa 2000 Leute.« Auch dieses Argument hatten wir schon häufiger gehört. Wieder andere fürchteten, dass es mit der Unabhängigkeit zu politischen Grabenkämpfen zwischen verschiedenen Interessengruppen und damit zu politischen Krisen kommen könnte. Beispiele für politisch unsichere Länder gab es in der Nachbarschaft genügend: Wie Fidschi, Vanuatu, Papua-Neuguinea oder Tonga.

Mittlerweile war es Nachmittag. Die Menschen hatten ihre Siesta hinter sich gebracht. Auf der mit neuen Straßenlaternen versehenen Hauptstraße Atafus war Rush Hour: Zwei Hühner und zwei Fahrräder kreuzten den Weg. Ich sah zwei abgerockte Gebäude – bemalt mit Grafittisprüchen wie in Moskau, Berlin oder New York. Offensichtlich war Atafu das Zentrum der tokelauischen Subkultur. Dann liefen uns vier Kinder hinterher, die uns ihre Hip-Hop-Gesten zeigten. »Hey«, rief Selwyn. »Warum macht ihr das mit euren Fingern?« »Das haben wir im Fernsehen gesehen«, sagte ein kleiner Junge mit einem neckischen Grinsen. Seine Antwort leuchtete mir ein. Menschen waren überall dieselben Affen. »Außerdem sieht das cool aus«, sagte ein zweiter Junge mit einem Spiderman-T-Shirt. »Macht ihr das nicht?« »Nicht wirklich«, sagte Selwyn. »Dann seid ihr nicht cool«, beschloss der Spiderman-Fan. Auch wenn dieser kleine Rotz ganz schön frech und aberwitzig war, hatte er natürlich recht. Cool waren wir nicht.

»Tatsächlich machen die das mit diesen Gang-Zeichen erst seit etwa einem Jahr.« Bill war ein sehr herzlicher Mann mit grauem Bart. Er war ein pensionierter Lehrer aus Neuseeland, der seine Rentnerzeit dazu nutzte, seinem alten Beruf in Atafu nachzugehen. »Die Folgen, die das Internet und das Fernsehen auf diese kleine Gesellschaft haben werden, sind noch gar nicht abzusehen.« Man könne aber jetzt schon beobachten, dass die Gemeinschaft sich veränderte. »Anstatt abends miteinander zu reden oder sich zu treffen, sitzen viele mittlerweile jeden Abend zu Hause vor dem Fernseher und schauen Rugby oder indische Seifenopern. Früher oder später wird die Gesellschaft so ihre Risse bekommen, weil die Menschen ihren eigenen Wünschen nachgehen werden.« Ich sollte mich an Bills Worte wiedererinnern, als ich am Abend über die Hauptstraße spazierte und in die Häuser blickte, wo überall die Fernseher liefen. Selbst das Dorfzentrum wurde nicht von einer Laterne, sondern von einem großen Fernseher erleuchtet, der in einem nach allen Seiten offenen Fale stand.

Den Rest des Nachmittages versuchte ich mich möglichst wenig zu bewegen, um meinen Schweißausstoß zu minimieren. Die

Hitze war unerträglich – selbst im Schatten der Palme, unter der ich saß und von der aus ich auf das Meer und die Möwen am Himmel blickte. Die Natur ahnte selbstredend nichts von dem bedeutenden Moment, dem Tokelau entgegensah.

Gegen 16 Uhr war es schließlich so weit. Der Wahltag in Atafu war beendet, alle drei Atolle hatten abgestimmt, die Auszählung der Stimmen, der große Moment, dem unsere internationale Delegation entgegengefiebert hatte, stand kurz bevor. Der Ulu hatte sich auf der Treppe zum Versammlungsraum postiert. Seine Augen hatte er wieder hinter einer dunklen Sonnenbrille verborgen. Als ich an ihm vorbeiging, sagte er leise zu sich: »Es muss einfach klappen. Es muss.«

Es klappte nicht. 64,4 Prozent der Tokelauer sprachen sich zwar für den großen Schritt der Unabhängigkeit aus, 66 Prozent der Stimmen wären allerdings nötig gewesen. Als der Ulu das weiße Papier mit dem Ergebnis aus der Hand des Wahlleiters empfing, erstarrte sein Blick, dann zogen sich seine Augen zusammen, seine Wangen zuckten, so als wolle er die nahenden Tränen zurückhalten. Seine Augen färbten sich rot. Er rang sichtlich um Haltung. Es war still wie auf einem Friedhof. Niemand sprach. Man hörte nur das Surren der riesigen Ventilatoren an der Decke und das Rascheln des Zettels, der von Hand zu Hand, von Faipule zu Faipule ging – begleitet vom großen Schatten des Schicksals.

VII.

Die Party am Abend, auf der eigentlich die Geburt eines neuen Staates im Südpazifik hätte gefeiert werden sollen, geriet zu einer Trauerfeier. Der sonst so leichtfüßige Faipule von Nukunonu war erst gar nicht erschienen. Sein Humor war ihm wohl abhandengekommen. Während die alten Tokelauer betreten tuschelten, feierten wir unsere eigene kleine Party, an deren Ende Selwyn und ich uns noch gegen die aufdringlichen Anmachversuche von zwei aufgedonnerten Fafafines, also Transvestiten, wehren mussten. »Du bist sooo schön«, hauchte die Dicke mir zu und schaute mich mit ihren dickgeschminkten Augen an. »Komm, ich zeig dir meinen Lieblingsort in Atafu. Der wird dir gefallen.« »Ich muss ins Bett«, lehnte ich dankend ab. »Morgen wird ein harter Tag.« »Aber Süßer, es ist doch erst elf Uhr. Die Nacht ist noch lang.« »Aber ich muss wirklich schlafen. Die Hitze macht mich fertig.« »Wir können auch baden gehen. Das wird dich abkühlen. Und dann massier ich dich ein bisschen. Kann ich wirklich gut.« Letzten Endes rettete Paul mir das Leben, indem er die beiden mit einem harschen Wort nach Hause schickte.

Am nächsten Morgen tagte der Fono, die tokelauische Nationalversammlung. Der Ulu verkündete mit steinernen Worten, dass man das Ergebnis akzeptieren müsse. »Die Menschen haben gesprochen.« Aber für eine lebendige Zukunft Tokelaus wolle man hart arbeiten und mittelfristig ein neues Referendum anstreben. Dann verabschiedete sich unsere Delegation von den Mitgliedern des Fono, vom Ulu und den Inselchefs, die die Enttäuschung über das Ergebnis hinter großen Sonnenbrillen verbargen. Unser Schiff wartete bereits. Man beschenkte uns mit Muschelketten, Strohhüten und Windfächern. Der Ulu reichte mir die Hand und sagte, dass er fühle, dass ich zurückkehren werde – ein Satz, der mir Angst machte.

Die Hitze hatte das Leben auf Atafu längst wieder zum Erliegen gebracht. Männer ruhten im Schatten. Nur die alten Frauen spielten Karten im Versammlungshaus, wie sie es gestern schon den ganzen Tag getan hatten. Wir wurden auf die MV Tokelau gebracht, einem wesentlich kleineren Schiff, das uns nach Apia zurückbringen würde. Das Schiff entfernte sich Stunde um Stunde von dem winzigen Stern Tokelau im riesigen polynesischen Universum. Erst sah man noch die Dünung, die Palmen, dann nur noch einen Flecken Grün am Horizont. Schließlich blieben nur das Wasser, der Himmel und das Schaukeln der Wellen. Das Schiff war so klein, dass wir auf einem riesigen Matratzenlager auf dem Oberdeck unter freiem Himmel schliefen.

Diesmal vergingen die 32 Stunden Fahrt wie im Flug. Wir tranken, lachten und sangen betrunken sogar Bob Dylan und die Beatles miteinander, schütteten uns unter dem schaukelnden Sternenhimmel des Südpazifiks den goldenen Rum in die Kehlen. Tokelau hatte uns für drei Tage zusammengeschweißt. Als wir uns Apia näherten, lag die Insel in einem Bausch aus Wolken verhüllt – wie ein Märchenland. Möwen folgten uns. Dunkle große Schatten schossen unterhalb der Wasseroberfläche an der MV Tokelau vorüber. In Apia angekommen, passierten wir die Grenze. Ich erhielt den Einreisestempel Samoas, blätterte durch meinen Pass und betrachtete die drei Stempel, die ich mir auf Fakaofo, Nukunonu und Atafu hatte geben lassen. Zum Beweis dafür, dass ich wirklich in einem Land mit Namen Tokelau gewesen war. Ich bestellte Selwyn und mir ein Taxi, das nach wenigen Minuten kam. Wir verabschiedeten uns von den anderen. Derweil hatte Paul bereits seine Sachen in das Taxi geworfen. »Das hatte ich bestellt«, blaffte ich ihn an. »Tja«, sagte er und schloss die Tür. Wir waren zurück auf dem Festland.

On the Road

»I want to come back as a wave
so always near, so out of reach,
so when they run back up the beach
their glowing bodies fading home
my salt will still be upon them.«
Sam Hunt, Wavesong

Warte zehn Minuten, wenn dir das Wetter nicht gefällt.«
Das war so ein fröhlich-fatalistisches Sprichwort der
Aucklander. Dass ich nicht lachte. Von wegen zehn Minuten
warten. Seit zwei Wochen regnete es Wände. Wände! So viel Regen hatte ich noch nie gesehen. Bald würde ich mir Kiemen zulegen müssen. Ich kam mir jetzt schon vor wie ein Goldfisch in
einem Mini-Aquarium. Ein pessimistischer Goldfisch. Ich machte mir Sorgen um Neuseeland und um mich. So viel Wasser vom
Himmel. So viel Wasser drum herum. Da war der Untergang
nicht mehr weit. Nicht mal rausgehen konnte ich, ohne Gefahr
zu laufen, über die Hügel der Stadt ins Meer gespült zu werden.
Ich war eingesperrt – in meinem Zimmer in einer langweiligen
Stadt auf einer Insel am anderen Ende der Welt. Ich hasste es,
eingesperrt zu sein. Und das Warten auch. Der blanke Horror.
Wenn man es noch nicht erlebt hat, kann man sich kaum ausma-
len, wie schlimm es ist, unter einer Regenglocke in Neuseeland
leben zu müssen. Alles war grau, schlammbraun oder zumindest
dunkelgrün. Trist wie in einem therapeutischen Versuchsterra-
rium für hyperaktive Eidechsen. In dieser Situation meinte ich
noch stärker als sonst fühlen zu können, am Rande der Erde zu
sein. Immerhin konnte ich mir erklären, warum hier der me-
lancholische Schönwetter-Pop so erfolgreich war. Er war die

Beschwörungsmusik, mit der Neil Finn oder Bic Runga versuchten, das launische Regenwaldwetter im Frühling zu becircen. Ich hatte ein paarmal versucht, die magischen Kräfte dieser Musik zu nutzen. Bevor die Wettervorhersage bei TV One begann, hatte ich den Lalala-Klassiker »Weather with you« eingelegt und gehofft, dass sich die Tiefs so verflüchtigen würden. Erfolglos. Die Tiefdruckgebiete waren hartnäckig wie Kletten. Man musste wohl ein Kiwi sein, um an die Kraft dieser Musik zu glauben.

Gern hätte ich mir an diesem Tag einen Tunnel durch die Erde gegraben, der mich ruck, zuck wieder in die nördliche Hemisphäre gebracht hätte. Andererseits konnte man in solch einer Wettersituation kreative Experimente mit sich und seinem Gemüt machen. Zum Beispiel: herausfinden, was für Auswirkungen es hatte, wenn man sich drei Tage lang ununterbrochen der Depressionsbeschallung der britischen Band Joy Division aussetzte. Bereits nach zwei Tagen hatte ich das ehrgeizige Experiment allerdings abgebrochen, nachdem ich Gefallen an dem Gedanken gefunden hatte, meine Zimmerwände schwarz zu streichen und eine schwarze Tulpenzucht anzulegen.

Mittlerweile war ich zum dritten Mal umgezogen. Ich lebte nun in einer WG in einem zweistöckigen Haus in Browns Bay, dem Suburb der Rentner am Nordufer. Das passte mir ganz gut. Schließlich konnte ich mir so schon mal ein Bild davon machen, wie es sein würde, wenn sich die westliche Welt vor unseren Augen langsam in eine Geriatrie verwandelte. Neben Bronwyn, einer älteren Australierin mit tiefer Stimme und einer Vorliebe für Bademäntel in Schweinchenrosa, die ein fanatischer Rugby-Fan war und eine dicke Katze hatte, und Jack, einem frustrierten südafrikanischen Truckfahrer, der mit Vorliebe gelbe Muscle-Shirts trug und den ich bislang nur einmal zu Gesicht bekommen hatte, lebte auch Shalem dort, ein junger Kiwi, der als DJ, Masseur und Grafikdesigner arbeitete. Shalem hielt Auckland für die hektischste Stadt in unserem Sonnensystem und hatte ein Temperament wie eine Blumenvase.

»Wie hältst du das nur aus?«, hatte ich ihn gefragt. »Was meinst du? Was hast du für ein Problem?«, entgegnete er in seiner ruhigen Zen-Stimme. »Na, der Regen. Schau mal raus.« »Na, und? Ist doch schön.« Er lächelte und streichelte seine Gitarre. »Schön?«, fragte ich genervt. »Ja, ich mag diese Ruhe, wenn es regnet. Das Leben steht still. Da kann man sich gut entspannen.« Shalem saß manchmal stundenlang wie eine umgefallene Tempelstatue auf unserem Sofa und schaute unsere Wohnzimmerwand an, die unsere designaffine Mitbewohnerin Bronwyn mit einem strahlenden Gelb unbedingt von ihrem kläglichen Braun hatte erlösen wollen. Er horchte in sich hinein, dachte nach, vielleicht über die Formel, die uns das Universum erklären sollte, oder über sein nächstes Sojaessen. Mit meiner preußisch-protestantischen Sozialisation, die mich dazu antrieb, jeden Tag produktiv zu sein, war das schwerlich zu vereinbaren. »Shalem, warum willst du dich die ganze Zeit entspannen? Du tust geradezu so, als würdest du in Afghanistan leben. Du lebst im entspanntesten Land der Erde. Mehr Entspannung geht nicht.« Das hatte ich Shalem nicht gesagt. Ich hatte es gedacht. Sonst hätte er mir wieder vorgeworfen, was für ein ungehobelter europäischer Barbar ich doch war und wie grob ich doch mit seinem sensitiven Kiwi-Seelchen umging.

Um seine Seelenruhe beneidete ich Shalem. Ich dagegen lief wie ein Tiger im Käfig durch mein Zimmer. Manchmal war die Unruhe so stark, dass ich meinte, mich übergeben zu müssen, um dieses treibende Gefühl der ständigen Leere endlich loszuwerden. Da halfen auch die Walgesänge nichts mehr, die mir eine Freundin auf CD geschenkt hatte. Der Regen trampelte auf dem Dach wie eine LSD-gedopte Zwergenarmee. Ich lag in meinem Bett und erinnerte mich an die Taxifahrt der vergangenen Nacht. »Woher kommst du?«, hatte ich den Fahrer gefragt, der traurig wie ein Sumpffarn hinter dem Steuer gesessen hatte. »Sri Lanka«, hatte er geantwortet. »Oh«, hatte ich erwidert. »Ja«, hatte er gesagt. Dann hatte ich die Frage der Fragen gestellt: »Und wie gefällt es dir in Neuseeland?« Allerdings hatte er nicht so geantwortet, wie man es tun sollte, wenn man nicht als Verräter des Landes verwiesen werden wollte, also mit »phantastisch«, »großartig« oder einem kurzen »I love it«, sondern der Fahrer hatte launisch gesagt: »Schon okay. Alles sehr ruhig, sehr friedlich ... zu friedlich.« »Aber Ruhe und Frieden, das ist doch nicht schlecht«, hatte ich erwidert. »Ja, ja«, hatte er gebrummt und dann wie ein Untoter in die Nacht mit ihren durch den Regen verwischten Farben geschaut.

Das waren die dramatischen Höhepunkte der vergangenen Tage gewesen. Nun starrte ich wie ein Zombie in die donnernde Regenwand und hatte das Gefühl, in den Niagarafällen zu sitzen. Das Ende der Welt war nahe, dabei hatte der Tag eben erst begonnen. Ich wollte gerade meinen Tagesablauf planen, als plötzlich das Handy in meiner Hand zu vibrieren begann. Sicher meine Mutter, die sich erkundigen wollte, ob ich noch nicht von Possums gefressen worden war, dachte ich. Genervt führte ich das Telefon zu meinem rechten Ohr. Aber dann ertönte nicht die Stimme meiner sorgenvollen Mutter, sondern eine Stimme wie die einer heiseren Hyäne. »Ingo?«, keuchte sie atemlos in mein Ohr. »Yeah«, antwortete ich. »Hier spricht Sam Hunt. Du weißt schon, der Dichter.« Sam Hunt! Eine Adrenalinsalve schoss durch mein Gehirn. Im gleichen Augenblick war ich hellwach. Sam Hunt war am Apparat. Neuseelands lebende Dichterikone, Neuseelands Nationaldichter, eine Bezeichnung, die ein wenig komisch klang. Denn dafür fehlte Hunt wohl doch die staatstragende Grandezza eines Thomas Mann. Hunt war eher ein Volksdichter, ein schrulliger dazu. Sofort hatte ich das Bild von diesem dürren, auf zwei Stelzenbeinen wackelnden Mann mit der Rod-Stewart-Frisur vor Augen. »Ah, Sam«, rief ich und schickte lässig ein lässiges »Howizitgoin« durch das Handy. »Nicht schlecht. Nicht schlecht«, keuchte er. »Du weißt, im Alter zuckt und quietscht es ein bisschen.« Dann lachte die heisere Hyäne auch noch. Hähähä. »Hey, aber du wolltest mich für ein Interview treffen. Wie wäre es, wenn du hier draußen einfach vorbeischaust?« »Okay«, sagte ich freudig. »Aber wo ist draußen?« Schließlich hatte ich vor dem neuseeländischen Draußen nach diversen Abenteuern ungeheuren Respekt. Zudem hatte ich gehört, dass Sam seinen Wohnort in seinem ruhelosen Vagabundenleben des Öfteren gewechselt hatte. Ich würde mir wohl mal wieder ein Auto leihen müssen, um ihn zu besuchen. »Ja, das stimmt, Ingo. Unser Draußen ist unendlich weit.« Dann hörte ich, wie der Wind am Mikro an der anderen Seite der Verbindung kratzte. »Ich wohne ungefähr 90 Minuten Autofahrt nördlich von Auckland. Im Nordland. Hast du was zu schreiben? Dann erklär ich es dir ... Also, du fährst auf der eins Richtung Norden bis Brynderwyn ...«, begann Sam eine ausladende Wegbeschreibung. Ich hörte zu, machte mir ein paar Notizen und fragte mich, nachdem Sam eine gefühlte Viertelstunde damit verbracht hatte, mir den Weg zu erklären, wie ich das wohl finden sollte – ganz ohne Überlebenstraining, Kompass, GPS oder das neuseeländische Orientierungsgen. Hatten eben noch Straßenschilder den Weg gewiesen, stand man plötzlich an einer komplett unbeschilderten Kreuzung oder einem Kreisverkehr und wusste nicht mehr weiter. Man ging wohl davon aus, dass Neuseeländer sich überall in ihrem Land auskannten. Neuseelands Straßenkarte wurde ihnen offensichtlich in die DNS gestanzt. Vielleicht war es aber auch so: Während der Neuseeländer auch ohne Wegweiser daran glaubte, schon irgendwie zu seinem Ziel zu gelangen – wenn auch über Umwege –, verfiel der Europäer in derselben Situation in eine verzweifelte Unsicherheit und Orientierungslosigkeit. Lediglich darauf zu vertrauen, den richtigen Weg zu nehmen, das reichte ihm nicht. Das galt ihm als naiv.

Sam wohnte auf einer Farm in der Nähe vom Kaipara Harbour – der Bucht, in der einmal der größte Hafen des Landes gelegen hatte, als das Holz aus den uralten Nordwäldern der Kauri-Küste von hier in alle Welt verschifft worden war – abseits der Hauptstraße, an einer dieser endlos langen Schotterstraßen, die durch die grüne Einöde führte. »Hört sich ziemlich kompliziert an«, sagte ich. »Hast du Mobilverbindung auf deinem Grundstück?« »Nein. Die Zivilisation hat hier ihre Grenzen, Ingo.« Hähähä. »Gibt es dort Menschen, die man nach dem Weg fragen kann?« »Wenn du Glück hast«, meinte Sam lakonisch und gab dann zu bedenken, dass sein Briefkasten auch keinen Namen ausweisen würde. »Okay. Das finde ich schon«, gab ich mich trotzdem selbstbewusst.

Ich hatte Sam Hunt bei einem Auftritt in einem Pub von Takapuna gesehen. Zusammen mit der Folkband »The Waratahs«. Der schlaksige Mann in den Röhrenjeans, den dünnen, abgewetzten Stiefeletten und dem wehenden Jim-Morrison-Hemd tänzelte dabei in leicht gebückter Hexenhaltung auf der Bühne wie ein knöcherner Prediger. Angetrieben von seiner ruhelosen dunklen Whiskystimme, rauschten seine Gedichte ins Publikum – wie kleine Papierboote auf einem schnellen, wellentreibenden Fluss. »A man can only find himself when lost. Such country, this, where all men are lonely: plateau, hawk and rivermist.« Er beschwörte, er sang, er stampfte seine Gedichte wie Balladen, Rock- und Blues-Balladen, manchmal wie in Stein gehauene Epitaphen, an denen man den Wind kratzen und die Sehnsucht dröhnen hörte. Gedichte, in denen ich das Vagabundenherz Neuseelands zu spüren glaubte. Am liebsten, das sah man den euphorisch glühenden Augen des Publikums an, wäre der ein oder andere aufgestanden und losgelaufen – um nachzuschauen, ob es noch existierte, das Neuseeland der Kleinstädte im Hinterland. Denn dort fand Hunt seine Hoffnung, seine Lebenslust, seine gebrochenen Helden, seine kauzigen Charaktere, seine kleinen Sujets, die er in eine einfache, umgangssprachliche Sprache verpackte. Es klangen sehr viel Nostalgie und Sentimentalität darin mit. Hunt symbolisierte wohl auch ein altes Neuseeland, das damals noch weiter von der restlichen Welt entfernt lag, als es heute der Fall war. »Ein Neuseeland, das furchtbar langweilig sein konnte«, wie mir der Schriftsteller Lloyd Jones einmal erklärt hatte. »Im Winter spielte man Rugby, im Sommer Cricket. Das war's.« Hunt besang dieses alte Land, das Neuseeland der Blokes und Sheilas, das Neuseeland der Gummistiefel, des wässrigen Kaffees und der fettigen Steak-Pies, der Kneipen, die schon um 18 Uhr schlossen, und der Männer, die alle einen Hund als Freund im Kampf gegen die Einsamkeit hatten. Er selbst hatte eine ganze Reihe von Gedichten seinem Hund Minstrel gewidmet. Und als der Ende der Achtziger starb, nahm ein ganzes Land Abschied von dem Hund des Dichters. Sam Hunt war ein Vagabund und Troubadour, der sein Glück, sein Leben auf der Straße suchte, »ein freilaufender durchschnittlicher Kerl, eine Art neuseeländischer Jack Kerouac – prägnant und ein wenig linkisch«, wie ihn ein Kritiker mal beschrieb. Er war der Meinung, so hatte er es mir später erklärt, dass »unser Land in diesen Kleinstädten entlang der unendlich langen Straßen entstanden ist«. An der Straße traf der Neuseeländer sein Schicksal. Wohl auch deshalb nannte Hunt seine Gedichte »Road Songs«. Seit den Sechzigern waren die Straße und das Hinterland auch sein Zuhause gewesen. Noch in den Neunzigern war er während seiner »Down the Backbone«-Tour in 85 Städten und Gemeinden aufgetreten. Die schweißtreibende Performance in den Pubs, Gemeindehäusern, auf den Bühnen des Landes war für ihn immanenter Teil seiner Poesie, die nicht im Selbstzweck des Gedrucktseins ihre Existenzberechtigung erlangte, sondern erst auf der Bühne, wenn er sie mit Knochen, Fleisch und Blut versehen konnte. »Tell the story, tell it true, charm it crazy«, war seine Maxime.

Kurz hinter Orewa, einer schnell wachsenden Stadt im Norden Aucklands an der Hibiskus-Küste, stoppte der Regen. Im Augenwinkel hatte ich gerade noch eine Gruppe älterer Menschen in bonbonfarbenen Jogginganzügen erspäht, die am Strand unter einem Baum seltsame, zeitlupenlangsame Bewegungen in die Luft traten. Nun bestimmten das Rauschen des Asphalts und die feuchtkühle Luft die Szenerie. Dichter Nebel lag über den Wäldern und Weiden. Im wörtlichen Sinne dem Erdboden gleichgemachte Possums pflasterten die Straßen. Es begann der monokulturelle Landstrich der kleinen Gemeinden und Dörfer mit ihren freundlichen Cafés, bizarren Antiquitätenläden, den Lion-Red-Pubs und kleinen öffentlichen Toiletten. Kaiwaka. Pukekakoro. Maungaturoto. Paparoa. Hier lag offensichtlich nicht nur die Ödnis neben der Straße, sondern auch Melodie und Rhythmus. Eine gute Gegend für Dichter.

Meine kulturtopographische Träumerei wurde jäh unterbrochen, als wieder einmal einer dieser schweren Trucks hinter mir drängelte, als übe er für ein Grand-Prix-Rennen. Auf der Straße konnte der sonst so geruhsame Neuseeländer zum fauchenden Berserker werden. Das hatte ich schon häufiger bemerkt. Auto- und Motocrossrennen gehörten zur weißen Landeskultur wie Rugby oder Kricket. An den Wochenenden schleppten Väter ihre Söhne häufig dorthin, wo Benzin und Testosteron in der Luft lagen. Schließlich hatte Neuseeland einige bekannte Rennfahrer hervorgebracht. Allen voran Bruce McLaren. Das Autofahren übernahm wohl, analysierte ich blitzschnell, dieselbe adrenalintreibende Funktion wie das hemmungslose Freitagsbesäufnis, der Rugby-Sport, oder wie auch das Bungeespringen, Zorbing, Jetboating und wie diese ganzen lächerlichen Sportarten sich nannten.

Ich passierte eine ehemalige Tankstelle, nun ein Geschäft für Kuriosa offenbar, aus deren Dach zwei riesige Beine ragten – wie ein Mensch im Kopfstand. »Dreams«, »Träume«, stand auf einem

Holzschild. Ich war auf dem richtigen Weg. Schnell fand ich die Schotterstraße und suchte die Straßennummer, die Sam genannt hatte, an den Postkästen, die nach alter Tradition die Entfernung von der Hauptstraße angaben. 147, also 1,47 Kilometer. Ich hörte, wie der Kies gegen den Unterboden meines Wagens prasselte. Dann erblickte ich die Nummer auf einem unauffälligen Briefkasten am Straßenrand. Ich stoppte den Wagen. Von meiner Position auf dem Hügel blickte ich einen grasumwucherten Weg entlang und sah in der Ferne ein zweistöckiges gräuliches Holzhaus mit spitzem Dach und Veranda, umgeben von grünem Gras und ein paar alten Bäumen, die sich mit knöchernen Ästen gen Himmel reckten. Bettwäsche flatterte im Wind. Ich konnte keinen bunten Blumengarten erblicken, wie man sie manchmal vor Farmhäusern sah. Aber Sam konnte ich mir auch nicht als Blumengärtner mit Harke und Sonnenhut vorstellen. Der einzige mir auffallende Farbklecks weit und breit war die gespenstisch fliegende Bettwäsche, und selbst die passte sich in ihren Cremefarben der grün-grau-braunen Umgebung an.

Ich steuerte den Wagen den holprigen Weg hinunter. Und da sah ich ihn schon, den Mann, der Neuseelands unwegsamen Schotterstraßen entstiegen zu sein schien und hier zwischen Schafen, Bäumen und dem Himmel sein rustikal-poetisches Außenseiterdasein lebte. Er stand auf der hölzernen Veranda, die mit Kisten, allerlei Krimskrams und Schrott vollgestellt war, trug ein weites himmelblaues Hemd und helle Boxershorts.

»Ingo«, kam Sam mir auf seinen kalkweißen Stelzenbeinen entgegen, nachdem ich den Wagen geparkt hatte. »Bitte entschuldige meinen amüsanten Aufzug, aber ich war gerade schwimmen. Weißt du, das stärkt die Gesundheit und erfrischt die Zellen. In meinem Alter muss man ja schon auf so was achten.« Sam war 61 Jahre alt, und die sah man ihm auch an. Seine Haut hatte schon jene typische Pergamentkonsistenz des Alters, seine Falten waren tief. Aus der Nähe glich er Rod Stewart nicht so sehr, als wenn er auf der Bühne stand. Zudem war er viel größer als der englische Frauenheld (der sein Herz übrigens mal an Neuseeland verloren hatte, und zwar an ein Neuseeland, das blond, mit langen Beinen und einem überschaubaren Horizont daherkam: Rachel Hunter aus Glenfield. Von Neuseelands Medien auch »unsere Rachel« genannt. Aber das nur nebenbei); und er war größer, als ich angenommen hatte. Seine graue Achtziger-Post-Blues-Frisur wackelte wie Kresse im Wind. Seine Kluft überraschte mich kaum. Schließlich war ich schon einiges gewohnt an Statussymbol-negierender Kleidung. Außerdem hatte ich auch keinen Rollkragen-Dichter erwartet, sondern einen bukowskiesken Kauz.

»Ist dir nicht kalt?«, fragte ich lakonisch. Schließlich lag die Außentemperatur deutlich unter der Wohlfühlgrenze; und ich hatte trotz der nicht isolierten Hauswände noch nicht die zähe Temperaturresistenz der Neuseeländer übernommen. Ich erinnerte mich noch gut daran, wie der Regisseur Peter Jackson in Shorts, T-Shirt und barfuß vor mir gestanden hatte und ich selbst in meiner Winterjacke vor Kälte geschlottert hatte. »Kalt? Nein«, sagte Sam. Was hatte ich auch anderes erwartet …

Während ich hinter ihm die Treppe zu seinem Wohnzimmer hochstapfte und das Holz unter unseren Schritten knarzte, schwärmte er krächzend, lachend, stotternd wie eine alte Jukebox von der Abgelegenheit dieses Ortes, von der Melodie des Windes. Und tatsächlich: Ich stand in seinem geräumigen Wohnzimmer, durch das der Geist einer alten Zeit wehte, und hörte, wie der Wind am Dach riss, durch Spalten und Löcher pfiff und an den Fenstern klopfte. Eine Doppeltür wies auf einen großen Balkon mit Blick auf eine Bucht und ein paar Hügel. »Whisky Point heißt die Bucht an dem See dort drüben«, meinte Sam mit einem verliebten Blick. Wir gingen zurück in das Wohnzimmer, in dem ich einen alten Plattenspieler sah, einen dieser großen, modrigen Teppiche, wie sie in den Proberäumen berühmter

Rockbands lagen, viele, wild durcheinanderstehende Bücher, einen großen Stapel Schallplatten, darunter Bruce-Springsteen-Scheiben und Bob Dylans »Blood on the Tracks«. Natürlich. Es war das Zimmer eines Umtriebigen, der wenig Wert auf ockerfarben gestrichene Wände, riesige Plasmabildschirme oder weiße Vasen legte, der eher Worte als Wohnungseinrichtungen zum Glänzen bringen konnte, der nicht viel besaß, weil er sein halbes Leben unterwegs gewesen war. Zu vielen der Stücke, die er besaß, konnte er aber Geschichten erzählen. Vielleicht war das auch der Grund, warum er ungern in zu großen Städten lebte? »Ja, ich habe das Gefühl, dass die Menschen auf dem Land noch eher zuhören und gern erzählen«, stimmte er zu. »In der Stadt ist dafür kaum Platz. Da ist man zu sehr mit sich beschäftigt oder mit der Einrichtung seines Hauses.«

Das fade Licht belegte den museal wirkenden Raum mit einem gräulich matten Schimmer wie auf einem alten Foto, dessen Farben längst verblasst waren. Nachdem Sam sich umgezogen und mir und sich ein Glas Rotwein eingeschenkt hatte, nahm er in einem großen Sessel Platz. Da saß er wie ein Dandy, ein sympathischer allerdings.

Mit glühenden Worten erzählte er von seiner Mutter, von der er wohl die Liebe zur Poesie geerbt hatte. Von seinem exzentrischen Vater, einem Anwalt, der aus einer Familie von Gauklern und reisenden Artisten kam. Von Castor Bay, wo er aufgewachsen und das einmal eine berüchtigte, verschrobene kleine Gemeinde am Nordufer Aucklands gewesen war. Zu einer Zeit, als die Aucklander die Menschen am Nordufer für komische Käuze hielten, die man besser nicht besuchte. »Heute ist das ja so eine reiche Gegend«, sagte er, »meine Heimat ist das nicht mehr.« Er erzählte von einem ungarischen Kindermädchen, das ihm Gedichte beigebracht hatte. Von seinen Touren mit Gary McCormick, einem neuseeländischen Komiker und Dichter. Seine leicht stotternde Stimme ließ ahnen, dass Sam in seinem Leben schon sehr viele alkoholische Getränke zu sich genommen hatte, schließlich war er ja ein von Keith Richards, Van Morrison und Bob Dylan inspirierter Rock 'n' Roller. Das hatte er mal über sich in einem Interview gesagt. Aber sobald er ein Gedicht seiner geistigen Mentoren James K. Baxter, Denis Glover, Alistair Campbell oder eines seiner eigenen Werke rezitierte, war seine Rede klar, fließend und mitreißend. Es war nicht schwer zu erkennen, dass er sein Leben wie eines seiner Gedichte geführt hatte. Wild, ungestüm, zügellos, kompromisslos, furchtlos. Das machte ihn und seine Kunst so glaubwürdig. »Er ist ein Spinner«, sagte mir einmal eine seiner Bewunderinnen. »Aber dafür lieben wir ihn.« Tatsächlich gewährte man nicht vielen Neuseeländern eine über der Gesellschaft erhabene Rebellen- und Narrenstellung. Hunt war eine Ausnahme. Er hatte sich diese Stellung redlich verdient. Nicht mit politischen Meinungen und moralischen Orientierungshilfen. Sondern mit seinen menschelnden, manchmal ironischen Gedichten und weil er sich an der Gesellschaft gerieben hatte, ohne umzufallen. An der akademischen Poesie, an der konservativ-christlichen Erziehung, an den Konventionen des neuseeländischen Zusammenlebens, an sich selbst, an das Dagegensein.

»Ob ich ein Anarchist bin?« Ja, das passe wohl ganz gut, meinte er lachend. Er schenkte sich Wein nach und hielt mir dann die Flasche entgegen. Ich winkte dankend ab. »Ich muss noch fahren, muss einem Freund den Wagen rechtzeitig zurückgeben.«

Sam aber war schon bei der nächsten Geschichte gelandet. Ort: Die Chatham-Inseln, eine Inselgruppe, die zu Neuseeland gehörte und etwa 800 Kilometer östlich der Südinsel lag. Zeit: Irgendwann in den Sechzigern. »Hey, da war ich mal als Dichter eingeladen, einen Besuch unseres Premierministers Keith Holyoake zu begleiten. Da war ich natürlich gleich dabei. Denn die Chathams, die waren damals bekannt für ihr tolles Gras.« Haha.

Nicht nötig, zu erwähnen, dass Sam sich nicht für den englischen Rasen interessierte. Er habe dann auf dem Rückflug eine Tasche voller Dope dabeigehabt. »Und weil ich schon ein wenig nervös war, wegen der Landung in Wellington, du verstehst, kam ich auf die Idee, die Tasche unserem Premier unterzujubeln. Also habe ich gesagt: Verehrter Premier«, Sam wedelte mit den Armen und imitierte ein paar Höflichkeitsgesten, »verehrter Premierminister, ich habe hier eine Tasche mit Gras. Würden Sie die Güte haben, sie für mich durch den Zoll zu tragen? Dafür wäre ich Ihnen dankbar.« Dann begab sich Sam mit seiner Stimme in die Rolle des Premiers. »Haha, Gras, Sam. Ich habe keine Ahnung, was du da drin hast. Aber ich tue dir den Gefallen.« »Und tatsächlich, stell dir vor ...« Sam beugte sich nun wie ein Schaukelkasper aus der Dose nach vorne. »Und tatsächlich hat er die Tasche mitgenommen. Herrlich! So etwas geht nur in Neuseeland.« Ich habe keine Ahnung, ob Sam diese unglaubliche Geschichte erfunden hatte, aber falls sie stimmte, dann funktionierte so etwas wohl tatsächlich nur in Neuseeland, da war ich mir sicher.

Sam sprang auf, stapfte in seine kleine Küche und kam mit Papier und einem Tütchen Gras zurück. Mit ein paar geübten Handgriffen hatte er sich in Windeseile einen kleinen, schrumpeligen Joint gebaut. Er zündete ihn an, zog einmal kräftig, und schon roch ich den süßlichen Geruch. »Ah«, seufzte Sam. »Gutes Gras. Ein guter Tag.« Er hielt mir nun den Joint entgegen. »Äh, danke«, lehnte ich ab, »aber ich muss ja noch ...« »Ja, ich weiß. Fahren. Ein Jammer. Wir könnten einen guten Tag verbringen.« Er griff zur Flasche. »Aber vielleicht noch Wein?« Ich schüttelte meinen Kopf. Schon hatte ich es bereut, keine Übernachtung eingeplant zu haben. Wann bekam man schon mal die Gelegenheit, mit Neuseelands berühmtestem Dichter zu trinken? Und vom Alkohol war es schließlich nicht mehr weit zum Reisen. Alkohol war die Medizin gegen die Dämonen des Reisens.

Sam war allerdings nur wenig gereist in seinem Leben. Er war nur ein paarmal in England, in den USA, natürlich auch in Australien gewesen. Aber ein Weltreisender war aus ihm nie geworden. »Ich war bereits 34 Jahre«, erzählte er heiter, »als ich zum ersten Mal in die nördliche Hemisphäre geflogen bin. Mir war es immer wichtig, zu verstehen, woher ich eigentlich komme. Deswegen bin ich so lange in Neuseeland unterwegs gewesen. Und damit ist es nicht vorbei. Ich lerne immer noch.« Er lachte, nahm einen Schluck Rotwein und einen Zug von seinem Joint, der nur noch ein glühender Stummel war. Seine Augen blitzten linkisch. Sam schien zwar ruhelos, aufgekratzt, aber zugleich damit auch äußerst zufrieden. Vielleicht weil er sich nicht gegen seine Getriebenheit wehrte. Zweifelsohne kokettierte er mit seiner Rolle als weiser Tramper und reisender Geschichtenerzähler. Die comichafte Kunstfigur, die Hunt sich erschaffen hatte, konnte man schwerlich von dem echten Sam trennen. Aber was hieß das schon, der echte Sam Hunt? Wahrscheinlich war Sam das selbst nicht mehr klar. Und ich war der Letzte, der dies nach einem kurzen Treffen hätte beurteilen können. Aber war das wichtig? Ein verschrobener Romantiker, ein überzeugter Melancholiker war er allemal. Man hatte gar das Gefühl, dass sein Haus auf einem wildromantischen Boden gebaut worden war. Wieder pfiff der kühle Wind durch das Zimmer. Der Himmel war nun schon merklich dunkler.

Ich weiß nicht mehr, wie wir dann auf dieses Thema kamen. Wahrscheinlich weil Sam mir erzählt hatte, dass er in jungen Jahren einmal ein talentierter Taucher und Sprinter gewesen war. Es war auch ein eher ungewöhnliches Thema für ein Gespräch, das mir wieder einmal Neuseeland näherbringen sollte. Tischtennis. »Du hast Tischtennis gespielt?« Sams Augen glänzten nun vor Freude. Tatsächlich hatte ich Tischtennis gespielt, zwölf Jahre lang. Es war der einzige Sport, den ich an meinen Körper gelassen hatte. »Hey, ich hab 'ne Platte unten im Haus. Ich liebe Tischtennis.« Sam hüpfte aus seinem Sessel. »Komm, lass uns 'ne Runde spielen, bevor du fährst.« Ich nickte. Das gefiel mir. Ob man auch gegen Martin Walser oder Peter Handke Tischtennis spielen könnte? Wie eine Gazelle sprang Sam die Treppe hinunter. Ich folgte ihm, erblickte am Treppenfuß noch eine Sammlung von mindestens fünf Paar Cowboystiefeletten, abgewetzt und rauh, so als hätten sie bereits viele Straßen gesehen.

In einem kühlen Zimmer stand eine abgerockte Tischtennisplatte, die wohl aus den Siebzigern stammte. Sam gab mir einen Schläger, der die Bezeichnung Schläger kaum verdient hatte. Ich hielt dieses Brett mit dem abgewetzten Gummibelag in der Hand und betrachtete es wie ein Stück Brennholz.

Dann ging es los. Sam sprang hin und her, aufgeregt, euphorisch wie ein kleines Kind, tänzelnd wie ein Derwisch, lachend wie ein Kasperl. Seine Frisur wackelte, seine dürren Gliedmaßen flogen hin und her, als wären sie aus Gummi. »Mann, wie machst du das? Wie schlägst du die Bälle nur so? Das muss ich lernen. Das muss ich lernen.« Ich hatte, obwohl ich ziemlich eingerostet war, kaum Mühe, Sam mein Spiel aufzuzwingen. Ich schnitt die Bälle an, verpasste ihnen eine ordentliche Portion Effet oder schlug ansatzlos auf sie ein. Kein Erbarmen dem Dichter, kein Mitleid mit der Reimerei, keine Gnade den gestelzten Sätzen! Ich fühlte Genugtuung und schlug auf den kleinen Cellophanball ein. So hart, wie ich konnte. Es war das erste Mal in meinem Leben, dass ich mich der Dichtkunst überlegen fühlte. Wie hatte ich sie in der Schule gehasst, diese ausschweifenden, blümelnden Metrik-Konstrukte einer artifiziellen Schwelgerei. Ein bisschen focht ich so einen alten Kampf, übte späte Rache. Sam ahnte von alldem nichts. Außerdem mochte ich seine aus dem Leben geschnittenen Gedichte, die mehr wie Songs waren. Sam war vollkommen euphorisiert. »Das sind starke Dinger, wirklich. Mach weiter. Mach weiter.« Ich machte weiter, und so kam es, dass ich Neuseelands berühmtesten Dichter, Neuseelands lebenden

Nationaldichter, mit 13 : 8 besiegte. Nicht sehr klar, aber Sam hatte den Heimvorteil einer Platte gehabt, deren Unebenheiten er jahrzehntelang hatte ausloten können. »Good on ya«, rief er und reichte mir dann seine dünne, warme Hand.

Die Zeit des Abschieds war gekommen. Sam umarmte mich wie einen alten Bekannten. »Du solltest mir ein paar Tischtennisstunden geben«, sagte er. »Keine schlechte Idee«, erwiderte ich, wusste aber insgeheim, dass es dazu wohl niemals kommen würde. Auf Reisen versprach man sich viel. Dennoch spürte ich diese Heimeligkeit, die von der Person dieses großen dürren Kerls mit den lebendigen Augen ausging. Wehmütig, mit einem dumpfen Rotweingefühl im Kopf, stieg ich ins Auto, startete den Motor, der aufheulte wie eine Sirene. Es hatte wieder zu regnen begonnen. Während ich den Wagen, ruckelnd, sich schüttelnd, die Auffahrt zur Straße hinaufsteuerte, blickte ich in den Rückspiegel. Aus dem einzigen Radiosender, den das japanische Radio hier in dieser Ödnis empfangen konnte, ausgerechnet ein Klassikprogramm, schallte Schostakowitschs zweite Sinfonie »An den Oktober«. Sam stand vor seinem Haus, lächelte und winkte. Im Wind, der nun fast ein kleiner Sturm war, stand er da, und mir schien, als sei er ein Teil dieser rauhen, unwirschen Landschaft geworden. Ein wenig gekrümmt wie ein vom Wind geformter Baum, ein dürrer und zerbrechlicher Baum.

Sehnsucht nach Schnee

>»Neuseeland ist ein kostbares Refugium,
ein Lagerraum für die Vorstellungskraft.«
Tim Finn

Es war Zeit für einen Winter – für einen richtigen Winter. Mit Schnee, heißem Tee und unterkühlter Laune. Sommer, Sonne, Strand fand ich auf die Dauer nicht bekömmlich für eine ausgeglichene geistige Konstitution. Die war ohnehin eine heikle Gratwanderung, befand ich mich bei all den Eindrücken, die auf mich in diesem Land einprasselten, ja unter einem psychischen Artillerie-Dauerbeschuss. Dachte ich einmal, dass ich auf dem besten Weg sei, ein Kiwi zu werden, weil ich schon barfuß zum Einkaufen in den Supermarkt ging und mir dort wegen der Split-Enz-Beschallung die Tränen in die Augen stiegen, während ich ein Lammkotelett in den Einkaufswagen legte, wurde ich ein anderes Mal wieder ruck, zuck von meiner Sozialisation eingeholt, als ich mir in meiner WG wieder einmal auf die Lippen beißen musste, um nicht den Frieden und die Harmonie durch meine »europäische Meinungsgeilheit« (O-Ton eines WG-Bewohners) zu gefährden. Die Sehnsucht nach Schnee war wohl nur ein weiterer Beweis dafür, dass ich mich innerlich bereits auf der Rückreise befand und mich von der Hoffnung, dass die allgegenwärtige Unbedarftheit einen anderen Menschen aus mir machen würde, bereits verabschiedet hatte. Der Schnee hatte nach geraumer Zeit sogar schon von meinen Träumen Besitz ergriffen. In denen baute ich im schneebedeckten Regenwald riesige Schneemänner mit gewaltigen Monsterkarotten als Nasen und spielte mit in gestreiften Wollpullovern gehüllten Possums Schneeballschlacht. Ich beschloss, dorthin zu fahren, wo es

Schnee gab. An den 2797 Meter hohen Mount Ruapehu, der alles andere als ein schlafender Vulkan war.

Mit meiner journalistischen Arbeit hatte ich genug Geld verdient, um wieder einmal ein paar Wochen auf Reisen zu gehen. Arbeiten, reisen, arbeiten, reisen. Man konnte dies das perfekte Leben nennen oder schlicht: Realitätsverlust. Ich schätze, es hatte etwas von beidem, wie das Leben eben selbst. »Was machst du denn eigentlich die ganze Zeit da unten?«, hatte mich ein Freund via Mail gefragt, als ich ihm von meinen Dauerreisen berichtete. Ich war über meinem knusprigen Abendtoast ins Grübeln geraten. »Ich versuche, zu mir selbst zu finden«, hätte ich schreiben können. Aber dann hätte mein Freund vor lauter Beunruhigung meine Eltern informiert und mir zurückgeschrieben: »Bist du krank?« Ich textete also: »Keine Ahnung.« Das war eine ehrliche Antwort. Ich glaube nicht, dass man zu sich selbst finden konnte, wenn man sich in einem neuen Land zurechtfinden musste. Damit das gelingen konnte, musste man sich schon gefunden haben, oder man musste zumindest wissen, was man sucht. Auf beiden Gebieten war ich mal wieder recht ratlos. Ich genoss gerade, nicht wirklich zu wissen, was ich gerade tat. Bis dahin hatte ich schließlich immer wissen müssen, was ich tat. Schule, in den Sommerferien Fabrikarbeit, dann Zivildienst, Studium, drei Nebenjobs, Praktika, Journalismus, Beziehungen. Ich erlebte gerade meine erste Nonsensphase, die ich ausladend genoss. Das Leben brauchte ausgedehnte Nonsensphasen. Und hier konnte ich die sogar genießen. Hier, wo jeder etwas Sinnvolles tat, wenn er sich dem Leben hingab – und war es noch so lalala. Hierhin war ich schließlich geflohen – vor all dem Skeptizismus, der Schwermut und der bohrenden Tiefe. Hier definierte sich das glückliche Leben als das, was man mit seinen Händen formte – und weniger mit seinem Geist.

Ich war mir aber auch sehr sicher, dass Neuseeland eines der wenigen Länder war, in dem Milan Kunderas ätherisch beschwipster Lebensgefühl-Roman *Die unerträgliche Leichtigkeit des Seins* keine Rolle gespielt hatte. So fragte mich hier niemand, warum ich keiner geregelten Arbeit nachgehe. Ob man vom Schreiben leben könne? Was ich überhaupt wolle mit meinem Leben? Ob ich schon etwas für die Rente zurückgelegt hätte? Egal was ich sagte oder tat, die offenherzige Antwort der Neuseeländer war immer: »Good on ya, Mate.« Das hätte ich ihnen natürlich als sorglose Gleichgültigkeit gegenüber meinem Leben auslegen können, das ich gerade in eine Sackgasse zu manövrieren drohte, aber das wäre mir nie in den Sinn gekommen. Mir gefiel, dass mich niemand mit faltentreibenden Sinnfragen quälte – bis auf mein eigenes Gewissen, das sich ab und an meldete, wenn ich zu lange den großen Walnussbaum in unserem WG-Garten angestarrt hatte. Früher hatten mich Bäume immer nervös gemacht, nun konnte ich offensichtlich mehr mit ihnen anfangen – wie sie da so standen, unerschütterlich wie Felsen mit ihren Ästen nach dem unerreichbaren Himmel greifend. Ab und zu flogen mir dann sogar die berühmten Puhdys-Zeilen durch den Kopf: »Alt wie ein Baum möchte ich werden, mit Wurzeln, die nie ein Sturm bezwingt.« Dann wurde ich ganz sentimental und fühlte mich, als wäre der Mensch tatsächlich ein Wesen, das erhabene Ewigkeit transportierte. Ich hätte mich natürlich fragen können: War das wirklich ich, der das dachte, oder war dies nur eine durch die anderen Lebensumstände in Verwirrung geratene Synapsenschaltung eines hippiesken Unter-Unter-Ichs, dessen Entwicklungsstrang in meinen jungen Jahren durch zu viel Fleischwurstverzehr und SPD-Ortsverein-Atmosphäre ausgebremst worden war und dem ich nicht so viel Bedeutung schenken sollte, wenn ich nicht schizophren werden wollte? Denn das war doch die größte Herausforderung beim Reisen: Wie wird man mit all den Ichs fertig, die da plötzlich aus den Tiefen der Seele herausströmten, wenn der Alltag der Gewohnheit im Rausch des Reisens umgerissen wurde? All den Ichs, die an die

Oberfläche drängten, wo sie ein unglaubliches Chaos in der Persönlichkeit des Reisenden anrichteten. Und das war doch die größte Gefahr des Unterwegsseins: dass man sich nach einer gewissen Zeit bei all den Reisen wie ein Globetrotterkoffer vorkam, der mit Aufklebern aus all den Ländern beklebt war, durch die er gereist war. Wenn jedes Land nachhaltige Folgen in meiner Identität hinterlassen hatte, dann war ich jetzt ein wandelnder Flickenteppich, der gern Kölsch trank, Sauerbraten und Pudding-Vla liebte, der bei weißrussischer Musik und Wodka aus Wolgograd feuchte Augen bekam, der sich bei der Grußformel »Kia ora« angesprochen fühlte und der später, zurück in Deutschland, sehr früh morgens aufstehen sollte, um im Fernsehen die Spiele der All Blacks zu verfolgen.

Ich aber beschloss, all der zwanghaften Sinnsuche die Stirn der Gelassenheit zu bieten und weiterhin zu genießen, was der Planet Neuseeland aus mir machte. Zumindest wollte ich mich bemühen, die Gelassenheit zu genießen. Ewig würde ich so sowieso nicht leben können. Der schwermütige und misstrauische Neandertaler in mir war einfach zu mächtig. Europa hatte mich bereits verdorben.

Ein paarmal hatte ich bei Kollegen und Freunden sogar durchscheinen lassen, dass ich plane, wieder nach Deutschland zurückzukehren. Die Antworten, die ich bekam, waren allerdings nicht ermutigend. »Was, bist du wahnsinnig?! Bleib bloß, wo du bist. Hier gibt es nur Probleme. Jeden Tag. Ein Weltuntergang jagt den anderen.«

Und so fuhr ich also in den Tongariro Nationalpark, an den Fuß des Mount Ruapehu, diesem Vulkan, der über der kargen grauen Busch- und der grünen Waldebene thronte, wie eine Erinnerung daran, wer hier das Sagen hatte: Mutter Erde. Der Berg glühte bereits vor einem reinen puren Weiß. Für die nächsten Tage war Schneefall angesagt. In Ohakune, einem schweizerisch anmutenden Skidörfchen mit Pubs, Restaurants und sonstigem

Touristenhokuspokus, hatte ich mich in einem Billig-Hostel ein-
gemietet, in dessen Videothek es diverse Katastrophenfilme für
die Gäste gab. Mit einem gewissen Argwohn betrachtete ich auch
die vielen Informationsposter, auf denen der Besucher auf sein
Verhalten bei einem etwaigen Vulkanausbruch und den nachfol-
genden Gefahren wie Lavaausstoß, Laharflut, kleineren Explosio-
nen und umherfliegenden Felsen vorbereitet wurde. »Halte dich
im Falle eines Ausbruchs nur an sicheren Orten auf«, las ich. Was
aber waren sichere Orte, wenn einem die Erde plötzlich um die
Ohren flog? »Und wenn es keine sicheren Orte gibt«, riet das
Plakat, »dann schau, dass du nicht von einem Steinbrocken getroffen wirst.« Die Neuseeländer hatten Nerven!

Ich setzte mich am ersten Tag einer anderen Gefahr aus. Ich
stellte mich erstmals im Leben auf ein Brett, besser gesagt, auf
ein Snowboard, da ich gehört hatte, dass das Snowboarden selbst
der Dümmste und motorisch Untalentierteste erlernen könnte.
Also auch ich. Bis vor ein paar Monaten hätte ich mich nie in
buntem Anzug und mit einer Marsmenschenbrille auf ein solches Brett gestellt. Ich hatte das in meiner ausgeprägten Muffeligkeit und kultivierten Sturheit immer für eine törichte Beschäftigung gehalten – natürlich. Aber hier in Neuseeland hatten Sturheit und Muffeligkeit kaum eine Überlebenschance. Ich bildete
mir zwar immer ein, dass ich mir die beiden wertvollsten Errungenschaften des westlichen Europas bewahren konnte, und zog
ab und zu ein besonders miesepetriges Gesicht, wenn ich zum
Müslifrühstück in unserem WG-Wohnzimmer erschien. Aber
anscheinend waren Neuseelands Kräfte, die Gepflogenheit, jedem und allem offen und neugierig zu begegnen, stärker und vor
allem subtiler – denn jetzt stellte ich mich schon freiwillig auf ein
Snowboard. Und ich fand das plötzlich vollkommen normal.
Erschreckend normal. In meiner Sammlung »Ingo Petz begeg-
net den neuseeländischen Elementen persönlich« fehlte mir noch
die direkte Begegnung mit den beschneiten Bergen. Durch den

Dschungel war ich bereits gewandert. Ich hatte meine Füße im Ozean gebadet, hatte Bäume berührt, Schafe gestreichelt, Hobbits gesucht, beim Rugby geweint, ich war mit Delphinen geschwommen und hatte neben einem Ork auf einer Toilette in den Filmstudios von Miramar gestanden. Ich hatte das Meer mehrere Male befahren, zuletzt sogar in einem Kajak durch den Abel Tasman Nationalpark, bei dem mich ein kleiner Sturm überrascht hatte und ich wirklich geglaubt hatte, ich würde mich nicht mehr ans Ufer retten können. Aber ich hatte es geschafft. Ich hatte der Natur meinen Willen entgegengereckt, und vor dem war sie zurückgeschreckt. Und nun war ich bereit für das Abenteuer auf dem Brett.

Über Nacht hatte es geschneit. Ein Bus brachte mich und die anderen in bunte Anzüge gepackten Skihasen an den Fuß des Berges, der an diesem Tag in ein bedrohliches Grau gehüllt war. In meinem dicken feuerwehrroten Anzug kam ich mir vor wie eine sitzende Wurst. »Aber das Wichtigste ist der Spaß«, versuchte ich meine Bedenken zu beschwören. »Das Wichtigste ist der Spaß. Selbst wenn du dich zum Deppen machst. Das Wichtigste ist der Spaß.«

Ich dachte an die Zeilen, die ich vor ein paar Tagen in Samuel Butlers Buch *Erewhon* gelesen hatte. Ich kramte den Band aus meinem Rucksack hervor und las sie nach. »Jeder ist ein Genie, mehr oder weniger. Niemand ist körperlich derart gesund, dass kein Teil von ihm nicht auch ein wenig krank ist, und niemand ist so krank, dass nicht ein Teil von ihm auch gesund ist – daher ist kein Mensch so mental und moralisch gesund, dass er nicht in Teilen aber auch verrückt und böse ist; und kein Mensch ist so verrückt und böse, dass er nicht aber in Teilen sensibel und ehrenhaft sein könnte. In dieser Weise gibt es kein Genie, das nicht auch ein Narr ist, und keinen Narren, der nicht auch ein Genie ist.«

In »Erewhon« steckte das Wort »Nowhere«, also das Nirgendwo. Butler war 1859 von England nach Neuseeland ausgewandert und hatte das Buch 1872 anonym veröffentlicht. Darin entrollte er vor dem Hintergrund einer sehr abgelegenen Schaffarm seine satirische Utopie, die vor allem das Viktorianische Zeitalter in seinem unendlichen Fortschrittsglauben und seiner Doppelmoral persiflierte. Ich schaute den Satz an, der mich in dieser Umgebung des ewigen Schnees und der bunten Ski-Spaßgesellschaft wie ein unheimliches Wesen mit düsteren Augen anstarrte, und befand, dass Butler auch die neuseeländische Lebensphilosophie schon sehr früh sehr treffend beschrieben hatte. Das gab mir Mut. Ich mochte vordergründig ein Narr auf Brettern sein, aber vielleicht steckte auch ein Genie in mir, ein künftiger Snowboard-Champion? Wer konnte das schon wissen? Um das herauszufinden, musste ich es ausprobieren. Sanft streichelte ich das weiße Snowboard, das ich mir in einem Shop geliehen hatte, und legte meine Wange an seine kühle Karbon-Oberfläche. Im Augenwinkel sah ich, dass mich ein Mädchen mit einer großen roten Skibrille und einer grünen Wollmütze in einer Reihe rechts neben mir im Bus verdutzt anschaute, so als sei ich gerade aus der Irrenanstalt entflohen. Schnell setzte ich mich wieder aufrecht in den Sitz und modellierte ein Jetzt-dreh-ich-gleich-ein-paar-Schrauben-und-schlage-vielleicht-noch-ein-paar-Salti-Gesicht. Selbstbewusstsein war doch alles im gelobten Land der *Give it a go*-Philosophen, oder?

Aus dem Busradio dröhnten die krachenden Gitarren der »Datsuns«, einer jungen Rockband aus dem Mooloo-Land bei Hamilton, die sich mit ihrem letzten Geld auf nach London gemacht hatte und die Stadt mit ihren energetischen Auftritten elektrifiziert hatte. So war das Post-AC/DC-Quartett schließlich auf dem Cover der berühmten Musikzeitschrift NME gelandet und das, ohne einen Plattenvertrag zu haben. Seitdem sprach ganz Neuseeland mit stolzgeschwellter Brust von den heldenhaften Garagen-Rockern, die das alte Kronland im Sturm genommen hatten.

In Neuseeland freute man sich ja sehr über jeden Landsmann, der es in der großen Welt zu etwas brachte – wünschenswerterweise mit einem nicht-landwirtschaftlichen Produkt. Nur nicht über Russell Crowe, der zwar auch Neuseeländer war und seine Heimat in den Achtzigern zuweilen mit peinlichen Rocksongs und Schlägereien unterhielt, bevor er zum gefeierten Hollywood-Schauspieler wurde. Unter anderem veröffentlichte er als *Russ Le Roq* eine Single mit dem ominösen Titel »I wanna be Marlon Brando«. »Der ist Australier. Kein Wunder, dass er so peinlich ist«, hatte mir mein freundlicher Dairy-Besitzer in Mount Eden einmal gesagt. »Aber er ist in Wellington geboren«, hatte ich erwidert. »Schon, aber er ist in Australien aufgewachsen, und heute lebt er in Australien. Das hat ihn versaut«, entgegnete der Mann wiederum. Crowes Äußerungen über Neuseeland waren legendär: In einem Interview hatte er einmal gesagt: »Wenn du in Neuseeland einen Kaffee bestellst, dann kommt ein Teelöffel mit Nescafé.« Oder: »Gott segne Amerika, Gott schütze die Queen, Gott verteidige Neuseeland und danke, Christus, für Australien.« Crowe, der auch einmal gesagt hatte, dass es für ihn nichts Schöneres gebe, als sich auf seiner Farm zurückzulehnen und mit seinen Kühen zu reden, bekannte sich zwar zu seiner Heimat, aber dass er als Neuseeländer ohne schlechtes Gewissen nach Australien gezogen war, das war ihm aus Kiwi-Sicht kaum nachzusehen.

Scharfe Riffs schnitten nun eine feurige Hardrock-Spur in die kühlfeuchte Luft des Busses, der sich mit Ächzen und Stöhnen die Serpentinen heraufschob. Der Busfahrer, ein junger Kerl mit Sonnenbrille und Wollmütze, hob seinen rechten Arm, schrie »Yeah, yeah!« und schüttelte dazu seinen Kopf wie bei einem Heavy-Metal-Konzert. Der Datsuns-Sänger röhrte: »Come on let's shake it down. Like that Harmonic Generator. Here we go I said … Yeah, yeah, yeah!« »Yeah, yeah, yeah!«, schrie der Busfahrer an die Decke, und ich schaute mit einem mulmigen Gefühl auf die enge Straße, die an dieser Stelle besonders kurvig war.

Wahrscheinlich hatte der Busfahrer ein Gespür für blutige Anfänger, denn als ich aus dem Bus stapfte, rief er mir mit einem komischen Lächeln ein »Viel Glück« hinterher. »Danke«, brummte ich und spazierte siegessicher zum Lift, mit dem ich hinauf zur Piste fuhr. Dann stand ich schon gebückt auf dem Snowboard, und ich konnte nicht sagen, dass sich das gut anfühlte. Auf dem vereisten Schnee stellte sich das Brett als sehr, sehr rutschig heraus. Ich versuchte nicht etwa, mich fortzubewegen, sondern einfach nicht umzufallen. Dabei wackelte ich wie ein Kasperl hin und her.

»So musst du das machen«, rief mir ein junger Australier zu, der meine erbärmlichen Versuche, standhaft zu bleiben, zuvor noch mit einem erniedrigenden Hähähä-Lachen kommentiert hatte. Immerhin überkam ihn dann Mitleid mit meiner Hilflosigkeit, und er stand mir bei den ersten Balance- und Rutschversuchen bei.

»Und schau«, schrie er, »dann machst du so, so, so, so.« Er ließ sich fallen, richtete sich auf dem Brett stehend wieder auf, drehte sich um seine eigene Achse, glitt dann ein paar Meter über den Schnee wie eine Fee. Alles in einer wahnsinnigen Geschwindigkeit. Dabei redete er und lächelte.

Klatsch. Ich dagegen war wieder umgefallen. Ich saß im Schnee, der kalte Wind schnitt in mein Gesicht. Ich fühlte mich wie ein Kartoffelsack. Immerhin war die Aussicht nicht schlecht. Weite, weiße Weite. Die Luft roch nach Schnee und Kälte. Ein Gefühl von gehobenem Pathos erfüllte mich. Mein Hintern, meine Knie und ein paar Muskeln, von denen ich gar nicht gewusst hatte, dass mein Körper über sie verfügte, schmerzten bereits. Morgen würde ich mich nicht bewegen können. Egal. Dies war mein Tag. Ich betrachtete das Brett an meinen Füßen und den dahinter abfallenden Hang, auf dem Dutzende bunter Farbflecken wie in einem alten Telespiel hin- und herschossen.

»Oh, Mann«, lachte der Australier. »Du hast ja gar kein Körpergefühl. Ihr habt wohl keine Berge bei euch, was?« Er hatte ja recht, aber ich rief in Verteidigung meiner Ehre: »Pass bloß auf, Kollege!« Dann streckte ich ihm meine in einen fransigen Stoffhandschuh gepackte Faust entgegen. Mein Einschüchterungsversuch zeigte keine Wirkung. »Was sind das denn für Handschuhe, Mann? Die hast du wohl von deiner Oma? Ich lach mich schräg. Voll schwul.« Hähähä. Auf die Handschuhe konnte ich wahrlich nicht stolz sein. Mein irischer Mitbewohner hatte sie mir gegeben, damit ich mir keine Handschuhe ausleihen musste. Ich musste einsehen, dass sie nicht zu meinem sonstigen Pisten-Style passten.

Dir zeig ich's, dachte ich. Dabei schoss mir solch eine Adrenalinfontäne in den Kopf, dass mich ein Ruck aufrichtete und ich auf einmal sicher, wie von Geisterhand gestützt, auf dem in den Schnee gekanteten Brett stand. Und dann rutschte ich schon los, schneller und immer schneller. Ich hörte noch, wie der Australier schrie: »Versuch erst keine Drehungen, das ist was für Fortgeschrittene. Fahr einfach und brems. Vergiss nicht, das Gewicht zu verlagern. Mit den Schuuuultern!« Das hatte ich noch nicht gelernt. Steuern mit den Schultern? Gleichzeitig die Balance halten? Alles auf einmal? An so viel komplexes Multitasking waren meine Bewegungsmelder nicht gewöhnt. Bis dato mussten sie vielleicht mal Kaffeetrinken und gleichzeitiges Zeitunglesen koordinieren, aber sonst? Wie sollte das also funktionieren? Außerdem: Steuerten die Snowboarder nicht mit den Knien? Meine Knie fühlten sich allerdings steif wie Stahl an.

Ich schoss den Abhang runter, vorbei an den Ski-Miezen und Snowboard-Athleten, spürte dabei den Fahrtwind im Gesicht und versuchte vordergründig lässig in die Umgebung zu lächeln. Ich stand zwar nicht elegant, aber überraschend sicher auf dem Brett – noch. Aber wie lenkte man dieses verdammte Ding? Ich bewegte meine rechte Schulter leicht nach vorne und spürte sofort, dass dies die falsche Entscheidung war. Mein Gleichgewicht verabschiedete sich. »Oh, nooooo!«, schrie ich, sah im Augenwinkel noch einen Snowboarder, wie er mit angezogenen Beinen über eine Rampe sprang, danach eine seltsame Verrenkung machte und ich ihn im Geiste als »Poser« beschimpfte. Dann ging alles sehr schnell. Ich stürzte wie ein dicker Bär – nach vorne, streckte im Flug die Arme aus, flog ein paar Meter und spürte den Schnee erst durch meine Wollhandschuhe, dann in meinem Gesicht.

Ich muss einige Sekunden in dieser Stellung, das Gesicht in den Schnee gedrückt, ausgeharrt haben, denn plötzlich hörte ich wieder die Stimme des Australiers. Er war mir wohl gefolgt. »Alles klar, Mann? Alles klar?« Ich richtete mich auf, rieb mir den Schnee aus dem Gesicht und sagte selbstsicher: »Yo, Mate. Alles klar. Da muss wohl ein Stein gewesen sein«, versuchte ich meinen Sturz zu erklären. Aber als Profi ließ der Australier sich natürlich nicht ins Bockshorn jagen. »Stein?« Er lachte laut los. Hähähä. »Stein, du bist gut. Ich würde sagen, du kannst nicht fahren. Noch nicht. Immerhin hast du schon ein paar Meter geschafft. Sah zwar aus wie ein fahrender Baum. Aber immerhin. Gratulation. Ich bin übrigens Tim.« Er zog seine Hand aus dem Hightech-Handschuh, reichte sie mir und drückte dann so kräftig zu, dass ich ein leises Knacken hörte. Schien offensichtlich eine Art Männlichkeitsritual bei den Aussies zu sein – jemandem bei der Begrüßung die Hand zu brechen. Warum traf ich eigentlich andauernd diese Australier? Die machten wohl alle heimlich Urlaub in Neuseeland. »Wir müssen doch die neuseeländische Wirtschaft unterstützen«, erklärte Tim hämisch. »Ohne uns, was wäre Neuseeland ohne uns?« Keine andere Antwort hatte ich erwartet. Tim war meine Rettung. Er war Australier, und die hatten schließlich für alles eine Lösung. Das behaupteten sie zumindest immer.

Tim zeigte mir, wie man mit den Schultern lenkte. In den nächsten zwei Stunden stürzte ich Dutzende Male, auf den

Hintern, auf die Knie, aufs Gesicht, zweimal raste ich sogar ungebremst in eine Menschengruppe, die mich jedes Mal als »Nazi« beschimpfte. Aber all die Zweifel, die Angst vor dem Versagen und die Schmerzen konnten mich nicht in meinem Elan bremsen, dieses dumme Brett zu bändigen.

Ich postierte mich an den Beginn der unteren Piste, die für Anfänger gedacht war, nahm die Bahn ins Visier und ließ meinen Blick dann wie ein Cowboy über die weiße Weite gleiten. Ich war bereit für meine erste Abfahrt. »Das packst du, Mate.« Tim klopfte mir auf die Schultern. Ich zeigte ihm das Victory-Zeichen und rutschte los. Dann ging alles ganz leicht. Ich flog den Hang hinunter, ohne auch nur einmal zu stürzen und ohne nur einmal wenden zu müssen – was ich ohnehin noch nicht beherrschte. Meine Haare wehten im Wind, meine Arme, meine Beine, meine Nase schmerzten, aber mein Gehirn produzierte Glücksgefühle am Fließband. Ich war der Snowboard-Gott. Unten angekommen, ließ ich mich auf die Knie fallen, reckte meine Arme wie ein erfolgreicher Torschütze gen Himmel und rief »Danke«.

Das hätte ich mir besser gespart. Denn der Preis für die erste Snowboard-Abfahrt meines Lebens war hoch. Am nächsten Morgen schwamm ich in Schmerzen. Ich lag im Bett und testete die Funktionsfähigkeit meiner Gliedmaßen. Nur den rechten Zeigefinger konnte ich ohne Schmerzen bewegen. Alles andere war Schmerz. »Du siehst ja aus wie ein Zombie«, begrüßte mich Roland, ein Deutscher, als ich mit steifem Nacken, steifen Armen und Beinen in die Hostel-Küche gestakst kam. »Aber sei froh, heute sind wir sowieso gefangen. Da kannst du den ganzen Tag im Bett bleiben. Schau mal raus.«

Alles war weiß, strahlend weiß wie in einer friedlichen Traumwelt, in die man sich hineinfallen lassen wollte. Dicke Schneeschichten lagen auf Dächern und Ästen. Manche Äste waren unter dem Gewicht abgebrochen und steckten nun wie krumme Speere im tiefen Schnee. Die Autos waren fast gänzlich im

Schnee verschwunden. Es hatte über Nacht geschneit, und es schneite immer noch. Dicke, fette Flocken schwebten wie Wattebällchen vom Himmel. Offensichtlich hatte der große Wettergott beschlossen, seine Großzügigkeit zu zeigen, als er von meiner Sehnsucht nach Schnee gehört hatte.

»Tja«, meinte Roland und biss in sein abstoßend riechendes schwarzes Marmite-Toast, das ich argwöhnisch betrachtete. »Fahren kannst du heute vergessen. Die Straßen sind alle gesperrt. Hab ich im Radio gehört. Wahrscheinlich können wir noch nicht mal bis zur Ortsmitte gehen. Siehst ja, wie hoch der Schnee auf den Straßen liegt. Bis jetzt weiß man noch nicht, wann sich das Wetter ändert. Kurzum: Wir sind eingeschneit.« Ich lächelte verkrampft. Selbst die Mundwinkel und Stirnfalten schmerzten.

Weil eine räumliche Begrenzung den Menschen bekanntermaßen zu improvisatorischen und kreativen Höhenflügen zwang, hatten wir die brillante Idee, zusammen mit zwei Südafrikanern zunächst die Biervorräte zu vernichten und dann im Taumel des feuchtfröhlichen Lagerkollers die Katastrophenfilm-Videothek zu plündern. Nach »Flammendes Inferno«, »Erdbeben« und natürlich »Mount St. Helens – Der Killervulkan« bemerkte ich aber, dass Katastrophenfilme ihren Schrecken einbüßten, wenn man sie sich in Serie reinzog. Es schneite immer noch. Bald, so dachte ich, würde auch unser Haus im Schnee verschwinden. Die beiden Südafrikaner waren bereits eingeschlafen und schnarchten selig, als der Mount St. Helens in die Luft flog. Roland hatte sich in die Küche verzogen, wo er mit seinem ersten Flirtversuch erfolgreich war und von wo er sich anschließend mit seiner Beute, einer kleinen Italienerin, ins Badezimmer aufmachte.

Ich entdeckte dann einen Film, der mir als der King unter den Katastrophenfilmen erschien: »Sleeping Dogs« – ein Streifen aus dem Jahr 1977 und der erste neuseeländische Film, der es in die US-Kinos geschafft hatte. Kurz umrissen, ging es darin um einen jungen Mann namens Smith, gespielt von Sam Neill, und seinen

Traum, allein mit seinem Hund auf einer kleinen Insel vor dem neuseeländischen Festland leben zu wollen. Die Handlung spielte vor dem Hintergrund eines Neuseelands, das sich – und das ist kein Scherz – in einen totalitären Polizeistaat verwandelt hatte. Selbst auf der Insel konnte sich dieser Smith der erdrückenden Realität nicht entziehen. Er wurde schließlich aus dubiosen Gründen von der Staatspolizei verhaftet und geriet dann gegen seinen Willen immer mehr in die Aktivitäten der Widerstandsbewegung. Letzten Endes verstand ich das bemerkenswerte Debüt des australisch-neuseeländischen Regisseurs Roger Donaldson als eine Absage an all die Träumer, die glaubten, dass ein freies, selbstbestimmtes Leben abseits der Realität möglich war. Der Film hatte die Botschaft: Egal, was man unternimmt, in der Konsequenz bleibt jeder ein Gefangener seiner Wirklichkeit. Das Paradies bleibt eine Illusion. Selbst in Neuseeland. Es schüttelte mich. Auch wenn ich zu dieser Problematik selbst bereits einige ähnliche Gedanken angehäuft hatte, war dies keine gute Botschaft. Ich brauche sicher nicht zu erwähnen, dass solch ein Film kein gutes Ende nehmen konnte.

Wie eine depressive Holzlatte lag ich anschließend auf dem abgewetzten Hostel-Sofa und starrte durch das Fenster in den Abendhimmel, der unter der Reflexion der schneebedeckten Erde hell glühte. Es hatte aufgehört zu schneien. Aber die Südafrikaner schnarchten immer noch. Aus einem der Zimmer drangen eindeutige Geräusche durch die dünnen Hostel-Wände. Ich stakste zum Kühlschrank, öffnete ihn und musste feststellen, dass unser Biervorrat auf eine Schneekatastrophe und das nachfolgende Igluleben nicht eingestellt war. Aus dem orange erleuchteten Inneren starrten mich ein paar Bio-Milchdosen, braune Bananen und ein schimmeliger Weichkäse an – aber kein Bier. Aber zum Glück hatte ich für solche unerwarteten Katastrophen immer meinen Flachmann mit feinem neuseeländischen Malt-Whisky dabei, den ich für eine der größten Errungenschaften hielt, die dieses Land hervorgebracht hatte – neben der Schafscherkunst von Godfrey Bowen selbstverständlich. Ich nahm einen Schluck, dann noch einen, dann noch einen, und schließlich trank ich die Flasche leer, in der Hoffnung, dass der Schnee am nächsten Tag so weit abgetaut war, dass ich Nachschub besorgen konnte. Aber was, wenn wir noch einen weiteren Tag in diesem muffigen Hostel eingeschlossen waren? Ein paar Filme hatte die hauseigene Videothek durchaus noch zu bieten. Aber dann? Wahrscheinlich müssten wir uns mit lächerlichen Gesellschafts- und Kennenlernspielen die Zeit vertreiben. Ganz ohne Alkohol. Ich kalkulierte, dass ein weiterer Tag durchaus erträglich sein würde. Aber ein dritter? Spätestens dann würde auch der Körpersäfteaustausch an Attraktivität verloren haben und sich der Lagerkoller in den realen Horror verwandeln. Wir würden uns anschreien, Bushs Außenpolitik diskutieren und zu aufsteigendem Räucherstäbchengestank »Here comes the sun« singen. Die Gruppe würde sich schließlich einen Außenseiter aussuchen, den sie dann mit Hilfe ihrer laienhaften Proseminar-Psychologie bis auf die Seelenknochen sezieren würde. Wahrscheinlich würde ich, nachdem alle Vorräte vernichtet waren, sogar Marmite essen müssen. Das Schlimmste an diesen Prekär-Situationen war aber, dass man in dem Intimitätsterror zunächst die Anonymität und in der Folge die Privatsphäre verlor. Dann würden alle anfangen, ihre Seelenproblemchen auszupacken und sie zu ihren persönlichen Titanic-Katastrophen aufzubauschen, die alle anderen mit einem seufzenden »Ach, das ist ja schrecklich« kommentieren würden.

Ich legte mich ins Bett und tat das, was ich seit meiner Kindheit nicht mehr getan hatte: Ich betete. Ich betete für die Sonne.

Und sie kam. Am nächsten Morgen strahlte der Himmel blau und die Welt weiß. Das Radio allerdings berichtete, dass die Straßen immer noch geschlossen und nicht befahrbar seien. Der Hostel-Chef aber hatte die umliegenden Wege geräumt, und so konnten wir immerhin zu Fuß die Puderzuckerwelt besichtigen. Immer noch von den Snowboard-Schmerzen geplagt, stapfte ich in meinem Wurstanzug wie ein Yeti durch die Schneemassen. Der erste und einzige Weg an diesem Tag führte mich und die beiden Südafrikaner natürlich zur Mountain-Rocks-Kneipe, wo wir zusammen mit den anderen Eingeschlossenen aus Anlass unserer Befreiung eine wilde Party feierten, bei der ich selbst meine Schmerzen vergaß. Dort traf ich meinen Snowboard-Lehrer Tim, der mich umarmte, weil er sein Glück nicht fassen konnte. »Dieses Neuseeland«, lallte er, »dieses Neuseeland ist mir glatt ein bisschen unheimlich geworden. Ich habe schon gedacht, ich müsste auf ewig in diesem Nest hier bleiben.« Dann grölte die Kneipe im Chor: »I come from a land down under. Where beer does flow and men chunder. Can't you hear, can't you hear the thunder? You better run, you better take cover.« Alle lagen sich in den Armen, sogar Australier und Neuseeländer. Tatsächlich hatte ich seit langem mal wieder das sentimentale Gefühl, angekommen zu sein. Dabei wollte ich eigentlich doch nur wieder weg.

Wie schön wäre es doch, wenn auch ich an Märchen glauben könnte, dachte ich, als ich mit dem zweitschlimmsten Kater meines Lebens aufwachte. Die Straße in Richtung Palmerston North, wo ich das Rugby Museum besuchen wollte, war wieder frei. Durch diese Tatsache erleichtert, brach ich sofort auf. Ich schwor mir, dass ich meine kapriziösen Sehnsüchte in Zukunft weniger ernst nehmen wollte – vor allem, wenn sie der Ausnahmesituation des Reisens entsprangen. Als Zeichen meiner Dankbarkeit stoppte ich am Denkmal der Riesenkarotte an der Ortsausfahrt von Ohakune. Ich umarmte die Plastikmöhre, schaute den weißen Bergen entgegen, und dabei ging mir dieser Satz durch den Kopf: Neuseeland wäre wirklich ein wunderbarer Ort, wenn da nicht der Rest der Welt wäre.

Herzflimmern

»There was no holy water
No one spoke of fame
There were no reliable works
We were left to figure out things for ourselves«
Lloyd Jones, The Book of Fame

Beschwingt von der Vorfreude auf mein nächstes Ziel, trommelte ich mit meinem Daumen auf das Lenkrad und schüttelte meinen Kopf im Takt der Musik. Aus dem Radio schmalzte Billy Ocean, dann rockten Queen, Toto, Kim Wilde. Es war der passende Soundtrack für eine Fahrt durch die neuseeländische Provinz. Hier existierte für die Radiosender musikalisch vor allem ein Jahrzehnt – die Achtziger. Deswegen also träumten so viele Deutsche davon, nach Neuseeland auszuwandern. Hier konnten sie ungestört ihren Achtziger-Fetisch leben, ohne dass sie als Retro-Deppen verspottet wurden. Ich verspürte bizarre heimatliche Gefühle. Darin waren sich Deutschland und Neuseeland ja sehr ähnlich, in der Wertschätzung des weltentrückten Landlebens und einer Sehnsucht nach den Achtzigern, die ich gut verstehen konnte. Was für ein großartiges Jahrzehnt sie doch gewesen waren. Es war das Jahrzehnt der klaren Botschaften (»Atomkraft? Nein danke!« »Karottenjeans? Ja bitte!«), der enthemmten Gefühle und der starken Persönlichkeiten. Reagan. Thatcher. Kohl. Captain Future. Pac-Man. Alf.

Auch Palmerston North wirkte auf den ersten Blick wie eine Achtziger-Jahre-Stadt. Monofarbene College-Sweatshirts und weiße Turnschuhe waren hier anscheinend immer noch der letzte Schrei. Ich hatte schon viel gehört über die Bezirkshauptstadt der Manawatu-Wanganui-Region. Die Menschen sollten hier besonders gelassen sein, noch gelassener als im Rest des Landes. Unvorstellbar, aber wahr. Tatsächlich wirkten viele Passanten wie Statisten im großen Schauspiel mit dem Titel »Die neuseeländische Gelassenheit«. Meine Abneigung gegen die militante Gelassenheit und die sonnige Unbedarftheit, die hier wie Unkraut aus dem Boden schossen, war deutlich gewachsen – vermutlich weil ich ständig auf der Suche nach ergiebigen Reibungsflächen war, an denen ich mich abarbeiten konnte. Und die Gelassenheit, sie war nun mal die größte Reibungsfläche, die dieses Land bot. Solche Reibungsflächen brauchte jeder, wenn er nicht dahindarben wollte wie eine schwächelnde Primel. Denn eines hatte ich in Neuseeland gelernt: Man konnte mit der Behäbigkeit leben, aber die Welt konnte man nur schwer entdecken in ihr. Als ich am Mittag einen alten Mann an einer Tankstelle nach dem Weg fragen wollte, hatte er mich angeranzt, ich solle mich bloß vom Acker machen – wie herrlich unentspannt, wie wunderbar giftig. Über die Reaktion des Kauzes hatte ich mich richtig gefreut.

Palmerston North war nun wieder eine dieser Städte, über die Bismarck gesagt hätte: »Vor dem Weltuntergang ziehe ich hierhin. Denn hier kommt der Weltuntergang sicher erst 15 Jahre später.« Diese behäbige Stadt war berüchtigt – vor allem als ödes Landloch. Als der Monty-Python-Mann John Cleese die 78 000-Einwohner-Stadt einmal besuchte, kommentierte er seine Eindrücke. Wer plane, Selbstmord zu begehen, und keinen Mut habe, erklärte Cleese, solle nach Palmerston North fahren. Die Stadt würde das Vorhaben sicher befördern. Die Einwohner benannten daraufhin eine Müllkippe nach John Cleese – den heutigen »Mount Cleese«. Offensichtlich hatten die behäbigen Menschen hier Humor. Viele ignorante Touristen behaupteten sogar, dass Palmerston North keine Stadt sei, die man auf seiner Neuseeland-Reise besuchen sollte. Da würde man ein ganz falsches Bild von dem Land bekommen. »Palmerston? Da hatte ich wirklich Alpträume. Das besteht nur aus Tankstellen, dunklen Kneipen und Menschen, die eine exotische Sprache sprechen«, hatte mir ein deutscher Tourist erzählt, der gezwungen gewesen war, dort eine Nacht abzusteigen, bevor er nach Ohakune weiterfahren konnte. Manche wollten sogar wissen, dass Palmerston North nicht, wie ihr Spitzname »Palmy« vermuten ließ, eine sonnige Palmenstadt sei, sondern die graue Missgeburt einer Stadt – durchzogen von öden, geometrisch angeordneten Straßen, vollgestellt mit Motels, Supermärkten und einer pragmatischen Nicht-Ästhetik von unterirdischer Durchschnittlichkeit, ein Anti-Manifest aus Holz, Beton und Asphalt, das dem Hegelschen Ideal des göttlich Schönen trotzig die Stirn bot. Manche sagten deshalb, man müsse betrunken sein, um diese Stadt ertragen zu können. Diese Menschen hatten keine Ahnung. Betrunken sah die Stadt, wie ich später selbst erlebte, nur noch besser aus. Schließlich nannte man sie auf Maori Papaioea, was so viel wie »wie wunderschön es ist« bedeutete. Als ich nach einem intensiven Pub-Besuch durch die schnurgeraden Straßen tänzelte, bemerkte ich gleich, dass Palmerstons Nicht-Architektur Ausdruck einer von der Landwirtschaft geprägten Pragmatik sein musste. Hinzu kam eine gewisse skandinavische Kühle, die darauf zurückgehen mochte, dass die ersten Siedler aus Skandinavien kamen. Deswegen erinnerten viele der Gebäude entweder an Farmhäuser, Ställe, Scheunen oder Ikea-Märkte. Hier lag das Göttliche also im Schnörkellosen, in der Pragmatik. Man musste so etwas zu deuten wissen.

Palmerston North war außerdem eines der leuchtendsten Beispiele neuseeländischer Sozialisten-Architektur. Für jeden Liebhaber des europäischen Ostens und seines geometrischen Betons eine Augenweide. Besonders hervorheben möchte ich den zentralen Platz der Stadt, kurz und knapp »The Square« genannt, an dem alle wichtigen Straßen begannen und in dessen Mitte ein Kriegsdenkmal stand. Wenn man sich also auf seiner Reise nach einer gewissen Ostigkeit sehnen sollte, empfehle ich unbedingt einen Abstecher.

Dazu gab es eine ganze Menge anderer Gründe, der Stadt – in deren Nähe übrigens auch der größte Windpark der südlichen Hemisphäre stand – einen Besuch abzustatten. Die Stadt war vergleichsweise arm an Touristen. Der wichtigste Grund aber, unbedingt nach Palmerston North zu fahren, war das Rugby-Museum – das Herz des Landes. Hier sollte jeder Neuseeländer mindestens einmal in seinem Leben gewesen sein und eine Träne vergossen haben. Dort wollte ich hin.

Solch ein Museum von nationaler Tragweite stellte ich mir wie einen Rugby-Walhall vor, ein Pantheon, in dem die über 100-jährige Erfolgsgeschichte des neuseeländischen Rugby und der legendären, unschlagbaren All Blacks untergebracht waren, in dem Geschichten, Legenden, Mythen und Helden aufbewahrt und gepflegt wurden, in dem die Leidenschaft, der Stolz, die Seele des Landes ihr Zuhause hatten.

Doch stattdessen erblickte ich vor mir ein einstöckiges ziegelsteinrotes Hexenhäuschen. Mit offenem Mund stand ich vor der Treppe zum Eingang. Tatsächlich: Das Schild log nicht: »New Zealand Rugby Museum«. Ich hatte mindestens einen neoklassizistischen Supertempel aus Marmor, Gold, hochfliegenden Sehnsüchten und Träumen erwartet – aber keine muffige Hütte. Die Neuseeländer nahmen ihre Attitüde des Understatements offenbar sehr, sehr ernst.

Vielleicht hatte diese Franz-von-Assisi-hafte Unterbringung aber auch einen symbolischen Charakter? Solche wichtigen Nationalbauten musste man ja im Kontext betrachten. Wie man das beim Petersdom oder Kreml auch tat. Ich stellte mir in Neuseeland dauernd diese Sesamstraßen-Fragen nach dem Wieso-Weshalb-Warum. Das hatte ich als Kind gelernt, und was man als Kind gelernt hatte, wurde man nur sehr schlecht wieder los. Es steckte in einem – wie ein hartnäckiger Virus. Und so kam ich darauf, dass diese Hütte wohl alle daran erinnern sollte, wo der heilige neuseeländische Rugby geboren worden war – in einem ärmlichen, abgewrackten Stall neben Kuh und Schaf. Und dieses Wunder ward natürlich in der Provinz geschehen. Denn der neuseeländische Rugby, so ging die Mär, war aus der fruchtbaren Erde seines Hinterlandes entstanden. Von hier aus hatte er seinen weltweiten Siegeszug begonnen.

Die Türe quietschte, und kaum hatte ich den Fuß über die Schwelle gesetzt, stieg mir ein vertrauter Geruch in die Nase: feuchte Luft, modriger Teppich, angeranzte Geschichte. Diese muffige Museumsluft kannte ich von meinen Besuchen in sowjetischen Ausstellungsräumen, in denen sie zusammen mit den Exponaten und Helden gleich mitkonserviert worden war. Auch hier in Neuseeland gab man sich also Mühe, den Museumsbesuch für den Besucher zu einem besonders sinnlichen und damit eindringlichen Erlebnis zu gestalten. Die Neuseeländer galten nicht umsonst weltweit als besonders gefuchste und kreative Ausstellungsbastler. So hatte beispielsweise Ken Gorbey nicht nur das Nationalmuseum Te Papa in Wellington eingerichtet, sondern unter anderem auch das Jüdische Museum in Berlin.

Hinter der Kasse stand ein großer breitschultriger Mann mit Bart. »G'day«, sagte er und gab mir mit einem willkommenheißenden Lächeln meine Eintrittskarte. Ich versuchte gerade einen professionellen Rugby-Kenner-Blick aufzusetzen, da hatte mich der Kassenmann schon als Außerirdischen entlarvt. »Woher bist du, mein Freund?« »Aus Deutschland«, stotterte ich. »Ah, Deutschland«, nickte er wissend. »Ja, Deutschland«, erwiderte ich verschämt. »Kein Rugby-Land«, sagte er. »Kein Rugby-Land«, bestätigte ich. »Tja«, sagte er. »Tja«, antwortete ich.

Dann begann ich meinen Gang durch die heiligen Hallen, besser gesagt, durch die heiligen zweieinhalb bis drei Räume. Die aber waren vollgepackt mit unzähligen Informationen, Geschichten, Legenden, Trikots, Fotos, Schuhen, Trillerpfeifen, mit denen berühmte Spiele geführt worden waren, und dem ältesten Rugby-Ei des Museums, das aus dem Jahr 1913 stammte. Ehrfurchtsvoll schlich ich vorüber an den hell ausgeleuchteten Vitrinen, die den Besucher über die Anfänge des neuseeländischen Rugby informierten und natürlich über die legendäre Tour von 1905/06, die Geburtsstunde des Mythos von den unbesiegbaren All Blacks, die das Mutterland des Rugby bei ihrer ersten Auslandsreise durch Großbritannien überrannten. Dreiunddreißig Siege holten die jungen Neuseeländer gegen Schottland, England und verschiedene englische Clubs. Nur gegen Wales verloren die Männer um ihren Kapitän David Gallagher – und noch heute wird in Neuseeland diskutiert, ob der Schiedsrichter sie betrogen hatte. Diese unerwarteten Erfolge veränderten Neuseeland mindestens so sehr, wie die Relativitätstheorie die Welt veränderte, die von Einstein sinnigerweise im selben Jahr beschrieben worden war. Die kleine Kolonie vom anderen Ende der Welt behauptete sich gegen ihr Mutterland und bewies sich, dass sie offensichtlich zu mehr fähig war, als Schafe zu züchten. In Neuseeland wurden die neuen Helden mit einer Konfettiparade in der Queen Street von Auckland begrüßt, und dann musste die Mannschaft durch das Land touren und sich bejubeln lassen. Rugby als nationale Obsession, als Gesellschaftsmodell und Religion ward geboren. Seitdem beschreibt der neuseeländische Traum deswegen nicht den Aufstieg eines Tellerwäschers zum Millionär, sondern den Aufstieg von einem Farmer zu einem All Black. Beim Anblick des schwarzen Trikots mit dem Silberfarn auf der Brust konnten sich selbst hünenhafte Gladiatorenmänner, wie ich mit eigenen Augen gesehen hatte, in sentimentale Tränenklopse verwandeln.

Die legendäre Tour förderte also die Entwicklung einer neuseeländischen Identität. Genau wie die blutige Schlacht vor der türkischen Hafenstadt Gallipoli im Ersten Weltkrieg, bei der rund 2800 neuseeländische Soldaten ums Leben kamen (eine

Tragödie für ein Land, das damals rund 1,5 Millionen Einwohner hatte). Oder das Bombenattentat des französischen Geheimdienstes auf das Greenpeace-Schiff Rainbow Warrior 1985 im Hafen von Auckland, das indirekt dazu beitrug, dass sich Neuseeland zur nuklearfreien Zone erklärte und atombetriebenen Schiffen die Zufahrt zu seinen Gewässern verbot. Fand diese Maßnahme vor dem Attentat nur eine geringe Unterstützung in der Bevölkerung, wurde sie danach außerordentlich populär und zum Aushängeschild eines modernen, selbstbewussten Neuseelands. All diese Ereignisse trugen auf ihre Weise dazu bei, dass die Menschen im Kopf enger zusammenrückten – als Neuseeländer.

Durch die sportlichen Erfolge der All Blacks und ihr neuartiges, offensiveres und damit attraktiveres Spiel stieg auch das Ansehen der Neuseeländer in der Welt, vor allem im britischen Mutterland, wo sie lange als tumbe und rauhe Mannsbilder galten und verächtlich »Colonials« genannt wurden, die alles, nur kein Englisch sprachen. Aber schon im Programm zum Spiel gegen England erschien damals, wie ich in einer Vitrine las, eine Anzeige, die den Briten nicht nur den Urlaub, sondern auch das Leben auf der südlichen Hemisphäre schmackhaft machen wollte. Auf der Anzeige sah ich eine gewaltige Hirsch-Trophäe, Angler, idyllische Berge und herrliche Weiten. Darunter stand: »Die Heimat der neuseeländischen Rugby-Spieler ... und das Land der Siedler.« Bis heute glaubt man deswegen, dass der neuseeländische Modellspieler grundsätzlich ein liebevoller, wenngleich rauher Farmer ist, der die harte Arbeit auf dem Feld zum Stählen seiner Muskeln nutzt und zum Frühstück mindestens ein großes Steak verdrückt. Auf dem Land entwickelt der neuseeländische Spieler seine Kreativität, seinen Pioniergeist, sein Improvisations- und Innovationstalent, da er dort mit dem auskommen muss, was ihm die Natur zur Verfügung stellt: seiner Kraft, seinen Beinen, Händen und seinem Verstand.

So war es kein Wunder, dass der damalige neuseeländische Premierminister Richard Seddon den Erfolg des Teams mit den paradiesischen Bedingungen in seinem Land erklärte – und verklärte: »Die gesunden und natürlichen Bedingungen des Lebens in der Kolonie produzieren robuste und athletische Söhne, auf die Neuseeland und das Königreich sehr stolz sind.« All das war natürlich der Legendenbildung um die All Blacks geschuldet, die heute längst keine Farmer mehr sind, sondern Profisportler, die von den alten Haudegen schon mal als verwöhnte und weinerliche Weicheier kritisiert werden. Während meiner Zeit in Neuseeland kam es häufiger vor, dass eine der Rugby-Legenden den Stars der Moderne nach einem verlorenen und laxen Spiel mal wieder die Litanei von der guten alten Zeit predigte und den Jungen eine rustikale Farmkur verschreiben wollte, um sie daran zu erinnern, woher sie eigentlich kamen. Die modernen All Blacks sind natürlich längst wie in jedem kommerziellen Profisport popstarartige Produkte, die nur noch wenig gemein haben mit dem alten Neuseeland der provinziellen Rugby-Clubs, die lange Zeit die einzigen gesellschaftlichen Zentren und Motoren im Landleben Neuseelands waren. Rugby war sehr lange ohne Alternative. Es gab eine Zeit, da war Rugby einfach alles.

Es war jener alte Geist, der wie ein Gespenst durch dieses aus der Zeit gefallene Museum schwebte. Hier hatte auch der Schriftsteller Lloyd Jones viele Stunden verbracht, um Material für sein Buch *The Book of Fame* zu recherchieren. Darin ging er dem Mythos, den die Tour von 1905/1906 beschworen hatte, auf den literarischen Grund. Zu Beginn des achten Kapitels schrieb Jones:

Wir brachten neue Ideen nach Europa
Die 2,3,2 Scrum-Formation
Den Wing-Forward, »kontrovers«
Aber effektiv

Einen Fullback, der mit einem Sonnenhut auf dem Kopf spielte
und der außerhalb des Flügels lief –
an sich gesehen ist das vielleicht nicht viel
aber der Gedanke – der Gedanke ist das, was zählt
Stärke dich
Versuch es
Antizipiere
Zieh dich zurück
Sichern
Neu-erfinden
Herausfordern
Verändern

In diesen wenigen Worten steckte vieles, um Neuseeland zu verstehen. Veränderung! Wandel! Das klang wie ein romantisches Manifest, das neuseeländische Lebensmanifest – das in diesem altmodischen Museum allerdings wenig beherzigt worden war. Ich betrachtete die verblichenen Schwarzweißfotos. Die ersten Rugby-Spieler Neuseelands hatten, wie ich fand, wenig Ähnlichkeit mit den durchtrainierten Muskel-Orks der Gegenwart, die in High-End-Laboratorien herangezüchtet wurden. Gegen die modernen Maschinen mit ihren hippen Frisuren wirkten die Rugby-Urväter mit ihren Biedermeier-Schnauzbärten wie Schauspieler aus der Klamottenkiste. Ihre Gesichter waren allerdings von Ernst, Härte, Ehrgeiz geformt – nicht aber vom Spaß.

Ich wunderte mich zwar immer noch, dass die massigen Rugby-Spieler trotz heftiger Kollisionen auf dem Feld keine blauen Flecken zu bekommen schienen. Ich fand es zwar immer noch seltsam, dass ein Ball nicht nur rund, sondern auch eiförmig sein konnte, aber auch ich war der Magie des Rugby während meines Aufenthalts verfallen. Ich hatte sogar das Super12-Finale der Auckland Blues gegen die Canterbury Crusaders im legendären Eden-Park-Stadion in Auckland besucht – mein erstes Rugby-

Spiel. Während draußen in den Straßen um die Arena eine Stille wie auf einem Friedhof herrschte, hatte sich das Stadion selbst in einen brodelnden Hexenkessel verwandelt, so als hätte man all die überbordenden Emotionen der Lust, der Leidenschaft, die im Land aufzutreiben waren, in diesen Kessel geschmissen. Waren die Neuseeländer normalerweise so genügsam wie eine Herde Nilpferde beim gemütlichen Bad, mutierten sie beim Rugby in wüste Jubel-Berserker, denen das Testosteron in den Augen stand und das Adrenalin aus den Ohren dampfte. Ich hatte schon häufig darüber philosophiert, dass die Welt eine bessere wäre, wenn sie vor allem von Neuseeländern bevölkert wäre, aber das Erlebnis im Stadion ließ mich wieder an dieser Überzeugung zweifeln.

Tatsächlich gab es keinen noch so bedeutenden Gemeinschaftsglauben, durch den die Neuseeländer einen derart kollektiven Spiritualitätsrausch erleben konnten. Rugby war die Religion und darüber hinaus die Klammer, die das Land zusammenhielt. Die Kiwis einte nichts so sehr wie die All Blacks und der Gedanke an einen guten Torschuss. Und zwar alle Kiwis. Die Nationalmannschaft der letzten Jahre hat Wurzeln in Europa, Australien, auf Tonga, Samoa oder den Fidschi-Inseln. Die All Blacks waren das Symbol für eine Gesellschaft, in der eigentlich alle zu jeder Zeit Einwanderer waren. Ein Symbol, das sagen wollte: »Es ist egal, woher du kommst. Wir müssen uns nicht unbedingt lieben. Hauptsache, du befolgst die Regeln, hast gute Ideen und spielst für das Team. Nur so können wir etwas erreichen.« Auch wenn Rugby heute mittlerweile Konkurrenz von anderen Sportarten und Freizeitbeschäftigungen bekommt, ist er immer noch der größte gemeinsame Nenner, auf den sich die Kiwis einigen können. Beim Rugby sitzt das Volk der Neuseeländer, könnte man pathetisch überhöht formulieren, in einem Waka, einem Kanu. Rugby hatte auch Maori und die europäischstämmigen Weißen schon früh zusammengebracht. Zwar gibt es bis heute auch eine Maori-Nationalmannschaft, aber Maori spielten von Anfang an auch im Team der All Blacks. Wie beispielsweise die Ikone George Nepia (1905–1986), dessen alten ausgelatschten Schuh ich in einer Vitrine bewunderte.

Rugby war seit seiner Einführung in der zweiten Hälfte des 19. Jahrhunderts schnell populär geworden unter den Maori. Gerade weil das körperbetonte Spiel eine tiefe und zugleich vielfältige symbolische Kraft hatte. So konnte es als Kriegs- und Eroberungsspiel verstanden werden oder als Lebensphilosophie, die das An-die-Grenzen-Gehen testete, dazu den Willen, taktisches Denken und Teamfähigkeit schärfte und auch als Ventil für Gewalt und Aggression diente. Somit wurde der Haka, der Kriegstanz der Maori, den die All Blacks auch bei der Tour 1905/1906 vor den Spielen erstmals aufführten, um sich selbst zu ermutigen und den Gegner das Fürchten zu lehren, das schönste Symbol der magischen Kraft des Rugby. Im letzten Raum lief auf einem Fernseher gerade eine Haka-Präsentation einer älteren All-Blacks-Mannschaft. Dieses Schnauben, dieses Stampfen, dieses Grunzen, dieses Schreien, das die roten Blutkörperchen in schrille Aufregung versetzte. Neuseeland, dachte ich, wäre wohl ein wesentlich ungemütlicherer und düsterer Ort, wenn es den Rugby nicht geben würde.

Ich war nicht der einzige Besucher an diesem Morgen. Ein älterer Mann stand mit einem kleinen Jungen vor der Trillerpfeife, mit der der Schiedsrichter Kevin Kelleher die All-Black-Legende Colin »Tannenbaum« Meads nach einem Foul 1967 in einem Spiel gegen Schottland vom Platz geschickt hatte. Ich wurde plötzlich ganz sentimental, so wie die beiden – vielleicht waren es ein Großvater mit seinem Enkel – vor der Vitrine standen, der alte Mann mit leisen, aber bewegenden Worten erzählte, was es mit der Pfeife auf sich hatte und wer der Mann mit der markanten Nase und den abstehenden Ohren auf den dazu ausgestellten Fotos war, und der Junge mit großen neugierigen Augen die Gegenstände abtastete. Wahrscheinlich wollte ich in diesem Moment einer von ihnen sein, dazugehören zu ihrem verschworenen Rugby-Stamm, damit ich mit demselben kindlichen Herzen und glühenden Gedanken die Trillerpfeife oder die alten Schuhe hätte anstarren können. Ich sah zwar den Zugangscode zu ihren Geschichten und Mythen, aber ich wusste ihn nicht zu bedienen. Ich wusste nur eins: Das waren alles glühende und tolle Geschichten, aber es waren nicht meine. Ich konnte sie mir nicht aneignen. Es war zwar sehr leicht, ein Land hinter sich zu lassen, aber sehr schwer, seine Erinnerungen zurückzulassen. Sosehr ich mich auch bemühte, so viele fette Lammkoteletts und gebackene Bohnen ich auch aß, so viel Speight's-Bier oder Lemon&Paeroa ich auch trank, sosehr ich »Don't dream it's over« in den neuseeländischen Himmel sang. Ich blieb ein reisender Besucher, der immer weitermusste und dabei doch immer wieder auf seine eigene Welt zurückfiel.

Kopfschuss mit Reis

»Simply by sailing in a new direction you could enlarge the world.«
Allen Curnow, Landfall in Unknown Seas

Ich schloss die Augen, öffnete sie wieder, schloss sie, öffnete sie und rieb sie wie ein Kind, das gerade aufgewacht war. Ich wollte meine Hand ausstrecken, um zu sehen, ob das Bild, das ich vor mir hatte, sich wie eine Seifenblase in der Luft auflösen würde, sobald ich es mit meinen Fingern berührte. Doch der Mann, den ich sah, war keinem Traum entsprungen, er war auch kein Geist, er war so echt wie das rauhe, grenzerfahrende Leben in den Ureweras nur sein konnte. Auf dürren, aber drahtigen Beinen stand er vor uns. Ein alter, harter Knochen in jungem Körper. Der Schalk glänzte in seinen Augen, der Schelm lugte aus seinen Sätzen – der Berliner Schelm. »Wat seid ihr denn für Vertreter? Die letzten Vertreter, wa? Na, kummter erst ma rin, wa.«

Rudi, mein bayrisch-neuseeländischer Freund aus Mount Eden in Auckland, hatte mir schon vor geraumer Zeit von Jürgen erzählt. Einem Deutschen, der seit über vierzig Jahren in den Ureweras lebte. Der dort als Jäger gearbeitet hatte und heute trotz seines Alters immer noch die Berge hinauf- und hinunterlief wie ein junger Spund. Den man zum Ehrenranger ernannt hatte. Den jeder dort kannte – Tiere und Menschen, wobei es von Letzteren dort nicht allzu viele gab. Und der selbst wiederum jeden Fluss, See und Baum kannte. Das klang für mich nach einer neuseeländischen Geschichte von jemandem, der ausgezogen war – ohne Angst vor der Welt, dem Leben, ohne Angst vor sich selbst. Kein Spinner, sondern eine ehrliche Eigenbrötlerhaut.

Die Ureweras waren ein mystisches, undurchdringliches Waldgebiet im Südosten der Nordinsel. Es gab viele abseitige Orte in Neuseeland – aber die Ureweras waren eines der abseitigsten Gebiete – das Abseitigste im Abseitigen. Ein guter Ort, wenn man sich verstecken wollte, wenn man von der Welt nichts mehr wollte als ihren natürlichen Lauf. Die Ureweras waren ein gutes Ziel für eine Reise, die meine letzte in Neuseeland sein sollte. Bereits vor einiger Zeit war mir klargeworden, dass ich nach Europa zurückkehren würde. Ich vermisste vor allem meine Reisen nach Weißrussland und Osteuropa, ich vermisste den Geruch von rostigem Stahl, den Anblick von brüchigem Beton und den Geschmack von Wodka. Ich vermisste die großen Debatten und auch den Kulturpessimismus in Deutschland. Manchmal spürt man, wann die Zeit gekommen ist, zu gehen. Wenn man diesen Zeitpunkt verpasst, bleibt man ein wandelnder, unruhiger Geist, gefangen in einer Welt, die man sich nicht zu eigen machen kann. Ich wollte nicht zurückkehren, um mich niederzulassen und irgendwo anzukommen. Ich wollte zurückkehren, um eine neue Reise zu beginnen. Wohin auch immer die mich führen würde. Wahrscheinlich würde ich mein ganzes Leben auf einer Reise bleiben. Das sage ich ohne jede falsche Romantik. Das Reisen ist harte und schwere Arbeit – vor allem, weil man sich selbst ertragen muss und weil man immer wieder einer neuen Illusion oder Sehnsucht hinterherjagt, die man im nächsten Augenblick schon wieder zerplatzen sieht. Trotz aller Sehnsuchtsbewältigung ist das Reisen deswegen auch eine desillusionierende Erfahrung. Vor allem in Neuseeland, wo die meisten angekommen zu sein schienen, wo die Menschen glücklich und zufrieden waren wie Blumenkohl in der Frühlingssonne.

Wie Rudi, mein Reisegefährte. Er war bereits seit den Achtzigern, wie er erzählte, schon häufig im grünen Herzen der Nordinsel gewesen. Um zu wandern, allein zu sein, aber vor allem, wie mir schien, um von allem anderen weg zu sein. Irgendetwas trieb ihn, der Schnaps brennen konnte, der Hühner hatte und Honig

machte, raus aus Auckland, das er vielleicht als Verrat am neuseeländischen Traum begriff, und hierhin, wo es kein Sushi, keine Latte macchiato und noch nicht einmal eine Kneipe gab. Nur
ein altes RSA, eines dieser Kneipen-Café-Restaurants der Royal
New Zealand Returned and Services' Association mit Plas-
tikstühlen, Neonlicht, billigem Bier und deftigem Roast, freundlichen Alten und ihren verrückten Geschichten. Einer dieser Orte, durch die noch der narkotisierende Wind des alten quasi-so-
zialistischen Neuseelands wehte.

Mittlerweile hatte auch ich meinen kleinen Frieden mit der
neuseeländischen Natur geschlossen. Nicht, dass ich nun zum
Naturfreund geworden wäre, aber wir respektierten uns. Die Natur machte mich nur noch selten nervös. Sie lag nicht mehr blei-
schwer auf meinem Gemüt, wenn sie in hoher Dosierung auf-
trat. Wenn ich wollte, konnte ich sie einfach ausblenden. Aus-
schalten wie einen Fernseher. Außerdem hatte ich so viel Natur
genossen, dass ich wohl für den Rest meines Lebens eine stattliche imaginäre Postkartensammlung zur Verfügung hatte. Das
beruhigte mich ungemein, weil ich mir ausmalte, dass ich als mit-
telloser Alter meine letzten Tage in einem postkapitalistischen
Containerheim verbringen würde. Ich würde wie ein armer Hund
dahinsiechen, hätte dann aber wenigstens noch meine reichen
Erinnerungen.

Rudi, der von Cape Reinga bis Invercargill, das der Rolling-
Stones-Gitarrist Keith Richards einmal als »das Arschloch der
Welt« beschrieben hatte, so ziemlich jede urige Kneipe und ihre
Geschichte kannte, hatte mir die Fahrt schnell schmackhaft gemacht. Er hatte mir von wilden, trunksüchtigen und exzentrischen Jägern erzählt, die sich in den Wäldern herumtrieben,
weil sie die Zivilisation für eine fehlgeleitete Entwicklung in der
Menschheitsgeschichte hielten. Er hatte mir von Maoris erzählt,
die, mit langen Staubmänteln bekleidet und Patronengürteln be-
hangen, auf Pferden durch die Wildnis ritten, ihre Gewehre im

Anschlag. Und von aus der Welt gefallenen knorzigen Buschmännern, die an den entlegensten Seen, an denen man erwartete,
nur von der Stille und der Einsamkeit der Natur umarmt zu werden, kleine wilde Partys mit kräftigen Getränken feierten. Ich
hatte mal ein T-Shirt gesehen, auf dem dieser Spruch stand:
»New Zealand – no emails, no mobile, no problem.« Das passte
zu dieser unwirklichen Gegend, die ein guter Ort war, wenn man
es reizvoll fand, auf dem Mond zu leben. So wie es der neuseeländische Traum verhieß. In Neuseeland hatte jeder das Recht,
auf dem Mond zu leben.

Anders als Rudi, der die Ureweras liebte, sprachen die weißen
Neuseeländer häufig mit einer Mischung aus Ehrfurcht und
Grusel von den unheimlichen alten Wäldern, die zum Stammes-
gebiet der Tuhoe gehörten – einem Maori-Stamm, der sich »Ne-
belkinder« nannte und der sich in seiner Geschichte wenig ko-
operativ mit der Britischen Krone und der neuseeländischen
Regierung gezeigt hatte. Bis heute forderten die Tuhoe eine gewisse Autonomie für ihr Gebiet. Denn den berühmten Vertrag
von Waitangi, der 1840 zwischen der Britischen Krone und rund
500 Maori-Häuptlingen geschlossen wurde und der zwar ein um-
strittenes Rechtspapier, aber für viele auch das Gründungsdoku-
ment des modernen Neuselands war, das die Partnerschaft zwischen Maori und den europäischen Einwanderern begründete,
hatten die Tuhoe nicht unterschrieben. Aus den Ureweras, was
übersetzt so viel wie »verbrannter Penis« heißt, stammte auch der
Tuhoe-Prophet Rua Kenana. Ein Mann mit langen schwarzen
Haaren und traurigen Augen, der sich für einen neuen Christus
hielt und Anfang des 19. Jahrhunderts seine Landsleute von allen
europäischen Einflüssen befreien wollte. Um ihrem politischen
Anliegen Nachdruck zu verleihen, sperrten die Tuhoe manchmal
die Zufahrtsstraßen in ihr Gebiet. Nicht nur deshalb symbolisierten die Ureweras auch eine der letzten großen Herausforderungen und Abenteuer Neuselands. Hier in der Wildnis stieß

das Land an seine Grenzen – und auch jeder, der diese Welt für sein Leben wählte.

Jürgen wohnte in einem dieser kleinen Häuser, die man in Neuseeland *bach* nannte und die eine Mischung aus Garage und Familienzusammenrottungsheim für den Sommer waren. In den kleinen Hütten traf man sich mit Oma, Opa, Kindern, Enkeln, Tanten, Cousinen und Hunden, grillte, sang, betrank, liebte und stritt sich. Das kleine Haus mit seinen großen Fenstern und dünnen Holzwänden, das Jürgen eigenhändig um einen Raum erweitert hatte, stand in einer kleinen Siedlung, direkt an einem Hang, vor dem sich die Ewigkeit wie ein Kinofilm erstreckte.

»Sag mal, Jürgen«, hob Rudi seine bayrische Stimme an, die trotz seines bärigen Körpers erstaunlich sanft klang. »Was hast du denn für Musik laufen?« Aus einer Ecke der aufgeräumten Zimmer drangen afrikanische Rhythmen. »Ach, weeste«, sagte Jürgen mit tänzelnder Stimme. »Die DVD hat ein Bekannter jeschickt. Helmut Lotti heißt der Vogel, gloob ick. Is nich schlecht. You know what I mean, wa.« Jürgen wirkte in seinen zackigen, überdrehten Berliner Sätzen, die er mit englischen Fragmenten durchmischte, und seinen flinken Gesten wie eine hastige Comicfigur. Man konnte sich gut vorstellen, wie er, unbeschadet von Pistolenkugeln, Schlägen und Klavieren, die ihm auf den Kopf fielen, durch rasante Geschichten sauste und für jedes Schlamassel eine passende Lösung hatte. Wie wirkte so jemand wohl auf die Neuseeländer in ihrer emotionalen Zurückgezogenheit? Ich musste all meine Konzentration aufbieten, um den echten Jürgen nicht aus seiner Umgebung, den Ureweras, entwischen zu lassen.

Jürgen, der sehr kurze Jeans und graue Wollsocken trug, stapfte zum Fernseher, der eine Größe hatte, die ich in dieser unzivilisierten Gegend nicht erwartet hatte, und holte eine DVD-Hülle hervor. »Hier, du Vertreter. ›Out of Africa‹ heißt det Dinge.« Ich hörte die Mozartkugeln-Stimme des singenden Belgiers und schaute durch das große Panoramafenster hinaus auf die verregneten Wälder, in deren dunkelgrünen Baumkronen sich der Nebel wie gigantische Geisterarmeen festgekrallt hatte. »Ein seltsamer Ort«, dachte ich. Ich ließ meine Augen durch das Wohnzimmer streifen, das eine Atmosphäre-Mischung aus der alten Bundesrepublik und einem Wohnwagen atmete. Es roch nach warmem Teppich und dicken Decken. Alte Zeitungen aus Potsdam und Brandenburg lagen in einer Ecke. Tomatenpflanzen wuchsen aus großen Töpfen, an den Wänden hingen kitschige Erinnerungen an die alte Heimat. »Gott bewahre mir meine Ausreden«, stand in gotischen Lettern auf einem Schild – das einzige Stück, wie Jürgen später erzählte, das er aus seinem DDR-Leben nach Neuseeland überführt hatte. Denn von dort war der junge Tischler 1958 in den Westen geflohen. »DDR? Da brauchste ma nix zu erzählen. Die Sauhunde da. Die haben uns fertich jemacht. Wir hatten doch nüscht zu fressen.«

An einer Wand hing ein Geweih, darunter Boxhandschuhe, Kuscheltiere, ein altes Lebkuchenherz, verblichene Fotos von Jürgen, wie er als postmoderner Abenteurer mit Waldschrat-Bart, Rocker-Kopftuch und getönter Biker-Brille stolz seine Beute präsentierte. Hirsche, Rehe, Wildschweine, Possums. »Und hier det Rehkitz«, hielt Jürgen mir ein Foto mit fast wehmütigem Blick entgegen. »Tat mir wirklich leid für det Kleene. Hatte seine Mutter erlecht. Päng. War ein juter Schuss, wa. Kannste gloob'n.« Das Fell des Rehkitzes schmückte nun einen Platz an der Wand über dem Geweih. Auf den Geweihenden hatte Jürgen ein Gewehr postiert, das mit einer Kette an der Wand befestigt war. Durch ein Fenster konnte ich einen Garten mit sauber angelegten und gepflegten Beeten sehen. In der Ferne einen Bastelschuppen.

»Verdammte Vögel«, bellte Jürgen urplötzlich. »Wenn ich euch krieje, Scheißkerle.« Dann nahm er ein anderes Gewehr, das neben dem Fenster stand, und zielte auf seine Beete. »Die Vögel, die scheinen Augen im Arsch zu haben. So schnell sind die. Aber manchmal kriege ich die Sauhunde. Peng.« Ich schreckte hoch. Aber den Schuss hatte er nur imitiert.

Ich war noch etwas mitgenommen. Mein Körper vibrierte von der unwirklichen Fahrt, die uns fünf Stunden über eine kurvige Schotterstraße geführt hatte. Durch grau-grünes Zwielicht, knorzige Wälder, vorbei an verwunschenen Bächen, Seen und abgerockten Dörfern. Entlang der Straße hatten rostige Autowracks wie Denkmäler gelegen und wilde Pferde Gras gefressen. Viele Straßenschilder waren verbeult und hatten Einschusslöcher. Man konnte förmlich spüren, wie der Wald einen aufsaugte. Je tiefer wir in ihn hineinfuhren, desto stiller wurden wir, desto gebannter schaute ich auf die sich windende unbefestigte Straße, die mir als ein langer, zermürbender Tunnel in eine andere Welt erschien. Wer einmal in diese Welt eintauchte, dachte ich, der würde es schwer haben, sich wieder von ihr zu befreien.

Wir hatten nicht lange gebraucht, um Jürgen ausfindig zu machen. Über eine Straße, die sich im Dauerregen in eine Matschrutsche verwandelt hatte, waren wir zu einer kleinen Siedlung mit einer Handvoll Häusern und Hütten oberhalb des Waikaremoana-Sees gefahren: Onepoto. Ich wollte ihm einige Fragen stellen, die mir durch den Kopf geisterten: Wie hält man es so lange im Abseitigen aus? Gibt es einen Punkt, an dem man zurückkehren kann? Wie erträgt man die Einsamkeit, die Freiheit? Wo geht man einkaufen? Vermisst man seine Heimat? Die Zivilisation? Milchkaffee? Kleine Hunde mit kurzen Beinen?

So ganz abseits der Welt lebte Jürgen allerdings nicht. Ein Laptop stand auf seinem Wohnzimmertisch, und Internet hatte er auch. »Ja, det Dinge hab ich mir vor sechs Monaten jekooft. Vorher noch nie was mit Computern jehabt. You know what I mean, wa.« Jürgen wusste von Merkel, Putin und Gates. Aber man konnte mit großer Sicherheit sagen, dass ihn all diese Figuren nicht wirklich interessierten. Jürgen interessierte, wann er die Aussaat in seinem Garten beginnen musste, wie sich das Wetter entwickelte und warum sich die Qualität der Munition in den vergangenen Jahren erheblich verschlechtert hatte. Mit verschmitzten Augen beobachtete er Rudi, wie er in seinem Trägerhemd dasaß und lässig seinen Tee trank, und mich, der mit verwirrtem Blick an dem Instantkaffee, dem Erkennungsgetränk der Buschmänner, nippte. »Ihr seid mir schon zwee Loopies. Mann, Mann.«

Seine Mitmenschen teilte Jürgen in die Kategorien Loopies, Bullshitartists und Vertreter. Loopies war der abfällig gemeinte neuseeländische Begriff für Touristen – die Städter, die in High-Tech-Klamotten durch seine Wälder stapften und keine Ahnung davon hatten, wie man einem Possum oder einem Hirsch das Fell über die Ohren zog. »Wenn ick die dicken Schuhe schon seh, mit denen die durch die Wälder kriechen. Nee, weeste. Da verlierste doch den Glauben.« Jürgen dagegen bevorzugte bei der Jagd eine Spezialausrüstung, die jedem professionellen Jagdausstatter die Tränen in die Augen treiben würde: kurze Jeans, die verdächtig nach Siebziger-Jahre-Hotpants ausschauten und die er an den Beinen aufgeschnitten hatte, um bequemer durch den Busch hüpfen zu können. Dazu leichte Billig-Converse. »Da drin zwee Paar warme Socken«, dozierte er. »Da meenste, du fliechst.« Bullshitartists waren diejenigen, die behaupteten, sie wüssten, wie »det richtije Leben« abläuft. Damit meinte Jürgen natürlich vorzugsweise das Leben seines Fleisch- und Wald-Universums. Barry Crump beispielsweise, eine Ikone unter den neuseeländischen Buschmännern, der mit seinen Büchern eine Phänomenologie des Blokes, des Schafhoden essenden und mit allen Wassern gewaschenen Kerls, dem kein Wind, kein Wetter irgendetwas anhaben könnten, geschaffen hatte, der war für Jürgen ein Bullshitartist. »Ach, komm, hör mir uff. Der? Der konnte doch noch nicht mal jradeuus schießen. Solche Jeschichten wie der hab ick ooch erlebt.« Der Rest Menschheit waren für Jürgen Vertreter – alle, die ihm irgendwas verkaufen wollten. Und von denen gab es viele. Sogar in Onepoto.

Rudi nippte an seinem Tee. Dann blickten wir uns an und dachten wohl beide daran, wie komisch es war, in der Mitte des grünen Nichts am anderen Ende der Welt zu sitzen und doch so nah an dem Gefühl zu sein, was man Heimat nennen könnte. Plötzlich klingelte das Telefon. »Ach, wat sind det denn für Bullshitartists. Mann, Mann, Mann. Hab doch keene Zeit. Keene Zeit.« Das sagte er häufiger, beschwörte den kurzen Satz wie ein Mantra. Keine Zeit. Dabei, dachte ich in meiner Naivität, musste man doch gerade hier, wo die Freiheit das Leben formte, unendlich viel Zeit zur Verfügung haben. Tatsächlich war Jürgen kein verlotterter, trinkender Einsiedler. Er wirkte zwar wie ein uriges Rumpelstilzchen, aber er legte offensichtlich viel Wert auf Ordnung und Pflege. Er trank kaum, wie er versicherte, aß Selbstangebautes und Selbstgeschossenes und bastelte Fische aus einem besonders großen holzartigen Pilz, die er zur Dekoration an die Wände hing. Jürgen war ein Macher, wie man sie in Neuseeland liebte. Menschen, die selbst aus einem Draht ein Haus, wenn auch ein ziemlich löchriges, bauen konnten.

Zuletzt war er mit einer Neuseeländerin verheiratet gewesen. »Für die Weeber is det doch nix hier«, hatte er den Grund für die Scheidung erklärt. »Zu tun hab ick imma. Langeweele? Nee. Nicht bei mire.« Jürgen stapfte zum Telefon und legte den Hörer ans Ohr. *»Hallo?«* Dann folgte ein Sprachenmix, über den sich jeder Sprachwissenschaftler gefreut hätte. Berlinerisch, Englisch, Kiwi-Wörter. Jürgen stopfte pfiffig und selbstbewusst all das in seine Sprache, was er irgendwann einmal gelernt hatte. Erstaunlich, dass er verstanden wurde, dachte ich. Andererseits war man aber hier, wo es kaum Menschen gab, darauf angewiesen, zumindest die zu verstehen, die es gab. »Ja, yes. Come over. Not now. No. Later«, sagte er zackig und legte kopfschüttelnd auf.

»Weeste, hier haste nur mit Loopies zu tun. Die Zeujen Jehovas waren ditte.« »Zeugen Jehovas?«, fragte Rudi. »Willst du dich jetzt bekehren lassen?« »Ach, Quatsch. Aber die kommen alle zwee Wochen vorbei. Dann mach ick *coleslaw* und Kartoffelpüree. Dann sitzen die da und erzählen. Die kenn ick doch. Das sind zwee Märies von hier. Kannste ja nicht rausschmeißen. Weeste doch.« »Märies?«, fragte ich. »Na, die Maoris«, antwortete Jürgen und betonte dabei das O ganz besonders schön und schaute mich kurz so an, als wäre ich derjenige, der von einem anderen Planeten kam. »Und über was unterhaltet ihr euch dann?«, wollte Rudi wissen. »Na, über wat schon? Du stellst Fraren. Über die *bible*. Aber dann sach ick denen: Die *bible*, det es doch alles Bullshit.« Bullshit! Ohne Frage war man besser beraten, sich an die weltlichen Regeln zu halten, hier draußen, im Kampf mit den Naturgewalten und den Tieren. Jürgen glaubte an seine Hände und seinen Verstand. Ein Romantiker war er nicht, genauso wenig wie ein realitätsfremder Aussteiger. »Nee, hier überlebst du nur, wenn de wat in de Birne has, wa.«

Jürgen war auch einer der Angekommenen. Er hatte seinen Platz gefunden. Er war nie viel gereist. Lange war er nicht mehr in Auckland gewesen, einmal nur auf der Südinsel. Menschen, die ihren Platz gefunden hatten, brauchten nicht zu reisen. All das machte ihn so unerschütterlich, dass all das Draußen, die Welt außerhalb der Ureweras wie ein Flummi von ihm abprallte.

Während er seine bunte Erzählung fortsetzte, malte ich mir die Szenerie aus, wie die beiden Zeugen Jehovas *coleslaw* und Püree essend Jürgens abenteuerlicher Sprache und seinen nicht weniger abenteuerlichen Ansichten lauschten. Ganz bestimmt hätten sie nichts zu sagen, was Jürgen eine Bedenklichkeitsfalte auf die Stirn getrieben hätte oder ein stockendes Aha in seine fließende Rede. »Weeste, da fraren die mir, wat icke vom Paradies halte. Ja, wat wohl, Loopies? Die sind vielleicht *funny*. Wat für ne Frare? *Ridiculous*.« Jürgen lief zur Hochform auf, wedelte mit

seinen sehnigen, braungebrannten Armen und machte dabei große Erzähleraugen. »Det Paradies, ihr Nasen. Det hab ick doch
hier. Kiekt nur daraus. Besser jeht es nich. Oda?« Jürgen legte
eine kurze dramaturgische Pause ein und setzte zum Endspurt
an. »Außerdem: Ick war schon überm Himmel. Da hab ick extra
nachjekiekt. Und? Keen Mensch da. Auch kein Gott. Ja, da saßen
se dann da und kauten auf dem *coleslaw*. Wie zwee unschuldije
Hasen.«

Nein, einen Gott brauchte er nicht. Er war ein Mann des
Schicksals. Jürgen war 1965 ohne Geld, und ohne ein Wort Englisch zu können, nach Australien ausgewandert. Nach Australien!
Zu einer Zeit, als es noch kein Google Earth gab und der Brock-
haus vielleicht eine der wenigen Informationsquellen, in denen
man sich über das damalige Australien informieren konnte. Ein
Land, das mindestens so unbekannt wie die Sahara war. Für so
eine Expedition musste man damals wohl einen Mut aufbringen,
den man sich heute im Zeitalter der totalen Gegenwärtigkeit
kaum noch vorstellen kann. Bei einem Skatabend mit Freunden hatte Jürgen damals eine Münze geworfen. Zahl: Südafrika.
Kopf: Australien. »Stellt euch vor, dat wär anders jekommen.
Dann wär ick jetzt bei den Nejern.« Jürgen lachte. »Und über einen Jagdurlaub bin ich dann hier jelandet. Hier gab et viel besseres Jeld. Achtzehn Pfund hab ick in Rotorua im Restaurant bekommen. Det war viel Kohle damals. Verstehter, wa?« Nach und
nach hatte er dann die Ureweras als sein Jagdgebiet entdeckt,
obwohl »ick doch fast keene Ahnung hatte. Vom Schießen und
den Tierchen«. In Neuseeland konnte man alles werden, wenn
man es sich nur zutraute. Jürgen lebte lange am Seeufer in einem
Wohnwagen und schoss als kommerzieller Jäger, um zu überleben. Das Fleisch verkaufte er an Restaurants, Metzgereien und
Großeinkäufer. Seit Neuseeland sein Wild auf Farmen züchte-
te und es auch keine Prämien mehr für erlegte Possums gab,
sei »det Fleisch nüscht mehr wert und det Leben schon härter

jeworden«, sagte Jürgen. Jetzt schieße er nur noch, um sich zu versorgen. Ab und zu verkaufe er noch Possumfelle. Und angelte. Regenbogenforellen. »So jrooß waren di früher.« Und dann umriss er mit seinen Händen eine Länge, die auf wahre Monster-forellen schließen ließ.

Das Gerede über Fleisch und die alte Zeit hatte Jürgen offen-sichtlich wehmütig werden lassen. Er blickte schweigend in sei-nen bernsteinfarbenen Tee. Aber dann begannen seine Augen wieder zu blitzen, wie die eines Reptils, das kurz davor war, seine Beute zu schlagen. »Det war ne janz schöne Sauerei manchmal, wenn de det Tier nicht richtich jetroffen hast. Det sach ick dir.« Dann erzählte er, aus welcher Situation, bei welchem Wetter er Rehe, Hirsche, Wildschweine erlegt hatte. Wie er einem Hirsch den Kiefer weggeschossen und wie er einem Keiler versehentlich den Bauch aufgeschossen hatte. »Da klatschte det janze Jedärm auf den Boden. Und der Scheißkerl lief ooch noch.« Jürgen lä-chelte nun wie ein aufgeregtes Kind. »Ach. All die Tierchen«, setzte er an, und ich glaubte, er wäre im Alter darauf gekommen, Mitleid mit seinen Opfern empfinden zu können. Aber er sagte: »Leider hab ick nich alle erwischt. Jeht ja nich, wa.« Draußen verwischte der Regen die Landschaft immer noch zu einem düs-teren Aquarell.

Zeit, aufzubrechen, schließlich mussten wir noch zum Motor-camp am Fuße des Sees, um ein Bett zu finden. Am nächsten Morgen wollten wir früh los, um einen der bekannten Wander-wege in Angriff zu nehmen. »Wie, ihr wollt schon los, ihr Vertre-ter? Na dann kommt übermorgen wenigstens zum Essen. Hab noch 'nen feinen Hirsch im Kühlschrank. Na, wat meenter?« Rudi und ich schauten uns kurz an und sagten zu.

Am nächsten Morgen – wir kurierten gerade unseren Rotwein-kater – sagte Rudi: »Der Jürgen ist schon erstaunlich. Er reflek-tiert die Welt gar nicht mehr. Er *ist* einfach und das wohl auch noch zufrieden.« Dann marschierten wir durch den Dschungel, aus dem die Einsamkeit schrie, hoch zum Waikarieti-See, der etwas höher lag als sein großer Bruder und wesentlich kleiner war. Wir verbrachten die Nacht in einer abgelegenen Hütte am Seeufer, aßen Camping-Nudeln und tranken Absinth, den wir uns auf der Hinfahrt besorgt hatten. Absinth war ein Neuseeland-Getränk, nicht nur weil er grün war. Neuseeland war ein geheimnisvolles Land, und noch geheimnisvoller wurde es, wenn man Absinth getrunken hatte. Die grüne Fee katapultierte uns noch tiefer in die mystische Unwirklichkeit, die uns in ihren Fängen hatte. Dunkle Schatten schlichen in der Nacht an den Fenstern vorbei, während ich in meinem Schlafsack wie ein Stück schockgefrorenes Industriefleisch auf der Pritsche lag. Irgendwann in der Nacht schrie Rudi plötzlich: »Ein Kiwi!« Draußen waberte der Nebel über dem See, der im Mondschein dunkelblau schimmerte. Und tatsächlich hatte ich ein langgezogenes Kiwi-Pfeifen gehört. Mein erstes Kiwi-Pfeifen. Aber gesehen hatte ich einen lebendigen Kiwi immer noch nicht. Obwohl ich schon seit über einem Jahr in Neuseeland war.

Frühmorgens marschierten wir zurück. Es regnete und regnete. Wir waren nach wenigen Metern nass bis auf die Haut. Die einzigen Menschen, die wir in dieser grünen Einsamkeit trafen, waren zwei Jäger und drei Deutsche. Die Nässe konnte mir nichts mehr anhaben. Ich lief wie ein Berserker durch den klatschenden Regen, umarmte ab und zu einen dieser gewaltigen Bäume, die sich nach Ewigkeit anfühlten, lauschte den Tuis und freute mich auf Jürgens Hirsch. Ein paar Stunden später war es so weit. Frisch geduscht und hungrig saßen wir in Jürgens warmem Wohnzimmer.

»Mmmmhh.« Jürgen kostete von seinem Gulasch, dann von dem Reis. »Gleich können wir. Aber du mit deinem Käse. Det kannste doch verjessen.« »Lass gut sein, Jürgen«, entgegnete Rudi, der kein Fleisch aß, seitdem er Zeitung lesen konnte. »Wenn ick det seh, Herr Vertreter. Komm, ick mack dir Hühnchen. Det is besser als dein Käse. Is gutes Hühnchen. Keene Scheiße wie im *supermarket*.« »Wirklich nicht, Jürgen. Lass gut sein. Käse ist gesund.« Jürgen schüttelte den Kopf. Rudi kaute weiter seinen Käse. Offensichtlich hatte der Kulturschock beide erwischt. »Det war en ordentlicher Hirsch«, sagte Jürgen und führte wieder einen Löffel zu seinem Mund. »Den hat ick mit nem Hirschruf anjelockt. Wollter mal hören?« Er hielt beide Hände vor den Mund, um die Resonanz zu verstärken, und dann kam ein tiefer, röhrender Ton aus den Tiefen seines spindeldürren Körpers. »Na ja«, sagte Jürgen. »Det war eener mit Husten. Aber weeste, da kamer kieken. Hatte en Nebenbuhler erwartet. Ick leg an und ziele.« Jürgen hatte den Löffel zur Seite gelegt und imitierte nun ein angelegtes Gewehr mit Zielfernrohr. »Und da kiekt er. Und ich: Bumm. Kopfschuss.« Wieder griff er zum Löffel, rührte im Gulasch und probierte ein letztes Mal. »Ja, det is et. Lecker. Kopfschuss mit Reis.« Wir aßen. Jürgen entpuppte sich als traditioneller, aber guter Koch. »Wie bei Muttern, wa«, sagte er freudig, als ich meinen zweiten Nachschlag einforderte.

Dann, nachdem er uns im Stile eines enthusiastischen Groschenromanschreibers nacheinander berichtet hatte, wie er kürzlich drei Hirsche, zwei Keiler und ein besonders hinterlistiges Reh geschossen hatte, war die Zeit des Abschieds gekommen. »Jetzt habe ich die Fragen, die ich Jürgen stellen wollte, vollkommen vergessen«, schoss es mir durch den Kopf. Aber welche Antworten hätte er mir schon geben können? In Jürgens Welt stand alles unerschütterlich an seinem Ort. In seiner Haltung erinnerte er mich an die Charaktere aus den Geschichten des neuseeländischen Schriftstellers Frank Sargeson, der immer wieder kauzige Männer porträtiert hatte, die sich in ihrer eingeschränkten Weltsicht weigerten, die Einsamkeit und Leere anzuerkennen, die der Welt immanent war. Aber eine Frage, *die* Frage sozusagen, wollte ich Jürgen doch stellen. Vielleicht würde ich so verstehen, warum Jürgen es hier aushielt, während ich all den Krach, die angespannten Menschen, die kultivierte Miesepetrigkeit in Europa und die Tageszeitungen vermisste wie eine heiße Geliebte. Ich legte mir *die* Frage im Kopf zurecht, nahm all meinen Mut zusammen. »Du, Jürgen, ich habe da eine Frage …« »Schieß los, Petrus.« Er nannte mich Petrus – der Einfachheit halber. »Ingo kann ick ma nich merken«, hatte er vorher erklärt. Aus seinen Erzählungen hatte ich herausgehört, dass er zumindest in den vergangenen 20 Jahren immer mal wieder in Deutschland gewesen war. Also wollte ich wissen: »Vermisst du Deutschland?« Jürgen schaute mich mit großen Rehaugen an, als ob gerade eine Untertasse hinter mir über die Wälder geflogen wäre. Ich erwartete, dass er lachen würde oder zumindest schimpfen oder dass er einen seiner Sprüche parat hatte. Aber Jürgen sagte: »Nee, det vermiss ick nich.« Das war es. Sonst nichts. Nachzuhaken hatte keinen Sinn, denn Jürgen hatte schon den nächsten Satz im Lauf. »So, ihr Vertreter, Abmarsch. Hab keene Zeit.« Wir packten unsere Sachen, tauschten ein paar markante Unhöflichkeiten aus, und plötzlich, wir standen schon in der Einfahrt, drehte sich Jürgen noch einmal mit nüchternem Blick zu mir um. »Petrus. Mir ist da jerade einjefallen, ick vermiss doch was. Den Hackepeter vermiss ick. Den lecker Hackepeter. Gibt es hia ja nich, wa. Jrüß ma also die Hackepeterbrötchen.«

Im Auto dachte ich noch lange an Jürgens letzte Worte. Hackepeterbrötchen! So, wie es Jürgen gesagt hatte, hatte es doch melancholisch geklungen. Oder? Zumindest war mir das so vorgekommen. Es waren ja meistens die kleinen scheinbar unbedeutenden Dinge, die man in der Fremde vermisste. Auch ich vermisste deutsche Würstchen und deutsche Zeitungen.

Dann begann ich das Roger-Whitaker-Lied zu summen, das Jürgens Wohnung beim Abschied erfüllt hatte. Rudis Gesicht verzog sich zu einem Lächeln. Er stimmte summend ein. »Albany, hoch in den Bergen von Norton Green«, rauschte es durch meinen Kopf. »Albany, in deinen Mauern war ich einst zu Hause. Albany, Schloss meiner Väter, das ich geliebt, ach, könnt' ich dich nur einmal wiedersehen.« Es war das erste Mal in meinem Leben, dass mich Roger Whitaker mit einem seiner Lieder berührt hatte. Auch wenn es peinlich war, solche ehrlichen Gefühle konnte man eben nur auf Reisen durch das abseitige Neuseeland erleben. Mittlerweile hatte der Regen aufgehört, und der Himmel zeigte sich an manchen Stellen in seinem beruhigenden Penaten-Blau. Im Rückspiegel erblickte ich den Wald, dieses sanft atmende Urviech, das die Zeit in ihrer Gewissenlosigkeit vergessen haben musste.

Epilog

Letzten Endes bin ich wieder nach Deutschland zurückgekehrt. Das war keine allzu schwere Entscheidung, die mich Blut und Schweiß gekostet hätte. Denn Neuseeland ist ein schönes Land, aber es ist erstens zu weit weg, zweitens tragen dort zu viele Menschen Flipflops, und drittens kann es auch sehr langweilig sein. Zumindest wenn man es wie ich nicht darauf anlegt, sein restliches Leben über Berge zu joggen, sich an einem Bungeeseil von Brücken zu stürzen, mit Delphinen zu schwimmen, Landschaften zu fotografieren oder englischen Rasen zu mähen. Ich sage das selbstredend nicht, um Neuseeland zu beleidigen, sondern um die Menschen, die mit dem Gedanken spielen, dorthin auszuwandern, vor einem großen Unglück zu bewahren. Denn letzten Endes ist auch Neuseeland ein normales Land mit normalen Problemen. Wer dorthin auswandert, sollte frei sein – so frei, dass es ihm egal ist, am Ende der Welt zu leben und den Horizont immer direkt vor der Nase zu haben. So frei bin ich wohl nicht. Für das erfolgreiche Auswandern muss man sich aber die Freiheit nehmen, an eine Illusion glauben zu können – vor allem an die Illusion von einem besseren Leben am Ziel seiner Träume. Diese Illusion habe ich grundsätzlich nicht, was wohl daran liegt, dass ich zu viel Zeitung lese und meine Mutter mir beigebracht hat, jedes noch so kleine Haar in der Suppe zu finden. Es hört sich vielleicht komisch an, aber ich kann damit gut leben. Meistens sogar richtig gut. Und manchmal sogar glücklich. Und dennoch hat Neuseeland – ich traue mich es kaum zu sagen – seine Spuren bei mir hinterlassen. Nicht nur als Tätowierung, die mir ein gewisser Dave aus Mount Albert, Auckland, in den rechten Unterarm geritzt hat (sogar gegen einen kleinen Rabatt, weil er ein großer Fan von deutschen Pornofilmen sei, wie er stolz berichtete). Auch in meiner Persönlichkeitsstruktur hat Neuseeland seinen Abdruck hinterlassen. Beim Anblick von totem Lammfleisch im Supermarkt meines Vertrauens bekomme ich nun immer feuchte Augen. Mein Herz beginnt zu hüpfen, wenn die All Blacks spielen und auch noch gewinnen. Wenn sie verlieren, verfalle ich wie Neuseeland in eine tiefe Depression und kann über Wochen nicht arbeiten – was in Berlin, wo ich seit meiner Rückkehr lebe, aber nicht sonderlich auffällt. Gegen Australien habe ich eine irrationale Antipathie entwickelt, obwohl ich von dem Land nicht mehr kennengelernt habe als die Flughäfen von Melbourne und Sydney. Außerdem bin ich durch meine Segelberichterstattung zu einem der America's-Cup-Experten in Deutschland geworden – worauf ich mir selbstredend sehr viel einbilde. Neuerdings bin ich auch in der Lage, »Crowded House« zu hören und Zweiflern ohne jedes ironische Augenzwinkern zu versichern, dass dies wirklich ganz hervorragende Musik sei. Überhaupt durchzuckt mich immer dann, wenn ich irgendwo das Wort »Neuseeland« lese, ein Gefühl des kleinen Glücks. Denn ich habe Neuseeland – das soll hier nicht verschwiegen werden – einiges zu verdanken. Vielleicht, und das soll natürlich pathetisch klingen, mein ganzes jetziges Leben. Schaukelnde Fahrten über Seen und Meere können mir fast nichts mehr anhaben. Auch die Natur kann ich in ihrer reinsten Form (Berge, Meer, Wald etc.) nun einigermaßen ertragen, ohne von Panikattacken heimgesucht zu werden. An manchen Frühlingstagen auf meinem Berliner Balkon habe ich meine innere Stimme sogar schon dabei ertappt, wie sie flüsternd den Wunsch äußerte, etwas säen oder pflanzen zu wollen, in einem Garten mit Apfelbäumen zu arbeiten, mit den Händen in der saftigen Erde zu wühlen. Schon häufiger war ich kurz davor, mir ein Landhäuschen zu kaufen. Im Winter vermisse ich ab und zu sogar das saftige neuseeländische Grün. Dann gehe ich schon mal in den Supermarkt und kaufe mir tiefgefrorenen Spinat, den ich in der Mikrowelle auftaue, um danach die grüne Matsche mit glückseligen Augen anzustarren. Dann denke ich: So muss der Urzustand ausgesehen haben. Aus ihm ist der erste Mensch entstanden. Und der muss Neuseeländer gewesen sein.

Wider Erwarten bin ich auch ein Stück gelassener geworden. Das hatte ich schon in den letzten Wochen meines Aufenthalts festgestellt. So war ich an einem Abend tatsächlich auf die Bühne des »Kiwi Karaoke«-Clubs in Auckland geklettert und hatte »99 Luftballons« von Nena ins Mikro geröchelt. Es gab dafür von all den Polynesierinnen mit ihren göttlichen Aretha-Franklin-Stimmen keinen Beifall, aber das war mir noch nicht einmal peinlich gewesen. Ich hatte den Auftritt tatsächlich mit einer gewissen Gelassenheit genossen und so etwas wie ein kleines Gefühl der Genugtuung verspürt. So etwas können normalerweise nur Neuseeländer.

Neuseeland ist also seitdem ein Teil von mir, auch wenn ich mich immer noch schwertue, mich mit den kleinen Dingen des Lebens zufriedenzugeben. Aber Neuseeland ist meine bessere Hälfte, mein Yang. Während meine Liebe zu Osteuropa mein Yin ist. Ich bin also durch meine Neuseeland-Erfahrung gewissermaßen zu einem ganzheitlichen Menschen geworden und das schon in so jungen Jahren. Das ist kein unangenehmes Gefühl. Schließlich fragen mich seit meiner Rückkehr viele Menschen, wie denn meine Liebe zu Osteuropa und die Sache mit Neuseeland zusammenpassen würden. Das seien doch ganz unterschiedliche, ja fast diametral entgegengesetzte Dinge. Osteuropa sei doch so kaputt, wild und depressiv. Neuseeland dagegen so fröhlich, so schön, so glücklich. Die Philosophie hat auf alles eine Antwort, wenn man nur lange genug sucht. In diesem Gefühl ungekannter Harmonie bin ich auch zu der festen Überzeugung gelangt, dass ich Deutschland ohne meine Erfahrung in Neuseeland heute nicht ertragen könnte. Ich liebe zwar den abgründigen Kulturpessimismus, die Schwarzmalerei und die Sucht nach der alltäglichen Apokalypse der Deutschen, aber auch dazu sollte man eine ironisch-gelassene Einstellung haben, wenn man anders als die meisten seiner Landsleute nicht verrückt werden will. Wahrscheinlich bin ich seit meiner Zeit auf der südlichen Hemisphäre nun sogar der normalste Mensch in Deutschland. Und noch eines habe ich am anderen Ende der Welt gelernt: Ich kann nun in Berlin leben, tagelang allein in meiner Wohnung sitzen, ohne das Gefühl zu haben, dass ich rausmüsste – in die fiebrige Berliner Nacht, um etwas zu erleben, mich mit Leuten zu treffen, an ihren Leben und Gesprächen teilzuhaben und mich dabei für einen Künstler zu halten. Ich kann sogar zu Hause bleiben, ohne mich für einen einsamen Künstler zu halten. Es war Neuseeland, das mir dieses Leben auf meiner kleinen Insel möglich gemacht hat. Deswegen will ich an dieser Stelle lauthals rufen: Danke, Neuseeland! Ich werde dich nie vergessen. Ich weiß, dass dir das wichtig ist.

Das alles klingt nun sicher so, als ob ich ein Stück angekommen sei, als ob ich mir bald einen neuen Bausparvertrag, einen richtigen Job, einen Hund und einen Bonsai zulegen würde, so, als ob ich das Reisen an den Nagel hängen würde. In manchen Momenten, wenn ich den anarchischen Blumengarten auf meinem Balkon wie eine Kuh anstarre, glaube ich das tatsächlich. Aber ich weiß, dass dies nur eine Illusion ist. Die Reise geht weiter. Der Marianengraben ist sehr tief.

Neuseeland verstehen
Ein Glossar

Neuseeland/Aotearoa/Mittelerde: Einwohner: vier Millionen Menschen, 5 Millionen Kühe, 40 Millionen Schafe, sehr, sehr viele Possums. Menschliche Besiedlung seit dem 13. Jahrhundert, von dem Niederländer Abel Tasman 1642 für den »Westen« entdeckt, aber fälschlicherweise als Teil von »Staten Landt« (Argentinien) identifiziert. Da die erste Begegnung zwischen Tasmans Crew und den Einheimischen nicht sonderlich glücklich verlief (vier Tote), ließ er das Land links liegen und segelte davon. 1769 erste gründliche Kartographierung durch James Cook. *Amtssprachen:* Englisch, Maori. *Hauptstadt:* Wellington. *Fläche:* 268.680 km². *Gründung:* 1840. *Unabhängig* seit 1947. *Staatsform:* auf dem Papier immer noch eine konstitutionelle Monarchie, de facto aber eine parlamentarische Demokratie. *Lage:* am Ende der Welt.

All Blacks: Wer von den All Blacks noch nie gehört hat, sollte nicht nach Neuseeland reisen. Die All Blacks sind die neuseeländische Rugby-Nationalmannschaft – und zwar der Rugby-Union-Variante. Tatsächlich gibt es auch eine Rugby-League-Nationalmannschaft. Sie nennt sich »Kiwis« und spielt eine marginale Rolle. Den All Blacks dagegen werden mystische und spirituelle Wunderkräfte nachgesagt. Über die Entstehung des Namens All Blacks gibt es mehrere Erklärungsvarianten. Der Name kam mit der legendären Tour von 1905/1906 der Neuseeländer in Großbritannien in Gebrauch. Der Spieler Billy Wallace erzählte später, dass eine englische Zeitung berichtet habe, die Neuseeländer würden spielen, als seien sie »all backs« (Backs sind Schlussspieler, die durchgebrochene Gegner aufhalten sollen). In der Überschrift soll dann versehentlich »All Blacks« gestanden haben.
Als gewandter Mann von Welt sollte man für jede Stammtischrunde ein paar All-Blacks-Legenden nennen können. Zum Beispiel: Colin »Tannenbaum« Meads, Jonah Lomu, Zinzan Brooke, Michael »Eismann« Jones, Sean »Fitzy« Fitzpatrick, Christian Cullen.

America's Cup: Neben Rugby, Kricket und Netball eine weitere sportliche Obsession der Neuseeländer. Gilt als bekannteste und komplizierteste Segelregatta der Welt. Wurde 1851 erstmals vor England ausgetragen. Neuseeland gewann den Cup erstmals 1995 in San Diego (USA) mit der Yacht »Black Magic« und verteidigte ihn 2000 in Auckland, wo man ihn 2003 gegen das Schweizer (!) Team »Alinghi« und seine quasi-neuseeländische Mannschaft verlor. Namen, die man aus dem neuseeländischen Cup-Zirkus kennen sollte: Sir Peter Blake, Russell Coutts, Dean Barker, Brad Butterworth, Chris »Laserauge« Dickson (alle Segler) sowie Peter »Die Stimme« Montgommery: legendärer Radio- und TV-Kommentator, der mit seinem Ausspruch »The America's Cup is now New Zealand's Cup« 1995 neuseeländische Geschichte schrieb.

Buzzy Bee: Ein sehr populäres Kinderspielzeug aus Holz, erfunden in den 1940ern. Die rote Biene auf blauen Rädern rotiert ihre gelben Flügel, wenn man sie hinter sich herzieht. Teil des kulturellen Kiwiana-Nationalschatzes mit identitätsstiftender Bedeutung. Das neuseeländische America's-Cup-Team bemalte die Kielbombe einer seiner Yachten bei der 32. Cup-Regatta 2007 in Valencia mit der Buzzy Bee.

Cheese Pie/Steak Pie: Seltsames Gericht, das für sich in Anspruch nimmt, ein typischer Bestandteil der neuseeländischen Küche zu sein – womit wohl eher die neuseeländische Küche der alten Zeit gemeint sein dürfte, in der es rauh und rustikal zuging. Jene Küche war überaus übersichtlich und bestand aus Marmite, Fish and Chips und eben diesen fettigen kleinen Küchlein mit einer Füllung wahlweise aus Hackfleisch, Steakstückchen, brauner Soße und/oder Käse. Gibt's an jeder Tankstelle und in vielen Dairys.

Dairy: Neuseeländisches Äquivalent zum Kiosk oder Tante-Emma-Laden. Heute gibt es dort allerdings mehr als nur Milchwaren, näm- lich alles von Lebensmitteln und Waschpulver über Zeitungen zu philosophischen Ratschlägen vom Besitzer, der heutzutage vor allem aus Pakistan, Indien oder China kommt.

Draht Nummer acht/Wire Number Eight: Der Neuseeländer liebt Bau- märkte ebenso sehr wie der Deutsche. Er ist der geborene Handwerker, der mit seinen Händen alles zu bauen und reparieren vermag. Meistens braucht er dazu nur den legendären Draht Nummer 8, der eine Drahtstärke bezeichnet, die neuseeländische Farmer vor allem beim Bau von Zäunen benutzten. Entsprechend ist dieser Draht überall erhältlich.

Fair enough: Diese Floskel drückt eine Zustimmung mit ausgebremster Haltung aus. Also: »Schön und gut«, »na gut«, »wie du meinst«, »verständlich«.

Good on ya, Mate: Die Floskel, ohne die kein Leben in Neuseeland möglich ist. Bedeutet: »Gut gemacht, Kumpel«, »Weiter so, mein Freund« oder »Freut mich für dich, Kollege«.

Haka: Wörtlich bedeutet *haka* »ein Lied mit Tanz«. Dahinter verbirgt sich der Kriegs-, Zeremonial- oder Herausforderungstanz der Maori, der längst zum Aushängeschild neuseeländischer Nationalmannschaften im Sport geworden ist. Vor allem das der All Blacks.

Hokey-Pokey: Eine in Neuseeland sehr populäre Eiscremesorte, bestehend aus Vanilleeis mit kleinen Toffeestückchen. Teil des kulturellen Kiwiana-Nationalschatzes mit identitätsstiftender Bedeutung.

Jafa: Sehr abfällige Bemerkung für die verhassten Aucklander. Ist eine Abkürzung für: Just another fuckin' Aucklander. Die Aucklander dechiffrieren Jafa dagegen »Just another friendly Aucklander«. Wie dem auch sei: Wer sich ein Auto mit Aucklander Nummernschild leiht, wird im Laufe seiner Reise als »Jafa« beschimpft werden – ganz sicher.

Joe Bloggs: Neuseeländisches Äquivalent zum deutschen Otto Normalverbraucher.

Kiwi: Kiwi kann vieles sein. Kiwi ist zunächst einmal die Bezeichnung für den dicken, flugunfähigen Vogel mit dem Strohhalmschnabel, der wie eine Kreuzung aus Ameisenbär und Huhn aussieht. Darüber hinaus gibt es die Kiwifrucht, die in Neuseeland bis in die Fünfziger »Chinese Gooseberry« hieß. Zudem bezeichnet sich auch der gemeine Neuseeländer als Kiwi (Aussprache: Käwä).

Kiwiana: Gesamtheit aller identitätsstiftenden Kulturschätze und Nationalsymbole der weißen Neuseeländer. Die Klassiker (Auswahl): Buzzy Bee, Holzfällerhemden, Gummistiefel, Trägershirts, Pavlova-Kuchen, Marmite, Kiwifrucht, Kiwivogel, Flipflops, Fish and Chips, Paua-Muschel; L&P. 1994 auch als Briefmarkenserie veröffentlicht.

L&P (Lemon & Paeroa): Eine zutiefst originäre und großartige Errungenschaft der neuseeländischen Getränkeindustrie ist dieser Softdrink aus Limonade und Mineralwasser aus der Kleinstadt Paeroa. Der Hersteller wirbt für das Getränk mit dem ironischen, weil paradoxen Spruch »World Famous in New Zealand since ages« – »weltberühmt in Neuseeland seit Jahrhunderten«. Teil des kulturellen Kiwiana-Nationalschatzes mit identitätsstiftender Bedeutung.

Loopies: Neuseeländischer Slang-Ausdruck für »Städter«, vor allem von kauzigen Busch-Legenden benutzt.

Maori: Im ursprünglichen Sinne meint das Wort »normal«, »üblich« oder »natürlich«. Als Sammelbegriff für die in Neuseeland lebenden Polynesier und deren Sprache kam es mit den europäischen Einwanderern im 19. Jahrhundert in Gebrauch. So etwas wie ein nationales Bewusstsein europäischer Prägung gab es unter den Maori bis dahin nicht. Ihr Bezugspunkt für eine kollektive Identität waren ihr Land, ihre Ahnen und ihr Stamm. Die Maori selbst bezeichnen sich auch als »Tangata whenua«, »Menschen des Landes«, während sie die Eingewanderten als »Pakeha« oder »Tangata Tiriti«, die »Menschen des Vertrages« (meint den Vertrag von Waitangi) bezeichneten.

Marmite: Ein klebriger teerartiger Brotaufstrich, auch vegetarische Würzpastete genannt, die in Neuseeland Kultstatus genießt und am liebsten auf einem Toast mit Butter verzehrt wird. Sieht sehr unappetitlich aus, soll aber gesund sein. Auch wenn Marmite aus England stammt, ist es ebenfalls Teil des kulturellen Kiwiana-Nationalschatzes mit identitätsstiftender Bedeutung. Soll bei Neuseeländern auch Heimweh lindern. Ein ähnliches Produkt heißt Vegemite, und natürlich ist es nicht dasselbe wie Marmite, sondern etwas ganz, ganz anderes.

Mate: Eines der neuseeländischen Standardwörter. Heißt so viel wie Freund, Kumpel. Ausgesprochen: Mäht – mit einem Hauch Wärme und einem Schuss Rauhheit. Soll eigentlich aus Australien kommen, das sollte man aber bloß nicht erwähnen.

Niedliches Neuseeland: Neuseeländer lieben alles Kleine, Süße, Niedliche und Knuddelige, was sie wie die Russen besonders gern durch den Diminutiv ausdrücken. Der Phantasie sind dabei keine Grenzen gesetzt. Gemüse ist beispielswiese nicht etwa »vegetables«, sondern »veggie«, Verwandte nicht »relatives«, sondern »rellies«, und wenn man ein Steinlager (Biermarke) bestellt, sagt man »Steini«.

Pakeha: Maori für fremder Mensch; einer, der nach anderen, fremden Werten und Philosophien lebt. Mittlerweile aber als Synonym für die im 19. Jahrhundert aus Europa in den Südpazifik eingewanderten Weißen verwendet.

Pavlova: Sehr süße Torte aus Baisermasse, Sahne und Fruchtstücken, die nach der russischen Ballerina Anna Pavlova (1881–1931) benannt wurde und meistens zu Weihnachten gegessen wird. Neuseeland beansprucht die Erfindung der Torte für sich, allerdings ist die Kalorienbombe auch in Australien bekannt. Teil des kulturellen Kiwiana-Nationalschatzes mit identitätsstiftender Bedeutung.

POME: Abfällige Bezeichnung der Neuseeländer für Engländer, die nicht etwa »Pommes« bedeutet, sondern eine Abkürzung für »Prisoners of Mother England« (Gefangene von Mutter England) ist.

Possums: Die Beutelsäuger (nicht zu verwechseln mit Opossums) sehen zwar schnuckelig aus mit ihrem weichen Fell, den kleinen Augen und den spitzen Ohren, sind in Neuseeland aber eine wälderfressende »Pest«, für die kein neuseeländischer Tierschützer sein Leben opfern würde. Kann man auch in Form von Muffs, Hauslatschen und Decken kaufen oder zu Pasteten, Pies oder Burgern verarbeitet essen (»Save New Zealand Forests, eat Possums«).

Rugby Union/Rugby League: Rugby ist tatsächlich nicht gleich Rugby. Während Rugby Union, sehr vereinfacht gesagt, die traditionelle und konservative Form darstellt, ist Rugby League eine modernere, man sagt, schnellere, härtere und medienwirksamere Form des Rugby, die sich in Neuseeland vor allem beim proletarischen Publikum großer Beliebtheit erfreut, aber kulturell längst nicht denselben Stellenwert wie Rugby Union genießt.

Sandfly: Das Böse – beheimatet vor allem an Stränden der Westküste (Südinsel). In Schwärmen fallen diese kleinen Mistfliegen vor allem über Touristen her, die keine Lederhaut wie die Einheimischen haben, und fressen sie bei lebendigem Leib auf. Einer der wenigen sehr triftigen Gründe, Neuseeland nicht zu besuchen.

Shortland Street: Die neuseeländische TV-Seifenoper auf TV2. Die Serie läuft seit 1992 und hatte zu Bestzeiten rund 700 000 Zuschauer pro Folge, immerhin fast ein Fünftel der neuseeländischen Bevölkerung. Mittelpunkt der Serie ist ein Krankenhaus in dem fiktiven Aucklander Stadtteil Ferndale. Die Soap ist auch in vielen anderen südpazifischen Inselstaaten sehr erfolgreich.

Southern Men: Mystische Spezies Mann, die, wie der Name impliziert, auf der Südinsel beheimatet ist. Der Mann des Südens zeichnet sich durch seine Wortkargheit, seine Lederhaut und seinen kräftigen Kiefer (Fleischfresser) aus. Er trägt kurze Hosen, Gummistiefel oder Arbeitsschuhe, hat einen Hund, viele Schafe und wird meistens »bloke«, »Kerl«, genannt. Das weibliche Pendant nennt sich Sheila und tritt jedes Jahr beim »Frau des Südens-Wettbewerb« an. Disziplinen: Schafe scheren, Holz hacken, Traktor fahren, Gummistiefelweitwerfen etc.

Sweet as: Manchmal hat man den Eindruck, das Neuseeländische bestünde vor allem aus drei Floskeln – nämlich »Fair enough«, »Good on ya« und eben »Sweet as«. Letzteres bedeutet so viel wie »super«, »toll«, »stark«, »nicht schlecht« und wird gern mit dem Anhängsel bro, Bruder, benutzt. Also: »Sweet as, bro!«

Tall Poppy Syndrom (TPS): Keine Krankheit, zumindest nicht direkt. Mit TPS bezeichnet man die Haltung eines Menschen, einen anderen aufgrund seines Einkommens, seines Wohlstandes oder seiner Berühmtheit dafür zu kritisieren, sich über die Masse oder den Durchschnitt stellen zu wollen.

Westküstler: Eine weitere mystische Spezies, die an der rauhen, wilden und ungeschliffenen Westküste der Südinsel beheimatet ist und ebenso wie der Südländer als sehr störrisch, trinklustig und freigeistig gilt, und dem Sandflies, Sandfliegen, nichts anhaben können.

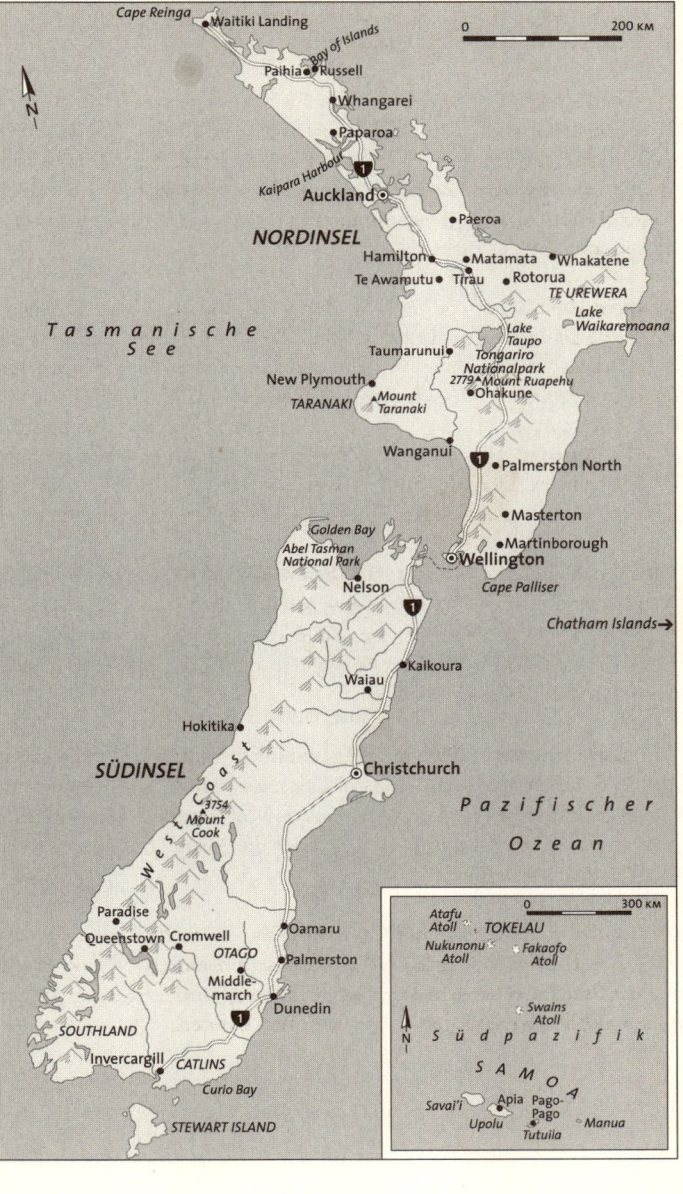

Cape Reinga
Waitiki Landing

Bay of Islands
Paihia Russell

Whangarei

Paparoa

Kaipara Harbour

Auckland

NORDINSEL

Paeroa

Hamilton Matamata Whakatene
Te Awamutu Tirau Rotorua

TE UREWERA

*Lake
Waikaremoana*

*T a s m a n i s c h e
S e e*

Taumarunui

*Lake
Taupo*
*Tongariro
Nationalpark*
2779 ▲ Mount Ruapehu
Ohakune

New Plymouth
TARANAKI *Mount
Taranaki*

Wanganui

Palmerston North

Masterton

Martinborough

Golden Bay
*Abel Tasman
National Park*

Nelson

Wellington

Cape Palliser

Chatham Islands →

Waiau Kaikoura

Hokitika

SÜDINSEL

Christchurch

*P a z i f i s c h e r
O z e a n*

3754
*Mount
Cook*

Paradise

Queenstown Cromwell Oamaru

OTAGO

Palmerston

Middle-
march

Dunedin

SOUTHLAND

Invercargill *CATLINS*

Curio Bay

STEWART ISLAND

---

*Atafu
Atoll* *TOKELAU*
*Nukunonu
Atoll* *Fakaofo
Atoll*

*Swains
Atoll*

S ü d p a z i f i k

S A M O A

Savai'i Apia Pago-
Pago
Upolu *Manua*
Tutuila

Der Autor dankt allen, die ihm
Tür und Tor geöffnet, Unterschlupf gewährt, Arbeit beschafft,
Bier spendiert, Pizza gebacken, Vögel, Pflanzen und Rugby
erklärt und aus allen möglichen Lebenslagen gerettet haben.

Ganz großen Dank an:

Ulli und Marianne

Großen Dank an:

Arno und Susan
Rudi und Ulrike
Todd und Angelika
Jörg und Fery
Kai und Marion
Klaus und Kerstin
Anne und Barney

Selwyn, Shalem, Scott, Niki
und Ray

Good on ya, Mates!